裁判文书说理的规范与方法

杨贝/著

法律出版社 LAW PRESS·CHINA
北京

图书在版编目(CIP)数据

裁判文书说理的规范与方法 / 杨贝著. -- 北京 : 法律出版社, 2022
ISBN 978-7-5197-6296-4

Ⅰ. ①裁… Ⅱ. ①杨… Ⅲ. ①审判-法律文书-研究-中国 Ⅳ. ①D926.134

中国版本图书馆 CIP 数据核字(2021)第 267881 号

裁判文书说理的规范与方法
CAIPAN WENSHU SHUOLI DE GUIFAN YU FANGFA

杨 贝 著

策划编辑 赵明霞
责任编辑 赵明霞
装帧设计 马 帅

出版发行 法律出版社
编辑统筹 法商出版分社
责任校对 王晓萍 王语童
责任印制 胡晓雅
经　　销 新华书店

开本 710 毫米×1000 毫米 1/16
印张 20.75 **字数** 270 千
版本 2022 年 4 月第 1 版
印次 2022 年 4 月第 1 次印刷
印刷 固安华明印业有限公司

地址:北京市丰台区莲花池西里 7 号(100073)
网址:www.lawpress.com.cn
投稿邮箱:info@lawpress.com.cn
举报盗版邮箱:jbwq@lawpress.com.cn
销售电话:010-83938349
客服电话:010-83938350
咨询电话:010-63939796

书号:ISBN 978-7-5197-6296-4
定价:78.00 元
凡购买本社图书,如有印装错误,我社负责退换。电话:010-83938349

裁判文书说理『三问』的法理回答

从法治中国建设战略布局来看，裁判文书释法说理是深化依法治国实践和提升国家治理能力的基础工程，是展示人民法院公正形象的载体工程，是提高司法产品质量和审判效率的优化工程，是推进司法公正的升华工程，是改善人民群众公平正义获得感的民生工程。[①] 为此，《关于全面深化改革若干重大问题的决定》明确要求"增强法律文书说理性"，《关于全面依法治国若干重大问题的决定》继续强调"加强法律文书释法说理"。最高人民法院"五五改革纲要"围绕这两个决定的前述部署与要求进一步对人民法院裁判文书释法说理推出了一系列的具体改革举措。最高人民法院司改办经过多地调研，反复论证，数次易稿，最终提交审委会讨

① 参见最高人民法院司法改革领导小组办公室编：《最高人民法院关于加强和规范裁判文书释法说理的指导意见理解与适用》，中国法制出版社2018年版，"序言"，第2～5页。

论通过《关于加强和规范裁判文书释法说理的指导意见》（以下简称《释法说理指导意见》），并于2018年6月1日发布。这一重要的审判业务规范性文件，意图进一步增强裁判行为的公正度和透明度，规范审判权行使，提升司法公信力和司法权威，发挥裁判的定分止争和价值引领作用，弘扬社会主义核心价值观，切实维护诉讼当事人合法权益，努力让人民群众在每一个司法案件中感受到公平正义，促进社会主义现代化国家的建设和发展。

"来而无往非礼也"。基于起草《释法说理指导意见》文稿过程中的这些场面至今历历在目：杨贝副教授陪同去拜访请教中国政法大学舒国滢教授，及时微信回复我有关裁判文书说理如何科学准确界定的问题，应邀前来参加有关裁判文书说理改革研讨会……杨贝副教授在写作《裁判文书说理的规范与方法》书稿过程中曾多次提出写序之要约，我亦总是爽快地作出"拜读学习，提提意见"的不对等承诺。

数日前一收到杨贝副教授的书稿，我就开始一边阅读欣赏，一边标注提出建议意见。拜读完之后，或许受到"情感思维"的影响，杨贝副教授在该书中对裁判文书说理"三问"（法官在制作裁判文书时面临的三个连击问题：说理还是不说理？说什么理？怎么说理?）的法理视角的追问与回答，深深地触发了我的共鸣与思考，进而情不自禁地为之"点赞"。

具体言之，本书第一章"裁判文书说理的基础理论"（法官为什么说理、说理有什么用、说理的有限性）从宏观层面，第三章"说理义务的分配"（说理义务的产生、真诚说理的边界）从微观层面回答"说不说"；第二章"法官的理由"（理由的定义、理由的基本分类、特殊类型的理由）回答"说什么"，第一章"裁判文书说理的基础理论"（法官说理给谁听）、第三章"说理义务的分配"（说理的底线）、第四章"裁判文书说理的原则"、第五章"裁判文书说理的逻辑方法"、第六章"裁判文书说理的修辞方法"、第七章"裁判文书说理的写作指引"、第八章"裁判文书说理的评价方法"回答"怎么说"。

杨贝副教授在该书中从法理层面对这三个问题做了较为深入、系统地分析与论证，令人印象深刻。此处仅举三例：

其一，有关说理局限性的论述。论者指出，作为说理的基础理论，法律论证产生于法律决定的正当性面临危机、传统的法律方法遭遇“瓶颈”的背景，使其背负了过高期待，同时从“说理并不保证判决正确尤其是唯一正确”“说理不能形成绝对共识”“说理不能达至普遍说服”三个方面论证了说理的有限性。

其二，有关证据事实说理的论述。论者在区分证据事实与裁判事实的前提下指出，证据事实是指人们基于证据作出的关于案件的陈述，亦系由对证据的描述出发经由合理推导形成的对事实的陈述；从法学方法论来看，只有证据事实才是规范观照的对象，证据事实决定了可适用的规范的范围，限定了裁判事实建构的方向；从属性来看，证据事实具有描述性与可验证性，前者强调证据事实应当以对证据的外显信息的描述为主（描述证据的命题与证据之间没有任何假定），后者指证据事实必须能够被还原为能由证据加以验证的白描式的叙述，亦即能被还原出不可动摇、不可定义的基始陈述；从建构来看，证据事实的建构是一个经由对证据的描述推导出对案件事实的描述的过程，是一个从基始陈述的命题推导出陈述整个案件事实的命题体系的过程，应当采取客观真实论与法律真实论之长的同时借鉴语言学的视角与方法。证据事实的说理主要包括关于证据是否采信的说理和基于证据作出有限推理以得出证据事实的说理。

其三，有关说理的量化评价方法的阐述。论者将现有裁判文书说理评价思路归纳为质性评价与量化评价，并分析了各自的利弊，同时重点对“评审表模式”和“结构图模式”两种量化模式进行了阐述分析、对照比较，并预测智慧司法背景下运用相关量化评价方法来评价裁判文书说理的可行性、精准性及局限性。该书中类似于这样的有别于既有论著的相关论述还很多，容我不再全面罗列。就我本人而言，这些论述与我既有较长时期的对有关裁判文书说理的研究与认识相较，既有若干所见相同之处，让我心生“吾道不孤”之感，亦有诸多未曾涉猎或认知的地方，使我不时地为之“点赞”。例如，针对裁判文书说理的实证评价而言，我在即将出版的《刑事裁判文书说理》一书中有一段论述：

“如同上述刑事裁判文书说理的整体状况、变化态势欠缺大数据实证分析一样，学术和实务界对此种说理现状的形成原因及其机理亦缺乏全面、完整的调查实证研究，更多地停留在简单的‘原因素描’之上，例如，基层法院法官案件较多、工作压力大，没有足够的时间用于判决书的精细说理、审级较高的法院包括最高人民法院亦因办案任务重而影响对下指导审判工作的开展，进而给审判质量（包括说理）带来消极影响；判决书说理质量尚未纳入法官绩效考核范围，远没有受到像主审结案数、改判发还案件数、再审案件数、引发信访数次等指标那样的关注；受司法外部环境尤其是‘信访不信法’的群体心理等因素的影响，法官愿意采取‘少说为佳’的保守策略或者仅在审理报告中予以详说；判决书不载明文书制作者、不反映少数意见等惯常做法有碍法官个体说理积极性的发挥；①‘四要件’犯罪构成理论及其思维相比于‘三阶层’犯罪论体系及其思维而言，不利于刑事裁判文书的精致化说理；②最高人民法院相关部门下发的刑事裁判文书样式及其结构安排，亦存在不便于说理、易重复说理之处，需要作出相应的调整，③司法责任制转型阶段部分员额法官独立履职能力（包括文书制作和写作能力）尚有欠缺、绝大部分文书不再实行行政式逐级审核把关致使说理质量有所下降，等等。”

---

① 美国法院判决书，(1)除极少数例外，都由撰写判决书的个人署名，而不是审判庭署名；(2)多数意见、并存意见、反对意见并存的制度，激励法官们的竞争和对抗，更愿意表现说理才华和能力，更需花时间和精力去加强论证来提升判决对包括异议法官在内受众的说服力。参见苏力：《判决书的背后》，载《法学研究》2001年第3期。

② “德国波恩州法院关于哈逊姆·马斯洛依故意杀人未遂案的判决书”（参见冯军主编：《比较刑法研究》，中国人民大学出版社2007年版，第443～454页），首先是对定罪量刑的宣告，之后便是判决理由的详细阐释，具体分为“被告人背景调查—客观行为事实—主观心理事实—证据认定—法律评价（定罪）—法律评价（量刑）—司法处遇—诉讼费用承担”，环环相扣，细致而严密，严格遵循“事实判断先于价值判断、客观判断先于主观判断、形式判断先于实质判断、定型判断先于个别判断”的逻辑思维［参见孙智超：《中德两国判决书制作风格初探》，载《刑事法评论》（第33卷），北京大学出版社2013年版，第291～301页］。该判决书的定罪说理部分，具体运用德国三阶层犯罪构成要件体系理论，层次分明，论证严密，说理透彻。

③ 参见刘树德：《无理不成“书”——裁判文书说理23讲》，中国检察出版社2020年版，第19～52页；另见最高人民法院司法改革领导小组办公室编：《最高人民法院关于加强和规范裁判文书释法说理的指导意见理解与适用》，中国法制出版社2018年版，第170～193页。

最后，借用杨贝副教授的论著中出现的诸多“如果……那么……”说法[①]，如果说雷磊教授的论文《从“看得见的正义”到“说得出的正义”——基于最高人民法院〈关于加强和规范裁判文书释法说理的指导意见〉的解读与反思》（载《法学》2019年第2期）是首次以论文的形式对《释法说理指导意见》回应与评价，那么杨贝副教授的这一具有深度的法理学专著无疑是对《释法说理指导意见》的系统深究与提升。正是基于起草《释法说理指导意见》的因缘，我与杨贝副教授有了共同推进“学术与实务之间桥梁”架构的经历，进而基于此又有了最早的学习机会和这些粗浅的阅读心得。

谨此以为序。

刘树德

最高人民法院审判管理办公室副主任

2021年10月15日

① 例如，“如果说证据是一根根原木，那么仅仅堆放原木建立不起证据事实的木屋。如果说证据是一颗颗散落的珍珠，那么证据事实就是由这些珍珠串成的项链”“如果说以往的经验观察类似中医的望闻问切，那么量化评价就似西医操作的X光机”，等等。

前言

几乎所有的法官在写判决理由时,都遇到过一个灵魂拷问:说还是不说?不说吧,一是违反最高人民法院关于裁判文书说理的要求,有悖法官说理的基本义务;二是显得做贼心虚,好像没有道理似的。说吧,就怕哪句话不对,让人抓住把柄,无限放大,造成不良影响。“言多则失”的确不是空穴来风,是已被实证研究证明的说理魔咒。有人苦心劝告法官:“在判决书里绝不要附理由。因为你的判决可能正确,但理由一定会弄错。”①

这样一来,法官担心的其实是个三连击问题:说还是不说?说什么?怎么说?这三个问题时常困扰法官的裁判文书写作,在实践中,经常表现为各种说理不当或说理失范的问题。法官们煞费苦心地论述反招来误解、批评,法律界备受称赞的裁判思路有可能在网络上不受待见。难怪古人感叹,“天下事似易而实难者无过此矣”②!这是否意味着说理只会费力不讨好?那为什么又总有一些判决书得到交口称赞?个中缘由就在于能不能准确把握上述三个问题的答案。如何更好地回答这三个问题,正是本书的主题:裁判文书说理的规范与方法。

事实上,法学界对于裁判文书说理的研究由来已久,大部分研究被冠以法律论

① 陈新民:《公法学札记》(增订新版),法律出版社2010年版,第402页。

② 樊增祥:《樊山政书》,中华书局2007年版,第278页。

证之名。调研过程中，许多法官表示，他们曾经慕名翻开法律论证书籍，但很快就被各种运算符号、专业术语劝退，就此与这门钻研说理的学问失之交臂。本该大有作为的法律论证在说理实践中几乎默默无闻，是实务界的遗憾，更是理论界的遗憾。本书旨在架设法律论证理论与裁判文书说理之间的桥梁，将法律论证领域的研究成果转化为现实可行的说理规范与说理方法，为提升我国裁判文书说理水平提供智力支持。一言以蔽之，本书旨在充分尊重现行规范的基础上，借助法律论证理论的思想体系，回答法官为何说理、如何说理、说什么理等问题。

一、裁判文书说理的思想渊源

本书论及的规范与方法主要有以下四个思想来源：

(1)以修辞学为代表的欧陆的法律论证理论；

(2)英美国家的法律说理研究；

(3)我国传统的说理文化；

(4)我国现行的裁判文书说理规范。

欧陆的法律论证与英美的法律推理其实是一回事，都是指就某个法律决定给出理由以证明其正当性的活动。法律说理(legal reasoning；reason-giving)是英美法系国家常用的表述，常被译作法律推理。深受经验理性影响的英美法以判例为主要法律渊源，由于没有载明规则的制定法可供引用，法官在援引先例时必须就先例与本案的相似性，先例确定的规则等给出详尽的裁判理由。这一思维活动被称为说理，中国法律界在引入这一概念时，曾经重点关注获取结论的过程，故而译作推理；近年来，法律人关注的重点转向理由及理由的给出，因而多译为说理。这一概念在我国实务界广为应用。法律论证(legal argumentation)是大陆法系国家常用的表述。由于事实与规范之间存在许多不适应的情形，法官须就规范的选定、规范含义的确定等各项判断给出理由。在受先验理性影响的欧陆国家，法律人重点关注一项决定是否以及如何得到何种意义上的证成，侧重从学理上对法官的论述思路进行分析。从历史来看，法律说理作为一种实践，其历史几乎与英美法律史相当，而法律论证则是在第二次世界大战后，为了重建法律体系与社会伦理的关联，为法律决定的正当性寻求更坚实的价值基础而产生。

在移译西学的过程中，法律说理与法律论证因出自不同法系的文献而成为两个并立的术语。从语用学的角度看，在我国，说理多用于实务界，论证多用于理论界。究其实，二者指向同一种思维活动，都是为证成某一法律决定，为赢得人们对这一决定的确信而进行的努力。

在我国，作为概念的“说理”“论证”是“舶来品”；但作为语言实践的“说理论证”则是古已有之，是我国传统法律文化的重要组成部分。中国古代的判词中不乏条分缕析、情理并茂的上乘之作。中华人民共和国成立之初，司法机关就已充分认识到说理的重要性。1950 年 10 月 14 日，最高人民法院华东分院针对上海市高级人民法院请示发出的《关于纠正对反革命犯的轻刑倾向的指示》指出，仅说“前关犯罪事实已据被告供认不讳，自堪认定犯罪属实”，不从全盘情况去细心推研，借以明确罪责，这在判决的论证上，显然是空泛无力，不足以使人信服。[①] 进入 21 世纪以来，最高人民法院连续出台《关于加强和规范裁判文书释法说理的指导意见》（以下简称《释法说理指导意见》）和《关于深入推进社会主义核心价值观融入裁判文书释法说理的指导意见》（以下简称《价值观指导意见》）等一系列规范性文件，裁判文书说理被提到前所未有的高度，并开始获得专门指引。

就设计理念而言，《释法说理指导意见》第 1 条即提出裁判文书说理的目的是“让人民群众在每一个司法案件中感受到公平正义”“实现法律效果和社会效果的有机统一”。这一目标定位是对法律与社会的关系这一经典论题的有力阐释，它从裁判的角度重申社会认同之于司法的重要意义。归根结底，法律与社会的沟通在于人们对法律的认同。这种认同基于人民群众在司法案件中感受到的公平正义，它是裁判获得可接受性的重要来源。《价值观指导意见》的开篇也强调，该文件旨在“进一步增强司法裁判的公信力和权威性”。可以说，最高人民法院对于说理的基本定位是立足法律、面向社会。

---

① 参见刘树德：《无理不成“书”：裁判文书说理 23 讲》，中国检察出版社 2020 年版，第 7 页。

就价值传播而言,《释法说理指导意见》精准地选择通过裁判文书来承载设计理念,《价值观指导意见》则进一步明确通过裁判文书说理来"充分发挥司法裁判在国家治理、社会治理中的规则引领和价值导向作用",从而"努力实现富强、民主、文明、和谐的价值目标,努力追求自由、平等、公正、法治的价值取向,努力践行爱国、敬业、诚信、友善的价值准则"。这都是因为,正义不仅要实现,而且要能为人所感知。裁判文书的特性决定它是传递公平正义的最佳介质,是亮明价值观的灯塔。一方面,裁判文书承载着法律结论,是最受关注的法律文件。另一方面,裁判文书向全社会公开,它的受众之广、影响力之大令其他非规范法律文件无法企及。这让它成为释法说理的最佳平台。可见,裁判文书是司法面向社会的窗口,是社会公众了解司法价值观的主要途径。

就实施方案而言,《释法说理指导意见》《价值观指导意见》为实现前述设计理念做了合理、可行的制度安排。

其一,确立争议解决导向,让裁判机构由独白走向对话。过去,法官们在写作裁判文书时只需为自己的判决找到正确的法律依据。而今,法官们还需以令人信服的方式给出可以使判决正当化的理由。《释法说理指导意见》第 1 条即指出裁判文书应"发挥裁判的定分止争"的作用。这一目标确立了争议解决在裁判文书释法说理过程中的导向作用。《释法说理指导意见》第 5、7、8 条均突出了争议解决的重要地位,无论是事实的争议、举证的争议还是法律适用的争议,都要求法官进行回应并给出理由。第 7 条还要求法官"逐项回应法律争议焦点并说明理由"。

其二,阐明判决思路,让裁判过程由封闭走向开放。尽管裁判文书都会给出判决结果的法律依据,但不一定披露判决形成的思路历程。鉴于此,《释法说理指导意见》将"阐明裁判结论的形成过程"作为裁判文书说理的基本要求。《释法说理指导意见》第 3 条要求"围绕证据审查判断、事实认定、法律适用进行说理,反映推理过程",第 6 条要求采用推定方法认定事实时"阐释裁断的形成过程"。这些要求都是为了让社会公众了解判决作出的依据。这种开放的态度有两大好处。首先,能够促进公众认同。社会公众会因为这些信息的开放而加深对判决的理解并予以认同。其次，这些开放的信息给了社会公众更多的对话机会，公众在思考判决形成过程时有更强的参与感，有助于培养社会公众的法律思维和法治意识。

其三，丰富判决理由，让裁判依据由单一走向多元。说理是民主社会的公共话语形式。裁判文书说理也不外乎此。这意味着，裁判文书说理面向的应当是社会公众，而不只是当事人或法律专业人士。裁判文书说的理应当是能为社会公众理解的道理。为此，《释法说理指导意见》从形式与内容两方面作出规定。一方面，就理的形式而言，主要要求理的表达清晰、准确、规范。《释法说理指导意见》的第 2、11、12、15 条都就此作出规定。为方便理解，《释法说理指导意见》甚至在第 14 条中建议法官在必要的时候运用附表、附图等方法辅助表达。另一方面，就理的内容而言，《释法说理指导意见》并不拘泥于法律法规、司法解释，而是充分考虑社会价值、社会规范在赢得公众认同方面的重要作用。《释法说理指导意见》第 2 条提出"事理""法理""情理""文理"四理兼顾，前三理皆与内容有关却都不限于法律，甚至是法理也应包括"适用法律规范的理由"。第 13 条则明确将"公理、情理、经验法则"等列为依据。理由的多元化可以补足法律的局限性，为事实的建构、法律的解释提供更为充分的支持。相比法律专业知识，公理、情理、经验、常识等裁判依据更容易为社会公众所理解、认同，更能促进法律认知与社会认知的协调，进而实现法律效果与社会效果的有机统一。《价值观指导意见》更是专门就社会主义核心价值观的融入给出了具体方案。

此外，《释法说理指导意见》还充分考虑了方案的可行性。《释法说理指导意见》第 8、9 条分别列举了需要强化说理和简化说理的案件类型，《价值观指导意见》第 4 条列举了需要强化运用社会主义核心价值观的情形，这些规定都体现了繁简分流的基本思路，在不增加法官负担的前提下追求事半功倍的效果。《释法说理指导意见》第 16 ~ 19 条、《价值观指导意见》第 14 ~ 18 条则为裁判文书说理设计配套机制，以保障裁判文书说理的推行。

总体来看，《释法说理指导意见》旨在通过裁判文书说理，为司法搭建一座通往人心的桥梁，并就此进行了精心安排。《价值观指导意见》旨在通过裁判文书说理，占领引领社会道德风尚的战略高地，点亮传播社会主义核心价值观的灯塔。

简言之，本书将以修辞论证理论作为裁判文书说理的基本理论框架，广泛借鉴其他说理、论证理论的研究成果以及我国传统文化中的说理精髓，在融汇我国现行相关法律规范的基础上，拟定裁判文书说理的规范与方法。

二、法律论证理论是什么

第二次世界大战之后，为了重建法律体系与社会伦理的关联，为法律决定的正当性寻求更坚实的价值基础，法律论证应运而生。自 20 世纪 50 年代兴起以来，法律论证一度受到热捧成为显学。推陈出新的研究进路、丰富多样的研究成果有力地奠定了法律论证作为一门独立学问的地位。自 2002 年舒国滢教授移译德国学者阿列克西的《法律论证理论——作为法律证立理论的理性论辩理论》开始，短短十几年间，法律论证研究在我国已是炙手可热，①"法律论证"一词甚至成为法学论文的重要修辞。

如果放在历史、社会的视角下，很明显，法律论证的异军突起是时运所至。现代社会的三重特征决定了论证的必要性。首先，现代社会呈现"反权威""反中心"的解构主义特征。"在一个信任普遍匮乏的社会环境里，当人们普遍觉得难以信任他们本该信任的那些有地位、身份或权威者时（如官员、教授、医生、专家、神职人员），说理也就成为一个社会性的普遍问题。"②权威本身不足以成为人们行动的理由。法律机关需要就其法律决定给出法律理由，而不能仅凭其"机关"地位发号施令。其次，多元真理观已得到普遍承认。在法律领域，法律的"唯一正解"论也逐渐消解。真理的共存性与竞争性使得在某一法律决定作出时，不能仅仅因为宣称出自真理就要求被遵从，而必须给出理由以证明其最为合理。最后，现代社会是信息社会，信息的垄断被打破，信息共享的速度也在加快。同样，法律职业对法律知识

① 根据中国知网的数据，以法律论证为主题的学术论文于2003 年开始在核心期刊出现，自2005 年起，核心期刊年平均发表量为 10 篇左右，在堪称包罗万象的法理学研究中稳居一角。

② 徐贲：《明亮的对话：公共说理十八讲》，中信出版社 2014 年版，第 41 页。

的垄断也被打破,法律人不能仅凭其专业背景证成其论断。

20世纪六七十年代以来,网络通信等日益便捷的现代信息传播方式大大减少了人们获得信息的成本,信息的广泛传播在促进信息平权的同时,严重动摇凭借信息垄断而成为权威之人的地位。尤其是进入21世纪的自媒体时代,公共讨论空间不断扩大,越来越多的由公权力机构作出的决定需要接受公共讨论的检验。具体到法律领域,法律职业群体对作为信息的"法"的垄断被打破,司法判决也不再只面向当事人及其代理人,而是需要进入公共领域。在这一背景下,"法律决定在何种条件下具备正当性?""什么是支持某一法律决定的好的理由?"等问题进入了人们的视域,法律决定需要通过说理论证获得正当性,说理论证的重要地位由此凸显。

根据定义方法的不同,现有关于法律论证的定义大抵可以归为两类:一类采用传统的"种加属差"定义法,另一类则采用问题定位法,通过汇集法律论证的问题域来确定概念。前一类较为普遍,但定义之间的差异也很明显;后一类虽然少见,定义却相对接近。

以下是几种较为典型的"种加属差"定义:

(1)"法律论证是指通过提出一定的根据和理由来证明某种立法意见、法律表述、法律陈述、法律学说和法律决定的正确性与正当性的活动。"①

(2)"法律论证被认为是旨在解决纷争的批评性商谈的一部分。"②

(3)"法律论证,乃法官用以将其对某一案件之判决证明为当,以及制作说理以使争讼两造信服的方法。"③

(4)"论证是一种社会的理性的言词活动,在理性的裁判面前,通过提出一组主张就某个有争议的观点进行证成(或反驳),旨在增强(或削弱)该观点之于听众

① 葛洪义:《法律方法讲义》,中国人民大学出版社2009年版,第201页。

② [荷]伊芙琳·T.菲特丽丝:《法律论证原理——司法裁决之证立理论概览》,张其山等译,商务印书馆2005年版,第6页。

③ 廖义铭:《佩雷尔曼之新修辞学》,唐山出版社1997年版,第348页。

或读者的可接受性。”①

(5)“论证是用某些理由去支持或反驳某个观点的过程或语言形式,通常由论题、论点、论据和论证方式构成。”②

以上定义只是众多定义的冰山一角。不难看出,各路学者对于法律论证的“种”与“属差”莫衷一是,采用一家之言难免“只见树木,不见森林”。因此,有学者呼吁放弃传统的定义方法,“与其尝试去汇集罗列各种法律论证理论的特有思想倾向,不如去划定出其共有的问题视域。而论者关于法律论证理论进路所表现出的各种理论关心及其间的差异,不但不影响法律论证理论的有效性,反而反映出‘法律论证’此种法律人理性实践言说活动所具有的多样性格和开放性格”。③

为了涵括尽可能多样的研究进路和理论观点,为裁判文书说理提供尽可能广泛的智力支持,本书倾向于从问题的角度界定法律论证。尽管研究角度和研究方式有所不同,但所有的法律论证研究者都秉持着相同的问题意识:如何使人们确信某一法律决定是正确或正当的。这正是所有的研究都可以归入法律论证范畴的根本原因。可以说,法律论证就是使人们对法律决定的正当性产生确信的活动。无论是法律论证理论还是法律论证实践,都是为寻求法律决定的正当性而作出的努力。因此,法律论证理论能够帮助法官了解,如何使受众确信其判决是正确或正当的。

三、法律论证理论可以做什么

法律论证理论涵括一定的问题域,这些问题包括“法官可以何种理由(或不可以何种理由)支持他的判断;是否他可以考虑除了直接关涉法律(文义)或立法者

---

① Frans H. van Eemeren & Bob Grootendorst et al., *Fundamentals of Argumentation Theory: A Handbook of Historical Backgrounds and Contemporary Developments*, 1996, p. 5.

② 陈波:《逻辑学是什么》,北京大学出版社 2002 年版,第 42 页。

③ 张钰光:《法律论证与法律解释方法——形式逻辑学批判》,载《浙江大学法律评论》,中国社会科学出版社 2003 年版。

意志之外的其他论据;如果可以的话,是否在不同理由之间存在顺序;等等”①。回到本书的关注点,法律论证理论可以回答困扰法官的三连击问题:说还是不说?说什么?怎么说?全书结构如图 0-1 所示:

- 裁判文书说理三大问题
  - 说不说
    - 宏观层面的分析——第一章第一节、第二节、第三节
    - 微观层面的分析——第三章第一节、第三节
  - 说什么
    - 理由的定义——第二章第一节
    - 理由的基本分类——第二章第二节
    - 特殊类型的理由——第二章第三节
  - 怎么说
    - 说理的对象——第一章第四节
    - 说理的规范——第三章第二节、第四章
    - 说理的方法——第五章、第六章、第七章
    - 说理的评价——第八章

图 0-1　本书结构

（一）如何回答说还是不说

“说还是不说”的问题可以分为两个层次,一是宏观层次,就制度设计而言,针对某一类或某一个判决,说还是不说?二是微观层次,就具体的某个理由而言,说还是不说?法律论证理论对这两个层次的问题都做了回答。

在宏观层次,法律论证的出现本身就是对问题的回答。作为一种寻求正当性的活动,法律论证预设的前提就是正当性需要证成,而证成的过程就是给出理由的过程。法官判决的正当性最终取决于法官给出的理由,因此,在制度层面,法官必须说理。本书第一章“裁判文书说理的基础理论”着重从法律论证的视角分析法官为什么要说理?从哲学、社会学、法学等多学科的角度论证法官说理的必要性。具体到某一类或某一个案件的判决要不要说理的问题,可以参考本书第四章关于繁简分流的讨论。

在微观层次,法律论证理论关注的许多主题都旨在解决具体情形下,说不说某

① [德]乌尔弗里德·诺伊曼:《法律论证学》,张青波译,法律出版社 2014 年版,第 4 页。

个理由的问题。首先,就论证负担而言,法律论证理论关注的是当某人提出某个论断 T 后,他是否需要就 T 给出理由。本书第三章主要讨论该问题。其次,就内部证成与外部证成而言,法律论证理论关注的是是否需要就某个法律规范的正当性给出理由。相关讨论集中在本书第五章,其余各章也有涉及。最后,就论据的证明力而言,法律论证理论关注的是该论据是否可以为其支持的论点提供必然、充分的支持。本书第二章"法官的理由"在分类介绍各类理由时,将仔细甄别理由与观点、依据等的区别,辨明不同类型理由的证明力,从而为法官回答说还是不说的问题提供帮助。

(二)如何回答说什么

法律论证关于论据或论证用的素材的研究,都是在回答说什么的问题。

法律论证首先关注的是论据的定义,即如果命题 T1 要成为命题 T2 的论据,需要具备什么样的条件?本书第二章第一节首先给出理由的定义,并将理由与依据、原因等区分开来。其次根据理由的内容、属性、证明力等因素盘点主要的理由类型,并就实践中较常出现问题的几类理由展开重点论述。第二章第二节根据理由的定义、论证的特性,结合实践中较常出现的问题,厘定说理的边界。

(三)如何回答怎么说

论证方法一直是法律论证的研究重点。本书第三章至第八章均试图回答怎么说的问题。

第四章"裁判文书说理的原则"从我国司法实践出发,在凝聚各家论证理论的共识的基础上,提炼出繁简分流、争议导向、相关为要、要件为线、情境主义五项原则。

第五章、第六章分别依循逻辑、修辞的进路梳理主要的论证方法。逻辑方法主要指前提与结论之间存在可靠关联的方法,修辞方法则主要指以受众为中心的论证方法。

为方便读者熟悉逻辑方法的运用场景,第五章主要结合法律判断的形成过程来介绍各个环节可能涉及的说理方法。第一部分涉及法律规范的建构,通过与建构法律规范常用的法律解释、法律推理、法的续造等方法的结合，剖析这些方法在应用过程中的说理要点。第二部分涉及法律事实的建构，重点分析证据事实、裁判事实形成过程中需要注意的说理要点。

鉴于中国读者对修辞学已有成见，第六章第一部分首先澄清西方古典修辞学与法律论证的渊源，并总结修辞论证理论的基本立场。第二部分介绍结合与分离、比喻、省略三段论这三种常见且有效的说理方法。第三部分从修辞论证的立场出发，在辨明情感思维的含义、证明法官运用情感思维的正当性之后，结合案例展示情感思维的作用。第四节讨论的法官后语是具有中国特色的法律创造，它们不是裁判文书说理的必然组成，但通常能够更好地起到说服的效果。

第七章“裁判文书说理的写作指引”以裁判文书写作的实际过程为线索，将裁判文书说理写作的全过程析分为立意、布局、选材与表达四个环节。第一部分针对立意环节，提出确定核心观点、明确主要对象两项要求。第二部分针对布局的注意事项凝练为两点：论点的出场顺序与篇幅安排。第三部分结合各类素材的特性探讨取舍标准。第四节从思路、理由、文字三个方面阐述表达的注意事项。

第八章“裁判文书说理的评价方法”虽然不直接回答怎么说的问题，但它通过揭示评价说理的方法，间接引导法官掌握说理的要点。第一部分“质性评价”可以让法官了解同行、社会公众在评价个案判决时的主要关注点。第二部分“量化评价”可以让法官、法院了解能够普遍适用的评价方案，将法律论证的要求转化为具体、可操作性的评价规范。

由上可见，法律论证理论研究的正是裁判文书说理的基础问题。本书将以法律论证理论为依托，将法律论证领域的既有共识转化为裁判文书说理的规范与方法，以期为我国的司法裁判实践提供智力支持。在构建裁判文书说理的基本框架的同时，结合实践中最常出现的问题，以及备受社会关注的典型案例，阐明裁判文书说理的原则与方法。

目录

第二章 法官的理由

第三章 说理义务的分配

第六章 裁判文书说理的修辞方法

第七章 裁判文书说理的写作指引

第一章

裁判文书说理的基础理论

法律论证的研究大致可以分为自上而下与自下而上两种进路。自上而下的研究始于先验的(合)理性,据此建构相应的论证规范以获取正当性。这一类研究也可称为规范研究,其以德国学者阿列克西的法律论证理论为典型代表,这些研究使现实生活中的论证实践获得可评价性。自下而上的研究始于现实层面对说服规律的总结,将规律升华为规范,并形成具有经验色彩的正当性概念。这一类研究也可称为经验研究,其以比利时哲学家佩雷尔曼的论证理论(新修辞学)为典型代表,这些研究可使正当的法律决定在实践中更易为人接受。前一种进路能够使判决获得正当性,后一种进路能够增进社会公众对判决的接受与认同。本书将综合这两种进路的论证理论,在确保判决获得正当性的同时,促进判决在实践中获得尽可能广泛的认同,实现法律效果与社会效果的统一。

一、法官为什么要说理

自20世纪末以来,传统上拒绝在裁判文书中给出理由的大陆法国家,如丹麦、瑞典、意大利等都已开始司法改革,要求法官在重要案件的裁判文书中给出判决理由。这些改革充分说明,法官说理是大势所趋。这个趋势根源于人们对真理、正义、法律、法治的看法发生重大转变,司法的职能与法官的角色发生深刻变化。

(一)法治与说理

公元前326年,亚里士多德在《政治学》一书中首次给出了法治的定义。他认为,"法治应包含两重意义,已成立的法律获得普遍的服从,而大家所服从的法律又应该是本身制定得良好的法律"①。2000多年过去,后世学者的理论几乎都可以视作亚氏定义的深化与发展:"普遍服从"理论蕴含着"法律至上""法律面前人人平等"等法治理念;良法思想则提出了对法律内在品格的要求,这包括以理性为基础,反映公众意志,保护个人的基本权利,限制公权力的滥用等。这一现状表明,法治有着稳定的思想内涵,这些内涵可以概括为法治的四个维度:民主之治、理性之治、规则之治与制权之治。这四个维度都指向了说理。可以说,法治就是理由之治。法治与说理之间存在必然联系。如果一个法律体系的决定没有公开、清楚有力的理由支持,那么这一法律体系就会被认为不符合法治。②

1. 说理是民主之治的基本要件

民主是法治的逻辑前提和现实基础。③ 一方面,民主对公民基本权利的重视以及对公众意志的反映可以在一定程度上保证法律的良法品质。另一方面,民主作为现代社会公认的治理方式,可以为法律提供正当性基础,使其通过民主获得合法性。实践亦已证明,民主是获取良法并使良法得到普遍遵循的可靠途径。只有民众认同为合法的东西,民众才会把它转化为内在的行为规则而去自觉遵守和维护,法律的价值才能充分实现。没有民主的法治不过是一条通往奴役之路。④ 可

---

① [古希腊]亚里士多德:《政治学》,吴寿彭译,商务印书馆1997年版,第199页。

② 参见[美]玛蒂尔德·柯恩:《作为理由之治的法治》,杨贝译,载《中外法学》2010年第3期。

③ 古往今来,关于民主的定义层出不穷、纷繁复杂,如民主理论的集大成者罗伯特·达尔所言,"各种民主思想,犹如一片巨大的、无法穿越的灌木丛"。想在这片丛林中寻找明确的答案并非易事。可以确定的是,尽管人们对于民主的定义各不相同,但对于民主的理解大体可以分为实质民主与程序民主两个类型。就实质民主而言,民主必然涉及公众对政治事务的有效参与,必然涉及对公民基本权利的保障;就程序民主而言,民主应当为公众参与政治事务提供平等、开放的途径。

④ 参见高鸿钧:《通过民主和法治获得解放——读〈在事实与规范之间〉》,载《政法论坛》2007年第5期。

见，现代法律的合法性基础不能缺少民主的内涵。正如卢梭所言："法律只不过是社会结合的条件。服从法律的人民就应当是法律的创作者，规定社会条件的，只能是那些组成社会的人们。"①因此，法治首先应是民主之治，应以遵循公众意志为基础要件。然而，公众意志的形成与确认的问题迄今都没有令人满意的答案。

长期以来，各民主国家的政治决策制度基本以富有效率的多数制为基础。然而，多数制所隐含的盲目服从、极端倾向以致压迫与强制等问题越来越引起人们的担忧。自20世纪90年代以来，协商民主成为主流政治理论，罗尔斯、哈贝马斯、吉登斯等思想家均是协商民主的支持者。协商民主有时也被称为共识民主，它被视为民主制度在当代社会的新发展，与传统地实行简单多数原则的多数民主相对应。作为一种政治实践，协商民主能够保持最大限度的宽容，能够为多元主义社会的形成提供有力保障。因此，协商民主已成为大多数民主国家的普遍做法，最大限度地共识成为民主决策获得正当性的依据。在此背景下，法治的民主维度不能偏安于旧有的多数民主制，而应更多地汲取协商民主的内涵，扩大法治社会的共识基础，为法律的制定与执行提供更为坚实、广泛的社会基础。这样一来，协商民主提出了比多数民主更高的说理需求。说理不仅能促进共识，还能防范多数人的暴政。

首先，说理是一种公共话语形式，是公众参与治理的重要途径，能够为人们提供自由、平等地参与讨论的机会。"说理是释放一种理解、尊重、不轻慢对方的善意，让彼此变得温和而有理性。说理可以使双方走到一起，搁置在具体问题上的争议，共同营造一个平和而有教养的公民言论空间。"②

其次，说理能够促进实践性共识。实践性共识是民主社会得以协调行动的基础，而说理则是达成实践性共识的主要方式。说理既不是简单地以滔滔雄辩迫使听众三缄其口或随声附和，也不是以华而不实的言辞蛊惑、骗取受众的同意，而是希望在受众了解真实情况的前提下，获得受众发自内心的认同，因为只有这种认同才能指向行动，只有能够转化成行动的共识才是实践性共识。

---

① [法]卢梭：《社会契约论》，何兆武译，商务印书馆1980年版，第52页。

② 徐贲：《明亮的对话：公共说理十八讲》，中信出版社2014年版，第107页。

再次,说理能够防止专断。专断是民主的对立面。民主与专断的核心区别就在于权力的行使是否受理由的约束。“不论官方决定的理由是什么,只要公民愿意,他们必须能够就每一个正当性理由进行争论并提出相反论据,主张这一理由不能成为得出决定的依据将成为可能。”①

最后,说理能够防范多数人的暴政。说理本身就是民主的产物,它容许人们提出不同见解、答案或结论,讨论的过程是不断扩大共识的过程。在讨论的过程中,少数人有可能改变看法,加入多数人阵营;多数人也有可能修正立场,以争取更多共识,由此避免简单多数导致的暴政。

2. 说理是合理性之治的根本诉求

理性是法律固有的品格,也是法治的内在规定性。理性法治不只体现为法律具有一般性、公开性、可预测性等形式理性特征,也体现为它对基本人权的保障,对公平、正义的恒定追求。长期以来,以绝对的理性主义为基础的理性观主导着人们对法律和法治的认识。人们相信,理性可以支撑一个自洽而完善的法律体系,可以保证法治的良好运转。然而,20 世纪的两次世界大战以及和平时期的生态危机、资源危机、人口危机等都暴露出了理性的缺陷。潜流的文化危机与社会、政治、经济危机相遇,其产物就是“理性”的危机。② 在西方哲学从“理性”转向“合理性”的同时,法学家们也看到了理性法治转型的必要性。

法学作为一种实践性知识,应当以对人性的全面了解为基础。片面关注人的理性,忽视情感、信仰等非理性因素对人的影响,容易造成法律理论、法律规范与现实的脱节。需要明确的是,虽然合理性是对传统理性的批判,但并不是对理性的彻底否定和抛弃,“其目的在于消除理性的至高无上性和绝对性,恢复对于理性的正确理解,使之回到其应有的合理地位”。③ 因此可以说,合理性是理性的升级版。合理性主要指具有一定理由或者合情合理,合乎特定历史环境中的理性,它主要对

---

① [美]玛蒂尔德·柯恩:《作为理由之治的法治》,杨贝译,载《中外法学》2010 年第 3 期。

② Michel Meyer, *Problematology and Rhetoric*, in James L. Golden and Joseph J. Pilotta, eds., Practical Reasoning in Human Affairs, D. Reidel Publishing Company, 1986, p. 120 - 121.

③ 欧阳康:《合理性与当代人文社会科学》,载《中国社会科学》2001 年第 4 期。

应现代意义的 rationality 及 reasonableness。完善的理性法治应当以合理性作为基础,而合理性就其内涵而言与理由不可分割。

理性强调普遍性、一致性,只认可单一真理,与之相对,合理性接受多元性、特殊性,认可多元真理。合理性要在多元主义的基础上解决真理的竞争,要根据情境的特殊性判定正义与否,这都只能通过说理完成。随着法治理性基础的变化,以独白方式作出的作为理性化身的法律决定不再能被人们接受。与公共领域的其他决定一样,法律决定的作出需要给出相应理由。给出理由才能使法律决定获得正当性,合理性之治在很大程度上就是理由之治。

3. 说理是规则之治的有力保障

无论是自然法学者还是实证法学者,无论是程序法治的主张者还是实质法治的主张者,都不会否认法治应当是规则之治。所谓规则之治强调的是法律的至上权威与对法律的普遍遵循。然而,法律远不是自给自足、尽善尽美的,法治绝不简单等同于法律的制定与适用。由于法律规则存在一般性、滞后性、不确定性等自身难以克服的局限性,严格遵循法律可能导致与实质正义的冲突,从而背离法治对正义的追求。

为了补正成文法的不足,古希腊人提出了衡平(epieikeia)的概念。Epieikeia 的核心意思是"合理的"。根据亚里士多德的论述:衡平是对法律的必要补充,旨在保障个案的实质正义;衡平是更高层次的法,但没有具体确定的规则可循。[①] 完善的规则之治是法律与衡平的完美结合,而衡平在产生之初即通过说理的运用而实现。修辞学是古希腊智者钻研说理的学问。[②] 在古希腊,教授修辞学的智者比亚里士多德更早提出衡平思想。[③] 正是在智者学派代表人物——高尔吉亚的一篇题为 *Epitaphios* 的演说辞中,人们首次看到了"衡平"一词。甚至有学者认为,衡平是智

---

① 参见《尼各马可伦理学》,苗力田译,载《亚里士多德选集:伦理学卷》,中国人民大学出版社 1999 年版,第 124~126 页。

② 关于古希腊修辞学的介绍可参见本书第五章第一节。

③ Erik Wolf, Griechisches Rechtsdenken II: Rechtsphilosophie und Rechtsdichtung im Zeitalter der Sophistik, Frankfurt am Main: Vittorio Klostermann, 1952, S. 67.

者学派为了能在法律诉讼中说服法官而人为制造的概念。[①] 可以看到,作为说理的学问,修辞学的任务之一就是矫正法律的僵化。

近代以来,法律规则自身存在的局限性日益明显,由此导致法官在司法过程中有可能面临无法可依或有法难依的困境。对于无法可依的情形,有关法律漏洞填补的方法可予解决;对于有法难依的情形,除了法律本身非正义的情形之外,法律解释、法律推理等法律方法也可予以解决。[②] 然而,无论哪一种方法的适用最后都需要说理(详情可见本书第五章),说理是将受众对于前提的接受转换为对于结论的接受,从而有力地保障法律决定的合理性,进而补正严格意义的规则之治存在的缺陷。

4. 说理是制约权力的重要手段

法治的目的在于通过权力尤其是公权力的合理运用来保障公民权利,特别要确保政府权力的使用由事先规定的规则决定并受其限制。[③] 法治的要义就在于,既能充分地利用国家权力促进和保障公民权利,又能防止国家权力的滥用和腐败。在对权力进行制约的过程中,主要存在两种思路,或是通过权力之间的相互制衡,或是对权力施以外在约束。前者旨在用权力制约权力,人们“可以在整张整张的羊皮纸上写满种种限制措施,但是惟有权力才能限制权力”。[④] 后者则是以公民权利作为公权力行使的界限,通过程序对公权力加以限制,即无论何种权力的行使都必须遵循正当法律程序。无论采用何种思路,说理对于权力制约的实现都有着重要意义。

一方面,理由是公权力之间角力的利器。在法治社会,权力制约通过遵循程序的理性协商而非暴力对抗来实现。权力与权力之间的较量更多的是在语言空间展

---

① Harald Meyer-Laurin, Gesetz und Billigkeit im attischen Prozeß. Weimar: Hermann Böhlaus Nachfolger, 1965, S. 47ff.

② 在法律本身非正义这一极端情形下,矛盾的解决往往需要借助法律外的资源才可解决,因此不列入本书讨论范围。

③ 参见[英]弗里德里希·奥古斯特·冯·哈耶克:《通往奴役之路》(修订版),王明毅等译,中国社会科学出版社1997年版,第82页。

④ [美]汉斯·J. 摩根索:《国家间的政治》,杨岐鸣等译,商务印书馆1993年版,第224页。

开。即使是最早给智者冠以恶名,对修辞学极尽攻讦的柏拉图也承认,修辞学“是附属于政治学的技术”①。他和亚里士多德都认为,运用修辞术说理与诉诸暴力一道都是政治行为的基本方式。在亚里士多德看来,不知如何用身体保护自己的人和不知如何用言词进行斗争的人一样都是可耻的。② 他们都认识到,言语本身就是一种力量。一旦人们掌握了言语的力量,就获得了更多的实现其个人意志的可能性。说理就是赋予人们言语的力量。

另一方面,说理是公共领域限制公权力的武器。公权力之间相互制约固然是限制权力滥用的有效途径,但它无法阻止公权力的共谋。从托克维尔到阿伦特再到哈贝马斯,已经有越来越多的思想家意识到公共领域的限权作用。公共领域是建立在国家和社会相分离的基础上,由社会公众对国家权力进行理性批判、对公共事务进行自由讨论和意见表达而形成的公共空间。它的主要载体是报刊、电视、出版和网络等媒介平台,它所形成的公众舆论和价值导向,构成了国家权力运行的合法性源泉和社会基础。③ 公共领域的作用原理就是通过创造一个平等、包容的商谈环境,使人们能够就公共事务自由地发表见解,从而起到影响、监督政府决策的作用。这一过程就是说理的过程。离开说理,公共领域将失去意义。

(二)司法与说理

作为社会正义的最后一道防线,司法总是备受关注。司法的目的、职能决定了说理是司法活动的重要组成部分。说理不当的判决书不仅会削弱判决定分止争的功能,还会严重损害司法的公信力与权威性。鉴于司法的重要地位以及说理之于司法的重要意义,一些国家的宪法专门就裁判文书应当说理作出规定。例如,《比利时宪法》第 149 条规定,所有判决都应给出充足理由;《荷兰宪法》第 121 条规定,判决必须明确其依据的理由。德国、日本、韩国等国的诉讼法都将判决理由作为裁

---

① Romain Laufer, *Rhetoric and Politics*, in Michel Meyer ed., From Metaphysics to Rhetoric, Kluwer Academic Publishers, 1989, p. 184.

② See Romain Laufer, *Rhetoric and Politics*, in Michel Meyer ed., From Metaphysics to Rhetoric, Kluwer Academic Publishers, 1989, p. 184.

③ 参见马长山:《公共领域兴起中的法治诉求》,载《政法论坛》2005 年第 5 期。

判文书必须记载的内容。我国《民事诉讼法》第152条明确规定,“判决书应当写明判决结果和作出该判决的理由”。这些理由包括“(一)案由、诉讼请求、争议的事实和理由;(二)判决认定的事实和理由、适用的法律和理由”。

1. 司法目标的实现离不开说理

司法从来不只是法律的适用。从历史上看,司法的出现远远早于法律。研究希腊史的学者们发现,早在德拉古制定最初的成文法之前,荷马及赫西俄德的诗中就已经有关于审判和判决记录的记载。根据希罗多德的记载,美地亚的第一任国王戴奥凯斯(Deioces)最初只是一介平民,只因能言善断,总是被人们选来裁断自己的纠纷。[①] 从这段历史可以看出,在当时的司法环境下,对法官的主要要求不是他了解法律,而是了解社会的行为规则。他要像社会其他成员一样了解这些规则;但更重要的是,他必须具有找到一个以这些规则为基础,且双方都认为公正或者都被说服接受的解决方案的智慧。[②] 从词源上看,司法的内涵也不只是适用法律。英语的“司法”(justice)和德语的“司法”(die Rechtsprechung)都源于“正义”(justice, das Recht)[③]、“公正”(just, die Gerechtigkeit)而非“法律”(law, das Gesetz)。这说明司法的职责与其说是执行法律,毋宁说是实现正义。

现代社会,法律的局限性日益明显(详见本章第二节第一小节中关于法律规范为何需要建构的论述)。法律的局限性使法官面临两个困境:无法可依,有法难依。一方面,在包括法律在内的信息可以便捷获取的现代社会,旧有的凭借信息垄断而树立的权威在现代社会式微,法官们的判决会面临一系列追问:判决的法律依据是什么;为什么选择这一法律规范而不是另一法律规范;为什么如此理解这一法律规范;等等。另一方面,法律已不足以成为判决的正当性理由。“为了实现法律秩序的社会整合功能和法律的合法性主张,法庭判决必须同时满足判决的自洽性和合

---

① 参见[古希腊]希罗多德:《历史》(上册),王以铸译,商务印书馆1959年版,第50~53页。

② See Michael Gagarin, *Early Greek Law*, University of California Press, 1986, p. 23.

③ Recht 本身也有法律的意思,但它通常与制定法 Gesetz 对应,是指客观的法。

理的可接受性这两个条件。”[1]法官在证明判决的正当性时不能只是“说出法律的嘴巴”(孟德斯鸠语),还必须提供正当性依据,这些依据能否为判决提供正当性支持取决于说理。“‘正确性’意味着合理的、由好的理由所支持的可接受性。”[2]

2. 司法效果的实现离不开说理

如果从社会治理的角度反观法治与司法,那么很明显,司法效果不能只满足于法律效果,必须兼顾社会效果。这两种效果的实现都离不开说理。

就法律效果而言,法律效果是指法院通过审判活动,严格依照法律的规定处理具体案件所产生的客观影响和效应。法律效果强调在审判过程中法律被遵守执行,实现裁判的合法性,追求的是以是否符合法律规定作为司法公正的评判标准,体现为司法在法律层面上的正确性。[3] 即使仅就法律效果而论,法律规则的特性也决定了,从规则出发的合乎逻辑的演绎推理不足以保证判决正当:其一,规则具有不透明性。人们只能从规则中推导出具体行为的后果,但并不知晓规则本身蕴含的价值偏好。其二,规则内容的独立性。规则并不直接就特定的行为规定后果,规则的有效性与规则适用的结果需要分开证成。其三,规则具有不可传递性。不能由一般规则的有效性、正当性推导出具体结论的有效性、正当性。[4] 这些特性决定了,法律规则必须经由说理才能为法律决定的正当性提供支持。在这一过程中,说理通过权衡理由、辨明理由与结论的关系,确保判决的正当性可以回溯至具体的法律规范,从而使正当性由作为前提的法律规则传递至作为结论的法律决定。由此,说理是判决获得法律效果的必要条件。

就社会效果而言,社会效果是指社会公众及舆论对审判活动的评价、认可程度以及产生的影响和效应。司法应当“体察当今中国社会发展的国情状况、社情民

---

① [德]哈贝马斯:《在事实与规范之间:关于法律和民主法治国的商谈理论》(修订译本),童世骏译,生活·读书·新知三联书店2014年版,第245页。

② [德]哈贝马斯:《在事实与规范之间:关于法律和民主法治国的商谈理论》(修订译本),童世骏译,生活·读书·新知三联书店2014年版,第278页。

③ 参见刘峥:《司法裁判中的法律效果与社会效果》,载《人民法院报》2018年1月8日,第2版。

④ See Joseph Raz, *Reasoning with Rules*, in Joseph Raz, Between Authority and Interpretation, On the Theory of Law and Practical Reason, Oxford University Press, 2010, p. 203 - 219.

意，注重情、理、法的有效融合，尽可能地使裁判结果符合社会所公认的主流价值取向，得到广大人民群众的广泛认同和普遍接受”①。简言之，司法判决的本质是价值判断。司法如要获得良好的社会效果，就需要法官证明其价值判断与社会主流价值保持一致。从方法论的角度看，法官如要引入社会主流价值作为裁判的考量因素，就必须就引入社会主流价值的必要性、可行性、合理性进行论证。质言之，法官必须通过说理，将社会公众对主流价值的认同迁移至判决，这一迁移过程能否得到认同，就取决于法官给出的理由以及说理的方式。《释法说理指导意见》第1条提出，裁判文书说理的目标是“让人民群众在每一个司法案件中感受到公平正义”“实现法律效果和社会效果的有机统一”。这一目标定位是对法律与社会的关系这一经典论题的有力阐释，它从裁判的角度重申社会认同之于司法的重要意义。

更为基础的是，无论是法律效果还是社会效果，这些效果的取得都有一个条件，就是正义能被看见。“正义必须呈现出生动形象的外表，否则人们就看不见她。”②这意味着如果法官只是宣告“被告人犯罪手段残忍、情节恶劣，后果严重、民愤极大，应当依法从重判处”，这样的表述千案一面，让人无从知晓判断产生的依据，看不到正义形成的过程，无法对判决的正当性做出评价，法律效果、社会效果自然无从谈起。通过清晰地展示裁判理由，社会公众可以加深对判决的理解，从而增进对司法机关的信任。

3. 司法过程的运行离不开说理

美国法学家德沃金笔下有一位名叫赫拉克勒斯的法官，他总是能够凭借自己非凡的智慧从法律当中找到个案的“唯一正解”。在传统的真理符合论下，这样的完美法官是完全可能的。但在真理符合论遭到普遍质疑的当代社会，真理不再被认为是主体与客体相一致的认识，而是主体之间的共识。真理符合论在司法过程中的退隐，使判决的正当性基础发生重大变化。一方面，法律规范的含义并非客观

---

① 刘峥：《司法裁判中的法律效果与社会效果》，载《人民法院报》2018年1月8日，第2版。

② [美]哈罗德·J.伯尔曼：《法律与革命——西方法律传统的形成》，高鸿钧等译，中国大百科全书出版社1993年版，第69页。

存在，正确的法律解释不再是法官作出的与所谓的本意相符合的解释，而是能够为受众所接受的解释。另一方面，案件事实也并非是与真实发生过的案件完全一致的陈述，而是法官作出的能够为受众所接受的关于案件的陈述。

因此，法官在司法判决形成过程中的言语活动也从独白转向对话。作为真理共识论的代表人物，德国思想家哈贝马斯在批评赫拉克勒斯式的法官时引用了德国学者米歇尔曼的话，认为“缺了对话，赫拉克勒斯……是一个孤独者。他的英雄气太盛，他的叙事性建构是独白式的。他同谁也不交谈，除了通过书本。他没有照面者。他遇不上任何别人。没有任何东西能把他摇醒。没有任何对话者可以妨碍他的经验和看法的不可避免的偏狭性”①。这样的法官不仅需要天赋异禀的完美人设，还需要假设法律体系本身的自给自足、自洽圆满，否则唯一正确无从实现。

然而，自20世纪以来的社会科学研究都在确认，仅凭一己之力就能独撑司法正义的法官并不存在。且不提一个人能在多大程度上独立于社会因素的影响，仅只是法律与社会的关联就足以击破赫拉克勒斯式的幻想，更何况司法还需要实现社会效果。随着裁判文书上网公开，各种数据挖掘软件披挂上阵，判决受到前所未有的关注。如前所述，随着权威的式微，裁判文书不再是法官“诏告天下”的工具，而是法官与社会对话的窗口与平台。尽管许多法官都不愿承认，但越来越多的人认为法官造法是一个事实。“当提交给他们的案件难于根据现在规则解决时，他们便必须经常地超越依规范裁决和实际上创制法律之间的界限。”②法官们必须就自己对法律的理解与运用给出理由。这是社会公众判断法官是否滥用自由裁量权的重要依据。“要求法官阐释判决理由，便可使人们能够对其行使司法权的行为进行分析和评判，对其行使权利的行为进行监督和批评，以判断其是否根据理性的标准和社会共同体所普遍接受的正义观念的要求而作出；从而将司法者的自由裁断权限制在一个狭小的空间之内，保证和约束其不能随意滥用权力，防止对公民的自由

---

① ［德］哈贝马斯：《在事实与规范之间：关于法律和民主法治国的商谈理论》（修订译本），童世骏译，生活·读书·新知三联书店2014年版，第275页。

② ［美］埃尔曼：《比较法律文化》，高鸿钧等译，生活·读书·新知三联书店1990年版，第204页。

和财产权利造成侵害。”[①]

二、说理有什么用

随着裁判文书上网，裁判文书的辐射范围急剧扩大。几乎每一份裁判文书都在立足个案的同时面向社会、面向未来。由此，裁判文书说理具有直接后果和间接后果。直接后果是指对个案定分止争的影响，间接后果是指判决理由有可能成为裁判规则，特别是在案例指导、类案裁判制度确立后，判决理由的规范性得到确认。在应然层面，说理可以增强法律决定的正当性（可接受性）；在实然层面，说理可以使法律决定为尽可能多的人所接受。在宏观层面，说理可以增强法律体系对社会的适应性；在微观层面，说理可以使个案的论证获得可评价性，其他人可以根据法官给出的理由，就判决可否证成作出评价。

（一）证明判决的正当性

法律判断是法律人依据法律就特定问题给出的结论性判断，判决是法律判断的一种。描述法律判断形成过程的理论主要有推论模式和等置模式两种。[②] 推论模式主要是指法律判断依据三段论的思维模式形成，即以法律规范为大前提，以案件事实为小前提，法律判断经由小前提（案件事实）为大前提（法律规范）所涵摄而完成。在这一思维模式下，只要大、小前提确定，得出的结论就是唯一且确定的，它把法律判断的形成过程理解为一个简单、确定，具有必然性的过程。这个模式最大的问题是忽略了大、小前提的建构过程。随着信息时代的到来，普通公民只要“百度”一下就能找到自己关心的法律条文，就能通过微信、微博、抖音等各种渠道获取案件相关信息。得知法官依据《刑法》第264条判处许霆无期徒刑后，公众的质疑随之而来，“为什么适用刑法而不是民法？”“为什么适用《刑法》第264条？”“为什么将许霆利用ATM漏洞取款定性为盗窃？”“为什么一个平头百姓起点贪心判无期？为什么贪官贪了几个亿也就十几年？”这些质疑道出了判决形成过程中最为普

---

① 王合静：《民事判决理由研究》，法律出版社2016年版，第27页。

② 参见郑永流：《法律判断形成的模式》，载《法学研究》2004年第1期。

遍也最为核心的问题:法律与事实如何适应?

当摆汽球射击摊的赵春华涉嫌非法持有枪支,当为病友无偿代购救命药的陆勇涉嫌销售假药时,我们都能很清楚地看到法律与事实之间的不适应。学者们于是提出等置模式。等置模式认为,法律判断的形成过程是一个目光在事实与规范之间往返流转,以使案件事实与法律规范不断接近、以相适应的过程。根据等置理论,裁判个案所依据的法律规范与案件事实都不是一步到位、一成不变的,法律规范与案件事实都需要人为建构。在这一过程中,法官不仅要证明他对法律的理解、运用是正确的,还要证明他对案件事实的重构是正确、正当的。

1. 法律规范的建构需要说理

法律规范不可避免地存在以下局限性,它们导致在特定案件中适用某个条文并非理所当然,法官不仅需要阐明选择特定条文的理由、释明特定条文的含义,特殊情形下,还可能需要创造性地阐释、运用法律条文。

第一,法律的一般性。法律是对复杂的社会关系的高度概括,针对的是一般性的情况和事件。为了保证法律调整的有效性,事物的特殊性必须在一般化的过程中予以省略。然而案件却总是发生在错综复杂的现实生活中,总会呈现这样或那样被法律省略的特性。作为一种规范,法是普遍的、划一的。面对其要调整的具体而多种多样的社会生活,法有时会异化成为普洛克路斯忒斯之床。① 在普遍划一的模式底下,个案的特殊性被排除,而个案中的正义也往往随之被放逐。

第二,立法者的局限性。人不能脱离一定历史与社会而存在,对于处在特定时空环境下的立法者,其对世界的认识总会受到时间、空间、个人价值立场、知识背景等各方面因素的影响及限制。作为人类认识世界的产物,法律不可避免地具有因人类理性的有限性而导致的规范的有限性。法律条文有可能因为立法者的原因表述模糊、错误,甚至与现有法律产生冲突。

---

① 普洛克路斯忒斯是希腊神话中的一个恶魔。传说他在森林中经营一家旅馆,入住的客人都会被抓到床上量一量,太长了就用斧子砍去双脚,太短了就将身子拉长。结果,被他量过的行人没有一个不命归黄泉的。

第三，法律的保守性与滞后性。作为人类认识世界的产物，法律无法对未知的事情加以调整。因此，只有当事情发生以后，立法者才能确定是否需要加以调整。正如梅因所说："社会需要和社会见解总是或多或少地走在法律的前面，我们可能非常接近地达到它们之间的缺口结合处，然而现在却有一种重新拉开差距的永恒趋势。"①这是因为，在现代社会，立法程序日益精细、繁复，即使立法者能够同步意识到制定、修改、废除法律的必要性，将立法意图转化为现实也必须经过一定的程序和时间。因为稳定是一个与时间相关的概念，事物的稳定性主要依据其存续的时间来考察。正是为了追求这种稳定性，各国的立法法都就立法程序作了详尽的规定。这不仅强调了人们在立法时应有的审慎态度，也通过延长立法周期增强了法律的稳定性。但这样一来，法律往往不能及时对社会现实做出回应，难免相对滞后。

第四，语言的不确定性。自哈特提出法律的"开放结构"(open texture)以来，法律语言的不确定性已经得到学界的普遍重视。哈特认为，任何词和概念都具有核心意思，同时又都具有边缘意思。一个词主要的意思应当是明确的，但是在边缘地带，该词的意思则会产生模糊的"灰色地带"。如果每个词都有或多或少的模糊边缘或灰色地带，那么由词组成的条文也就会相应地产生模糊意思。② 根据刑法的有关规定，在抗拒抓捕时使用暴力，是盗窃罪或抢夺罪转换为抢劫罪的关键。此时，"暴力"一词存在的不确定性极有可能成为不当判决的直接原因。

第五，法律的非中立性或者说法律具有利益倾向。现代立法学说已经表明，法律并非客观中立的，而是特定人群意志的反映。由于现代的民主法治国家在保护弱势群体方面已经建立起相对完备的保护性制度，极端非正义的法律并不多见，但并非绝无可能。2007 年 8 月 28 日起生效的《德国移民法》的修订案无疑是法律具有利益倾向性这一论断的例证。③ 根据该修订案，来自欠发达国家或

---

① [英]梅因：《古代法》，沈景一译，商务印书馆 1959 年版，第 17 页。

② 参见[英]哈特：《法律的概念》，张文显等译，中国大百科全书出版社 1996 年版，第 124～135 页。

③ 该法全称为 Gesetz zur Steuerung und Begrenzung der Zuwanderung und zur Regelung des Aufenhalts und der Integration von Unionsbürgern und Ausländern，简称 Zuwanderungsgesetz。

地区的移民将因为语言、经济等原因受到入境及入籍限制。这一规定引起德国境内许多移民尤其是土耳其移民的强烈不满，直接原因就是修订案损害了这部分移民的利益。

这样一来，大家可以清楚地看到，法律条文并不一定能够理所当然地用于某个案件，法官应当就他的法律适用给出理由。（这也是现在的法律要求。）为了限制法官的自由裁量，法律方法的研究者们孜孜以求，对法律解释、法律推理、漏洞填补等做了精深研究。最终发现，方法的运用也可能只是法官的盲目飞行。[①] 为什么用某个方法，为什么以某种方式用某个方法仍然需要理由。本书第五章第一节将着重介绍关于方法运用的说理。

2. 法律事实的建构需要说理

法律事实是法官作出判决的事实依据，法律事实不等于案件事实。要了解法律事实的说理需求，首先要将案件与案件事实区别开来，其次要将法律事实与其他层次的案件事实区别开来。

正如事件与事实存在根本区别一样，[②]案件与案件事实也应该区别开来。案件是一个经验的存在，与过去的历史时空浑然一体，不可分割。案件事实是对案件的陈述，是用语言将案件从当时的时空中人为“切割”出来。作为存在的案件独立于人，作为陈述的案件事实却依附于人。

案件与案件事实既有联系也有区别。二者的联系在于，案件本身始终是案件事实的根基所在，是判断案件事实的终极依据。如果案件与案件事实在多数情况下不能达成一致或者不能让人相信达成一致，那案件事实“就会在制度和意识形态上失去其正当性，司法过程就会变质”[③]。可以说，案件在案件事实的建构过程中，“譬如北辰，居其所而众星拱之”[④]。然而，二者的区别也很明显，案件事实的真假并不全然决定于案件，而受制于法律、语言等要素。它们的区别与联系具体体

---

① 参见陈林林：《方法论上之盲目飞行——利益法学方法之评析》，载《浙江社会科学》2004年第5期。

② 参见舒国滢、王夏昊、雷磊：《法学方法论》，中国政法大学出版社2018年版，第262~267页。

③ 张志铭：《裁判中的事实认知》，载王敏远编：《公法》（第4卷），法律出版社2003年版，第3页。

④ 《论语·为政》。

现为:

其一,案件与案件事实的属性不同。案件是一种本体意义上的客观存在,案件事实则是人们对这一存在的认识。案件事实的本质是一种陈述。案件存在于哈贝马斯所说的“事态”世界,而案件事实则属于社会领域,通过语言呈现,存在于逻各斯当中。存在于“事态”世界的案件与世界浑然一体,不可区分。以于欢故意伤害案(以下简称于欢案)为例,该案于 2016 年 4 月 14 日晚间发生在位于山东冠县工业园区的山东源大工贸有限公司(以下简称源大工贸)。[①] 案件本身没有时间、空间的界限,如被害人杜某浩酝酿讨债方案的过程,案发时进出接待室的人员,以及在室外了解情况的警察等,所有的人物、行为、地点都深深嵌入整个世界。通过语言呈现的案件事实却可以泾渭分明的形式被分离出来。例如,案发的接待室只是源大工贸办公楼里的一间房,无法脱离其他房间独立存在。但我们在讲述案发过程时,却只需提及接待室,无须述及其他房间的情况。

其二,案件事实可以反映但不能完整反映案件。一方面,案件的实在性决定了案件被认识的可能性,也对案件事实的建构进行限定。“凡有接触,必留痕迹。”(罗卡定律)尽管案件无法完整重现人间,但作为案件组成部分的人、物、行为都可能留下痕迹。人的记忆、物品的留存以及行为留下的痕迹等都是指向案件的视窗。以于欢用刀捅刺受害人为例,尽管捅刺的行为一去不返,但刀柄上的指纹、刀刃上的血迹都在提供指示的同时,对案件事实的建构进行限定。无论如何,捅刺的行为都不可能被再现为刀和被害人之间的自动接触。另一方面,案件的一次性决定了案件事实无法得到自然科学意义上的完全验证。作为存在的案件永远是其所是,不会因为人们认识的改变而改变,不会受到人类认知的污染,永远为真。与春去秋来、日升月落等重复出现的自然现象不同,“每一个案件都只发生一次”[②]。由于时间的不可逆,案件被定格在一个凡人无法企及的时空孤岛。这使人

---

① 案情可参见山东省高级人民法院刑事附带民事判决书,(2017)鲁刑终 151 号。

② [美]史蒂文·J.伯顿:《法律和法律推理导论》,张志铭、解兴权译,中国政法大学出版社 1998 年版,第 14 页。

们无法通过反复地观察、验证来探究案件的全貌。语言的局限性也使得案件无法得到全息再现。①

其三,案件与案件事实的关系往往是一对多的关系。案件是本体意义上的存在,时空的唯一性决定了案件的唯一性。再现事实则不同,再现事实依附于再现主体,主体的多样性决定了案件事实的多样性。可以说,没有完全相同的案件事实。"一千个观众心中有一千个哈姆雷特",有多少认知主体,就有多少再现事实。在于欢案中,不只有各方当事人(包括于欢母子、催债一方、源大工贸员工等),还有后续的媒体(包括《南方周末》、《人民日报》、澎湃新闻网等)记者,他们对于事实的陈述都属于"案件事实",且存在相互矛盾的可能。

总之,事实是一种陈述。绝大多数关于事实的定义都指向认识论意义的事实,认为事实乃是对事物的某种实际情况、某物具有的某种性质或某些事物具有某种关系的一种断定或陈述。② 依据这些定义,事实的本质是陈述。由此,作为裁判依据的案件事实终究只是人们对于案件的一种陈述,并非案件本身。与客观自在的案件显著不同的是,案件事实系人为"创制",具有不可避免的主观性。如果说"事实是所与和意念的混合物"③,案件事实则是证据与意念的混合物。

作为一种陈述,案件事实不可避免地具有片面性和相对独立性。一方面,案件事实只是对案件的某些方面的反映。陈嘉映指出,事实是从已经发生的事情中截取出来用以说明解释和证明认识主体观点的陈述。④ 这是指认知主体有意或无意而为的片面。实际上,即使认知主体秉持中立的立场,竭力进行不偏不倚的论述,他也只能提供事实的某一个或几个角度。"用一种隐喻性说法,'事实'是人们从世界母体上一片片'撕扯'下来的。"⑤另一方面,作为陈述的案件事实虽然指向案

① 在林林总总的生活事实面前,语言常常显得贫瘠、匮乏。例如,没人能够全面再现当事人当时的心理活动,也无法准确描述所有物品的位置信息。

② 参见彭漪涟:《事实论》,上海社会科学院出版社 1996 年版,第 103 页。

③ 金岳霖:《知识论》,商务印书馆 1983 年版,第 741 页。

④ 参见陈嘉映:《说理》,华夏出版社 2014 年版,第 242 页。

⑤ 陈波:《以事实为依据还是以证据为依据?——科学研究与司法审判中的哲学考量》,载《南国学术》2017 年第 1 期。

件,但却不以案件作为评判标准。陈述作为一种言说行为,其评判标准依言说行为的性质而异。按照奥斯汀的分类,言说行为大抵可以分为描述式(constative)和施事式(performative)。前者涉及正确性,后者则涉及有效性。作为陈述的案件事实既包含描述式也包含施事式,二者的表述都可以借助语言学、逻辑学准则加以检验,但其反映的内容则适用不同的评价标准。前者是对证据的描述,这可以根据是否与证据相符进行验证;后者是对证据所反映的事实进行评价、判断,需要综合运用法律、逻辑、经验等多种因素加以评判。这些评判难以验证,只能通过说理加以证成。

作为一种特殊的陈述,案件事实还具有以下特性:其一,程序性。司法活动中的案件事实是在法定程序中作出的陈述,陈述的主体、时间、空间、内容等都有限定。在全国人大制定的现行有效的288部法律中,①"事实"一词共出现314次,涉及67部法律。其中,《民事诉讼法》《刑事诉讼法》《行政诉讼法》等程序法中共出现103次,占据涉"事实"条文的半壁江山。其他含"事实"条文中又有180次涉及司法、行政程序。由此,90%以上的涉"事实"条文指向法律程序。② 其二,程式性。司法活动是有目的、有组织的活动,为了以有效率的方式实现司法目的,案件事实的陈述往往有着程式要求。侦查机关、公诉机关、审判机关等在陈述案件事实时都须遵循相对确定的程式。随着司法程序的推进,越接近裁判依据的案件事实越具有程式性。③ 其三,规范导向。案件事实的建构是为了能与法律规范相对应。不论其目的是不是论证案件应由规范所涵摄,案件事实的陈述人都会努力使案件事实与法律规范的比较成为可能。规范或明或暗地成为案件事实陈述的框架。

鉴于案件事实的陈述是一种程序性活动,且司法程序的设计已经预设不同主体的陈述义务,案件事实可以区分为再现事实、证据事实与裁判事实三个层次。再

---

① 本数据截至2021年10月23日,参见《现行有效法律目录(288件)》,载中国人大网,http://www.npc.gov.cn/npc/c30834/202110/73d80450e4324fcc918f83b4797ed917.shtml。

② 以上数据均基于北大法宝的检索结果。

③ 例如,最高人民法院于2016年发布《人民法院民事裁判文书制作规范》,其中第3条第5款专就事实的写法作出规定。

现事实是诉讼活动中任一主体对于案件的陈述；证据事实主要为参与司法活动的法律人依据证据就案件作出的陈述；裁判事实为法官据以作出判决的事实依据。这三个层次逐级递进，层层包含。证据事实系特殊的再现事实，裁判事实则为特殊的证据事实。裁判事实又可分为程序性裁判事实与实体性裁判事实，后者即为我们熟知的法律事实。各层案件事实的关系如图1－1所示。

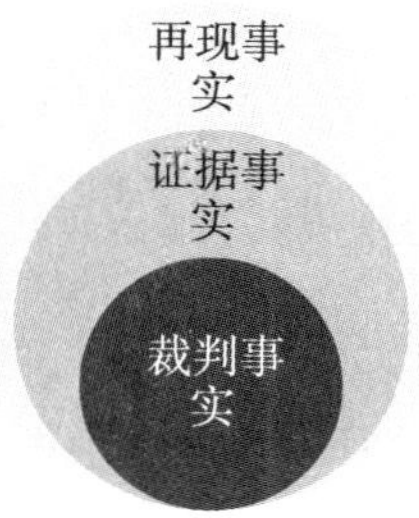

图1－1　各层案件事实的关系

以上论述表明，作为裁判依据的法律事实并非天然形成，而是人为建构的结果，因此有必要追问建构过程的正当性。在这三个层次的案件事实中，再现事实是当事人或证人就案件事实所做的陈述，它们有可能作为证据参与裁判事实的建构，但对于他们为什么会这样说，只有调查人员在取证时会问，一旦作为证据固定下来，就不再涉及此类追问。由于法律事实是实体性裁判事实，而裁判事实又是在证据事实的基础上经由法律评价形成，法律事实的建构涉及证据事实与裁判事实两个层次。由于这两个层次的案件事实都不是自然形成，无法免除人的主观评价，因此法官必须就这两个层次的案件事实的建构进行说理。（详情参见本书第五章第二节）

（二）赢得受众认同

说理不仅能使法律决定获得理论上或道义上的正当性（可接受性），也能在现实层面，使法律决定更容易为人接受。尽管道义上是否应当被接受与事实上能否被接受是两个不同层次的概念，并且判决的正当性并不来自事实层面是否被接受，但事实层面被接受、认同是判决取得良好社会效果的重要条件。说理可以在心理学、社会学层面增进受众的认同。

1. 说理能够增进心理认同

认同的实质是情感认同。认同是人们在社会生活中产生的一种情感和意识上的归属感。[①] 在涂尔干那里，社会认同更多地表现为一种集体意识，它是社会成员平均具有的信仰和感情的总和。[②] 司法判决要想赢得社会认同，就必须得到公众的情感认同。“努力让人民群众在每一个司法案件中都能感受到公平正义。”[③]可见，认同更多的是心理层面的情感反应。如本章开篇所述，自下而上的法律论证研究（主要是修辞学的研究）可以为判决赢得认同提供支持。

一方面，说理向公众表达了重视理由的基本态度，重视理由就是尊重听众，尊重容易引致认同。心理学研究业已证明，无论理由本身是否成立，给出理由都能使主张更容易被接受。哈佛大学兰格教授曾做过一个举世闻名的心理学实验，安排实验人员在排队使用复印机时插队。实验表明，如果实验人员向正在排队的人给出理由，无论这个理由多么微不足道，对方通常都会答应他的插队请求。在极端情形下，实验人员甚至只是冒用了给出理由的句式说道：“对不起，我能借用一下复印机吗？因为我有些材料需要复印。”这句话其实没有给出理由，但由于使用了“因为”字样也使人认为有理由存在。心理学家认为，这一现象根源于人类基于因果关系来认识世界的认知模式。[④]

另一方面，也是更为重要的，自下而上的法律论证研究（主要是修辞学的研究）总结了许多在实践中行之有效的说理方法，并总结了说服成功的基本规律以及有效说理的基本模式，可以为法律决定获得更多认可提供方法上的支持。

其一，法律论证总结了人们的思维习惯，借助心理学探究影响他人认知的心理

① 参见俞小海：《刑法解释的公众认同》，载《现代法学》2010 年第 3 期。

② 参见［法］埃米尔·涂尔干：《社会分工论》，渠东译，生活·读书·新知三联书店 2000 年版，第 42 页。

③ 中共中央文献研究室编：《习近平关于全面依法治国论述摘编》，中央文献出版社 2015 年版，第 67 页。

④ 参见［美］埃伦·兰格：《专注力》，徐佳译，中国人民大学出版社 2007 年版，第 7～8 页。

机制。在传统的法律论证研究中,心理学一直是不可忽视的角度。法律论证有关听众的研究通常涉及对听众的心理分析。亚里士多德在其《修辞学》中就已开始强调听众心理的重要作用,明确指出情感能够促使人们改变其判断。① 后世的修辞学家们一直秉持重视听众心理的传统,认为言说者应当关注、诉诸听众的四种能力:理解、想象、记忆、情感。② 他们认为,"成功的劝说在于使用被劝说者的言语方式,它包括话语、姿态、声调、规范、意象、态度、思想方面"③。这使论证的过程被描述成言语体系所持的各种心理现象的组合。④

其二,法律论证总结了论证的基本结构,使言说者更容易掌握说服他人的基本规律。作为法律论证的最初形态,修辞学因循听众的思维规律构思了基本的谋篇布局。修辞学的研究者将法庭演讲划分为序言、陈述、论点(包括承认和反驳)以及结束语四大组成部分,⑤将论证分为发现、布局、风格、计划和提交五个步骤。⑥ 20 世纪 50 年代以来,随着法律论证的兴起,不同进路的学者都尝试对法律论证进行更为精细的重构,其中影响最大、最受瞩目的当属图尔敏的论证图式。他主张一个简易的论证由主张(claim)、理由(grounds)、保证(warrant)这三个要素组成,如果面对质疑,必要时还需引入佐证(backing)或限定(qualifier)。⑦ 这一结构让人们对论证过程中的递进关系有了更为清晰的认识,也使参与者及观察者能更清晰地判断论证负担。职是之故,这一理论至今仍是论证应用研究者的基本理论模型。⑧

---

① 参见[古希腊]亚里士多德:《修辞术·亚历山大修辞学·论诗》,颜一、崔延强译,中国人民大学出版社 2003 年版,第 78 页。

② 参见张纯辉:《司法判决书可接受性的修辞研究》,法律出版社 2012 年版,第 70 页。

③ Kenneth Burke, *A Rhetoric of Motives*, University of California Press, 1969, p. 65.

④ See Richard Long, *The Role of Audience in Chaim Perelman's The New Rhetoric*, in Ray D. Dearin eds., The New Rhetoric of Chaim Perelman, University Press of America, 1989.

⑤ See Michael H. Frost, *Introduction to Classical Legal Rhetoric: A Lost Heritage*, Ashgate Publishing Ltd., 2005, p. 3.

⑥ See George A. Kennedy, *A New History of Classical Rhetoric*, Princeton University Press, 1994, p. 3.

⑦ See Stephen Toulmin, *TheUses of Argument*, Cambridge University Press, 2003, p. 103.

⑧ See Bart Verheij, *The Toulmin Argument Model in ArtificialIntelligence*, in Iyad Rahwan and Guillermo R. Simari eds., Argumentation in Artificial Intelligence, Springer Science & Business Media, LLC, 2009, Chap. 11.

其三，法律论证总结了主要的论据类型和论证方法，使法律人在实践中能以最有效的方式提出最有力的论据。早在古希腊，论证的研究者们就将论据划分为以逻辑为基础的论据（logos）、以情感为基础的论据（pathos）和以言说者的可信度为基础的论据（ethos），并对不同类型的论据的效用进行了较为详尽的分析。[①] 20世纪50年代，德国学者菲韦格重续希腊罗马的论题学，以之作为评价论据的依据，由其决定观点的提出、审查、扬弃或保留。[②] 时至今日，论据的分类、论据与论证方法的运用仍是法律论证的研究热点。

由上可见，如果法官在说理时运用修辞论证的研究成果，可以显著提升判决的说服力，促进判决认同。除此之外，说理还可以通过引入法外资源，促进法律规范与社会规范的一致性，从而增进社会公众对判决的认同。

2. 说理能够增进社会认同

法律与社会的关系是事关法律本身的正当性的重大问题。在面对具体的个案时，它常常表现为法律的独立性与社会性之间的张力。司法史上，因法律与社会脱节而导致的不正义不乏先例，历代法律人都在努力寻求独立性与社会性之间的平衡点。过于强调独立性不只会纵容法律人的孤芳自赏，更易导致法律自绝于社会，失去作为社会规范的实践意义。过于强调社会性则会消解法律体系的自洽性，使判决沦为普通人的常识判断，使法律失去作为特殊的社会规范的独立价值。

由此，法律体系以何种方式在何种程度上向社会开放成为困扰法律人的一大难题。换言之，“一种偶然地产生的法律的运用，如何才能既具有内部自洽性又具有合理的外在论证，从而同时保证法律的确定性（Rechtssicherheit）和法律的正确性（Richtigkeit）”[③]。目前能够找到的最佳方案就是法律论证。

在卢曼看来，“法律论证的特征在于它既属于法律体系，又区别于该体系内的

---

① See George A. Kennedy, *A New History of Classical Rhetoric*, Princeton University Press, 1994, p. 4 – 6.

② 参见[德]卡尔·拉伦茨：《法学方法论》，陈爱娥译，商务印书馆2003年版，第26～27页。

③ [德]哈贝马斯：《在事实与规范之间：关于法律和民主法治国的商谈理论》（修订译本），童世骏译，生活·读书·新知三联书店2014年版，第246页。

其他运行机制"[①]。卢曼用一套独创的概念体系表达的意思是,法律论证是法律体系向外部环境打开的一扇门,通过利益衡量和后果权衡,外部因素得以经由诚实信用、公序良俗等原则构成的"栈道"进入法律体系内部,成为冗余。[②] 这些法外资源在成为冗余后,即成为体系内的资源。可以说,法律系统运用其特有的合法/不合法这一组二元代码对社会行为进行整合的过程,就是将其他社会规范资源作为理由纳入法律论证体系的过程。简言之,法律论证借由理由的开放性完成了法律体系与社会体系间的沟通,是法律体系对社会环境的调整与适应。[③]

卢曼的理论为法律论证承担的体系开放功能提供了解释,而佩岑尼克、麦考密克、阿列克西等人的论证理论则更为周密地解析了法律论证何以承担这一功能。佩岑尼克的"语境充分的法律证成"(contextually sufficient legal justification)与"深度证成"(deep justification),麦考密克的"演绎证成"(deductive justification)与"二阶证成"(second-order justification),以及阿列克西与阿尔尼奥所说的内部证成与外部证成,都有着相近的问题意识与划分标准。他们都认为前提本身有待证立,为了证成这些前提,法律人必须向法律之外、社会之中寻求正当性依据。这些二元区分实质上解决了法律体系在何种条件下以何种方式向社会环境开放的问题。佩岑尼克的转化理论是这一功能的典型呈现,它提出社会价值可以通过深度证成成为法律体系内的基础规范。[④]

---

① Niklas Luhmann, *Legal Argumentation: An Analysis of Its Form*, in Modern Law Review, (3) 1995, p. 287.

② 从社会系统论的角度看,法律论证时使用的形式是"信息/冗余"。信息是指沟通过程产生了惊讶值,即新的刺激与系统内部过去积累的认知之间产生了差异。冗余是指处理信息过程中出现的可以预见的内容、样式,其主要特征之一就是重复性。信息/冗余这个区分既相互排斥又相互设定:没有冗余,就没有信息,因为信息从冗余中识别;没有信息就没有冗余,因为冗余产生于信息处理的过程中,是信息的沉淀。参见宾凯:《社会系统论对法律论证的二阶观察》,载《华东政法大学学报》2011 年第 6 期。

③ See Niklas Luhmann, *Legal Argumentation: An Analysis of Its Form*, in Modern Law Review, 3 (1995); 参见宾凯:《社会系统论对法律论证的二阶观察》,载《华东政法大学学报》2011 年第 6 期。

④ 参见[瑞典]亚历山大 · 佩策尼克:《论法律与理性》,陈曦译,中国政法大学出版社 2015 年版,第 129 ~ 130 页。

（三）促进裁判规则的统一

由于法律具有高度抽象性、一般性，与具体的个案之间存在较大差距。同案不同判的现象普遍存在，充分说明仅凭法律条文不足以保证规则的统一适用。在裁判文书中展示理由，不仅是对法律规范的具体化，还可以明确同类案件的裁判规则。

我们先看一个事例。

2003年6月26日，美国联邦最高法院就劳伦斯等诉得克萨斯州案（以下简称劳伦斯案）作出终审判决，同时发布了肯尼迪大法官执笔的多数法官的判决意见、奥康纳大法官撰写的并行意见以及由斯卡利亚大法官执笔的少数法官的反对意见。劳伦斯案三份意见的思路大致整理如下：

劳伦斯案的多数法官认为此案与鲍尔斯诉哈德威克（Bowers v. Hardwick）案（以下简称鲍尔斯案）的争议一样，如果要作出不同于鲍尔斯案的判决就必须推翻鲍尔斯案的先例地位。因此，判决意见将批驳鲍尔斯案与否定得克萨斯州立法的理由合为一体，通过批判完成建构。判决意见的推理大致可以分为三条线：（1）鲍尔斯案的问题与劳伦斯案一样，必须给出相同判决。如果要否定劳伦斯案中的得克萨斯州法，也必须否定鲍尔斯案中的佐治亚州法，因而需要推翻先例。（2）鲍尔斯案适用法律错误，并且招致诸多批评，应予推翻。（3）正当程序条款旨在保护公民的自由，涉案的得克萨斯州法和佐治亚州法因为侵犯了公民自主决定性行为的自由而违反了正当程序条款，应告无效。

并行意见的推理大致分为两条线：（1）鲍尔斯案与劳伦斯案的争议点不一样，无须讨论鲍尔斯案。在并行意见看来，鲍尔斯案中涉及的佐治亚州的立法和本案涉及的得克萨斯州立法存在重大区别，前者是针对所有人实施的鸡奸行为，而后者只针对同性之间的鸡奸行为。（2）平等保护条款旨在防止没有正当利益就对人群区别对待。得克萨斯州的立法仅仅因为多数人的道德偏好就对同性恋加以区别对待，这不能满足“正当的政府利益”的要求，因而违反了平等保护原则。①

---

① See 539 U. S. 558 (2003), at 579.

劳伦斯案的反对意见由三部分组成:对判决意见的批判、对并行意见的批判、对自己主张的论证。在对判决意见进行批判的过程中,反对意见的基本推理过程是:(1)鲍尔斯案不具备被推翻的条件,不应被推翻;(2)正当程序条款旨在保护公民深植于民族历史、传统的基本权利不受侵犯,同性性行为并不属于这种基本权利,因此佐、得两州立法并没有违反正当程序条款。在批判并行意见时,反对意见的核心论点是一州大多数人的道德偏好可以成为一州的正当利益。反对意见在篇尾正面陈述了肯定得克萨斯州立法的理由:一是希望法院保持道德上的中立地位;二是联邦最高法院不应该扩大对州法的干涉范围,不能过于轻易地推翻一个州的民主立法。①

以上三种思路各不相同,那么,大法官们的差异是否由此形成?细察之下,答案仍然是否定的。很明显,同样的思路可以导出不同的结论,而不同的思路也可以导出相同的结论。

值得深思的是,如果大法官们只是在结论上存在差异,那么只需想办法证成结论即可。在这一过程中,最合理的选择似乎是选择最简便易行的论证进路,也就是论证负担最轻的进路。但大法官们并没有这样做。

依照现有的基本论证规则,论证负担主要与论点本身相关。如果论点本身不证自明,那么提出该论点的人无须证明;如果论点本身不具备证明力,那么提出该论点的人须负担证明责任。概言之,论证负担与论点本身的证明力成反比,论点本身的证明力越强,对应的论证负担越轻,反之亦然。

在劳伦斯案三种法官意见的论证过程中,法官们因为思路不一而提出了不同的主张,从而承担了分配不均的证明责任。以判决意见和并行意见为例,虽然两者的结论一致,但论证思路截然不同,由此产生的证明责任更不可同日而语。在以遵循先例为基础原则的英美法国家,主张推翻先例者将承担极为严苛的论证责任。仅从 Casey 案确定的准则来看,推翻先例就必须符合三项条件:(1)该判决的证成基础已经被随后的相关判决消蚀;(2)该判决受到持续不断的实质批评;(3)社会

① See 539 U. S. 558 (2003), at 602 - 604.

大众尚未形成不利于推翻判例的信赖。[1] 该三项条件本身又都不只是“存在与否”的问题，而是程度问题。也就是说，判决意见不仅要证明鲍尔斯案满足了这三项条件，而且还要证明达到了有必要推翻先例的程度。程度问题使得判决意见尤难证成。当反对意见反复强调鲍尔斯案满足推翻条件的程度远不及 Roe 案时，判决意见就被课以更为沉重的论证负担。相形之下，并行意见的论证进路就轻松很多。通过选择适用平等保护条款，并将劳伦斯案的争议点与鲍尔斯案区别开来，并行意见巧妙地回避了推翻先例这一棘手问题，其篇幅虽然不及判决意见的一半，但是立论与逻辑却比判决意见更加坚实。显然，并行意见的论证思路是一条捷径。

以联邦最高法院大法官的智慧，判决意见的支持者们不会不知道有捷径可走，那为什么会选择一条费力不讨好，甚至甘冒天下之大不韪的道路？这里涉及判例法国家的特殊国情。法院的判例不仅仅在结论上具有指导意义，更多的是以法官意见中的判决依据(rationale)为之后的案例提供规范指引。尤其是最高法院的“说什么”与“怎么说”会对全国范围内的案件产生重大影响。因此，大法官们的抱负绝不仅仅在于主导某个案件的裁判结果，而是通过一个案件确定其意图制定的规则。为此，法官们往往借助个案的判决大做文章。之所以选择不同的论据和进路，根本原因在于他们意图宣告的内容有所不同。他们想通过这个案件创制新的裁判规则。

裁判规则不等于法律规范。“裁判规则(裁判规范)是一种法律命题，是由司法机关在司法过程中所形成、存在于案例或司法解释中的对某种争议问题的法律解决方案。”[2]这一套解决方案不仅涉及如何建构法律规范，也涉及如何建构事实。“案件事实陈述为同案的可普遍化判断和评价贮存了实质事实因素。”[3]

---

① See 539 U. S. 558 (2003), at 587.

② 张骐：《论裁判规则的规范性》，载《比较法研究》2020 年第 4 期。

③ 杨知文：《指导性案例中的案件事实陈述及其编撰》，载《环球法律评论》2020 年第 5 期。

我国法院虽然不能“造法”,但大量的自由裁量空间为法官们参与裁判规则的制定提供了机会。于欢案[①]、奇虎诉腾讯滥用市场支配地位案[②]等都在阐述判决理由的同时,明确了同类案件的裁判规则。案例指导制度与类案检索制度都通过展示理由来促进裁判规则的一致性,促进法律决定的一致性。不容悖反的逻辑准则加上法官们同案同判的义务,[③]会促使法官遵从他或他的同行曾经给出的表面理由。相同的说理会增进法律决定的一致性。

三、说理的有限性

作为说理的基础理论,法律论证产生于法律决定的正当性面临危机,传统的法律方法遭遇瓶颈之际。这一发生学背景常常令它背负过高期待。人们希冀它能确保形成唯一正确的法律决定,能导致绝对共识或普遍说服。这可能会让法官产生美丽的误会,以为只要自己能说出理由,自己的判决就是唯一正确的答案,所有人都应该心悦诚服。尽管本书的论述都以肯定裁判文书说理的重要性为前提,但仍有必要在此专门澄清说理的局限性。这一方面是正本清源,厘清说理的本质与核心功能;另一方面也是为了给法官减负,及早放下过高期待,可以让法官在说理时轻松上阵。

(一)说理并不保证判决正确尤其是唯一正确

在不确定的世界里寻求确定性是所有领域的所有人都可能面对的永恒诱惑。在法律领域,“唯一正解”仍为不少理论家梦寐以求。即使是主张多元主义的佩雷尔曼,也没有成功逃脱这一致命诱惑。佩雷尔曼曾言:“多元主义并不主张提供唯一完美的最终结论,而只是针对人们在共存中提出的复发性问题提出人文结

① 参见山东省高级人民法院刑事附带民事判决书,(2017)鲁刑终151号。

② 参见最高人民法院民事判决书,(2013)民三终字第4号。

③ 例如,形式逻辑的三大定律(同一律、矛盾律、排中律)等皆提出了严格要求,一旦违反,就会导致论证归于无效。

论——(该结论)是可接受的但也可以变化和改进……"①但当他将可接受的标准归结为普遍听众,并将普遍听众界定为言说者头脑中构想的所有理性人的集合时,他所批评的真理一元论其实就已借尸还魂。② 普遍听众理论的失败印证了,法律论证不能也不应以唯一正确的法律决定为目标。

一方面,唯一正确的答案本身就值得怀疑。伯林认为,对价值一元论和文化一元论的强烈诉求根深蒂固地贯穿于2000年来的西方思想传统,其思想根源于所谓的"爱奥尼亚谬误"(Ionian Fallacy),即力图为千差万别的事物找到统一性的基础,发掘所谓"始基"或所有事物的最后根据和共同基础。这一"爱奥尼亚谬误"一脉相承地贯穿于中古基督教、文艺复兴运动、启蒙运动直至现代,其实质是对多元、差异、不确定、不和谐的恐惧。这种恐惧反过来也就表现为对一元、同一、确定、和谐的寻求。这在伯林看来贻害无穷。因为在人类意见最分歧的道德、政治、宗教、文化及其终极价值这些重大问题上,恰恰不存在一个唯一正确的答案,强行在不同答案间判定真理与谬误只会导致"强权即真理"。③

另一方面,法律论证的过程更多只是或然推理的过程,不能形成必然的唯一正解。法律论证只是一个将人们对前提的接受传递至结论的过程,与不确定性的减少或消除没有必然联系。首先,前提具备可接受性不等同于前提是唯一真理。多元世界里,能够为人们所接受的前提多种多样,甚至相互矛盾。任何论证形式都无法消除前提的多样性,从多元的前提中无法推导出唯一的结论。其次,通过涵摄进行的演绎推理只是多种推论模式之一,大多数论证形式都不以演绎推理为结构。这意味着,前提的可接受性不必然推出结论的可接受性,遑论结论的唯一正确。

---

① Chaim Perelman, *The Philosophy of Pluralism*, in Jakko Hintikka ed., The New Rhetoric and the Humanities, D. Reidel Publishing Company, 1979, p. 71.

② 有关"普遍听众"的批评参见 James L. Golden, *The Universal Audience Revisited*, in James L. Golden and Joseph J. Pilotta eds., Practical Reasoning in Human Affairs, D. Reidel Publishing Company, 1986, p. 287 – 304。

③ 参见甘阳:《柏林与"后自由主义"》,载《读书》1998年第4期;[英]约书亚·切尼斯:《以赛亚·伯林的政治观念——从20世纪到浪漫主义时代》,载[英]以赛亚·伯林:《浪漫主义时代的政治观念:它们的兴起及其对现代思想的影响》,王岽兴、张蓉译,新星出版社2011年版,第32页。

事实上,法律论证正是因为“唯一正确”缺位才尤显重要。法律论证的出现是为了解决多元价值竞争的问题。将法律论证所追求的可接受性与一元真理区别开来,是认清法律论证的真正目标的必要前提。

（二）说理不能达成绝对共识

绝对共识是指所有人就某一论断形成完全同意。“所有人”这一目标主体决定了绝对共识的不可能。以“阿罗悖论”“囚徒困境”“公地悲剧”等为代表的社会选择理论就此有过经典论述。在社会选择理论看来,每个人都在追求自身效用最大化,而一个社会不可能同时实现所有个体的利益最大化。在共同决策的过程中,必然有一些人的利益受损,这就使普遍共识缺乏共同的利益基础。20 世纪 50 年代,诺贝尔经济学奖得主、美国著名数理经济学家肯尼思·阿罗以严密的数学推理证明,在每个社会成员对一切可能的社会经济结构各有其特定的偏好“序列”的情况下,要找出一个在逻辑上不与个人偏好“序列”相矛盾的全社会的偏好“序列”是不可能的。①

不过,仍有以哈贝马斯为代表的诸多学者不甘放弃达成共识的可能性。在哈氏看来,协商就是一种以偏好差异为基础的交流。“人们之所以愿意采取一致行动,是因为通过互信的协商发现,原来存在更好的理由和更佳的选择,因而才会为他人提出的更具合理性的政策选择所打动而形成共识。”②在哈贝马斯的真理共识论的启发下,阿列克西为法律领域达成普遍共识构建了一系列理性商谈规则,以期

---

① 可以用一个简单的投票模型来说明阿罗悖论(也称“阿罗不可能定理”)。假定 A、B、C 三人对三种可供选择的不同社会状态 X、Y、Z 进行投票。假定 A 的偏好顺序是 X > Y > Z,B 是 Y > Z > X,而 C 是 Z > X > Y。很容易看出 X 以 A 和 C 的两票胜过 Y,Y 以 A 和 B 的两票胜过 Z,但是 X 并没有因此胜过 Z,因为 Z 依次以 B 和 C 的两票胜过 X。可以看到,在这三个投票者、三种不同选项的简单例子中,民主的多数决规则导致了一种偏好循环的结果。这种僵局不仅会在以多数人取胜原则为基础的制度中发生,而且会在除独裁制度以外的每一种可设想出的制度下发生。因此,从逻辑上说,不可能把个人的选择加总起来或者合并成一种明确的社会选择。参见[美]肯尼斯·J. 阿罗:《社会选择与个人价值》(第 2 版),丁建峰译,上海世纪出版集团 2010 年版;苏振化、郁建兴:《公众参与、程序正当性与主体间共识——论公共利益的合法性来源》,载《哲学研究》2005 年第 11 期。

② 陈炳辉、王卫:《民主共识的达成——协商民主解决多元偏好冲突的路径选择》,载《厦门大学学报(哲学社会科学版)》2012 年第 5 期。

"在不受限定的时间、不受限定的参与资格与完全无强制性的条件下,借助于设立语言概念的充分清晰性、经验信息的充分性、角色转化能力与准备的充分性及无偏见性,来寻求某个实践问题的答案"①。这一构想遭到包括哈贝马斯在内的学者的诟病。在哈氏看来,法律论证与实践商谈之间并不是特殊与一般的关系,两者存在本质差异。② 在更多的学者看来,阿列克西设定的商谈条件很难完全满足。现实情况是,没有任何一场辩论不受时间、语言、信息、角色等的限制。特别是对旨在解决现实问题,并且是在限定时间内解决问题的法律论证而言,时间、信息、经验等论辩要素都是有限的资源。有学者毫不客气地指出:"阿列克西设计的理性辩论规则完全是一种空想。如果按照理性辩论规则去组织一次法庭辩论,司法程序就会彻底陷入僵局。"③

这些批评否定了法律论证促成绝对共识的可能性,促使阿列克西重新思考绝对共识在法律论证中的地位。他补充了三点:第一,理想的商谈环境是一个可以无限接近(但不一定能完全实现)的理想值;第二,一个潜在无限的理想商谈本身并不排除无法达成共识的可能;最重要的是第三点,即使理想商谈存在,它也无法确定某次共识是否是终结性或确定性的。④ 这三点其实已然承认,纵使进行理想商谈也不能确保达成绝对共识,在非理想商谈环境中进行的论证更是如此。

不过,放弃对绝对共识的奢求不等于放弃共识本身。毕竟共识是社会协调行动的基础,历史与当下的集体决策、集体行动都证明了共识是现实存在的。法律论证正是为了促成社会领域内的更多共识,增加社会行动的协调性。法律论证所追求的共识是在现有的制度框架内,通过尽可能充分的商谈而达成的同意,是基于现

① [德]罗伯特·阿列克西:《商谈理论问题》,载[德]罗伯特·阿列克西:《法 理性 商谈:法哲学研究》,朱光、雷磊译,中国法制出版社2011年版,第106页。

② 参见[德]哈贝马斯:《在事实与规范之间:关于法律和民主法治国的商谈理论》(修订译本),童世骏译,生活·读书·新知三联书店2014年版,第273~290页。

③ 桑本谦:《法律论证:一个关于司法过程的理论神话——以王斌余案检验阿列克西法律论证理论》,载《中国法学》2007年第3期。

④ 参见[德]罗伯特·阿列克西:《商谈理论问题》,载[德]罗伯特·阿列克西:《法 理性 商谈:法哲学研究》,朱光、雷磊译,中国法制出版社2011年版,第102~120页。

实的理性认识。

(三)说理不能达致普遍说服

人的天性中有通过沟通赢得他人认同的渴望。尽管法律论证以证成法律决定为核心任务,但作为一种言语沟通活动,它无法回避说服问题。这也是许多法律论证的研究者孜孜不倦地深耕说服问题的重要原因。

然而,与多数理论家推崇的法律论证的理性特征相悖的是,说服不是纯理性行为。人们的观念,尤其是道德观念具有情感因素,往往由信仰、利益等诸多非理性因素决定。观念分歧往往因不同的道德信仰、利益立场和权力配置而产生,如果这些前提性因素未发生改变,观念分歧很难消除。① 斯坦福大学的监狱心理实验结果,以及世人普遍关注的斯德哥尔摩综合征等有关人们心理现象的描述已经充分说明了非理性因素对人的认知产生的影响。完全可以想见,一个理性上得以证成的法律决定在现实生活中却遭到利益、情感受损者的激烈抵制。

如果简单地以说服作为目标,法律论证难免陷入两重困境:一方面,当说服目标不能实现,法律论证的价值将遭否定;另一方面,当说服目标实现时,言说者难以确定自己是否已经屈从于特定个人或群体因情感、利益而产生的偏见。

鉴于此,法律论证的研究者更乐于追求的目标毋宁是信服。说服与信服的区别源出于康德的《纯粹理性批判》,"如果判断对每一个有理性的人而言都是有效的,其基础客观充分并且被正确运用,那么就可以说它令人信服。如果说这一判断基础仅存在于主体的个别特征中,那么它只是说服(这部分人而已)"②。一般认为,信服与说服在论证方式和言说对象上存在区别。就论证方式而言,信服以理性论证为依皈,依据理性思维就论据、论辩方法进行评价;说服则会将非理性因素纳入考量范围。就言说对象而言,信服面向的是表征理性的抽象意义的听众,它可能

---

① 参见桑本谦:《法律论证:一个关于司法过程的理论神话——以王斌余案检验阿列克西法律论证理论》,载《中国法学》2007 年第 3 期。

② Chaim Perelman, *Reply to Mr. Zaner*, in Philosophy & Rhetoric, 1968(1), cited from James L. Golden and Joseph J. Pilotta eds., Practical Reasoning in Human Affairs, D. Reidel Publishing Company, 1986, p. 290.

是所有理性人的集合，也可能是特定历史文化传统中的理性人的集合，但都只是言说者头脑中的构想；说服的对象则是现实生活中具体的某个人或某些人，他们有自己的利益、偏好、情感、情绪。在某些个案中，令人信服的论断或许在事实上也说服了利益相关者，但更多的情形是，令人信服的论断只能为这个社会中的大多数人所接受，并不必然说服所有利益相关者，特别是利益受损者。

总之，说理不是万能的，裁判文书说理无法消解哲学、社会学、心理学层面的藩篱，法官不必冀望用一纸文书确立“放之四海而皆准”的真理，不必奢望自己苦心孤诣的说理能够让所有人心悦诚服。说理终究是一种对象性活动，抓住主要对象，是裁判文书有效说理的关键。

四、法官说理给谁听

说理是为了获得受众（拟说服的对象）的认同，通过提出一定的理由、依据而进行的论述。说理是一种对象性活动，说理的效果取决于受众。“说理是双向的，既与‘说者’有关，也与‘听者’有关。裁判说理不能仅仅考虑‘谁在说理’，还必须考虑‘向谁说理’。”①在很大程度上，“向谁说理”决定了“怎样说理”，说理的受众范围及其排序直接影响着裁判文书说理。② 因此，法官有必要在说理之前，先弄清楚自己的理是要说给谁听。一般而言，法官的理由首先是说给当事人及其代理人，其次是上级法院，然后是社会公众。这些受众可以利益是否直接受影响，是否具有专业知识背景而分为三类：当事人、法律职业人、社会公众。本节将主要借助修辞学的听众分析框架，逐一解析这三类听众的特点。

当代修辞学的代表人物，比利时哲学家佩雷尔曼将听众划分为普遍听众、特殊听众、自己听众三种类型。普遍听众由所有理性的正常人组成；而特殊听众则是任意一群人，无论其是否具有理性也不论其是否具备相应能力。特殊听众可能是真

---

① 万毅、林喜芬：《从“无理”的判决到判决书“说理”——判决书说理制度的正当性分析》，载《法学论坛》2004 年第 5 期。

② 参见罗灿：《司法改革背景下裁判文书说理繁简分流研究》，法律出版社 2018 年版，第 24 页。

实存在的，言说者在特定时刻试图影响的特定的一群人。对于政治家而言，尽管他的演讲只是针对某一地区或某一工作性质的成员，但其听众可能是所有选民；对于私人医生而言，尽管其助手或家人都在场，但其听众则可能只是病人而已。

相对于特殊听众，普遍听众"可能是全体人类，也可能是有理性的适格主体……其本身可能是由无数特殊听众组成"。普遍听众是言说者根据自己对世界的认识构造的智识概念，每一文化或者每一言说者都可能有不同的普遍听众概念。[①] 仍以政治家为例，对于他而言，特殊听众可能是在场的听众，也可能是不在场的选民，而普遍听众则是他头脑里对于所有理性人的构想。

在论证过程中，普遍听众与特殊听众的作用有所不同，前者可以提供言说者所采用的不证自明的资料，而特殊听众则决定了能使言说者说服听众的特殊论证情形下的所有其他特征。然而完全以特殊听众为目标的论证会有弊端，言说者往往会因为追求赢得特定听众的认同而将对真理的追求弃置一旁。因此，佩雷尔曼强调在论证过程中应综合考量两种类型的听众的作用。事实上，只有正确认识普遍听众与特殊听众的相互作用才能最好地发挥听众理论之于论证的作用。

普遍听众确定特殊听众的特征，它能用于检验特殊听众的组成方式和构成标准，从而使言说者避免不惜任何代价屈从于说服听众的诱惑；特殊听众则使普遍听众的概念真正有效，它能避免普遍听众成为抽象空洞的概念。

自己听众就是言说者本人与自己的对话，这种对话实质是个人证成其自身行动的过程。在佩雷尔曼看来，对某些人而言，思辨为其提供了一个诚实地进行推理的机会，因为这时的言说者是直接观照自己的内心，中间没有任何隐匿的事物。佩雷尔曼甚至认为，自我对话中的自己听众是普遍听众的具体化。因为一个人在企图说服普遍听众时，他不可能认为自己的观点不是全然正确的。

---

① 不少研究论证理论的研究者也对听众类型进行过区分。例如约西纳·M. 马卡乌（Josina M. Makau）和德汴安·L. 马蒂（Debian L. Marty）就将听众划分为一般听众（general audience）和特定听众（particular audience）。前者包括具有不同层次的知识、技术，但经常分享共同利益的人，后者则是带着自己的语言和特定知识参加对话的人。"普遍听众"与这些听众最大的区别在于：第一，普遍听众强调主体具有理性；第二，普遍听众不以听众数量作为区分标准。

这三种类型听众在法官撰写裁判文书的过程中体现得十分明显。当他撰写判决理由时，首先想到的是自己认为可靠的理由，即依据他个人的逻辑可以成立的理由。其次他会从普遍听众和特殊听众的角度来修改判决理由。就裁判文书说理而言，特殊听众通常是指当事人，普遍听众则指法律职业人士和理性的社会公众。

对于不同审级、不同类型的案件，法官的主要听众会有变化。在我国的司法体制下，对于一审案件，法官的主要听众是上级法院，衡量初审法官说理效果的首要标准是该判决是否得到维持；对于终审案件，法官的主要听众是法律职业人，裁判文书说理的首要目标是证明判决的正当性；对于受社会关注的重大、疑难案件，法官的主要听众是社会公众，裁判文书说理的目标不只是证明判决的正当性，还要尽可能地赢得大多数社会公众的认同。

（一）当事人

当事人是诉讼的参与者，通常情况下，至少有一方是诉讼的发起者。就诉讼程序而言，判决的作出是诉讼程序的终点，是对诉讼发起人和参与者的回应。当事人是判决的直接听众，在裁判文书说理的过程中具有特殊地位。

当事人的一致认同可遇不可求。诉讼的前提是存在争议与纠纷。这意味着，参与诉讼的各方当事人之间通常存在利益冲突，诉讼不可能取得双赢或多赢的结果。如前所述，认同更多的是一种心理反应，受个人的情绪、偏好、利益等多种因素的影响。实践中虽然也有深明大义的当事人，但在自身利益受损时仍能平心而论、保持公正的当事人终究是少数。质言之，当事人不能一致认同是常态。“胜败皆服”固然是一种值得追求的理想，但法官不必背上偶像包袱，过分执着于难得一见的效果。

1. 当事人的认同不影响判决的正当性

根据佩雷尔曼的听众理论，当事人属于特殊听众，特殊听众认同与否不影响判决的正当性。作为具体的、真实的人，特殊听众的认知难以突破心理规律的限制，往往受到个人利益、价值偏好的影响。代表不同利益的特殊听众很难达成共识。如果以特殊听众的认同作为判决正当性标准，只会让判决陷入永远无法正当化的困境，让真理成为利益的代表，从而失去可靠的正当性基础。在佩雷尔曼看来，特殊听众只影响言说者的说理方式，并不影响命题的证成。

因此，裁判文书说理不以赢得当事人认同作为首要目的。片面追求当事人的认同，完全站在当事人的角度来评判说理，是对裁判文书说理的基本立场的误解。

2. 当事人的认同影响判决的解纷效果

作为诉讼的参与者，当事人的态度直接决定诉讼进程，对于定分止争具有决定性影响。尽管当事人的认同不决定判决的正当性，但是直接决定判决的效果。如果能够争取到各方当事人的认同，或者至少不激起败诉方的激烈对抗、抵制，可以为判决的执行、纠纷的解决奠定良好基础。因此，在证成判决的前提下，裁判文书说理应当尽可能考虑当事人的认同。

一方面，裁判文书写作应当讲究文理，运用通俗易懂的文字把事理讲清楚，把法理讲明白。“要用当事人最容易明白的语言、最容易接受的方式将裁判文书的道理讲出来，不能搞有理就不怕，想怎么讲就怎么讲。注重文理还要求从当事人而不是法官的角度去考虑裁判文书是否能让当事人看懂、读懂。有些道理，对于法官、律师这样的专业人员，可能是常识性的道理，但对当事人而言，可能还闻所未闻。这就需要法官坚持以当事人为本，从当事人的具体情况出发，把道理说清楚。”①

另一方面，法官在说理时可以结合当事人的教育背景、个性特征等因素，综合运用逻辑与修辞的说理方法。鉴于修辞说理更关注特殊听众的特性，法官可以在对当事人展开说理时，侧重运用本书第六章讨论的修辞方法。例如，如果案件争议来自水利工程领域，法官在释明法律时可以水利工程作为比喻；如果当事人从事种植业，法官则可以水稻种植为比喻。

总之，当事人的认同既非判决获得正当性的充分条件、也非必要条件，但为了争取良好的社会效果，更好地化解纠纷，法官可以在确保判决得到证成的前提下，综合运用各种说理方法，尽可能争取当事人的认同。

---

① 胡云腾：《论裁判文书的说理》，载《法律适用》2009年第3期。

（二）法律职业共同体

法律职业共同体概念源于美国科学史和科学哲学家托马斯·S.库恩关于“科学共同体”的定义，德国著名学者马克斯·韦伯认为法律职业是一个“职业共同体”。从此，法律职业共同体的概念便在世界各国流传起来。① 2015年12月，中共中央办公厅、国务院办公厅印发的《关于完善国家统一法律职业资格制度的意见》将我国法律职业人员范围界定为具有共同的政治素养、业务能力、职业伦理和从业资格要求，专门从事立法、执法、司法、法律服务和法律教育研究等工作的职业群体。这个职业群体主要由法官、检察官、律师、法学教授以及职业立法者、社会法律服务者等组成，“这一群体都受过法学教育的训练，具有相同的知识结构，具有相同的思维和相同的法言法语，恪守共同的公正标准”②。因此，法律职业共同体是知识共同体、思维共同体，也是价值共同体。

1.法律职业共同体的认同是判决的正当性基础

修辞论证理论主张以听众的认同（接受）作为证成标准。换言之，判决的正当性源自听众的认同。为了防止具有特定利益、立场、偏好的特殊听众歪曲真理、正义，佩雷尔曼主张，一个论述是否具有可接受性不取决于特殊听众，而是取决于普遍听众，因为普遍听众是理性的化身，不会受特定利益、立场、偏好的影响。不过，佩雷尔曼的普遍听众理论也遭到了很多批评，最主要的批评是，普遍听众只是言说者头脑中的一种构想，而究竟应当如何构想却又无迹可循。就裁判文书说理而言，普遍听众的认同能否成为判决正当性的基础仍然存疑，毕竟法律问题具有一定的专业性，仅凭理性不一定能得出正确的认知。

为了弥补普遍听众在专业知识上的缺失，布莱尔和约翰逊提出了由模范对话者组成的共同体（community of model interlocutors，以下简称模范共同体）。这个共同体具备以下五个特征：③

---

① 参见王公义：《论法律职业共同体》，载《中国司法》2016年第1期。

② 徐显明：《构建法律职业共同体》，载《人民日报》2014年9月23日，第5版。

③ See J. Anthony Blair & Ralph H. Johnson, *Argumentation as Dialectical*, in Argumentation 1 (1987), p.41 –56.

(1)学识渊博。他们具备与涉争议题相关的知识,能够理解并有方法检验涉争议题。此外,他们还知道自己知识的局限性,当涉争议题涉及他们不了解的事物时,他们能够意识到。

(2)善于思考。他们的头脑里已经形成精心调试好的谬论检测仪,他们擅长质疑、挑战、测试、验证,不被表面现象蒙蔽。

(3)头脑开放。共同体的开放性体现为两点:一是能够包容甚至鼓励不同意见,愿意聆听异议;二是在理由充分时,愿意更新观点。

(4)辩证智慧。共同体认为论证是一个多层次的错综复杂的过程,愿意从正反两面、多个角度思考问题。

(5)成员流动。共同体的成员并非一成不变,而是根据讨论的问题而变化,由具备问题相关专业知识的人组成。

由此可见,这样一个模范共同体的提出避免了特殊听众的偏见,又为普遍听众增加了专业知识背景,被认为能够就专业问题给出可靠的客观的判断。根据这一理论,能够就法律问题给出可靠判断的正是法律职业共同体。

首先,法律职业共同体具有判断法律问题所需的专业知识。法律是裁断案件的主要依据,掌握法律知识是作出法律判断的前提。法律职业共同体成员通常都接受过专门的职业教育,已掌握较为完整的、体系化的法律知识。

其次,法律职业共同体掌握判断法律问题所需的思维方法。法律职业共同体与其他人群的核心区别不在知识而在思维方式。长期的职业训练让法律人养成了独特的思维方式,例如以权利和义务为思考线索、程序优于实体、理由优于结论等。①

最后,法律职业共同体具有统一的价值观和伦理立场。“无论是法治实践中的何种角色,他们都把法律等同为正义,把司法的过程理解为实现公平正义的艺术,把实现公平正义作为共同的追求。”②

---

① 参见郑成良:《论法治理念与法律思维》,载《吉林大学社会科学学报》2000 年第 4 期。

② 徐显明:《构建法律职业共同体》,载《人民日报》2014 年 9 月 23 日,第 5 版。

就裁判文书说理而言,以法律职业共同体作为主要的目标听众有利于司法机关就类似案件形成一致裁判,促进法律的统一适用,确保法律平等。法律职业共同体能够就法律问题作出正确判断,它因此成为法治的重要保障。"没有法律职业共同体,就没有成熟的法治。反之,法治的不成熟,也难有发达的法律职业共同体。法治与法律职业共同体应是共生共伴同长同成的关系"。①

2. 如何获得法律职业共同体的认同

对于法官来说,以法律职业共同体作为自己的目标听众既是制度要求,也是内心所愿。作为法律职业共同体的一员,确认自己的判断与共同体一致可以强化法官的归属感与被认同感。与当事人及社会公众的反应相比,法官更关注同行、律师、学者的评价。略为困扰的是,法律职业共同体也只是法官头脑中的一种构想,如果构想出现偏差,法官的说理可能会以失败告终。因此,正确地构想法律职业共同体是赢得该共同体认同的关键所在。

鉴于法律职业共同体由统一的知识、思维、价值观凝聚而成,法官不需要构想共同体成员的体型、爱好等与职业共同体的构成要件无关的因素。法官在说理时,只需依循共同的知识背景、思维方式、价值观陈述理由,就能获得法律职业共同体的认同。法官本身就是法律职业共同体的一员,统一的专业培养方案、统一的职业资格考试以及长期的职业经验为法官获得与共同体一致的知识背景、思维方式、价值观提供了有力保障。一般而言,法官只需要恰当运用本书第五章提及的逻辑方法就能获得法律职业共同体的认同。

(三)社会公众

随着庭审直播、裁判文书上网等司法信息公开举措的推行,司法判决借助网络在社会范围内广泛传播,江苏连云港的"女辅警敲诈案"等广受社会关注的案件最初都是网友在浏览裁判文书网时的偶然发现,经由互联网迅速传播,成为社会公众普遍关注的案件。信息时代,社会公众作为听众的案件将会越来越多,法

---

① 徐显明:《构建法律职业共同体》,载《人民日报》2014 年 9 月 23 日,第 5 版。

官裁判时的普通案件,可能因为具备某个传播要素而转变为具有较大社会影响力的案件。[①] 因此,法官在撰写裁判文书时,应当有意识地将社会公众作为受众。特定情形下,社会公众的认同将成为判决获得正当性的基础。

1. 社会公众的认同决定判决的社会效果

社会效果是指社会公众及舆论对审判活动的评价、认可程度以及产生的影响和效应。[②] 如果不考虑社会效果,不考虑社会的可接受度以及社会公认的、主流的价值观,司法公正也难以实现。[③] 可见,社会效果的取得以社会公众的认同为核心要件,社会公众的认同决定判决的社会效果。

2. 社会公众的认同有时是判决正当性的基础

不可否认,社会公众的认知与法律职业共同体的认知存在一定差异。一方面,社会公众的日常思维和话语模式更关注天道、情理,他们不熟悉法律精神,更不熟知法律条文,而是根据日常生活经验进行分析。另一方面,社会公众通常只注重具体个案结果的是非公正,而不注意从总体上建构合理的制度;只注重具体纠纷的解决,而忽视规则的普遍效力以及个案裁判在规范层面的影响。[④] 鉴于此,社会公众的认同通常不是判决获得正当性的条件。然而,由于法律自身的局限性,法律系统必须向社会系统适度开放,通过获取法外资源来获得正当性,而法外资源的引入必须以社会公众的认同为条件。

其一,当法律规范不足以就特定问题作出判断时,法官需要引入法外资源。一方面,在对公序良俗、诚实信用法律原则进行解释时,法官需要援引社会主流道德。由于道德没有成文规定,判断某一行为规范是否属于社会主流道德,就看其是否得到社会公众认可。另一方面,当法律遇到应当予以规定而没有规定的问题时,法官

---

① 参见李俊晔:《暴风眼中的法庭:司法公共关系之媒体素养与舆论引导》,人民法院出版社 2018 年版,第 290 ~ 293 页。

② 参见刘峥:《司法裁判中的法律效果与社会效果》,载《人民法院报》2018 年 1 月 8 日,第 2 版。

③ 参见江必新:《在法律之内寻求社会效果》,载《中国法学》2009 年第 3 期。

④ 参见周国兴:《审判如何回应民意——基于卢埃林情景感理论的考察》,载《法商研究》2013 年第 3 期。

需要援引道德、政策、习惯、学理等法外因素进行法的续造。这些法外因素的认定与运用都需要得到社会公众的认同。例如，江苏无锡冷冻胚胎案的判决中，法官对亲情、伦理的阐述就广受称赞（详情见案例 2－6）。最后，法官在依据经验法则对案件事实进行推断时，经验法则的运用也需要得到社会公众的认同。南京彭宇撞人案一审判决受到批评的原因之一是对于经验法则的运用不被认同。（详情见案例 8－1）

其二，当严格依据法律做出的判断严重违背实质正义时，法官需要引入法外资源。法律作为一般性规则，面向的是一般情况。因此，在面对各具殊相的个案时，难免出现实质不正义的情况。例如，在许霆利用 ATM 漏洞取款案中，一审法院依据刑法关于盗窃机构的规定判处许霆无期徒刑，是根据《刑法》第 264 条的规定得出的合乎逻辑的结果。但这一结果却一石激起千层浪，引起了社会公众的极大不满。

总之，当法律不足以或不能够为判决的正当性提供支持时，社会公众的认同就成为判决的正当性基础。

3. 如何获得社会公众的认同

作为一类说理对象，社会公众较为特殊，它既具体又抽象，既多变又稳定。具体是因为它有时可能是某个记者、某个网友，抽象是因为它不是某个具体的个人，而是无数个人的抽象汇集；多变是因为它可能是网友甲的观点 A，也可能是网友乙的观点－A，稳定是因为它可能既不是甲的观点，也不是乙的观点，而是众人观点的汇集、抽象、概括，该抽象观点往往是稳定的。法官在面对社会公众时往往不知所措，毕竟传播、舆论、民意等不在法律的研究范围，如何准确地获悉民意，如何预见案件的传播力，如何预测舆论的可能反应，这些问题都远超法官的能力范围。要求法官掌握这些技能无异于舍本逐末。虽然法官难以掌握具体、多变的社会公众，但是可以把握稳定、抽象的社会公众。

本质上，社会公众仍然是法官头脑中的一种构想。芬兰学者阿尔尼奥为我们构想社会公众提供了较好的解决方案——具体听众理论。在阿尔尼奥看来，“（佩雷尔曼)听众理论的缺陷在于一些细节含混不清。比如,佩雷尔曼声称普遍听众是个理想,但它同时又受社会和文化的约束。因此,它部分地取决于偶然因素。但是,观众怎么可以同时既是普遍的又取决于偶然因素"[①]?为了克服这些缺陷,阿尔尼奥结合了维特根斯坦的生活形式理论,将佩雷尔曼提出的普遍听众与特殊听众进一步划分为普遍的具体听众、普遍的理想听众、特殊的具体听众、特殊的理想听众。其中特殊的理想听众根据两个标准来界定:一是它的成员遵守理性商谈的规则;二是他们采用共同的价值,受某一生活形式的约束。特殊的理想听众是由文化和社会决定的。某一社会的成员是相对统一的生活形式的参与者,在这一生活形式中个体因为有关一些基本价值的分歧而被分成不同群体。对某一共同的生活形式或其中一片段的参与产生了共同活动的要求,这间接地使达成共识成为可能。特殊的理想听众可以达到理性共识。[②]

依据阿尔尼奥的理论,对社会公众的构想只需结合特定的历史文化传统,尊重社会常识、主流道德即可。即便如此,在面向社会公众展开说理,尤其是在需要社会公众的认同来证成判决时,必须慎之又慎。

一方面,在多大程度上追求和依赖社会公众的认同,决定了法律的自治程度。究竟以法律职业人的认可为标准还是社会公众的认可为标准,这是法官裁判的永恒难题,它根源于法律与社会之间的张力。片面、僵化地固守不合时宜的法律,难免出现实质不正义的情况,但贸然抛弃法律,会导致规范普遍失效、秩序无从建立的更为严重的后果。即使是追求社会效果,也必须保持在法律的框架内。[③]

另一方面,即使沿循阿尔尼奥的思路构想社会公众,也不当然确保这一构想的正确性。法官在诉诸社会常识、主流道德时仍需掌握特定的方法。我国理论界与

---

① Aulis Aarnio: *The Rational as Reasonable: A Treatise on Legal Justification*, D. Reidel Publishing Company, 1987, p. 222.

② See Aulis Aarnio: *The Rational as Reasonable: A Treatise on Legal Justification*, D. Reidel Publishing Company, 1987, p. 222 – 226.

③ 参见孔祥俊:《论法律效果与社会效果的统一——一项基本司法政策的法理分析》,载《法律适用》2005 年第 1 期;江必新:《在法律之内寻求社会效果》,载《中国法学》2009 年第 3 期;陈林林、许杨勇:《论法律效果与社会效果的"有机统一"》,载《求是学刊》2012 年第 2 期。

实务界已有不少专家学者就公众意见、民意等法外因素参与审判给出了明确建议，为促进法律与社会的协调，兼顾法律效果与社会效果给出了切实可行的方案。其核心思想是将公众意见作为辅助性理由加以运用。[①]

必须指出的是，法官面对的受众从来不是单一的，一份裁判文书可能同时面向上述三类受众。法官不可能在一份裁判文书中分别对三类受众阐述理由，只能在撰写文书时同时构想这三类受众的回应，并据此展开说理。本书的说理规范与方法主要基于复合听众的立场提出。

---

① 参见陈景辉：《裁判可接受性概念之反省》，载《法学研究》2009 年第 4 期；陈林林：《公众意见在裁判结构中的地位》，载《法学研究》2012 年第 1 期。

第二章

法官的理由

理由是判决的灵魂,是法官权威的来源。① 可以说,对判决进行论证的过程就是有效识别、运用理由的过程。② “辨明理由是什么”是裁判文书说理的前提条件。

一、理由的定义

一般认为,理由是我们作出某个判断的根据,这个根据能使我们的判断正当化。实践中经常遇到的问题是,法官们往往不知道哪些可以成为判断的根据,哪些能使判断获得正当性。本节将主要结合惠州于德水案的一审判决书展开论述。③ 主审法官在就判决展开说理的过程中倾尽心血,这份判决倾注了法律人的职业素养与人文关怀,被网友称为“伟大的判决”。④ 现将法官在判决书中的主要论点摘录如下,以供下文讨论之用。

a. 人有意识机器无意识,这是人与机器的本质区别。

b. 机器故障不能等同于银行的过错。

① 参见[美]欧文·费斯:《如法所能》,师帅译,中国政法大学出版社 2008 年版,第 305 页。

② 参见陈景辉:《实践理由与法律推理》,北京大学出版社 2012 年版,第 44 页。

③ 参见广东省惠州市惠阳区人民法院刑事判决书,(2014)惠阳法刑二初字第 83 号。

④ 参见晏扬:《“广东许霆案”判决书何以被热捧》,载《检察日报》2015 年 6 月 17 日,第 6 版。

c. 尽管发生不当得利的原因有事件也有行为，但本质上，不当得利属于事件，作为事件，应当与获利人的意志无关，不以获利人有行为或识别能力为前提，不是由获利人的意志决定而取得。

d. 既然后来的 17 次交易都是被告人故意为之，说明被告人已经由意外受益的心理转变为非法占有的意图，其先前不当得利的性质也已经发生变化，由意外被动获得转变为主动故意侵权，严重的侵权行为即可构成犯罪。所以被告后来的 17 次交易行为显然不再构成不当得利。

e. 我国刑法理论认为，秘密窃取是指行为人采取自认为不使他人发觉的方法占有他人财物，只要行为主观意图是秘密窃取，即使客观上已经被人发觉或者注意，也不影响盗窃的认定。

f. 被告人利用机器故障，通过存款方式占有银行资金时，银行并不知晓其非法占有的目的，也不知道存款最后被非法占有的情况，即构成秘密窃取。

g. 欲望人人都有，眼耳鼻舌身意，人有感知就会有欲望，所以欲望是人的本性，它来自基因和遗传，改变不了，因而是正常的。

h. 从被告人的行为后果来看，因为银行 × × × 机总体事故发生率很低，利用 ATM 的故障进行盗窃，其发生概率更低；既然银行资金受损与其 ATM 故障有直接关联，此后，银行必会在机器的运行精度以及失窃保险上完善制度，那么，将来这类案件发生率应该更低。

i. 被告人于德水的父母早已病亡，其与几个姊妹相依为命，生活困苦，不然，他也不会早早辍学外出打工谋生，以他的初小学历和人生经历，可以肯定，他对法律及其行为后果不会有高度清楚的认识，更不可能对这一法律界都存在争议的案件会自认为是盗窃犯罪。

j. 我们也不能确认和保证本判决是唯一正确的，我们唯一能保证的是，合议庭三名法官作出的这一细致和认真的判断是基于我们的良知和独立判断，是基于我们对全案事实的整体把握和分析，是基于我们对法律以及法律精神的理解，是基于我们对实现看得见的司法正义的不懈追求。

k. 我国刑法规定，侵占罪是指以非法占有为目的，将代为保管的他人财物，或者将他人的遗忘物、埋藏物非法据为己有，数额较大，拒不退还或拒不交出的行为。

（一）成为理由的条件

某个根据能否成为理由，取决于它能否使判断正当化，而能否使判断正当化又取决于这个根据是否满足以下条件：

其一，具有相关性，与判断具有意义和内容上的关联。理由和结论总是存在共同的内容或意义，使我们可以从理由想到、推出结论，正是这种共同的意义潜在地引导、控制着从理由到结论的思想流程。① 如果理由不能给结论的可接受性提供充分的支持，甚至根本就不能提供任何支持，那么即便它是真的，也不能成为理由。不具有相关性将彻底否定某个根据成为理由的资格。

理由与结论之间的相关性大体可以通过以下方式加以体现：②

首先，演绎型。如果论证的前提演绎性地推导出了论证的结论，那么这一前提无疑具有相关性。在这一情形下，小前提与大前提的结合将为结论提供充分的逻辑支持。因此，演绎推断是获取相关性的可靠途径。例如，于德水案的论点 e 和 f 构成了一段演绎推理。

大前提（论点 e）：秘密窃取是指行为人采取自认为不使他人发觉的方法占有他人财物。

小前提（论点 f 中的论述）：被告人利用机器故障，通过存款方式占有银行资金时，银行并不知晓其非法占有的目的，也不知道存款最后被非法占有的情况。

结论（论点 f 中的结论）：（被告人）即构成秘密窃取。

在这段演绎推理中，论点 e 通过与论点 f 中的论述结合，为结论“被告人构成秘密窃取”提供充分的逻辑支持，因而都是结论“被告人构成秘密窃取”的理由。

其次，类推型。相关性也可以通过将某一领域的经验与另一领域的加以对比，

---

① 参见陈波：《逻辑哲学》，北京大学出版社 2005 年版，第 40 页。

② See Trudy Govier, *A Practical Study of Argument*, California: Wadsworth Publishing Company, 1992, p. 148 – 151.

或者将某一案件与另一案件进行对比而获得。如果这些事物在某些方面相似,那么我们就有理由认为他们在其他方面也会相似。在于德水案初审判决书的最后,法官提到了与于德水案案情非常相似的许霆案。法官虽然没有明确以许霆案的判决作为本案判决的理由,但参照审判之情已是不言而喻。

2020年7月31日,最高人民法院印发的《关于统一法律适用加强类案检索的指导意见(试行)》(以下简称《类案意见》)开始试行。《类案意见》所称类案,是指与待决案件在基本事实、争议焦点、法律适用问题等方面具有相似性,且已经人民法院裁判生效的案件。至于类案与待决案件为何相似,则需要承办法官进行专门的说明。《类案意见》第8条规定:"类案检索说明或者报告应当客观、全面、准确,包括检索主体、时间、平台、方法、结果,类案裁判要点以及待决案件争议焦点等内容,并对是否参照或者参考类案等结果运用情况予以分析说明。"

以许霆案为例,该案能否成为于德水案的判决理由,取决于两案是否相似。至于两案是否相似,则需由法官针对基本事实、争议焦点、法律适用问题等方面进行相似性识别。可见,基于类比建立的相关性本身仍需要提供理由。因此,如果某判断的根据想基于类比而成为理由,法官还需要就类比本身提供理由。

最后,归纳型。在归纳型论据中,论据的相关性源于一种基本假设,即已知事物间的规律性将持续存在。依据这一假设,过去的事情与未来的事情相关,已知的事情与未知的事情相关。与大多数类推一样,归纳型论据不能为结论提供完全的支持。基于归纳产生的结论也需要更多的理由支持。(详情见第五章第一节)

其二,具有普遍性。自康德以来,可普遍化已成为伦理学的基本准则。康德提出:"定言命令只有一条,这就是:要只按照你同时认为也能成为普遍规律的准则去行动。"[①]麦基在他的伦理学中就此做了进一步阐释。他认为,如果一个人真的主张某个行为(或人、事态等)在道德上正确或错误、好或坏、应当或不应当作(或效仿、追求等),那么他会由此赞成所有相似的主张。麦基将可普遍化原则分三个阶段推进,首先排除掉数值上的差异,即该主张不会因为数量的增加或减少而改变;

① [德]伊曼努尔·康德:《道德形而上学原理》,苗力田译,上海世纪出版集团2005年版,第39页。

其次提出换位思考，即该主张不会因为立场、角色的变化而变化；最后，要求该主张能为有不同品位、偏好、理念、价值观的异质群体所接受。①

按照麦基的标准，于德水案的论点 h 恐怕在第一阶段就失去成为理由的资格。论点 h 强调于德水案发生的概率极低，因此主张从轻处罚。本案法官在论述于德水的行为构成犯罪时提及“概率小和特殊性都不影响对被告人犯罪构成的分析。”同理，概率也不应当成为量刑的理由。根据第二阶段的标准，法官提出的理由不应只是从法官的角度看是适当的，从检察官、当事人的角度看也应当是适当的。论点 d 认为“既然后来的 17 次交易都是被告人故意为之，说明被告人已经由意外受益的心理转变为非法占有的意图”，这个判断即使是被告人本人应该也会认可。根据第三阶段的标准，法官提出的理由不只是法律职业共同体能接受，也应当为法律职业共同体以外的人群接受。例如，论点 i 是法官对于德水法律认知水平的判断，“以他的初小学历和人生经历，可以肯定，他对法律及其行为后果不会有高度清楚的认识，更不可能对这一法律界都存在争议的案件会自认为是盗窃犯罪”。

其三，具有理性或合理性。英文的“理由”与“理性”同为一词“reason”。一方面，理由是基于理性的认知。“我们归诸理由的，是那种在非心理学意义上‘推动’[bewegen]论辩参与者采取肯定性立场的力量。”②换言之，理由不能是非理性因素。例如，法官不能因为被告人长相酷似其亡母而对被告人从轻处罚。好的理由就体现在它能够使有争议的主张获得可接受性。③ 如前文所述，可接受性是(合)理性的内核。另一方面，理由本身就是理性的要件。理性的首要特性是对观点、意见或结论提供理由。④

---

① See J. L. Mackie, *Ethics: Inventing Right and Wrong*, Penguin Books, 1977, p. 83 – 97.

② [德]哈贝马斯：《在事实与规范之间：关于法律和民主法治国的商谈理论》，童世骏译，生活·读书·新知三联书店 2014 年版，第 278 页。

③ 参见[德]哈贝马斯：《在事实与规范之间：关于法律和民主法治国的商谈理论》，童世骏译，生活·读书·新知三联书店 2014 年版，第 279 页。

④ 参见杨充霖：《理性的命运——评现代西方科学哲学中的理性主义》，载《自然辩证法研究》1990 年第 1 期。

(二)裁判依据不等于裁判理由

从论证理论的角度看,理由与依据并无实质不同。鉴于我国现行有效的法律文件中多处出现"裁判依据"与"裁判理由"或类似语词并列的情况,①此处根据这两个语词的实际使用情况,从语用学的角度略做区分。

自2021年3月1日起施行的最高人民法院《关于适用〈中华人民共和国刑事诉讼法〉的解释》第300条规定:"裁判文书应当写明裁判依据,阐释裁判理由,反映控辩双方的意见并说明采纳或者不予采纳的理由。"这个条文至少表明,该司法解释的起草者认为"裁判依据"不等于"裁判理由"。那么"裁判依据"究竟是什么呢?2007年4月1日起施行的最高人民法院《关于司法解释工作的规定》第27条规定:"司法解释施行后,人民法院作为裁判依据的,应当在司法文书中援引。人民法院同时引用法律和司法解释作为裁判依据的,应当先援引法律,后援引司法解释。"自2009年11月4日起施行的最高人民法院《关于裁判文书引用法律、法规等规范性法律文件的规定》第1条规定:"人民法院的裁判文书应当依法引用相关法律、法规等规范性法律文件作为裁判依据。……"结合类似条文可知,裁判依据是有效裁判得以作出的规范基础,是"依法裁判"之"法"的载体。②

由此可见,裁判依据是裁判理由的一种。鉴于"裁判文书说理具体包括审查证据判断说理、认定案件事实说理、法律适用说理和自由裁量权说理四种类型或四个方面内容",③法官在撰写裁判文书时运用的理由涵括这四个方面说理运用的各种根据。根据《释法说理指导意见》第13条,除了法律法规、司法解释等裁判依据之外,以下论据可以成为法官的理由:

(1)最高人民法院发布的指导性案例;

(2)最高人民法院发布的非司法解释类审判业务规范性文件;

---

① 在理论研究中,学者们更常使用的表述是"判决依据""判决理由"。为方便引述学者观点,下文关于裁判理由的讨论采用判决理由的表述。

② 参见雷磊:《从"看得见的正义"到"说得出的正义"——基于最高人民法院〈关于加强和规范裁判文书释法说理的指导意见〉》,载《法学》2019年第1期。

③ 刘树德:《无理不成"书":裁判文书说理23讲》,中国检察出版社2020年版,第197~198页。

(3)公理、情理、经验法则、交易惯例、民间规约、职业伦理；

(4)立法说明等立法材料；

(5)采取历史、体系、比较等法律解释方法时使用的材料；

(6)法理及通行学术观点；

(7)与法律、司法解释等规范性法律文件不相冲突的其他论据。

总之，裁判依据主要指法律规范类裁判理由，而裁判理由则指所有用于支持法官判决的根据。

(三)判决理由不等于判决原因

在定义判决理由时，常有学者将判决原因纳入其中。例如，“将判决理由定义为作出一个特定的裁判结论的道理和根由，它包括影响司法官对一个案件的最终处理，对他产生实质影响的一切因素、道理和根由(古今中外司法官的司法决策概莫能外)，而不仅仅限于法律推理及法律推理所依据的建立在证据基础上的事实、法律条件、价值判断和政策选择”[①]。还有学者将判决理由与判决原因同一化，他们认为：“法官应当坦承他们做出的选择及其理由。这些理由应当是实质性的且被确切地加以描述，以使读者能够判明这一选择的真正动机。”[②]“如果法官们不是被误导或是存心欺骗，他们就应该知晓并披露他们的决定的真正理由。”[③]在这两段论述中，论者都明确地将判决理由与判决原因等置起来，并认为后者才是真正的理由。

在拉兹看来，行动理由包括说明行动(产生)的理由与指导、评价行动的理由。[④] 作为影响判决形成的因素，判决原因可以归为说明性理由，从而成为广义的理由的一部分。但就判决理由而言，它只能是正当化理由，即能够使特定判断正当化的理由。[⑤] 因此，有必要将判决理由与判决原因区别开来。下文将从语言学、哲

① 肖晖：《中国判决理由的传统与现代转型》，法律出版社2008年版，第17页。

② John W. McCormac, *Reason Comes Before Decision*, 55 Ohio State Law Journal 166(1994).

③ Scott Altman, *Beyond Candor*, 89 Michigan Law Review 296(1990).

④ 参见[英]约瑟夫·拉兹：《实践理性与规范》，朱学平译，中国法制出版社2011年版，第1~7页。

⑤ 有关说明性理由与正当化理由的区分参见陈景辉：《实践理由与法律推理》，北京大学出版社2012年版，第49~59页。

学、心理学以及司法理论的角度对一致论进行检视。

1. 理由与原因的语义区分

依据韦氏词典的解释,作为理由的"reason"包括两重内涵:(1)用以解释某个理念、论断,证成某个行为或程序的表述;(2)引致或确认某个理念,影响其意愿,导致某个行为或行为过程的考虑因素、动机或判断。① 与中文里的"原因"对应的英文单词通常为"cause"或"motive"。"cause"也有两重含义:(1)产生某种后果、结果或状况的人或事;(2)某种行为或状况的理由(reason)或动机(motive)。②"motive"的定义则为"引发人的某种行为的内在(的需要、观念、生理状态或情绪)"。③ 如此看来,"reason"、"cause"和"motive"在某些条件下似可换用,这也印证了拉兹关于说明性理由与规范性理由的区分。

说明性理由是在描述的意义上解释某事为什么发生,它经常被视作原因的同义词。规范性理由则是指人们在论证应当如何认为或行为时所诉诸的因素。④ 由此可见,"motive"和"cause"作为说明性理由时确实可以被称为"reason"。然而,本文所指的理由更多的是规范性理由,是能证成某种观点或行为的正当性依据。⑤ 这一意义限定更符合中文表达习惯。

---

① See Philip Babcock Gove ed., *Webster's Third New International Dictionary of the English Language*, Merriam-Webster Incorporated, 1993, p. 1891.

② See Philip Babcock Gove ed., *Webster's Third New International Dictionary of the English Language*, Merriam-Webster Incorporated, 1993, p. 356.

③ Philip Babcock Gove ed., *Webster's Third New International Dictionary of the English Language*, Merriam-Webster Incorporated, 1993, p. 1475.

④ See http://en.wikipedia.org/wiki/Reason_(argument) (2021-4-19).

⑤ 在拉兹看来,说明性理由与规范性理由并非截然两立、泾渭分明,二者的区分与关联涉及更为复杂的道德哲学问题,且易混淆本文观点。职是之故,这一二元区分仅作参照,不宜作为理解本文论点的理论框架。拉兹认为,在多数情况下,规范性理由同时也是说明性理由,而说明性理由却不一定是规范性理由。在人们遵守特定规范的情形下,该规范既是规范性理由也是说明性理由;在人们违反特定规范的情形下,该规范就只是规范性理由,而不能成为该行为的说明性理由。概言之,决定某一理由是规范性理由还是说明性理由的关键因素不在理由本身,而在于该理由与特定对象之间的关系。相关论述可参见 Joseph Raz, Reason, *Reasons and Normativity*, in Russ Shafer-Landau ed., Oxford Studies in Metaethics, Volume 5, Oxford University Press, 2010; Joseph Raz, *From Normativity to Responsibility*, Chap. 5, Oxford University Press, 2011。

在中文世界里,原因是指“造成某种结果或引起另一件事情发生的条件”。[①]广义的原因包括引致某一特定事件发生的所有因素,狭义的原因则指其中始终与结果相伴随的因素。理由是指“事情为什么这样做或那样做的道理”,[②]而道理有两层含义,一是“事物的规律”[③],二是“事情或论点的是非得失的根据;理由;情理”。[④] 结合这两个词的定义可知,中文里的理由通常是指人们做某事的依据,它更偏向于规范性理由。例如,我们在日常生活里可以说“法官 A 收了当事人 B 现金 5000 元”是 B 赢得诉讼的原因,却不会说它是 B 胜诉的理由。但在败诉方 C 提起上诉时,“法官 A 收了当事人 B 现金 5000 元”这一事实却可以作为 C 要求推翻原判的理由。其中的区别就在于是否有规范性依据。可以说,中文里的“理由”内含着正当性要求。凯尔森在分析法律中的归责问题时表达过近似观点。他认为,一个精神病患者杀人是不是犯罪,是否应受制裁的问题取决于法律规范的规定。换言之,现行法律规范决定了精神病患者杀人能否成为其受制裁的理由。[⑤]

可见,无论是英文还是中文,“理由”与“原因”在语义上都是可以分离的。判决理由关涉判决的规范性依据或正当性来源,即判决系依何种规范或价值作出;而判决原因关涉判决的成因,即判决系因何种原因导致。

2. 理由与原因的哲学区分

前述区分已暗示,判决理由与判决原因分属应然与实然领域。判决理由是具有规范意义的命题,它关注的是理由与结论之间是否存在应然领域的对应关系,其本质是价值判断,具有评价性。判决原因则是具有事实意义的命题,其关注判决原因与判决结果之间是否存在实然领域的因果关系,其本质是事实判断,不具评价性。需要说明的是,区分事实判断与价值判断的标准并不总是命题的内容,而在于

---

① 《现代汉语词典》(第 6 版),商务印书馆 2012 年版,第 1035 页。

② 《现代汉语词典》(第 6 版),商务印书馆 2012 年版,第 796 页。

③ 《现代汉语词典》(第 6 版),商务印书馆 2012 年版,第 269 页。

④ 《现代汉语词典》(第 6 版),商务印书馆 2012 年版,第 269 页。

⑤ See Hans Kelsen, *General Theory of Law and State*, translated by Anders Webderg, Harvard University Press, 1949, p. 91 – 92.

该命题是否具有规范意义，或者说是否有可予适用的相关规范。以“某甲喝醉后自行驾车回家”(以下简称命题1)为例，如果某甲未造成任何交通事故或引致其他法律纠纷，那么在《刑法修正案(八)》实施之前，命题1不能成为追究某甲刑事责任的理由。但在《刑法修正案(八)》实施之后，根据新《刑法》第133条之一，“在道路上驾驶机动车追逐竞驶，情节恶劣的，或者在道路上醉酒驾驶机动车的，处拘役，并处罚金”，命题1将成为追究某甲刑事责任的理由。

由于性质迥异，理由与原因的评价标准也存在重大区别。理由的评价标准在于正当性，即它是不是形成某一结论的正当依据，是否能为特定的论点提供支持。原因的评价标准在于正确性，即它与结果之间是否存在因果关系。这里的正确性是认识论意义上的正确性，即某命题是否正确地揭示了事物之间的关系。换言之，主体的认识是否与客体相一致。正当性标准是主观的、或然的，它取决于特定情境下主体之间的共识。正确性标准则是客观的、必然的，现象A是不是现象B的原因可以运用定量分析、变量分析等统计分析方法进行检验。例如，如果某位法官在裁判飞车抢夺案时，通常判处罪犯3年有期徒刑，但在最近一次审判中只判了2年。假设犯罪手段、涉案金额等其他影响案件裁判的因素不变，只有法官早餐的饮品从豆浆变成了牛奶，那么我们可以推定牛奶是法官此次从轻裁判的原因。更为重要的是，有关行为的因果关系的判定通常可以证伪。如果在后来的裁判中，法官早餐时继续饮用牛奶，且其他因素维持不变，同样的案件继续被判以3年有期徒刑，那么之前推定的原因——牛奶将被排除。相形之下，正当性标准的适用则更为复杂，不易显化。在现有的知识体系中，最佳做法是依据论证理论检验理由的正当性。

3. 理由与原因的认知心理区分

依据司法论证理论，法律推论的过程可以划分为“发现的过程”——法官是如何得到一个判决结果的，以及“论证的过程”——法官是如何证明该判决是正当的。①

① 参见陈林林：《裁判的进路与方法——司法论证理论导论》，中国政法大学出版社2007年版，第25页。

前者的研究对象是裁判原因，而后者的研究对象则是裁判理由。这一划分其实也涉及判决形成的两种思维心理过程，或者说司法判决形成的两个阶段。

首先，从心理活动的发生上看，“发现的过程”是一个纯内在的思维过程，而“论证的过程”则是一个内外互动的过程。在“发现的过程”中，法官通过自主思考在个人的知识和经验范围内探索可予适用的法律规则。在这期间，个人的教育背景、价值立场、人生经验等因素都可能经由潜意识参与其中。这是法官独有的内心体验，外人无法洞察。即使法官如实陈述此时出现的判决原因，旁人也无从辨别真伪。在“论证的过程”中，一方面，法官会自觉地换位思考，预先设想其提出的理由可能会面临何种评价，能否经受住同行与公众的批评，自觉地从评价者的角度来提出理由；另一方面，一旦判决理由公开，外界能够就理由的适当与否进行论辩。

其次，从法官的心理状态上看，发现过程中的法官致力于探索。此时判决尚未形成，法官的任务是探索出可予适用的裁判规则，作出适当的判决。论证过程中的法官则是带着初步得出的结论，寻找能够证成其决定的理由。此时判决已经形成，他的任务是寻找能够证成其决定的理由，以说服当事人、上级法院以至社会公众。

再次，从思维倾向上看，发现的过程往往是非理性的，而论证的过程则必然是理性的。强调心理学研究进路的德国学者伊赛就认为，法律者，尤其是法官……经常发现，实际上是在大多数情况下，他的决定所依据的完全是另一种方式，即直觉地、本能地求助于是非感、实践理性、健全的人类理智（gesunder Menschenverstand）。[①] 法律发现的过程，亦即法律决定的形成过程主要是非理性的，而法律证立的过程则是理性的。因为论证的过程是一个对外开放的过程，法律制度的设计迫使法官进行理性的论证。

最后，从研究方式上看，判决理由的研究常常是规范研究，而判决原因的研究则往往是经验研究。判决理由的研究主要基于文本，侧重从规范的角度检验命题的正当性，以及命题之间的逻辑关系。研究判决理由的学说基本可以归于法律论证理论的范畴。法律论证的研究者中既有从先验的角度预设论证规范者，也有从

---

① 参见[德]卡尔·恩吉施：《法律思维导论》，郑永流译，法律出版社2004年版，第51页。

经验的角度总结论证规律者。无论其具体的视角或方法如何,他们关注的问题始终是理由是否具有或者如何获得可接受性,这一问题终究需要进入应然层面展开讨论。判决原因的研究旨在探明特定判决的成因,相关学说可以概称为司法决定理论。波斯纳曾总结9种致力于探究司法判决成因的理论。① 在他看来,这些理论都存在这样那样的缺陷,以至于不能有效解释或预测特定的判决结果。于是他兴致勃勃地做了一番整合工作,提出了"一种实证的判决决策理论",结果同样遭受批评。② 如果我们对比阿列克西与波斯纳的相关著作就会清楚地看到,二者的论述以及关于此二人理论的评述均在不同的层面展开。阿列克西和他的评论者关注的是其理论的先验条件的设定,而波斯纳和他的评论者关注的则是其理论在实践中的应验。

总之,无论是从认知心理的角度还是从认识论的角度,"法的发现"与"法的证成"都必须区别开来。坎托洛维奇在批判现实主义法学时就郑重其事地指出:"因果关系的说明与规范性的证成必须区别开来——这是现代认识论最为重大的教训之一。"③

4. 理由与原因的司法功能区分

沿着"法的发现"与"法的证成"的思路我们就能看到,判决的形成与判决的证成是两回事。通常而言,判决原因出现在判决的形成过程中,影响着最终的决定的形成;判决理由则是在判决已经形成后,对判决的正当性进行证明。这使二者在司法活动中承担的功能也存在较大差异。

就判决原因而言,它的主要意义在于能够满足法律人预测判决的需求。库克认为,法律人和物理学家一样,从事的是对客观的物理现象的研究。"作为法律人,我们有兴趣知道某些社会中的官员——法官、立法者及其他——过去是如何行为

① 参见[美]理查德·波斯纳:《法官如何思考》,苏力译,北京大学出版社2009年版,第17~52页。

② 参见[美]理查德·波斯纳:《法官如何思考》,苏力译,北京大学出版社2009年版,第17页。

③ Hermann Kantorowicz, *Some Rationalism about Realism*, 43 Yale Law Journal 1249(1934).

的，以使我们预测他们未来可能的行为。”[①]除此之外，真实原因的披露可以使公众了解判决的形成过程，从而判断法官是否独立、公正地履行了裁判职责，进而防止司法权力的滥用。判决原因的披露还被人添附过其他功能，如提高判决质量、使判决正当化、公开信息、宣泄情绪、推动法律发展、履行道德义务等，[②]但本书第三章第三节的分析将显示，这些功能并非全部积极，也不一定都能实现。

就判决理由而言，其主要功能在于证明判决的正当性，增进判决的可接受性。从规范的角度看，判决理由既可以确认已有的法律规范，也可以为未来的类似案件提供裁判依据。除此之外，判决理由的给出还可以向公众展示法官的思维方式，宣明法律所倡导的价值。在现行制度下，盖斯特法官的故事完全可能。尽管他的裁判方式荒诞不经，他的枉法行为应受制裁，但只要他能提供充分的理由证成其判决，该判决仍然是正当的。这样的故事其实不会削减理由的独立价值，因为一旦给出理由，法官或法院无异于就这一理由作出了承诺，默示其将信奉这一观点。如果法官或法院出尔反尔，在之后的案件中背弃之前陈述的理由，这将被视为对司法权力的滥用。这样一来，在类似案件的审判中，在先案件的判决理由很有可能成为在后案件的判决原因，进而获得一些裁判原因所具有的司法功能，同样起到确保裁判一致等作用。

由上可见，判决理由与判决原因存在重大的本质性区别，判决理由不一定是判决原因，而判决原因也不一定是判决理由。当然，强调两者的区别并不否定两者发生重合的可能性，即某一论断可能既是裁判原因又是裁判理由。不过这种重合并不否定分离的必要性，正如某位男士可能既是一位法学教授，又是一位父亲，这两种角色在他身上发生重合却不意味着教授与父亲可以等置起来。就裁判文书说理而言，法官的任务是阐述判决理由而非判决原因。

---

① Cook, *The Logical and Legal Basis of the Conflict of Laws*, 33 Yale Law Journal 475(1924). 转引自 Hermann Kantorowicz, *Some Rationalism about Realism*, 43 Yale Law Journal 1247(1934), Note 21。

② See Scott C. Idleman, *A Prudential Theory of Judicial Candor*, 73 Texas Law Review 1334(1995).

二、理由的基本分类

在说理论证中，虽然支持最终判决的论据只是法律规范与法律事实，但这两者本身可能都是就法律条文的含义或者案件事实的法律属性做出的判断，都需要从各种各样的理由中获得支持。这些理由可以根据不同的标准进行划分。

（一）终局理由与非终局理由

德国哲学家阿尔伯特曾总结，说理论证一般将面临三种可能性：其一，无限倒退，永远在寻找进一步的理由支撑；其二，循环论证，以之前出现过的论断作为之后论断的理由，陷入因为A所以A的困局；其三，在某个主观选择的点上断然终止论证过程。在第一种情况下，论证将永无休止地继续下去，这不符合司法活动的效率原则；在第二种情况下，将之前出现过的结论作为理由，这不符合理性原则，也容易为法官擅权提供便利。因此，我们只能选择第三种情形，在某一点上人为地终止说理，这些点就是终局理由。其余不能终止说理活动的理由即为非终局理由。

终局理由是指言说者无须给出进一步理由的理由，它通常位于论据链条末端。例如，于德水案的论点k出自我国《刑法》第270条的规定，侵占是指以非法占有为目的，将代为保管的他人财物，或者将他人的遗忘物、埋藏物非法据为己有，数额较大，拒不退还或拒不交出的行为。法官在列出该条规定之后，无须进一步解释《刑法》为何如此规定。非终局理由则是指言说者需要给出进一步理由的理由，如于德水案的论点b"机器故障不能等同于银行的过错"。法官试图用论点b来支持银行没有过错这一论断，但论点b本身并非不证自明，也不具有论点k的权威性，因此，还需要进一步的理由支持。法官也认识到了这一点，所以提出论点a"人有意识机器无意识，这是人与机器的本质区别"，以此作为论点b的理由。

终局理由可以分为确定的终局理由与推定的终局理由。它们都是广为人们接受的理由，都可以终止论证。不同的是，确定的终局理由本身真实、确定，不会被推翻。推定的终局理由则是论证者援引的一种推定，它在面临挑战时需要提供进一步的理由，且存在被推翻的可能。确定的终局理由主要包括法律明文规定、自然规律(定理)与双方共同承认的事实三种理由。(1)法律明文规定。在法治国家里,法律是所有法律决定的理由。适用法律者不需要为法律为什么有此规定提供理由,如于德水案的论点 k。(2)自然规律与定理。自然规律是自然界的法则,具有不以人的意志为转移的客观性。当对于某一事情的判断是依据自然规律与定理做出时,人们无须就该定理的正确性进行论证。例如于德水案的论点 g 关于人的欲望的论述就与自然规律相符,因而无须就为什么"欲望人人都有""欲望是人的本性"提供理由。(3)双方共同承认的事实。论证以共识为目的,如果双方已经达成共识,论证就没有继续的必要。最高人民法院《关于民事诉讼证据的若干规定》(以下简称《证据规定》)第 3 条规定,一方当事人对于己不利的事实明确表示承认的,另一方当事人无需举证。

推定的终局理由主要包括生效法律文件确认的事实、众所周知的事实、主流意见与权威观点。(1)生效法律文件确认的事实。根据《证据规定》第 10 条,生效的民事判决、仲裁裁决以及有效的公证文书中已经确认的事实不需要再加以举证。但如果当事人有充分证据足以反驳或推翻上述事实,该事实将不能作为终止性论据进入论证体系。(2)众所周知的事实。人类历史的发展经验表明,人的认识理性是有限的。即使是众所周知的事实,也不一定具备完全确定的正确性。因此,《证据规定》第 10 条也将众所周知的事实视为一种推定的终局理由,在当事人有相反证据足以反驳该事实之前,这一事实无须再举证。于德水案的论点 a"人有意识机器无意识,这是人与机器的本质区别"可以视为众所周知的事实。这意味着,随着科技的发展,该论点存在被推翻的可能。(3)主流意见。主流意见是指在社会或社会的某一领域占主导地位的主要意见。主流意见对于法律实践活动还有着重要的指引作用。[①] 因此,虽然没有通过立法程序得到正当化,主流意见仍在相当大的范围内影响着法律决定。于德水案的论点 e 关于秘密窃取的认定就是法学通说,属于法学界的主流意见。本章第三节将专门讨论法学通说。(4)权威观点。权威观

---

① Rita Zimmermann: Die Revelanz einer herrschenden Meinung für Anwendung, Berlin: Duncker & Humblot, 1987, S. 34.

点是指某一领域的权威人士就涉及该领域的问题给出意见,该意见因为出自权威而被推定是正确的,也具有终止论证的效力。在美国联邦最高法院首例承认同性婚姻合法的案件奥伯格菲尔诉霍奇斯(Obergefell v. Hodges)案(以下简称奥伯格菲尔案)①的判决意见中,大法官们为了论证婚姻的重要意义,引用了东、西方先贤孔子和西塞罗的名言,如“礼,其政之本与”。(《礼记・哀公问》)此时,大法官们不必就权威人物观点本身的正确性进行论证,只需说明这类理由的权威出处即可。本章第三节将专门讨论权威观点。

由上可以看出,终局理由与非终局理由的设定常常是人为选择的结果。终局理由与非终局理由间的界限实质是司法说理与司法效率之间的平衡线,也是司法理性与司法擅断的分界线。

(二)法律理由与非法律理由

根据性质与内容的差异,理由可以分为法律理由与非法律理由。法律理由在法律人的说理论证中的重要地位不言而喻。在法律说理论证的理由体系中,法律理由具有优先性和排他性。在就某一判断给出理由时,法律人应优先考虑法律理由,如有法律理由,则无须提供其他规范理由。例如,法官在判定成年子女对年老的父母承担赡养义务时,援引《民法典》第26条即可,无须列举道德、习俗等非法律理由。但在许多情形下,法律条文不足以成为论述的正当化基础。法律条文含义的确定、法律事实的建构都需要提供进一步的理由:规范含义的确定需要结合字义、习俗、道德、立法文献、司法判例等多种因素;法律事实的建构需要从证据出发,结合经验法则(如自然规律、心理规律、社会规律等)进行必要的推理。根据最高人民法院《释法说理指导意见》第13条,在法律之外,还有公理、情理、经验法则、交易惯例、民间规约、职业伦理等大量的非法律理由存在。

长期以来,非法律理由在裁判文书说理中的地位未得到充分承认,这与实证主义对我国司法界的影响有关。在实证主义的影响下,法官倾向于只认可法律体系

① See 576 U. S. 664 (2015).

内部的论证资源，对于法外因素则持消极、保守的态度。事实上，“在法律的正式渊源之外允许大量的社会渊源的存在，这既为顺应人的法制生活及人性基本需求之所需，也是法律发展永远无法摆脱的社会因素；只有较好地处理了法律的正式渊源与社会渊源之间的关系，人们良性的法制生活才得以可能”①。

本章开篇列举的于德水案的论点 a 至 k 中，论点 k 出自法律条文，论点 e 为法学通说，论点 f 是对被告人行为属性的法律判断，除此之外，均与法律没有直接关联，都属于非法律理由。

（三）正当性理由与正确性理由

在分析合理性论证的特点时我们已经看到，在合理性论证中既存在价值有涉的判断也存在价值无涉的判断。价值有涉的判断所依据的理由可以称为正当性理由，指的是对人的行为作出“应当与否”的评价的理由；价值无涉的判断所依据的理由则为正确性理由，指的是对客观世界的真实（或者推定为真实）的描述。

凯尔森认为，依据某一有效规范对一种事实行为所作的应当是这样或不应当是这样的判断就是一种价值判断。② 依据这一观点，正当性理由就是在社会中行之有效的行为规范。它主要是指某一法律共同体内部所普遍接受的伦理道德。

正确性理由可以分为自然（及社会）事实、自然（及社会）规律以及推定为真的表述。自然事实是指客观发生的真实事态，既包括自然事件也包括社会事件。自然规律是指自然世界及人文社会中存在的事物之间的必然性联系。推定为真的表述则是指言说者所提出的对于有关事实或事物间联系的描述被假定具有正确性，如无相反证明可以成为论证的依据。

虽然正确性理由不涉及价值判断，但也可能对最终的法律决定产生实质性影响。对某一事物的自然属性的不同判断可能直接导致大相径庭的判决结果。不只是在法律事实的构建过程当中会运用到正确性理由，在立法论证中有关现实必要性的陈述能否成立也有赖于正确性理由。2005 年 10 月 27 日，第十届全国人大常

---

① 胡玉鸿、彭东：《试论法律社会渊源的理论基础》，载《中国法学》2001 年第 3 期。

② See Hans Kelsen, *Norm and Value*, California Law Review 1624(1966), p. 17.

委会第十八次会议表决通过《关于修改〈中华人民共和国个人所得税法〉的决定》，将个人所得税起征点调整为1600元。2008年，个人所得税起征点再次上调至2000元。这些决定得以作出正是基于对人民平均收入及生活成本等的计算。这一基本的论证模式在时任财政部税政司司长史耀斌的发言中得到了充分体现。史耀斌认为，在确定扣除标准时应当综合考虑以下三方面因素：城镇居民实际生活支出水平，税收政策效应和财政承受能力。他在评估城镇居民的实际生活支出水平时具体论述如下：

"根据国家统计局有关资料测算：2004年全国城镇在岗职工年平均工资为16024元，城镇居民年人均消费支出为7182元，按人均负担率1.91计算，城镇职工年人均负担家庭消费支出为13718元，每月为1143元，具体包括衣、食、住、行等方面的开支。从地区结构看，2004年东部地区城镇职工人均负担的家庭消费支出为1381元/月，中部地区为929元/月，西部地区为1012元/月。因此，选择1500元/月的扣除标准是考虑我们城镇居民总体生活水平并兼顾东西部地区情况而做出的均衡选择，可以较好地解决当前城镇居民生计费用扣除不足的问题，有利于减轻中低工薪收入者的税收负担。今后，国家还将根据社会经济发展状况适时调整费用扣除标准。"①

在前引论述当中，史耀斌所援引的论据多为国家统计局的统计数据，这些数据支撑起一个事实：当时城镇居民的基本生活支出远高于800元，从而证明提高个人所得税起征点的必要性。不仅如此，史耀斌在论证以1500元为个人所得税起征点这一方案的合理性时大量援引了国家统计局的数据，这些数据亦成为有关个人所得税法修订方案的论证中的重要论据。

在诸多正确性理由当中，常识作为一种基础知识或基本的生活经验对于法律人作出合理的决定显得尤为重要。晋惠帝司马衷之所以以"白痴皇帝"而闻名，并不是因为司马衷智商低，而是因为他终日玩乐，不问民生疾苦，缺乏基本的生活常

---

① 《财政部税政司司长史耀斌阐述个税扣除标准依据》，载中国经济网，http://www.ce.cn/macro/gnbd/dszl/cs/200509/27/t20050927_4806930.shtml。

识。所以当他听人报告说民间闹饥荒，老百姓因为没有饭吃而活活饿死时说出了遗臭万年的五个字“何不食肉糜？”。同样，如果我们的法官在作有关抚养费用的判决时不知柴米油盐为何物，肯定无法合理估算出基本的生活费用，无法作出合理的判决。

（四）法理、事理和情理

最高人民法院《释法说理指导意见》第2条规定：“裁判文书释法说理，要阐明事理，说明裁判所认定的案件事实及其根据和理由，展示案件事实认定的客观性、公正性和准确性；要释明法理，说明裁判所依据的法律规范以及适用法律规范的理由；要讲明情理，体现法理情相协调，符合社会主流价值观；要讲究文理，语言规范，表达准确，逻辑清晰，合理运用说理技巧，增强说理效果。”在这四理中，文理关注的其实是语言表达，即如何陈述理由的问题，而法理、事理、情理才涉及真正的裁判理由。

就法理而言，它包括法律规范以及建构法律规范的理由。以于德水案为例，论点k援引的《刑法》第270条，以及论点e关于刑法学界通说的阐述都属于法理。

案例2-1

在仲某某诉上海市某房地产项目开发有限公司商品房预售合同纠纷案中，①法官指出，“合同当事人不仅应依照诚实信用的原则行使合同权利，而且在履行合同义务中也应以善意的方式，依照诚实信用的原则履行，不得规避合同约定的义务”。法官由此认定，“金轩大邸公司未按约履行其通知义务，并将商铺销售一空，导致涉案意向书中双方约定将来正式签订商铺买卖合同的根本目的无法实现，甚至在争议发生时主张双方签订的意向书无效，其行为违背了民事活动中应遵循的诚实信用原则，应认定为违约”。

在该判决书中，法官对诚实信用原则的阐释也属于法理。除了具体的素材，法官在建构法律规范的过程中还需要运用各种法律方法（详情见第五章），这些方法本身也是某个具体规范得以建构的理由。

① 参见上海市第二中级人民法院民事判决书，(2007)沪二中民二(民)终字第1125号。

案例2-2

在朱某某故意毁坏财物案中,①朱某某恶意操作被害人股票账户,多次高买低卖,导致被害人股票市值损失200余万元。法官认为股票与电力、煤气、天然气等无形财产一样,是具有经济价值的无体物,因而将高买低卖股票的行为类比为故意毁坏财物。

实践中,除了对实体法的法理进行释明,法官还会根据案件的争议情况,就程序法的法理进行释明。

案例2-3

在某科技有限公司与文某劳动争议纠纷案中,②双方争议之一是一审法院是否有权审查案涉用人单位规章制度的合理性。二审法院认为,对案涉规章制度进行审查属于人民法院的审判职能。"用人单位的管理规章制度是用人单位制定的组织劳动过程和进行劳动管理的规则和制度,劳动法律虽然赋予工会或者职工代表参与规章制度制定平等协商的权利,即通说的'民主程序',但基于当前我国民主协商制度和职代会制度并不健全,劳动者对规章制度的制定并无决定权,司法在当前阶段对于关系到劳动者切身权益并被用人单位据此作为处分劳动者权益依据的管理规章制度进行正当合理性审查并无不妥。"

案例2-4

在某市知识产权局诉某投资发展有限公司专利侵权纠纷处理决定案中,③法院在讨论是否应当撤销案涉行政处理决定时,着重就民事诉讼法"先行裁驳,另行起诉"的精神进行阐释。"关于专利侵权民事诉讼,根据最高人民法院《关于审理侵犯专利权纠纷案件应用法律若干问题的解释(二)》第二条规定:'权利人在专利侵权诉讼中主张的权利要求被专利复审委员会宣告无效的,审理侵犯专利权纠纷案件的人民法院可以裁定驳回权利人基于该无效权利要求的起诉。有证据证明宣告上述权利要求无效的决定被生效的行政判决撤销的,权利人可以另行起诉。专利权人另行起诉的,诉讼时效期间从本条第二款所称行政判决书送达之日起计算。'专利侵权民事诉讼之所

① 参见游伟、尚爱国:《朱建勇故意毁坏财物案》,载《判例与研究》2003年第5期。
② 参见广东省深圳市中级人民法院民事判决书,(2017)粤03民终1326号。
③ 参见江苏省高级人民法院行政判决书,(2017)苏行终610号。

以作出上述规定，是由于我国专利法规定了‘民行二元分立’的诉讼架构，即权利人主张被告侵犯其专利权，被告往往向专利复审委另行提起宣告专利权无效的请求，而审理专利侵权纠纷的法院无权审查专利权的效力，通常中止诉讼，等待专利复审委的审查结果；对于专利复审委的审查结果，当事人又可以进行行政诉讼，这就导致专利侵权民事纠纷案件循环诉讼情况突出，审理周期较长。为了平衡双方当事人的利益关系，提高专利侵权诉讼的审理效率，尽可能缓解专利诉讼审理周期较长对当事人的不利影响，上述司法解释设计了专利侵权民事诉讼中‘先行裁驳、另行起诉’制度，即在专利复审委作出宣告专利权无效的决定之后，审理专利侵权纠纷的法院可以从程序上裁定驳回起诉，无需等待行政诉讼的最终结果，并通过‘另行起诉’给权利人以司法救济途径。本案中，涉案专利权已处于不稳定的状态，在此情形下为避免行政诉讼的过分拖延和平衡各方当事人的利益，应参照民事诉讼中‘先行裁驳、另行起诉’的精神，撤销涉案行政处理决定。”

就事理而言，它是指裁判所认定的案件事实及其根据和理由，它包括自然规律、常识、风俗习惯等。在于德水案的论点 i 中，法官指出：“被告人于德水的父母早已病亡，其与几个姊妹相依为命，生活困苦，不然，他也不会早早辍学外出打工谋生，以他的初小学历和人生经历，可以肯定，他对法律及其行为后果不会有高度清楚的认识，更不可能对这一法律界都存在争议的案件会自认为是盗窃犯罪。”在这段论述中，法官从父母早亡、辍学打工、初小学历等基本事实推出于德水对其行为后果缺乏清楚认识，这段论述就可以视作事理。在案例 2－3 中，法官在分析案涉业务的缩减能否归咎于文某时，主要的依据是事理。“一般情况下，两方合作需要一定时间的磨合，在短短四五个月内美国 A 公司增加第二供应商，倘若完全将其中责任归咎于文某对 A 团队的领导和管理能力和水平不合乎情理。”需要指出的是，此处的“情理”实为本文所说的事理，反映的是事情发展的一般规律。

案例 2－5

在董某某与赵某某等确认合同无效纠纷案二审判决书中，[①]法官主要依据事理对虞某与董某某在签订购房合同时是否存在恶意串通进行分析：其一，董某某在购房

① 参见北京市第二中级人民法院民事判决书，(2020)京 02 民终 2305 号。

时，并未实地看房，该行为显然有违正常的房屋交易习惯，且董某某未作出合理解释；其二，董某某在办理过户手续当天才收到他人转入的钱款共计750万元，其中420万元来自虞某的债权人TD典当公司的总经理和法定代表人；其三，董某某在收到款后，将其中690万元转给TD典当公司，作为虞某还款；其四，董某某所在的公司与TD典当公司系关联公司。法官最后总结，TD典当公司既是虞某的借款人，又是虞某售房的代理人，既向虞某提供购房人，向购房人提供购房款，又实际收回了购房款，使房屋所有权自虞某转移至董某某名下，明显与正常购房交易习惯不符，而董某某及TD典当公司又不能作出合理解释。由此认定，董某某、TD典当公司与虞某之间对涉案房屋的不正常交易存在意思联络。

与法理、事理相比，情理较为特殊，这是一类极具中国特色的理由。西方思想史的传统是将情感与理性分立，即情与理分开讨论。中国的思想史却往往情理结合。在儒学主导的传统伦理哲学中，情感是伦理的逻辑起点。儒家的伦理规范体系基本依情而立。情感堪称中国古代社会秩序的基础。① 孔子的仁者爱人，孟子的“恻隐之心，仁之端也”（《孟子·公孙丑上》）都是以情感作为伦理规范的依据。中国人信仰的是“情通理方至，情阻理难达”，即寓情于理。《释法说理指导意见》要求讲情理时要“体现法理情相协调，符合社会主流价值观”，主要是强调法官的价值判断应符合社会主流价值观，不能与民众的情感发生严重背离，做到法理情理相协调。② 该指导意见并未就情理给出明确定义。因此，有学者在谈及用情理说理时，将情理定为与法理、政策并列的人情事理，包括经验法则、善良风俗、习惯法、常识、商业惯例、利益衡平等内容，将情理与事理视为一体。③ 的确，法理、事理、情理只是一个大致的分类，并非泾渭分明。由于理是根本，法理、事理、情理皆归于理，有可能同一个理由既是情理，也是事理和法理。

但鉴于情理的特殊性，以及《释法说理指导意见》将法理、事理、情理单独列出，

---

① 参见徐忠明：《情感、循吏与明清时期司法实践》，译林出版社2019年版，第4页以下。

② 参见雷磊：《从“看得见的正义”到“说得出的正义”——基于最高人民法院〈关于加强和规范裁判文书释法说理的指导意见〉》，载《法学》2019年第1期。

③ 参见胡昌明主编：《裁判文书释法说理方法：〈最高人民法院裁判文书释法说理指导意见〉的案例解读》，人民法院出版社2018年版，第178页。

笔者认为有必要将情理与事理区别开来，将情理界定为人之常情，从而与经验法则、善良风俗、习惯法、常识、商业惯例、利益衡平等区分开来。情理是指以人之常情作为理由。

案例2-6

在无锡冷冻胚胎案的二审判决中，法官肯定了四位老人对冷冻胚胎的处置权与监管权，并将情感明确列为做出这一判断的依据。法官写道："结合本案实际，应考虑以下因素以确定涉案胚胎的相关权利归属：一是伦理……二是情感。白发人送黑发人，乃人生至悲之事，更何况暮年遽丧独子、独女！沈某、刘某意外死亡，其父母承欢膝下、纵享天伦之乐不再，'失独'之痛，非常人所能体味。而沈某、刘某遗留下来的胚胎，则成为双方家族血脉的唯一载体，承载着哀思寄托、精神慰藉、情感抚慰等人格利益。涉案胚胎由双方父母监管和处置，既合乎人伦，亦可适度减轻其丧子失女之痛楚。"①

三、特殊类型的理由

上文关于判决理由的类型分析可以帮助我们了解各类理由的基本特性。在这些理由中，有一些理由（如主流意见、权威观点）在裁判文书中经常出现且常有争议，有必要对这些理由单独展开论述。它们的特殊性有三：其一，它们可以作为终局理由提出，即如果有人提出某个观点，并指出该观点系主流意见，通常不必再就该观点的正确性（正当性）进行论证；其二，作为该类理由（如主流意见）的定性是推定的，如果有人质疑其地位并提出相反主张，言说者必须对其进行回应；其三，它们的内容的正确性（正当性）是推定的，即基于它们是主流意见、权威观点这一认定，推定它们的内容正确，如果有人就其内容提出有力反证，则言说者必须予以回应，直至提出其他令人确信的理由。此外，我国最高人民法院于2021年1月19日印发《价值观指导意见》，明确将社会主义核心价值观作为裁

---

① 沈某某等与刘某某等监管、处置权纠纷案，江苏省无锡市中级人民法院（2014）锡民终字第01235号民事判决书。

判理由。《价值观指导意见》具有鲜明的中国特色,是中国特色社会主义法治的产物。《价值观指导意见》是一项制度创新,因此有必要就社会主义核心价值观的适用单独展开论述。

(一)法学通说

《释法说理指导意见》第13条规定,法官在说理时,除了依据法律法规、司法解释,还可以援引法理及通行学术观点。据此,法学通说明确成为一类判决理由。作为通行学术观点,法学通说的本质是一种观点或意见。一般而言,意见是指"对事物的看法、想法"①。从认识论的角度看,意见是"一种主观上不充分、而且客观上也不充分的判断"②。作为与知识相对的概念,意见是一种意义关联,它没有强有力的检验性观点(Überprüfkeitspostulat)做支持,确切地说,它没有得到充分证成。法学通说只因成为主流意见而被推定具有正当性。其虽然没有通过立法程序得到正当化,但仍在极大范围内影响着法律决定。当论证过程中所有客观的得到确证的因素已被穷尽时,法学通说可以被引入,并阻断论证过程中的无穷递进。必须指出,此处阻断是为了保证论证的效率,推定论证者所援引的法学通说为真,只有当反对者能够充分证明论证者援引的法律学说并非通行观点或者该法律学说有误时,该法学通说才丧失证明力。

简言之,法学通说是通行的或者占据主导的法律学说,其本质是一种主流意见(herrschende Meinung)。由于意见都是属于个人的,因此主流意见是为多数人所持有的意见。在法律领域,主流意见是在文献和司法实践中最具代表性的观点。它暗含一种权威性,对其他观点提出了支配性要求,也就是说,要求这一意见被遵从。"主流意见对于法学家们起着明显的指引作用,因此被视为法学理论界的重要标准。"③事实上,主流意见对于法律实践活动还有着重要的指引作用,主流

① 《辞海》,上海辞书出版社1990年版,第2291页。

② 陈嘉明:《知识与确证:当代知识论引论》,上海人民出版社2003年版,第33页。

③ Rita Zimmermann, Die Revelanz einer herrschenden Meinung für Anwendung. Fortbildung und wissenschaftliche Erforschung des Rechts, Berlin: Duncker & Humblot, 1987. S. 19.

意见同时包含了理论与实践的因素。[①] 在裁判文书说理实践中,最常用到的主流意见即为法学通说。[②] 作为通行的法律学说,法学通说通过逻辑性和严谨性来表达科学性,诠释行为可控的规律性,从论证结果来看有助于提升司法裁判的说服力。[③]

不过,法学通说存在较大被误用的隐患。实务中,许多人都把法学通说矮化为一种意见的表达,以为可以随意采用,“他们将理论视为采石场,他们只从中选择刚好合适的石块”[④]。“一些新近出现且不为人所知的学者的意见也有可能被某一法院采纳并适用,这并非因为此类学者的权威,而是因为其论证和结论在法院看来是合理的,如同那些在特定案件中似乎是合理的论证与结论。”[⑤]还有一些人将通行学说简单等同于通行教科书的观点。[⑥] 这些误用或滥用法学通说的做法让法学通说的权威性大打折扣,“造成一定的虚假法学通说充斥在法学知识生产中,仅有通说之名而无通说之实,从而带来法学通说危机:失真与贬值”[⑦]。这些现象的蔓延会引发系列不良后果:首先是受众普遍质疑法学通说的正当性,进而质疑判决的公正性;其次是法官会弱化或掩饰对法学通说的引用,削弱法学通说在证成判决时的作用,从而削弱法学通说本应起到的促进裁判规范体系化的作用。

因此,我们有必要重点讨论法学通说的识别与运用。

首先,法学通说应当具有文本基础。如前所述,法学通说的本质是主流意见,尽管主流意见本身不具备客观性也不能确保其正确性,但作为一种社会存

---

① Rita Zimmermann, Die Revelanz einer herrschenden Meinung für Anwendung. Fortbildung und wissenschaftliche Erforschung des Rechts, Berlin: Duncker & Humblot, 1987. S. 34.

② 有学者认为,“法律学说”才是主流用语。法学通说一般是取得高度共识的学说或理论。(参见彭中礼:《论法律学说的司法运用》,载《中国社会科学》2020 年第 4 期)为了凸显学说与主流意见的关系,本书采用“法学通说”的概念。

③ 参见彭中礼:《论法律学说的司法运用》,载《中国社会科学》2020 年第 4 期。

④ [德]卡尔·拉伦茨:《法学方法论》(第 6 版),黄家镇译,商务印书馆 2020 年版,第 567 页。

⑤ [美]约翰·奇普曼·格雷:《法律的性质与渊源》(原书第 2 版),马驰译,中国政法大学出版社 2012 年版,第 223 页。

⑥ 参见姜涛:《认真对待法学通说》,载《中外法学》2011 年第 5 期。

⑦ 姜涛:《认真对待法学通说》,载《中外法学》2011 年第 5 期。

在,它仍然是可以加以认识的。正如同意见需要表达,主流意见也是通过公开表达而形成的。[①] 主流意见的发表形式主要是指书面的表达,其公开发表的渠道主要是指立法文献、司法文献、法律研究文献等。因此,法学通说应当有文本依据。不过,法学通说没有固定的承载形式与发布平台,通行教科书的观点也不必然是法学通说。

其次,法学通说应当逻辑自洽。“尽管在检验(其作为陈述语句体系的正确性)时,不可能按照检验自然科学陈述语句的方式来进行。于此,除了逻辑衡量,目的性衡量尤其起到了一定的作用;最终具有决定性的是从理论中获得的与规范效力有关的结论语句在事理上的妥当性。”[②]

最后,法学通说应当有一定共识基础。作为法学界的主流意见,法学通说应当是大多数人的共识。此处的共识更多的是指法学专业人士通过理性商谈达成的一致意见。实践中,这样的理想商谈当然很难找到。但法学通说的产生一定不是某个学者的单方宣称,它一定通过学者之间的互动或讨论产生。这些讨论几乎只见于公开出版的专业文献。但是在现实生活中,这种严格意义上的互动并不多见。更多的情况是,法律人在各类文献中各抒己见、各持己见,极少达成明确的共识。这就需要论证者在引入主流意见时能够充分参考相关文献并进行有效总结。这种总结形式可以是引用率统计、问卷调查或支持率调查。[③] 在这三种方式中,引用率统计最为简单易行。例如,诉讼法学界曾在21世纪初,就证明标准问题展开过全国范围的热烈讨论,许多非诉讼法学专业的学者也参与其中。在这场大讨论中,客观真实论与法律真实论的主张都得到不断完善。究竟何者为通说则可以考察各种观点被引用的情况。通过登录中国知网,输入关键词后,代表性学者的被引用情况一目了然。鉴于有些观点被引用是基于批判的目的,法官应当仔细审查观点的具体引用情况。

---

① Rita Zimmermann, Die Revelanz einer herrschenden Meinung für Anwendung. Fortbildung und wissenschaftliche Erforschung des Rechts, Berlin: Duncker & Humblot, 1987. S. 27.

② [德]卡尔·拉伦茨:《法学方法论》(第6版),黄家镇译,商务印书馆2020年版,第567页。

③ 参见姜涛:《认真对待法学通说》,载《中外法学》2011年第5期。

必须指出，法学通说不是任意的、唯一的，也不是固定不变的。在价值多元的社会，学者们往往基于不同的价值观念和分析工具来阐释问题。“面对法律实践与法律规范之间的冲突，没有任何一种法学理论有权宣称自身系唯一正解。”[①]只是在司法实践中，当法官将某种法律学说作为通说加以援引时，基于效率的考虑，只要这种学说不存在显见的问题，我们可以推定该学说是通说，允许法官不再就该学说是通说提供理由。

(二)权威观点

论证意义上的权威，通常是指“可靠的信息来源，具体包括某一特定学科领域的专家，以及另外一些其意见值得被接受、被引证或请教的人”[②]。

亚里士多德在《修辞学》中早已指出，借助言说者本人的个性特征是三大重要的说服方式之一。采纳权威的观点进而服从权威并不是因为权威提出的观点本身具有合理性，而是出于对权威的信任，推定其可以作出合理的决定。依据权威观点推理的论证模式大体如下：

大前提：某甲是命题 P 所处的 D 领域的专家。

小前提：某甲宣称命题 P 是正确的。

结论：命题 P 是正确的。

社会心理学研究表明，服从权威是一种普遍的社会现象。在 20 世纪 60 年代，美国心理学家斯坦利·米尔格拉姆(Stanley Milgram)曾设计一系列实验来研究服从权威的现象。[③] 实验结果表明：首先，当受害者的痛苦十分显著时，服从行为会下降。其次，当使个体感到要为自己的行为承担个人责任时，服从行为会下降。再次，当这一情境中有人带头违抗权威时，人们也会倾向于抵制权威。最后，鼓励人

---

① 姜涛：《认真对待法学通说》，载《中外法学》2011 年第 5 期。

② 周建武、武宏志主编：《MBA、MPA、MPAcc、GCT 逻辑推理——高效思维技法与训练指导》，复旦大学出版社 2007 年版，第 202 页。

③ 具体的实验过程参见[美]泰勒等：《社会心理学》(第 10 版)，谢晓非等译，北京大学出版社 2004 年版，第 240～243 页。

们对权威的动机、专家意见和判断进行怀疑也能够降低服从行为。[①] 从中不难推断出，当大众与权威之间在某一问题上的认识差距或者说占有的信息量的差距越大时，权威越有可能被服从。而随着知识学科的不断细化，人们在专业问题上会越来越多地依赖权威，各类专家意见在论证过程中会越来越重要。尽管专家意见有时会出错，但是近来的论证著作已经表明，依据专家意见进行论证常常是必要的，并且在适当的条件下是合理的。[②] 在英美法系，专家证言已经成为一种主要的证明形式。

一方面，法律决定者对权威日益依赖。尤其是在专业化程度极高的科技领域，法律决定者必须借助专家的知识来获取充分的信息，从而作出合理的决定。例如在审理知识产权方面的案件时，法官们常常需要咨询专家，否则难于把握案件中的关键因素。正因如此，专家似乎成了法律决定者或者法律决定的接受者越来越难以挑战的权威。

另一方面，权威的权威性更多地受到挑战。在信息交流空前频繁的现代社会，权威所赖以安身立命的专业知识背景常常受到挑战。对于以中立为前提的司法界，在参考各种形式的权威意见尤其是法律专家意见时更需谨慎。2003 年的沈阳刘涌案使有关法律专家出具意见书的讨论骤然升热。

事实上，最早的专家论证可以追溯到 20 世纪 80 年代末浙江的戴晓忠案。当时，个体户戴晓忠因为搞技术转让被杭州市检察院以“科技投机倒把罪”逮捕并告上法庭。承接该案的法大律师事务所组织了刑法、民法等各方面的专家进行了讨论，虽然没有形成专家意见书，但是专家们把意见都融合到律师的辩护词中。最后，戴晓忠无罪释放。这个案子震惊了全国。国家科委后来还通过该案反映出来的问题，形成了规范科技人员技术转让的条例。这可以说是一个成功参考专家意见的案例。

---

① 参见[美]泰勒等:《社会心理学》(第 10 版),谢晓非等译,北京大学出版社 2004 年版,第 243 页。

② See David M. Godden & Douglas Walton, *Argument from Expert Opinion as Legal Evidence: Critical Questions and Admissibility Criteria of Expert Testimony in the American Legal System*, 19 Ratio Juris 262 (2006).

但到了2003年的刘涌案，专家意见书的作用显得有些似是而非。2002年4月17日，辽宁省铁岭市中级人民法院经开庭审理，以被告人刘涌犯故意伤害罪，判处死刑，与其所犯其他各罪实行并罚（组织、领导黑社会性质组织罪等多项罪名），决定执行死刑，剥夺政治权利终身，并处罚金人民币1500万元。刘涌不服，上诉至辽宁省高级人民法院。该案的辩护律师田文昌在北京组织了14名国内知名的刑法学家和刑事诉讼法专家进行论证，形成了对刘涌有利的《沈阳刘涌涉黑案专家意见书》。田文昌将此论证意见书提交给辽宁省高级人民法院。该意见书中说："与会专家听取了律师的介绍并查阅了公诉人提交的证据，一致认为：本案的证据方面存在严重问题。"并且认为本案可能存在刑讯逼供问题。2003年8月11日，辽宁省高级人民法院对该案作出终审判决，以"不能从根本上排除公安机关在侦查过程中存在刑讯逼供情况"和"鉴于其犯罪的事实、犯罪的性质、情节和对于社会的危害程度以及本案的具体情况"为由，对刘涌所犯故意伤害罪改判死刑，缓期二年执行，剥夺政治权利终身；对刘涌所犯其他各罪，维持一审判决。

二审判决激起了极大民愤，也激起了法学界有关专家意见书正当性的辩论。反对者主要是认为专家意见书可能干预司法公正，并且专家意见本身可能受到利益集团的影响而有失公正。① 但客观地看，作为一种特殊的权威观点，法律专家意见具有许多优点，最主要的就是可以弥补法律决定者相关知识的不足。专家法律意见出自知名的学者或专家，其对问题的分析和论证都有深厚的理论功底做保障，能够提供独特的视角及精辟的见解。

一言以蔽之，缺乏特定领域的知识使得引用权威观点成为必要。但在实践中，谁的观点能作为权威观点加以引用往往存在争议。尤其是在专家意见日益重要的科技领域，专家意见往往能左右最终的法律决定。为此，准确地甄别权威观点，防止权威被利益集团所利用也成了作出合理的法律决定的关键。为了确保能够准确地识别出权威观点，戈登（Godden）与沃尔顿（Walton）提出了由一系列问题组成的

① 参见何兵：《法律专家意见书：施向法庭的无影神掌》，载《法制日报》2003年9月11日版。

对话论证模式。[1] 这些问题主要是为了验证权威的专业性、公正性以及陈述的一致性等与其可信度直接相关的因素。

实践中，我国知识产权法院通过设立技术调查官，部分解决了审判过程中遇到的专业问题。来自最高人民法院的统计数据显示，截至2019年，技术调查官、技术咨询专家累计参与案件审理3813件，解决技术问题4326个，提供技术咨询6753次，参与庭前会议及庭审2379次，参与勘验、保全375次，出具技术意见1489份，有效破解了技术事实查明难题。一组对比数据更能说明情况：北京知识产权法院技术调查队伍建成次年，技术类案件结案数同比增长85%；上海知识产权法院技术调查官参与诉讼的案件，截至2019年12月5日，无一件因技术事实问题被发回重审或者改判，多元化技术事实查明机制作为技术类知识产权案件审判机制重要组成部分的积极作用彰显无疑。[2]

无论采用何种模式，需要强调，权威论据是一种或然性论据，它只是推定某一观点为权威观点。只要参与论证者有充分的理由质疑权威的权威性或者该权威观点的正确性，他随时都可以提出反对。

(三)类案与指导案例

从说理的角度看，类案与指导案例作为理由的内在逻辑是一致的，都是基于待决案件与在先案例的相似性，通过类比推理将在先案例适用的裁判规则适用于待决案件。[3] 从制度的角度看，类案检索制度可以视作案例指导制度的一部分。“从逻辑上讲，参照指导性案例的前提是证明指导性案例与待决案件相似，那么在处理待决案件时，就需要检索是否有与之相似的指导性案例。根据《类案意见》的规定，对于检索到的指导性案例，法官应当予以参照。类案检索的逻辑结果，就是参照或不参照类案。从这个意义上来看，类案检索制度构成了案例指导制度的核心环节

① See David M. Godden & Douglas Walton, *Argument from Expert Opinion as Legal Evidence*, 19 Ratio Juris 278(2006).

② 参见张晨：《记者调查 技术调查官是个什么“官”》，载《法制日报》2019年12月5日，第6版。

③ 有关类比推理的运用可参见本书第五章第一节的相关内容。

之一。”[1]

不过，作为理由的类案与指导案例仍然存有一些区别有待澄清。

其一，类案的范围比指导案例广。根据《类案意见》第 1 条，类案是指“与待决案件在基本事实、争议焦点、法律适用问题等方面具有相似性，且已经人民法院裁判生效的案件”。根据最高人民法院《关于案例指导工作的规定》（以下简称《案例规定》），[2]指导性案例一般是引起社会广泛关注的、具有典型性的案例。实践中主要指由最高人民法院、最高人民检察院、公安部专文发布的指导性案例。《类案意见》第 4 条进一步明确，类案既可以是指导性案例，也可以是最高人民法院发布的典型案例、高级人民法院发布的参考案例，或者是本院及上级人民法院、高级人民法院、最高人民法院裁判生效的案件。可见，类案范围远远大于指导性案例。

其二，适用流程有所不同。指导性案例的适用相对简单，依照《案例规定》与《〈最高人民法院关于案例指导工作的规定〉实施细则》（以下简称《案例规定细则》），只要待决案件在基本案情和法律适用方面与指导性案例相似，就应当参照指导性案例。[3] 类案适用的全过程则复杂很多。《类案意见》就类案检索的情形、范围、方式等作了全面、细致的规定。对于应当检索类案的情形，需要就检索情况进行说明或制作专门的报告，并随案归档备查。由于检索到的类案大多是各地法官在未经沟通的情况下各自作出的判决，因此检索到的类案很有可能存在法律适用不一致的情形，这还需要通过法律适用分歧解决机制予以解决。而指导性案例因为有着严格的生成机制，极少出现法律适用不一致的情形。

其三，适用方法有所不同。在适用指导性案例的过程中，法官主要运用类比推理，就待决案件与指导性案例是否相似、如何相似作出判断。在适用类案时，法官

---

① 刘树德、孙海波主编：《类案检索实用指南》，北京大学出版社 2021 年版，第 45 ~ 46 页。

② 《案例规定》第 2 条规定：“本规定所称指导性案例，是指裁判已经发生法律效力，并符合以下条件的案例：（一）社会广泛关注的；（二）法律规定比较原则的；（三）具有典型性的；（四）疑难复杂或者新类型的；（五）其他具有指导作用的案例。”

③ 《案例规定细则》第 9 条规定：“各级人民法院正在审理的案件，在基本案情和法律适用方面，与最高人民法院发布的指导性案例相类似的，应当参照相关指导性案例的裁判要点作出裁判。”

不仅需要类比推理，还需要在类比之前进行归纳推理、演绎推理等工作，因为检索出的类案可能各具面向、各有侧重，如何从不尽相同的类案中归纳出逻辑一致的裁判规则，非常考验法官的归纳推理能力。①

其四，效力不同。依据《类案意见》第9条②的规定以及最高人民法院《关于完善统一法律适用标准工作机制的意见》第4条③的规定，检索到的类案为指导性案例的，人民法院应当参照，但与现行法律法规冲突或者已被新的指导案例取代的除外；检索到的类案为其他类案的，人民法院可以参考。不过，根据《案例规定细则》第10条的规定，即使是在参照、引述指导性案例时，也只是把指导性案例作为裁判理由，而非裁判依据。

(四)社会主义核心价值观

严格地说，价值观不是独立的理由。鉴于最高人民法院已发布《价值观指导意见》，我们有必要了解将社会主义核心价值观融入裁判文书说理的必要性及实施方案，并结合2020年裁判文书援引社会主义核心价值观的实际情况进行分析、总结。

(1)对《价值观指导意见》的解读

价值观是凝聚人心、协同社会、形塑文明的核心引力，反映出人与人之间、国与国之间、文明与文明之间的根本差异。价值观是否一致，不能只看人们对于抽象价值的看法，因为在抽象价值上达成共识远比就具体判断达成共识容易。法律判断的本质是价值判断，个案的判决理由往往是抽象价值在具体个案中的生动体现。与抽象、概括的法律条文相比，具体的法律判断对于道德风尚的培育更为直接、关键。可以说，裁判文书是亮明价值观的灯塔，是指示社会道德风尚的风向标。鉴于此，最高人民法院发布的《价值观指导意见》可谓立意深远，对于促进法治统一、增

① 有关归纳推理的运用可参见本书第五章第一节的相关内容。

② 《类案意见》第9条规定："检索到的类案为指导性案例的，人民法院应当参照作出裁判，但与新的法律、行政法规、司法解释相冲突或者为新的指导性案例所取代的除外。检索到其他类案的，人民法院可以作为作出裁判的参考。"

③ 《关于完善统一法律适用标准工作机制的意见》第4条规定："……指导性案例不直接作为裁判依据援引，但对正在审理的类似案件具有参照效力。……"

强司法公信力、凝聚全社会的价值共识具有重要意义。

首先,《价值观指导意见》为促进法治统一提供了方向指引。法的制定与实施是法治的一体两面。自《关于进一步把社会主义核心价值观融入法治建设的指导意见》实施以来,社会主义核心价值观在新近制定、修改的法律中都有明确体现。我国《宪法》第 24 条第 2 款明确规定,“国家倡导社会主义核心价值观……”。《民法典》第 1 条即规定,本法旨在“弘扬社会主义核心价值观”,并在第一编第一章“基本规定”中明确提及平等、诚信等核心价值。在《教育法》《国歌法》《公务员法》《网络安全法》等法律中,除了“敬业”“友善”,其余 10 个核心价值都得到直接体现。社会主义核心价值观已经成为我国当代法律的精神内核。在司法活动中贯彻、弘扬社会主义核心价值观是维护法治统一的必然之选。《价值观指导意见》选择以裁判文书的释法说理作为切入点,是对司法规律的精准把握。裁判文书是司法面向社会的窗口,是社会公众了解司法价值观的主要途径。《价值观指导意见》第 4 条列举了需要强化运用社会主义核心价值观的案件范围。这些案件的共同特点是可能引发社会广泛关注,涉及价值导向、道德评价,都是展现社会主义核心价值观的战略高地。在这里树起灯塔,能够将光亮辐射最大范围。

其次,《价值观指导意见》为增强司法公信力提供了价值指引。司法公信力体现为人们对司法公正的信任与尊重。司法公正的重要判准之一是司法机构做出的价值判断与社会主流的价值判断一致。社会主义核心价值观是我国社会主流价值的凝结和体现。以社会主义核心价值观作为价值判断的依据,是确保司法公正、提升司法公信力的有力保障。因此,《价值观指导意见》要求司法必须贯彻社会主义核心价值观,必须将社会主义核心价值观作为理解立法目的和法律原则的重要指引,作为检验自由裁量权是否合理行使的重要标准。必须指出的是,司法是社会正义的最后一道防线。作为裁判依据的价值观对于人们的行为有着最直接、最切实的影响。人们正是在一个个具体案件的裁判中,一步步积累对于平等、公正、诚信等抽象价值的认识,一点点建立对司法公正的信任与尊重。

最后,也是最重要的,《价值观指导意见》为凝聚全社会的价值共识提供了方法指引。在法的实施过程中,引发人们争议的往往不是要不要践行平等、公正、诚信等抽象价值,而是如何将这些抽象的价值转化为具体的判断依据。没有人否认核心价值,但对于核心价值在个案中的体现却总是充满争议。释法说理的过程既是将核心价值融入个案裁判的过程,也是将大家关于核心价值的共识不断转化、传递至个案判决的过程。《价值观指导意见》敏锐地注意到这个转化过程的关键地位与幽微之处,将主要内容聚焦于如何转化的问题,提出以尊重法律权威、尊重司法规律、重视法律方法为主要特点的转化方案。

其一,《价值观指导意见》标题的“融入”二字阐明了社会主义核心价值观进入司法裁判的基本方式。“融入”意味着因循释法说理的原有轨道,同时注入新的思想渊源。《价值观指导意见》与最高人民法院《释法说理指导意见》一脉相承,是在坚持《释法说理指导意见》既定思路的前提下,就如何在释法说理中阐释、弘扬社会主义核心价值观给出建议。

其二,社会主义核心价值观融入释法说理的主要方式是精神指引,社会主义核心价值观本身不能直接作为裁判依据。《价值观指导意见》第5、6条提出,要结合社会主义核心价值观明晰法律内涵,依据社会主义核心价值观寻找最相类似的法律规定。结合《价值观指导意见》第7条的规定可知,社会主义核心价值观只是法官在确定个案的价值取向时应当参考的因素之一,最终选定的价值取向仍然需要详细阐明依据及其理由。不能未经具体化地引用,泛泛而谈。

其三,通过法律方法的运用来体现社会主义核心价值观的精神指引作用。《价值观指导意见》第9条规定,“深入推进社会主义核心价值观融入裁判文书释法说理应当正确运用解释方法”,并明确提及文义解释、体系解释、目的解释与历史解释这四种方法的运用。事实上,释法说理的范围不只涉及规范的建构,也涉及事实的建构。建构规范的方法也不只有法律解释,还有法律推理、法的续造等。在建构事实的过程中,为什么采用或不采用某项证据,为什么依据特定证据建构起某项事实,为什么对某项事实作出特定的法律评价,这些都属于法律判断,都有较为成熟的法律方法可以运用,但最终都取决于价值观。

其四，法官还应把握社会主义核心价值观的内在层次。社会主义核心价值观中，实现富强、民主、文明和和谐是价值目标，追求自由、平等、公正和法治是价值取向，爱国、敬业、诚信、友善是价值准则。它们对应的分别是国家、社会和个人三个不同维度。在司法裁判过程中注入道德要素，同样需要把握道德的不同层次。一般而言，底线道德距离法律更近，应尽量避免将社会美德转化为法律义务，否则会有制造道德的(司法)法律强制之危险。[①]

(2)我国裁判文书援引社会主义核心价值观的现状

通过设置"社会主义核心价值观"为全文检索词，以"2020 年"为"裁判年份"的检索条件，并逐一阅读筛查检索结果，最终确认：根据中国裁判文书网的数据，截至 2021 年 6 月 26 日，在 2020 年全国各级法院上传的裁判文书中，援引社会主义核心价值观的裁判文书为 1178 份。[②] 整体的援引情况呈现出以下特征：

①援引价值观的裁判文书占比较小。

与全国各级法院办结的案件数(约 2870 万件)相比，占比约为 0.41‱。换言之，每两万余份裁判文书中，仅有一份引用社会主义核心价值观。客观地说，不是所有的案件都适合引用社会主义核心价值观，也不是所有的核心价值都适合作为裁判理由。因此，较低的引用率有其现实基础。即便如此，当前裁判文书援引社会主义核心价值观的比例仍然偏小，原因可能在于两个方面：一方面，是法官不敢说，怕贸然引用，言多有失；另一方面，同时也是法官不敢说的原因，是法官不会说。从下文关于援引方式的总结可见，大多数法官并未领会应当如何援引社会主义核心价值。

②援引方式较简单。

当前，裁判文书引用社会主义核心价值观的基本方式可总结如下：

概括引用，指只有一句"(不)符合社会主义核心价值观"或类似的表述，并不说明是哪一项核心价值观，如何不符合。例如，上诉人谭某碧与被上诉人龙某文、龙某

---

① 参见孙海波：《社会主义核心价值观融入司法的原则及界限》，载《人民法院报》2021 年 3 月 22 日，第 2 版。

② 本次检索由对外经济贸易大学 2019 级法学理论专业硕士樊力源同学完成。

玉、肖某权、肖某英、肖某秀、肖某芬、肖某军、肖某平赡养纠纷案中，法官在论证为何不支持被上诉人不履行赡养义务的行为时，写道："肖某权、肖某英、肖某秀、肖某芬、肖某军、肖某平以谭某碧与其未形成抚养关系不适用子女关系为由，反悔不履行赡养义务，有违诚实信用原则，不符合社会主义核心价值观，应不予支持。"①在李某某与薛某某名誉权纠纷中，②法院认为，本案中，李某某对村民议定的薛某某家承包的土地租金提出异议并提出自己的主张，薛某某即便不满，也应当正当地提出自己的意见，不应当以侮辱人格的方式表达不满，该行为不符合社会主义核心价值观的要求，侵害了李某某的名誉权。在宋某某与董某某生命权、健康权、身体权纠纷中，③法院认为，原告宋某某与被告董某某因土地问题多次发生相互谩骂、打闹等情形，经公安机关及所在居委会多次调解仍未能化解矛盾，原、被告在处理纠纷时均未克制自身言辞，未采取合理合法方式化解矛盾，他们的行为与社会主义核心价值观相违背。

指明引用，指法官在判决书中指明了(不)符合哪一项核心价值。例如，广东金丰彩印包装有限公司与金某进、金某玉、广州市玉淇包装制品有限公司买卖合同纠纷案中，法官在认定逾期付款违约金的数额时，写到："综合考虑被告广州玉淇公司拖欠货款的时间并不长，且双方约定的违约金计算标准明显过分高于原告无法按时收到货款所造成的资金占用损失，不符合公平正义的社会主义核心价值观理念，原告亦未举证证明其因被告逾期支付价款所造成的实际损失和预期利益，故本院根据合同法意思自治原则，同时兼顾公平原则和诚实信用原则，调整被告广州玉淇公司应向原告支付的逾期付款违约金为：以75193.78元为基数，自2020年2月1日起至实际清偿之日止按年利率12%的标准计付违约金；以641元为基数，自2020

① 四川省达州市中级人民法院民事判决书，(2020)川17民终1078号。

② 参见河南省西峡县人民法院民事判决书，(2020)豫1323民初4068号。转引自《判决书中的社会主义核心价值观》，载微信公众号"杜威法律公社"2021年3月3日，https://mp.weixin.qq.com/s?__biz=MzI3OTY1NzI0Mw==&mid=2247496444&idx=1&sn=4fb242e4bffe903d491eaa8596d90f29&chksm=eb46dc88dc31559e612953e600ef4159ecac32b6a41b0c2d89fcff1ae3efd3e8d80c5bbcdec7&mpshare=1&scene=1&srcid=0303d7Vshp7nPJLNduQAMSAL&sharer_sharetime=1627790951450&sharer_shareid=9a84817038630491f04a4480c6b90419#rd。

③ 参见江苏省连云港市赣榆区人民法院民事判决书，(2020)苏0707民初1189号。

年3月1日起至实际清偿之日止按年利率12%的标准计付违约金。对于原告超出的诉讼请求,本院不予支持。"①

简明引用,指对核心价值的内涵做了一两句话的释明。例如,成都澳吉特酒店管理有限公司、吴某某房屋租赁合同纠纷案中,法官在认定是否应当继续调低澳吉特公司方的违约金时,写到:"社会主义核心价值观包含'诚信'准则和'友善'准则。'诚信'即应诚实守信,在人际交往、商事交易中信守承诺、诚恳待人;《中华人民共和国合同法》第六条亦规定'当事人行使权利、履行义务应当遵循诚实信用原则'。'友善'即应和睦互助,在人际交往、商事交易中相互尊重、和睦友好;《中华人民共和国合同法》第七条亦规定'当事人订立、履行合同,应当遵守法律、行政法规,尊重社会公德,不得扰乱社会经济秩序,损害社会公共利益'……澳吉特公司请求调低违约金的抗辩理由一审法院依法予以采纳后,澳吉特公司仍然要求进一步调低的理由,既无合同依据,也无事实依据,更不符合社会主义核心价值观之'诚信'准则、'友善'准则以及《中华人民共和国合同法》第六条、第七条之规定,本院不予采纳。"②在逄某某与肖某某一般人格权纠纷的一审民事判决书中,法院认为:"'友善'是我国社会主义核心价值观的基本内容之一,是公民基本道德规范,公民在日常活动中应当秉持友善的精神,严于律己、宽以待人,严格遵守法律规范和道德规范,尽量避免与他人发生纠纷,在遇到纠纷时应当保持理性克制、互谅互让,以及时化解纠纷。"③

法治教育引用,指法官在得出裁判结论之后引用社会主义核心价值观对当事人进行法治教育。例如,部某某与关某某侵权责任纠纷案中,法官在对争议焦点逐一判定之后,写到:"原、被告相邻而居同一小区,俗语有云'远亲不如近邻',在以后生产生活过程中,应坚持与邻为善、以邻为伴、和睦相处,愉悦的生活环境既利于自身,也有利于弘扬社会主义核心价值观。"④

---

① 广东省佛山市三水区人民法院民事判决书,(2020)粤0607民初2315号。
② 四川省成都市中级人民法院民事判决书,(2020)川01民终11880号。
③ 北京市西城区人民法院民事判决书,(2020)京0102民初30138号。
④ 河南省襄城县人民法院民事判决书,(2020)豫1025民初1794号。

以上四种引用方式的比例如图 2 – 1 所示：

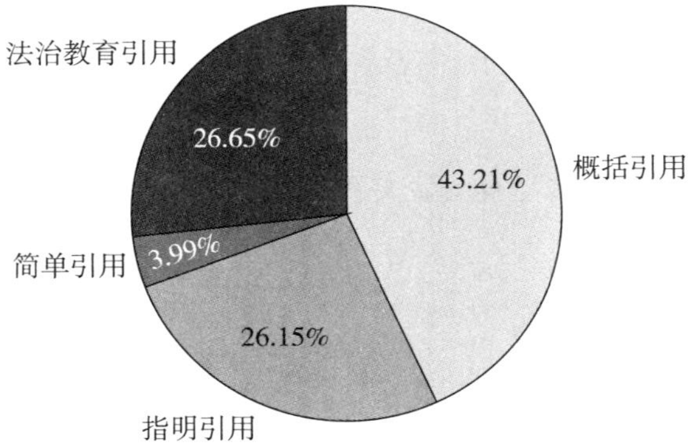

图 2 – 1　各类引用占比统计

显然，概括引用与指明引用占比过大，这样的引用有使社会主义核心价值观流于空洞的风险，不利于社会主义核心价值在我国社会的牢固树立，同时有损害司法法治之虞。

③具体价值的被引频率有显著差别。

全部 12 项价值在裁判文书中出现的次数存在显著差别。详情如图 2 – 2 所示：

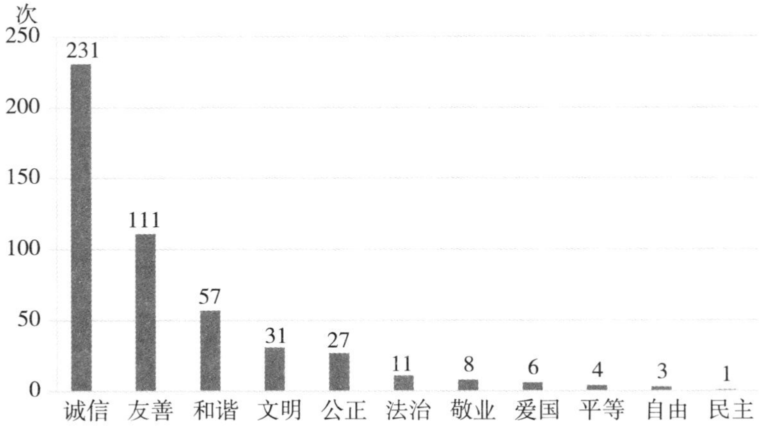

图 2 – 2　各项价值引用次数统计

“诚信”以 231 次高居榜首,这可能与诚实信用原则作为民法“帝王条款”的地位有关;其次则为友善,此项价值多出现在民事案件中。其余价值则因自身较为抽象等原因,出现频次较低。

④各地法院援引的力度不一。

各省、自治区、直辖市在裁判文书中融入社会主义核心价值观的力度不一,呈现冷热不均的状态。引用社会主义核心价值观最多的是四川省(184 份)、河南省(148 份),引用最少的则是西藏自治区,引用社会主义核心价值观的判决为零。除了青海省(2 份)、海南省(2 份)、内蒙古自治区(5 份)的引用数为个位数之外,我国内地省份的引用数多为两位数。

(3)规范裁判文书援引社会主义核心价值观的建议

尽管当前比例较小,但不说好过乱说。宁可不援引,也不能概括式地援引。应当反对概括引用、指明引用等不做任何释明的引用方式,倡导、鼓励以清晰、明确、具体化的方式援引社会主义核心价值。法院系统可以组织专门培训。一方面,深化法官对 12 项核心价值的认识,避免误读、误用。另一方面,明确社会主义核心价值观融入裁判文书的两种方式:一是作为间接理由,为法官的论点提供支持,此时需要强化法律方法在引用社会主义核心价值时的规制作用,强调法律方法的规范与引导作用,社会主义核心价值观的融入必须以法律方法为管道;二是作为法官后语意图倡导的价值观,此时法官可以结合自己的理解对各项具体价值的内容进行释明。

第三章 说理义务的分配

实践中最让法官困惑的问题之一，是在面对具体情形时，如何判断是否需要给出理由。多次针对B市裁判文书说理状况的调查结果显示，许多裁判文书说理失分的原因在于，法官在需要提出理由的时候戛然而止。可见，法官对于说理义务在何种情形下产生，在何种情形下终止并不清晰。归根结底，说理义务的分配直接考验的是法官对理由的证明力的认知，间接考验的是法官的综合素养，对世事人情的洞察。

一、说理义务的产生

一般而言，说理义务的产生不外乎两个原因：一是理由本身需要证成，二是因为论证负担分配的规则。如果理由本身不证自明，那么提出该理由的人无须证明；如果理由本身不具备证明力，那么提出该理由的人须负担证明责任。理由的证明力包括两个方面：一方面是理由自身的确定性，另一方面是理由与它拟支持的论断之间的支持关系。

(一)需要证成的理由

前文对于理由的分析已经显示,理由具有双重属性:它既是支持某一论断的理由,同时它本身可能也是一个需要其他理由来证成的论断。关于终局理由与非终局理由的区分已经表明,终局理由可以起到终止论证的效果,法官不必再就法律为何如此规定、人为什么应当行善等问题展开讨论,只需引出法律条文或指出行善是主流道德即可。此处重点讨论非终局理由,尤其是经常被人误以为是终局理由的非终局理由,当它们出现时,法官有义务为其提供进一步的理由。从历次实证调查分析的结果来看,需要证成而未予证成的理由可以分为两类:一类是该理由作为论点本身有待证明,另一类是法官未就有关证据证明力的分析提供理由。第一类"理由"常见于民事案件,第二类"理由"常见于民事、行政案件。

2017 年的一次针对 B 市裁判文书说理情况的调查(以下简称 2017 调查)显示,[①]就民事判决而言,因第一类情形失分的案件少于第二类情形(见图 3-1)。

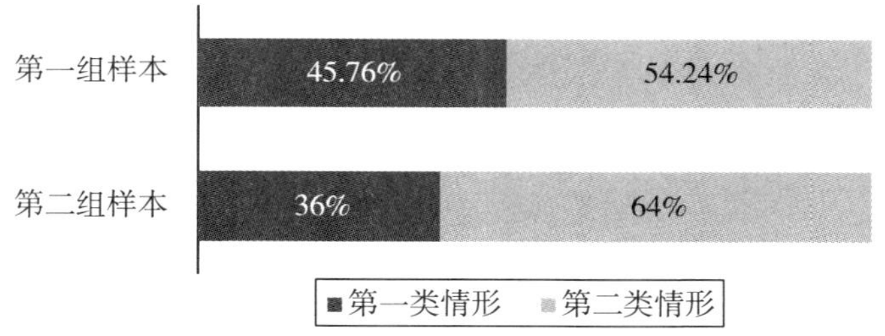

图 3-1 两类民事案件理由失分情形占比

就第一类"理由"而言,较为常见的是法官对于因果关系的判断。

案例 3-1 在 M9 案的判决书中,法官写道:"某某学校的行为客观上足以使袁某某的社会评价降低,已构成名誉侵权,应承担侵权责任。"该判决仅提到被告的侵权行为"客观上足以"造成原告社会评价降低,却没有进一步说明为什么"客观上足以"。结合前述终局理由与非终局理由的区分可知,"某某学校的行为客观上足以使袁某某的社会评

---

① 本次调查抽取的案例以编码标示。

价降低”是被告构成名誉侵权的理由，但不符合终局理由的条件。法官仍应就“某某学校的行为客观上足以使袁某某的社会评价降低”这一非终局理由提出理由，直到出现终局理由。

还有是需要进一步证明的论断。

案例3-2

在MS30案中，法官将“上诉人在QQ空间发表‘造假’‘恬不知耻’等不当言论，并群发电子邮件给不定人群”作为末端论据和判断依据，但存在争议的“不定人群”在判决书中并未获得证据支持。换言之，“群发电子邮件给不定人群”本身是一个有待证明的论断，而法官在该论断未经证明的情况下，直接作为认定上诉人侵害他人名誉的理由。

第二类“理由”在民事、行政案件中都有出现。

案例3-3

在M77案的判决书中，法官认定“王×1作为房屋所有权人王×的母亲，经产权人许可有权居住该房屋，亦符合日常生活对业主一词的理解”。在房屋登记所有权人并非王×1的情况下，把王×1直接认定为业主是值得商榷的。更重要的是，王×1并未提供充足的证据支持，因而造成失分。

案例3-4

在Z34案中，法官认为，经过质证，原告所提供的录音不能充分有效地证明曾经向被告申请过听证，对于录音这一证据，法官不予采纳，但是法官并没有进一步说明为什么该录音不能充分有效地证明，没有论据支持法官这一论断。

除了证据可采性的判断无疑需要继续说理之外，其他论点是否需要进一步的理由往往不是一目了然。法官们之所以会出现上述“误判”，正是因为这类理由的“不证自明”取决于社会共识，而社会共识并没有白纸黑字可以为凭，往往考验法官的社会认知能力。实践中，出于司法效率的考虑，尽管某个理由只是法官的判断，但只要该判断不存在显著问题，法律界也容许法官不再继续提出理由。例如，鲍尔斯案的判决意见里写道,“禁止鸡奸行为有着历史根源”,但没有就此给出理由。[①] 这一事实陈述在17年后的劳伦斯案的法官意见中掀起巨大争议。劳伦斯案的判决意见认为鲍尔斯案对历史的判断有误,也没有注意到在过去50年间,西方社会已经形成了一些新的观念。反对意见对此不以为然,他们认为:首先,判决意见对历史的梳理仅限于刑法,这不能推翻鲍尔斯案中更为一般化的论断;其次,过去50年间并没有形成所谓的新观念。在劳伦斯案的纷争中,我们再次看到,大法官们关于事实的陈述通常不会提供进一步的理由。

(二)需要理由的主要情形

除了理由类型的角度,另一个判断法官是否需要提出理由的角度是论证负担。论证负担研究旨在确立说理义务在具体情境中的分配。结合当前学者的研究,主要的论证负担分配规则如下。

1. 区别对待需要说理

“如果有谁想将某人A与某人B做不同对待,那么他就负有责任,对这样做的理由进行证立。”[②]换言之,如果法官拟对相似情形进行不同处理,需要就此提出理由。这一论证负担的产生主要基于两个基本法理:一是平等原则。一方面,人人平等是基于理性的重要假定,任何对平等的偏离,都需要提出理由。另一方面,平等原则要求本质相似的事物得到相同对待。二是可普遍化原则。可普遍化原则要求:任何人如果想把一个人与另一个人做不同对待,则必须为此提出理由。[③]

结合裁判文书说理的实践,法官的区别对待主要表现为两种情形。

其一,相似案件不同判决。同案同判是社会公众对于司法正义的朴素要求。2020年7月31日,最高人民法院印发的《类案意见》开始试行。司法实践中,一些当事人、律师及其他诉讼参与人会向法院提交类案检索报告以支持自己的诉请或

---

① 478 U. S. 186 (1986).

② [德]罗伯特·阿列克西:《法律论证理论——作为法律证立理论的理性论辩理论》,舒国滢译,中国法制出版社2002年版,第244页。

③ 参见[德]罗伯特·阿列克西:《法律论证理论——作为法律证立理论的理性论辩理论》,舒国滢译,中国法制出版社2002年版,第244页。

抗辩。对此,《类案意见》在制度设计上主要做了两个方面的安排:一是允许公诉机关、案件当事人及其辩护人、诉讼代理人等提交类案检索报告,为法官提供裁判参考。二是明确人民法院的回应方式,即公诉机关、案件当事人及其辩护人、诉讼代理人等提交指导性案例作为控(诉)辩理由的,人民法院应当在裁判文书说理中回应是否参照并说明理由,增强裁判的可接受性,实现法律效果和社会效果的有机统一;提交其他类案作为控(诉)辩理由的,人民法院可以通过释明等方式予以回应。① 除此之外,《类案意见》第8条规定:"类案检索说明或者报告应当客观、全面、准确,包括检索主体、时间、平台、方法、结果,类案裁判要点以及待决案件争议焦点等内容,并对是否参照或者参考类案等结果运用情况予以分析说明。"这意味着,即使诉讼参与人没有提交类案检索报告,在出现《类案意见》第2条规定的情形时,法官也应当就是否参照类案做出说明。②

其二,同案被告不同判决。在原告或被告涉及多人的情形下,细致地区分各主体所负的责任十分关键,当事人对于责任的判定高度敏感,有着强烈的说理需求。面对此种情形,需要法官对案情进行细致的梳理,在阐明事理的基础上,对相关法律的适用进行详细的释明。特别是涉及共同犯罪的刑事判决,对于主犯的认定尤其需要说明理由。

2. 偏离论题需要说理

"如果有谁想对不属于讨论对象的命题或规范进行抨击,那么他就必须说明这样做的理由。"③

不具有相关性是论证的致命缺陷,指出某个理由不具有相关性意味着从根本上推翻了论点的证成。"在搞清前提的可接受性问题之后,立刻考虑前提对结论是

① 参见刘婧:《加强类案检索 统一法律适用 全面落实司法责任制》,载《人民法院报》2020年7月27日,第3版。

② 《类案意见》第2条规定:"人民法院办理案件具有下列情形之一,应当进行类案检索:(一)拟提交专业(主审)法官会议或者审判委员会讨论的;(二)缺乏明确裁判规则或者尚未形成统一裁判规则的;(三)院长、庭长根据审判监督管理权限要求进行类案检索的;(四)其他需要进行类案检索的。"

③ [德]罗伯特·阿列克西:《法律论证理论——作为法律证立理论的理性论辩理论》,舒国滢译,中国法制出版社2002年版,第245页。

否相干，最后来分析它们对主张是否提供充分支持。不过，论辩中的相干性问题也是可以争辩的，受到不相干质疑的一方，可通过添加信息或解释，表明自己所提出的命题是与结论或主题相干的。”①

这一论证过程在青少年犯罪的庭审过程中时常出现。辩护人可能会主张，被告人户籍所在地的户口登记制度与其他地方不大一样，出生日期一般是以农历生日为准。这时公诉人就会对这一主张的相关性提出质疑，这和被告人的行为构成抢劫罪有何关系？辩护人于是做进一步解释，被告人的农历生日为阴历的 3 月 14 日，而阳历生日则为 5 月 13 日。事发当天的时间为 4 月 12 日，按公历计算，被告人当时未满 14 周岁，依照刑法规定，被告人不符合抢劫罪主体的构成要件，不应当负刑事责任。

3. 出现反证需要说理

“已经提出论述者，只有当出现反证时才负有责任做进一步的论述。”②

如果将理由区分为终局理由与非终局理由，那么只有当言说者提出终局理由，他才不负有继续论述的义务。实践中，诉辩双方提出的常常是非终局理由，而论述也不可能无休止地继续。因此，对于参与诉讼的任意一方而言，只要对方对自己的非终局理由不予反驳，那么他可以中止论述，如果对方提出反证，则须继续论述。

对于法官而言，情形则有所不同。对法官而言，出现反证就意味着存在争议，法官必须就争议问题做出判断，并就判断给出理由。尽管我们期望法官以对话的态度撰写裁判文书，但在实际写作时，当事人并不能对法官的理由给出反证。因此，法官需要结合双方的诉辩意见、庭审过程，设想当事人可能提出的反证并就此进行回应。对于案件的争议点，法官不能只采信一方主张，罔顾另一方的反对意见。

4. 违反惯例需要说理

制度经济学家诺斯提出的“路径依赖”理论描述了社会生活中的行为惯性，他

---

① 周建武、武宏志主编：《MBA、MPA、MPAcc、GCT 逻辑推理——高效思维技法与训练指导》，复旦大学出版社 2007 年版，第 177 页。

② [德]罗伯特·阿列克西：《法律论证理论——作为法律证立理论的理性论辩理论》，舒国滢译，中国法制出版社 2002 年版，第 245 页。

指出,“一种现存的制度、人们的社会行为,都会具有一种类似于物理学中的‘惯性’,一旦采取了一种制度、实施了某种社会行为、进入了某种特定的路径,那么,这种制度或行为就可能会情不自禁地产生一种惯性,对以前人们的选择和路径产生出一种依赖”。[①] 如果说诺斯只肯定了行为惯性的存在,那么 B. 伍顿(B. Wootton)则肯定了行为惯性的合理性。后者在《工资政策的社会基础》里提出了一项与既存事实有关的推定,认为无论何时何处,只有改变才需要进行论证。这一主张被帕特里克·戴伊作为一项保守主义的推定原则收录在其《推定》一文里。[②] 正是在这篇文章的启发下,佩雷尔曼提出其惯性原理:“如果一项源自权威的规则或决定与表达了既定价值的原则明显相悖,即使它被假定为正当的,其公正性也有待商榷。”[③]

就论证负担的确立而言,有意违背习惯性行为的人才负有论证义务。阿托斯·阿尔嫩(Aatos Aalnen)曾将惯例定义为:“被不断重复而成为一般人眼里有约束力的行为规则,尤其是当它被认为是正当而合理的时候。”[④]这就是说,某一行为方式作为惯例而存在这一事实本身就意味着该行为方式具有合理性。因此,过去一度被接受的观点和行为,如果没有足够的理由就不可以加以抛弃。

二、说理的底线

“司法公正的重要保障即在于司法程序本身必须是一个自由、平等与公开的说理过程,其中每个法官(不论是几‘品’、有没有官衔)都可以不受压制、毫无顾忌地表达自己对宪法与法律的观点。”[⑤]基于这一理念以及言论自由的基本原则,法官

---

① 李汉林:《中国单位社会:议论、思考与研究》,上海人民出版社 2004 年版,第 113 页。

② See Chaim Perelman, *Justice Re-examined*, in Justice, Law and Argument, D. Reidel Publishing Company, 1980, p. 91.

③ Chaim Perelman, *Justice Re-examined*, in Justice, Law and Argument, D. Reidel Publishing Company, 1980, p. 92.

④ Aulis Aarnio, *The Rational as Reasonable: A Treatise on Legal Justification*, D. Reidel Publishing Company, 1987, p. 80

⑤ 张千帆:《论美国总统大选中的宪政问题》,载《中外法学》2001 年第 4 期。

们在裁判文书中秉笔直书、挥洒自如，但这并不意味着法官们可以在裁判文书中天马行空。事实上，法官们的“任何法律意见——无论是多么智慧或荒谬——也都将受到法学界同行、学者乃至整个社会与历史的无情检验”①。这些检验标准中蕴含着裁判文书说理不可逾越的底线，包括形式底线和实质底线。

(一)形式底线

形式底线是指无须对内容进行价值判断，只需从裁判文书的呈现形式加以考察的基本规范，包括语法规范、逻辑规范、裁判文书写作规范等。

1. 语法规范

语法规范其实对应《释法说理指导意见》有关文理的要求。准确地使用词汇、标点符号等清晰地表达观点是基本要求。裁判文书是司法文明的窗口。裁判文书的语言水平是社会公众评价法官水平的直观尺度。

2017 年，湖南省永州市东安县人民法院一份“七错”裁判文书引发公众关注。②这份裁判文书是东安县法院 2016 年 4 月作出的执行裁定书。该裁定书只有一页纸、几百字，却出现 7 处书写差错，包括地名、姓名、性别。其中，两处把“东安县”写成“东这县”，把两名被执行人的名字反复写错，把性别“女”写成了“吕”，“身份证号码”写成“身份号码”。此事被曝光后，相关责任人员分别被给予党纪、政纪处分，但对司法权威性的损害却难以挽回。

习近平曾经指出：“要懂得‘100 - 1 = 0’的道理。一个错案的负面影响足以摧毁九十九个公正裁判积累起来的良好形象。”③这些字词错误表面看来只是一时疏忽，却可以体现法官的工作态度、工作能力，这些都是司法信任的重要基础。在信息传播更为方便快捷的自媒体时代，类似一眼就可分辨的错误更容易引起关注。2021 年 7 月 29 日，南京市新型冠状病毒肺炎疫情联防联控工作指挥部社会和社区防控组在其下发的《关于做好湖南省张家界市来宁人员信息核查和健康管理的通

---

① 张千帆：《论美国总统大选中的宪政问题》，载《中外法学》2001 年第 4 期。
② 参见徐隽：《“七错”裁判文书带来的思考》，载《人民日报》2017 年 11 月 22 日，第 17 版。
③ 中共中央文献研究室编：《习近平关于全面依法治国论述摘编》，中央文献出版社 2015 年版，第 96 页。

知》中，误将湖南省张家界市写成湖北省。一字之差，立即引起轩然大波。[①] 这些完全可以避免的错误，严重地损害了国家机关的公信力与权威性。

2. 逻辑规范

合乎逻辑是有效表达的重要前提。我国学者张继成教授曾对南京彭宇案一审判决书进行十分详尽的逻辑批判，指出该判决书存在循环论证、倒因为果等多项逻辑错误。[②] 这些谬误直接否定了该判决的推理过程，成为该法官个人以及司法说理无法抹去的硬伤。

合逻辑性的审查主要依据形式逻辑的三条基本规律：同一律、矛盾律和排中律。这三条规律对于一切思维形式都是普遍有效的，是一切逻辑规律都必须假设的。同一律的内容是："任何思想如果反映某客观对象，那么，它就反映这个客观对象。"[③]同一律主要是对论证的确定性提出要求，要求言说者的表述具有一致性。矛盾律的意思是："任何思想不能既是真实的又是虚假的。"[④]如果一个判断包括了一对矛盾的判断，那么由于这两个相互矛盾的判断中必定有一个是假的，这个思想就必然是假的。排中律的意思是："任何思想或者是真实的，或者是虚假的。"[⑤]一致性是法律论证有效进行的前提条件。对逻辑一致性准则的违反将直接导致命题归于无效，从而不能作为论据进入论证。

在司法实践中，最常出现的是一致性的问题，并且往往是法官在不同案件中表达的观点的一致性问题。如果法官在不同案件中发表的观点前后矛盾，其公正性、权威性都将受到严重质疑。法官们在意见书中发表的见解应当是其经过深思熟虑之后写出，发自内心认同的观点。这是法律体系获得一致性，司法行为具有可预期性的重要保障。奥伯格菲尔案判决尚未发布，社会各界就从大法官们过往的表现

---

① 参见《"湖北张家界"这笑话闹得不应该》，载腾讯网，https://new.qq.com/omn/20210802/20210802A04ATW00.html。

② 参见张继成：《小案件 大影响——对南京"彭宇案"一审判决的法逻辑分析》，载《中国政法大学学报》2008 年第 2 期。

③ 金岳霖主编：《形式逻辑》，人民出版社 1979 年版，第 265 页。

④ 金岳霖主编：《形式逻辑》，人民出版社 1979 年版，第 269 页。

⑤ 金岳霖主编：《形式逻辑》，人民出版社 1979 年版，第 274 页。

推测出判决结果,端赖于此。9位大法官的基本立场在过往的法官意见中早已显露。以肯尼迪大法官为代表的5位大法官一直强调要结合当下的时代环境来解释宪法,认为过去不能统治现在。因此,不能用传统的婚姻模式来否定同性结婚的权利也就成了顺理成章之事。相反,持反对意见的斯卡利亚大法官则是原旨主义的代表人物,鉴于法官意见已不足以表明他的解释立场,他索性写了一本专著专门阐明他支持从立法者原意解读法律的主张。知晓这一点之后,社会公众对于他反对依据正当程序条款作出有利于同性恋的判决也就不难理解了。

3. 裁判文书写作规范

结合《人民法院民事裁判文书制作规范》《释法说理指导意见》等文件不难得知,准确总结、充分回应争议,完整列举法律依据并进行必要的阐释,都是裁判文书写作的基本要求。有关争议总结与回应的问题将在下文第四章第二节详细阐述,此处主要讨论列举、释明法律依据的要求。此项要求主要来自裁判文书承担的释法功能。

历次实证调查分析显示,“未完整清晰地列举法律依据”“未就法律进行准确、充分的释明”是最为突出的问题。“未完整清晰地列举法律依据”有两种常见的表现形式。第一种是完全没有引用,第二种是直接引用条文的内容,但并没有说明条文出处。

笔者曾于2017年对B市各级法院在2014年至2016年审理的非法集资案刑事判决书进行调查分析,结果显示,此类问题在刑事案件中表现得尤为突出。最普遍的问题是,法官在就具体构成要件进行说理分析时容易遗漏最高人民法院《关于审理非法集资刑事案件具体应用法律若干问题的解释》(以下简称《非法集资解释》)。这主要涉及四种情形:一是在陈述非法吸收公众存款罪的构成要件时未引用《非法集资解释》第1条。本次调研中,有28.9%的样本没有援引《非法集资解释》的规定。以XF71案判决为例,法官在分析证据时事实上遵循了《非法集资解释》第1条的规定,但在判决书中并未列出这一法律依据。二是在论述犯罪金额符合定罪条件时未引用《非法集资解释》第3条第1款的规定。该条规定应当追究非法吸收公众存款罪的犯罪数额,但33.3%的判决并未引用。三是在确定量刑区间时未引用《非法集资解释》第3条第2款、第5条有关数额认定之规定。判决书在认定被告人的犯罪金额"数额巨大"时并未提及该项规定。四是在确定酌情从轻的情节时未引用《非法集资解释》第3条的规定。该条规定非法吸收公众存款罪被告人如能归还所吸收的犯罪资金,法院可以将其作为量刑情节酌情考量。本次调研中,有15.6%的判决依据退赔情节减轻了被告人的刑罚,却没有引用《非法集资解释》第3条的规定。

除了上述因司法解释缺位而失分的情形之外,还有3个案例在论证量刑情节时缺少相应的刑法支持。在XF49、XJ22案中,判决书在论证被告人为从犯应当从轻处罚时,没有相应地引援《刑法》第27条作为规范支持;在XF84案中,判决书在论证被告人具有自首情节,应当从轻处罚时,没有援引《刑法》第67条。

（二）实质底线

《释法说理指导意见》第3条规定:"裁判文书释法说理,要立场正确、内容合法、程序正当,符合社会主义核心价值观的精神和要求……"这其实划定了裁判文书说理的实质底线。有关社会主义核心价值观的讨论可参见第二章第三节相关内容,此处重点讨论立场正确、内容合法的问题。

在法治社会,衡量立场是否正确、内容是否合法的核心标准是法治的基本原则。无论如何,法官的意见不得违反法治国家的基本原则,不能违背法治国家的共同信念。仍以劳伦斯案与奥伯格菲尔案为例,无论大法官们就具体判决产生的分歧有多大,无论他们对于法律的见解相去多远,他们都必须在以下问题上保持一致:尊重宪法、信仰法律、保障基本权利……他们也许对如何解释宪法各执己见,但绝不会贬损宪法的权威;他们可能对法律是否合宪有疑虑,但从不否定法律的重要性;他们可能对于同性恋结婚是否属于基本权利有争议,但绝不否定正当程序条款对于基本权利的保护。不仅如此,这些争议事实上还是以大法官们的基本共识作为默认前提:宪法可以由最高法院解释,是否合乎宪法是判定法律是否有效的依据,正当程序条款旨在保护基本权利……

两案还反映出法律界有关法律与道德问题的基本共识。在劳伦斯案的讨论中,大法官们是否依据道德裁判成为关注的焦点。尽管不少评论家认为大法官们的道德偏好影响了各自的判断,但没有一位大法官在公开意见中承认其以道德为依据作出裁判。不仅如此,大法官们还纷纷在意见中重申自己对该问题持道德中立的立场,并在讨论中将争议问题转化为“多数人的道德偏好是否可以成为正当的州利益”。这一表述绝不只是文字游戏,它意味着道德问题转化为法律问题。唯其如此,大法官们才可以在意见中加以讨论。这表明,大法官们不得对纯粹的道德问题进行裁判,法官个人的道德偏好不能成为判决理由。在奥伯格菲尔案的讨论中,大法官们的争议触及另一个更为根本的底线问题——司法的权限。大法官们争执不下的是:最高法院可否未经民主讨论程序,直接就同性恋有没有结婚的基本权利做出判断?首席大法官罗伯茨认为多数意见越俎代庖,在宪法之外创制了新的基本权利。这是对立法程序的僭越,是对宪法确立的三权分立原则的背弃。面对反对意见者的指责,多数意见也不敢贸然坦承法院可以取代立法机构,只是努力地辩白:“个体不必等待立法来宣称基本权利。”在这节辩论的攻守之间,从反对意见的慷慨激昂和判决意见的唯唯诺诺中可以看到,立法与司法的分权是另一不得逾越的底线。

由上可见,裁判文书说理的实质底线是法律共同体的核心价值,这是维系法治社会的精神纽带。如果这一纽带出现断裂,法治也将无以为继。

三、真诚说理的边界

真诚是司法判决写作的基本伦理准则。“真诚在法律中具有显著的规范地位”,①智识上的真诚是伟大的司法意见的本质要素,法官在制作司法意见时应保持真诚。② 然而,作为司法伦理准则的真诚性标准并不必然要求法官在裁判文书

① Paul Gewirtz, *Remedies and Resistance*, 92 Yale Law Journal 666(1983).

② See Robert A. Leflar, *Honest Judicial Opinions*, 74 Northwestern University Law Review 740(1979); David L. Shapiro, *In Defense of Judicial Candor*, 100 Harvard Law Review 736(1987).

中披露判决原因。从上文关于判决理由与判决原因的区分可知,裁判文书说理的主要目的是增强判决的正当性,说明判决原因并不能增强判决的正当性。因此,陈述判决原因不能实现裁判文书说理的主要目的,法官没有义务在判决书中陈述判决原因。鉴于理论界与实务界对于真诚说理存在普遍误解,本节将就此展开详细论述。

不可否认,真诚是对话的前提。不真诚的对话传递的只是无效信息,致使对话失去意义。这是哈贝马斯、阿列克西把真诚作为理性商谈的重要条件的原因,它可以溯源至康德的真诚律令。然而,真诚标准在适用于裁判文书说理时面临三重制约:首先,真诚的含义不确定;其次,即使含义确定,也不易操作;最后,即使可操作,也不具备价值优先性,一旦发生冲突,它必须让位于其他更重要的价值。

(一)真诚性标准不确定

"真诚"一词在英文中通常与"honesty""candor""sincerity""frankness"等单词对应。这几个单词在表达司法真诚时基本可以通用,用词差异通常只反映作者的语言偏好。多词并立的现象本身也说明,法律说理领域尚未形成一般化的、成体系的真诚标准。有不少学者尝试用两分法对真诚的含义进行梳理,提出了以下三种主要的分类:

一是主观真诚与客观真诚。主观真诚要求法官全面披露其认知范围内的所有相关信息。① 该种意义上的真诚是从法官的角度来确定,以法官的主观意图为标准。不难想见,主观真诚很难贯彻。这一方面是因为法官与观察者之间横亘着无知之幕,观察者难以窥测法官的内心活动;另一方面是因为法官的心与脑之间也有无知之幕,法官自己也不能完全明白自己的内心意图。心理学关于潜意识的分析充分阐释了这种认知的不可能性。与此不同,客观真诚则诉诸某项或某几项外在评价标准,如正确、逻辑有效、事实或经验上的准确等。② 依据这一标准,即使法官主观上没有欺骗的故意,只要其表述存在认知或逻辑等错误,就构成不真诚。这种

---

① See Scott C. Idleman, *A Prudential Theory of Judicial Candor*, 73 Texas Law Review 1317(1995).

② See Scott C. Idleman, *A Prudential Theory of Judicial Candor*, 73 Texas Law Review 1317(1995).

标准事实上消解了真诚作为一种心理状态的意义。鉴于以上两种标准的不足，有学者提出了以主观说为主，兼顾客观说的定义，认为真诚就是“法官在决定和披露时的自我觉察”①。

二是内在真诚与外在真诚。内在真诚是司法虚饰论者的基本主张，它要求法官将其作出某一决定的动机（原因）作为决定的理由加以披露。依据这一标准，只要法官陈述的判决理由不是其作出决定的真实原因，那么这一法官就违反了真诚性标准。与此相反，外在真诚不要求法官将判决原因作为判决理由，只要求其就其决定给出正当性理由。只要法官认为其给出的理由能够证成其判决，那么法官就是真诚的。②

三是绝对真诚与相对真诚。绝对真诚是一种无条件地普遍化的真诚标准，它一方面要求法官就其作出的决定“知无不言，言无不尽”；另一方面要求法官在所思、所言与所信之间保持高度一致。③ 不难看出，绝对真诚实质上是内在真诚与外在真诚的结合，是对法官的真诚性提出的极高要求。前文关于内在真诚与外在真诚的分析因之适用于绝对真诚标准，这决定了绝对真诚的不可行。目前，多数学者采用相对真诚（情境化真诚）论，认为真诚标准的确定应结合具体的历史、文化、社会及制度背景。④ 然而，真诚标准应在何种程度上呼应情境的特殊性却没有办法确定。

由上可见，对于究竟何为真诚，学界仍然没有定论，一项含义未明的标准很难成为裁判文书说理的要求。

（二）真诚性标准不可行

在有关真诚的内涵的讨论中，有个别学者主张外在真诚，即用纯粹外在的客观

---

① Shirley S. Abrahamson, *Judging in the Quiet of the Storm*, 24 St. Mary's Law Journal 989 (1993).

② See Mathilde Cohen, *Sincerity and Reason-giving: When May Legal Decision Makers Lie?*, 59 DePaul Law Review 1097 (2010).

③ See Micah Schwartzman, *Judicial Sincerity*, 94 Virginia Law Review 992 (2008).

④ See Mathilde Cohen, *Sincerity and Reason-giving: When May Legal Decision Makers Lie?*, 59 DePaul Law Review 1150 (2010); Scott C. Idleman, *A Prudential Theory of Judicial Candor*, 73 Texas Law Review1324 (1995).

标准来加以衡量，这些标准虽然可行，但因其消解了真诚赖以为基的主观性而很难成立。绝大多数真诚论者都在强调主观态度的重要性，而这又面临以下三重挑战。

首先，真诚性标准存在主观认识方面的困难。依据塞尔的语言行为理论，真诚是指言说者在说话时如实地表达头脑里的想法。[①] 可是，人的头脑里究竟在想些什么？人是否清楚自己到底在想什么？思维过程是如此复杂而不可捉摸，有时甚至连法官自己都觉察不到真正影响他判决的动机。“在有些情形下，解释的过程是如此之快，以至于法官从没意识到这是他做出选择的原因，因而认为判决是由外在的客观因素强制的。”[②]有学者甚至感慨法官们已经形成了“自欺欺人”的机制。“许多不够坦诚的判决不是法官有意玩花招，而只是因为他们进行了不够彻底的或者真诚的自欺式（genuinely self-deceptive）的分析。”[③]“法官们也有可能得出与其个人偏好一致的结论，但却说服自己相信，他除了阅读原始证据之外什么都没做。于是，如果我们要求法官坦承或告诉我们‘真正的’理由，他们会无辜而茫然地指着他们的书面意见。”[④]

其次，真诚性标准存在客观评价方面的困难。就司法虚饰论涉及的坚持披露判决原因的真诚标准而言，其客观评价的困难来自两个层次。初级层次是外在观察者难以全面掌握参与决定形成的影响因素。“律师或学者不可能追踪到法官的人生经历中，参与法官决定过程、对于预测法官行为而言必要的所有特点。”[⑤]更深层次的困难则来自科学研究的永恒难题——因果关系的判定。各种因素究竟在何种程度上影响了最终决定的形成，连法官本人也说不清道不明。要求观察者回答本来无解的问题，未免强人所难。

---

① See John Searle, *Speech Acts: An Essay in the Philosophy of Language*, Cambridge University Press, 1969, p. 65.

② Nicholas S. Zeppos, *Judicial Candor and Statutory Interpretation*, 78 Georgetown Law Journal 407 (1989).

③ Scott C. Idleman, *A Prudential Theory of Judicial Candor*, 73 Texas Law Review 1318 (1995).

④ Nicholas S. Zeppos, *Judicial Candor and Statutory Interpretation*, 78 Georgetown Law Journal 409 (1989).

⑤ Brian Leiter, *Rethinking Legal Realism: Toward a Naturalized Jurisprudence*, 76 Texas Law Review 280 (1997).

最后，真诚性标准还会受到客观环境的限制。司法活动的首要目标是形成公正的决定，但有关决定形成的制度设计并不总是与真诚性标准兼容。例如，在多人合议形成判决的情形下，判决书不可能囊括所有成员的理由。由于各成员的理由可能相互矛盾，悉数列出反会导致共识的瓦解。莱弗勒教授曾用生动的事例说明客观环境如何限制真诚，"尽管特雷纳倾向于诚实地说出真正的理由，但他和其他人一样，觉得必须以技术上符合先例的语言写作判决。这样做有时是为了获得存有疑虑的同事的同意票。其他情况下，（是因为）他感到律师界和公众也许还没准备好接受尚未写入法律著作的真正的原因"①。这一点在美国联邦最高法院的裁判实践中体现得尤为明显。

真诚性标准之所以会受到这样的限制，归根结底还是因为它在司法说理的价值序列中不具备优先性。由于司法活动有更重要的价值有待实现，必要时就需要在一定程度上牺牲真诚。

（三）真诚性标准不具备价值优先性

就司法活动而言，其首要价值是正义而非真诚。即使在司法说理领域，真诚的排名也不乐观。司法说理的首要目的是增强司法决定的正当性，而司法决定的正当性并不取决于法官的真诚。作为一种司法活动，判决书说理服务于多重目标价值，而真诚有时候甚至可能有损这些价值的实现。真诚说理可能会造成分裂意见的不必要传播，会有损法庭的合议与和气，会减损法律教义的明确性、融贯性与连续性，而且公开承认法官在相互冲突的道德价值中进行了"策略选择"会造成破坏性影响。② 最重要的，这一价值与理性、正义、权威等司法领域的核心价值存在潜在冲突。

1. 理性优于真诚性

司法本身是人为设计的理性活动。法律领域内的说理之所以重要，是因为它可以保障决定不是非理性的或肆意的。理性地给出理由是司法判决写作的必

---

① Robert A. Leflar, *Honest Judicial Opinions*, 74 Northwestern University Law Review 726(1979).

② See Micah Schwartzman, *Judicial Sincerity*, 94 Virginia Law Review 988(2008).

要前提,[1]也是司法判决写作的意义所在。如波斯纳所言,写作是一个将思路理性化的过程,我们的思考是片段式的,没有完整的语词、句子和段落,充斥着不可言状的下意识的情感或表达。[2] 书写判决意见的意义不只是宣告判决结果,更在于将断断续续的碎片式思考以理性的方式加以呈现。[3]

由此可见,司法说理与司法判决写作的首要价值都是理性。理性意味着不受个人情绪、情感的影响,就问题进行客观、冷静的思考并合乎逻辑地加以表达。理性是确保判决公正的必要条件,也是维持司法权威的重要基础。然而,判决原因尤其是判决动机则有可能是非理性的。过多地展示甚至强调这些非理性因素会极大减损司法的理性。怀特曾总结过理性陈述的四项要求,其中两项都与真诚原则存在潜在冲突。[4] 这主要是因为人的行为动机是一种复杂的心理反应,常与生理、情绪等联结,处于变动不居的状态。在面对同类型的案件时,同一法官可能因为心绪变化而导致不同判断。即使是美国联邦最高法院大法官,其判断也不免受个人情绪的影响。如实披露这些情绪因素,只会消蚀判决的理性基础。以美国历史上知名的自由派大法官哈里·A. 布莱克门(Harry A. Blackmun)为例,他在晚年发表了两份著名的宣泄情绪的意见书。在德肖尼诉温尼贝格县社会服务局案(DeShaney v. Winnebago County Department of Social Services)中,法院认为,尽管政府有可能知悉被害儿童约书亚遭受虐待的情形,但它并不需要就此承担宪法责任。布莱克门对此深为不满,写下了著名的"可怜的约书亚!"一段,表达了对这个孩子的命运的同情。[5] 在审查卡林斯诉科林斯(Callins v. Collins)一案的调卷令时,布莱克门

---

① See Bickel & Wellington, *Legislative Purpose and Judicial Process: The Lincoln Mills Case*, 71 Harvard Law Review 3(1957).

② See Richard A. Posner, *Judges' Writing Styles (And Do They Matter?)*, 62 The University of Chicago Law Review 1447(1995).

③ See Richard A. Posner, *Judges' Writing Styles (And Do They Matter?)*, 62 The University of Chicago Law Review 1448(1995).

④ 一项是有关一致性的要求,另一项则是对于成熟的集体思想的要求。See G. Edward White, *The Evolution of Reasoned Elaboration: Jurisprudential Criticism and Social Change*, 59 Virginia Law Review 286(1973).

⑤ See 489 U. S. 189 (1989).

一改自己以往支持死刑的立场,转而反对死刑的适用。在这篇反对意见中,他不无深情地写道:“再过几天,或者只是几小时,有关卡林斯的记忆就会渐渐褪去。正义的车轮将再次翻转,在某个地方,别的陪审团或法官会承担艰难的裁判任务,决定某个人的生或死。”[①]这些情绪化的表述令人质疑布莱克门是否有能力做出稳定、客观的判断,非但没有为他的论点提供支持,反而招致公众对其判断能力的怀疑。

2. 正义性优于真诚性

为了保证法官能够形成公正的判决,多国都已制定法官行为准则,要求法官中立、审慎、正直地履行职责,可这些准则中几乎没有真诚性的位置,[②]更没有要求法官在判决书中真诚地披露判决原因。这是因为,真诚有时会削弱甚至彻底否定判决的正当性。

首先,由于人的动机往往十分复杂,将法官的真实想法和盘托出反而会削减决定的正当性。实践中,一个判决的形成往往有多重原因(动机),有正当的,也有不正当的。在正当的动机能够充分证成判决的情形下,披露不正当的动机只会产生负面影响,毫无益处。2003 年,美国联邦最高法院在劳伦斯案中作出有利于同性恋群体的判决,[③]以肯尼迪为代表的多数法官以及奥康纳法官个人分别依据正当程序条款与平等保护条款对判决进行证成。坊间一度流传,真正主导该案实现历史性逆转的是日益壮大的同性恋大法官助理群体,他们影响了该案的结果。[④] 假设这一传言属实,这样的原因无论如何都不会增加该判决的正当性。如果大法官们把为同性恋助理争取权利的动机写入判决意见,这一判决的正当性恐怕会面临更

---

① *Callins*, 114 S. Ct. at 1130 (Blackmun, J., dissenting); 510 U. S. 1141 (1994).

② 以美国律师协会的《司法行为准则》(Code of Judicial Conduct)为例,全文并未将真诚作为一项普遍规则。See *ABA Model Code of Judicial Conduct*, ABA (April 14, 2020), http://www.americanbar.org/groups/professional_responsibility/publications/model_code_of_judicial_conduct/tableofcontents.html.

③ See 539 U. S. 558 (2003).

④ See Adam Liptak, *Exhibit A for a Major Shift: Justices' Gay Clerks*, http://www.nytimes.com/2013/06/09/us/exhibit-a-for-a-major-shift-justices-gay-clerks.html?_r=0; Also Dahlia Lithwick, “Extreme Makeover: the story behind the story of Lawrence v. Texas”, http://www.newyorker.com/magazine/2012/03/12/extreme-makeover-dahlia-lithwick.

为严峻的挑战。

其次，在特定情形下，为了追求个案正义，法官除了撒谎别无选择。[①] 这些情形主要源自法律本身的非正义或法律与事实的不适应。无论如何，当极端的不正义可能出现时，“善意的谎言”就成为必要而正当的选择。在美国内战爆发前，美国人对于奴隶制的复杂态度令当时的法官在审理逃亡奴隶案时分外纠结。根据当时的《逃亡奴隶法》，所有逃亡的奴隶一旦被抓，均应遣返原主，自由州的官员与公民均须配合。自由州的法官在审理此类案件时面临两难选择：按照法律，他们不得不判令遣返；但按照个人良心（或者自然法），他们又不愿意将已获自由的奴隶重新送入人间地狱。在面对这一冲突时，不少废奴主义的法官都想尽办法确认逃亡奴隶的自由，但又无从否认类似法律的合宪性，毕竟 1787 年宪法肯定了奴隶制的存在。在此情形下，说谎就成了唯一可行的选择。[②]

3. 权威性优于真诚性

作为社会正义的终极守护神，司法的权威性是其切实承担社会职能的重要基础。如果仔细审视“真诚”与“权威”的关系就会发现，不真诚并不必然损害司法的权威性，相反，它有时还会增强司法的权威性。

追根溯源，司法的权威源自公正的判断。依据现代司法理念，公正的判断又以独立的司法为前提。独立必然意味着一定程度的疏离。放置政治体制的视角下，这种独立体现为非民主性，是对民意的疏离。这既意味着民意不能参与司法审判，也意味着司法不必以开放车间的方式运作。有些情形下，法院还需要通过刻意的不真诚来增强权威性。在布朗诉教育委员会案等具有重大政治意义的案件中，为了增强判决的权威性以回应紧张的时局，美国联邦最高法院总是尽力以一致意见通过判决。可以想见，9 位大法官对这些重大问题的看法不可能如出一辙。但出

---

① See Ronald Dworkin, *Taking Rights Seriously*, Harvard University Press 1978, p. 326 – 327; Scott C. Idleman, *A Prudential Theory of Judicial Candor*, 73 Texas Law Review 1387(1995).

② See Paul Butler, *When Judges Lie (and When They Should)*, 91 Minnesota Law Review 1785(2006).

于维护司法权威的考虑，他们中的一些人选择了沉默。[①] 此外，为了避免给公众造成法律朝令夕改的印象，大法官们尽量避免直接推翻在先判决，而是通过别的方式隐晦地修改法律。这一司法理念在前任美国联邦最高法院大法官奥康纳身上体现得尤为明显，其参与审理的韦伯斯特诉生育健康服务中心案（Webster v. Reproductive Health Services）和劳伦斯案都在事实上推翻了相关判例，但她从不愿在判决意见中明示，一再回避是否要推翻先例的问题，另觅他途以证成案件的判决。

以上的分析已显示，对真诚的过分强调本质上源自对司法的不同认识以及对于司法判决的正当性的思考。法官是否需要说理，说理真诚到什么程度都是一个见仁见智的问题，它最终取决于司法制度的目的。从根本上说，“对真诚原则的支持或反对通常都源自对法官在社会中的作用的认识”[②]。这又与判决的正当性基础联系起来。对裁判的一般概念的充分说明将为正当的司法判决描述必要而充分的条件。[③] 在有关司法判决正当性的论述中，真诚标准从来不是必要条件。当前的基本共识是，只有当法官能为他的决定提供充分的理由时，裁判才是正当的。不真诚不影响法官判决的证成。“如果法官的论据只是托词，其公开表述的理由并不是他真正的依据，这将是非常遗憾的。但……这与判决的证成无关。判决的证成取决于它提供的理由。”[④]波斯纳也承认，判决意见的写作没有确立真诚义务。即使法官故意隐去真正的决策因素，把“创造”写成“延续”，把“创新”写成“限制”，也不能因此说他们伪善。[⑤] 由此，真诚在司法说理的价值序列中不得不一让再让。

---

① See Scott C. Idleman, *A Prudential Theory of Judicial Candor*, 73 Texas Law Review 1390 - 1391 (1995).

② Micah Schwartzman, *Judicial Sincerity*, 94 Virginia Law Review 998 (2008).

③ See Fuller, *The Forms and Limits of Adjudication*, 92 Harvard Law Review 364 (1978).

④ Martin Golding, *Legal Reasoning*, Alfred A. Knopf Incorporated, 1984, p. 8.

⑤ See Richard A. Posner, *Some Realism about Judges: A Reply to Edwards and Livermore*, 59 Duke Law Journal 1182 (2009).

第四章 裁判文书说理的原则

在总结论证说理的基本规律的基础上，结合《释法说理指导意见》，本章拟提出繁简分流、争议导向、相关为要、要件为线、情境主义五项基本原则。繁简分流原则既适用于案件筛选，也适用于个案说理。争议导向是指裁判文书说理的基本思路应当是回应、解决争议。相关为要是指证据采信、事实建构、法律选择要坚持相关性的标准。要件为线是指法官在论述法律与事实的适应性时，以构成要件为基本的分析框架。情境主义则是指说理的展开应注意说理的情境，就裁判文书说理而言，重点关注情境对论据选取的影响。

一、繁简分流

2016 年发布的最高人民法院《关于进一步推进案件繁简分流优化司法资源配置的若干意见》对裁判文书说理的繁简分流作出明确指示，第 15 条规定："推行裁判文书繁简分流。根据法院审级、案件类型、庭审情况等对裁判文书的体例结构及说理进行繁简分流。复杂案件的裁判文书应当围绕争议焦点进行有针对性的说理。新类型、具有指导意义的简单案件，加强说理；其他简单案件可以使用令状式、要素式、表格式等简式裁判文书,简化说理。当庭宣判的案件,裁判文书可以适当简化。当庭即时履行的民事案件,经征得各方当事人同意,可以在法庭笔录中记录相关情况后不再出具裁判文书。”两年后的《释法说理指导意见》第 3 条就此进行凝练和补充,“……要根据案件社会影响、审判程序、诉讼阶段等不同情况进行繁简适度的说理,简案略说,繁案精说,力求恰到好处”。这些规定既是繁简分流原则在裁判文书说理上的贯彻,也符合说理详略得当的要求。

(一)为什么要繁简分流

繁简分流原则的提出最初是基于我国案多人少的司法现状。最高人民法院在 2020 年发布的《对十三届全国人大三次会议第 6257 号建议的答复》中称:“在深入推进司法体制改革的大背景下,由于基层法院普遍存在员额法官数量较少,法官助理、书记员等司法辅助人员十分紧缺,而与此时同时案件数量逐年大幅上升,‘案多人少’问题十分突出。”根据《北京市高级人民法院工作报告 2021》,在 2020 年,全市法院新收案件 839175 件,审结 836514 件,法官人均结案 332 件。[①] 根据广东省珠海市人民法院的工作报告,2020 年,全市法院受理案件 82725 件,办结 73573 件,员额法官人均结案 316 件。[②] 2020 年的工作日为 251 日,再扣除理论学习、业务培训等事务占据的时间(全年暂计 30 日),以此计算,法官们日均结案 1.5 件左右。如果以法官每日工作 12 小时算,每个案件用时约 8 小时。在这 8 小时时间里,有约一半的一线法官估计自己撰写裁判文书的时间占办案时间的 25% ~50%,有约 1/3 的人估计用时 50% ~75%,仅有 4% 的人估计用时 75% 以上,还有 16% 的人估计用时在 25% 以下。[③] 换言之,法官们撰写一份裁判文书的平均用时为 2 小时至 4 小时,很难保证说理充分。

考虑到案情有简单和复杂之分,审理程序也相应有简易程序和普通程序之分。

① 参见寇昉:《北京市高级人民法院工作报告 2021》,载北京法院网,http://bjgy.chinacourt.gov.cn/article/detail/2021/03/id/5829309.shtml。

② 参见《办结案件 73573 件,2020 年珠海法院成绩单来了》,载腾讯网,https://new.qq.com/omn/20210202/20210202A04RHE00.html。

③ 参见罗灿:《司法改革背景下裁判文书说理繁简分流研究》,法律出版社 2018 年版,第 30 页。

同理,在案多人少、司法资源日趋稀缺的今天,裁判文书应当做好繁简分流。对于只是对程序性事项作出认定的裁定等裁判文书、当事人对案件事实和法律适用没有争议案件的实体判决书,不必要求法官千篇一律地进行烦琐的说理,而是可以开发格式化的文书样本,直接填写案情、结论即可。但对于案情复杂、重大、当事人对主要事实和依据有争议的案件,则应当对当事人诉求、证据质证与认定、法律适用理由等作出明确、详细的说理。只有这样,才能让法官从日益繁重的案件审理中解脱出来,有精力和时间去研究案情,精雕细琢,把裁判文书做成精品。

具体到每一份裁判文书的写作,繁简分流原则同样适用,它其实源自重点突出、详略得当这一基本的写作规律。就一般的文章写作而言,详略失当、重点不明严重妨碍读者理解文章思路;就裁判文书说理而言,详略失当、重点不明严重妨碍纠纷的化解、争议的解决。裁判文书说理具有明确的目的,旨在就争议问题给出令人信服的答案。一方面,争议点本身的重要程度有所不同,有些关系判决的核心争议,有些则只涉及细枝末节。如果法官用同样的笔墨一一回应,首先是造成精力的浪费,更重要的是会让受众以为原本次要的争议与核心争议一样重要。另一方面,理由本身轻重有别。根据第二章有关理由的证明力的区分可知,不同的理由具有不同的证明力,法官应当选择具有更强证明力的理由,对于可有可无的理由则可以一笔带过甚至直接略过。

总之,裁判文书说理的繁简适度,既符合司法审判规律,也符合司法效率的要求。无论就法理还是实务而言,个案本身要求说理的繁简程度也非千篇一律,要么均要详细说理,要么均可简化说理。从司法成本来看,在司法资源总量有限和案多人少矛盾未能根本缓解的情况下,合理配置资源往往成为提高司法资源效能和司法生产力的不二手段。简案简化说理,繁案强化说理,就是在裁判文书说理环节合理配置和投入司法资源。[①] 对于要点强化说理,对于核心论点充分阐释,这些是对说理规律的遵循。

---

① 参见刘树德:《无理不成“书”:裁判文书说理 23 讲》,中国检察出版社 2020 年版,第 328 页。

（二）裁判文书类型的繁简分流

结合最高人民法院《关于人民法院在互联网公布裁判文书的规定》第3条之规定可知，广义的裁判文书包括判决书、裁定书、决定书、调解书、通知书、支付令等形式。不同形式的裁判文书对应不同的说理义务，而不同形式的裁判文书又源自不同的司法程序要求。因此，法官有必要结合案件情况、审理程序确定适合的裁判文书形式及对应的说理义务。具体分流步骤如下。

1. 根据诉请分流

我国法律就当事人的不同诉请规定了不同的审理程序。一般而言，适用民事特别程序、督促程序及公示催告程序审理的案件可以简化说理。以支付令为例，在督促催告程序中，法官只需对申请进行初步审核，之后签发以下格式的支付令即可。①

××××人民法院

支付令

（××××）……民督……号

申请人：×××，……。

……

被申请人：×××，……。

……

（以上写明申请人、被申请人及其代理人的姓名或者名称等基本信息）

申请人×××于××××年××月××日向本院申请支付令。申请人×××称，……（概述申请人提供的债权债务关系的事实、证据）。要求被申请人×××给付申请人×××……（写明请求给付的金钱或者有价证券的名称和数量）。

本院经审查认为，申请人的申请符合民事诉讼法规定的条件。

依照《中华人民共和国民事诉讼法》第二百一十四条、第二百一十六条规定，特发出如下支付令：

被申请人×××应当自收到本支付令之日起十五日内，给付申请人×××……（写明应给付的金钱或者有价证券的名称和数量）。

① 参见《支付令（督促程序用）》，载最高人民法院网2016年9月28日，http://www.court.gov.cn/susongyangshi-xiangqing-384.html。

申请费……元,由被申请人×××负担。

被申请人如有异议,应当自收到本支付令之日起十五日内向本院书面提出;逾期不提出书面异议的,本支付令即发生法律效力。

审　判　员　×××

××××年××月××日

(院印)

书　记　员　×××

从该样式可以看出,支付令中绝大部分内容已经模式化,法官只需概述申请人提供的债权债务关系的事实、证据,写明请求给付的金钱或者有价证券的名称和数量,并不要求就事实的认定、法律的适用提供进一步的理由。结合督促催告程序本身的特点,即被申请人一旦提出书面异议且异议成立,支付令即告失效,法官在支付令中几乎不负说理义务。

根据《释法说理指导意见》第8条的规定,涉及以下诉求的案件应当归入强化说理的范畴:

(1)宣告无罪、判处法定刑以下刑罚、判处死刑的案件;

(2)行政诉讼中对被诉行政行为所依据的规范性文件一并进行审查的案件;

(3)判决变更行政行为的案件;

(4)新类型或者可能成为指导性案例的案件。

综上,这一阶段主要是依据案件涉及的诉求进行分流。

2. 根据案件类型分流

实践中,立案庭承担起案件繁简分流的重任。原则上,裁判文书说理的繁简分流应与案件的繁简分流对应。繁案细说、简案简说。除了上述适用特殊程序的案件,根据《释法说理指导意见》第9条的规定,下列案件裁判文书,可以简化释法说理:

(1)适用民事简易程序、小额诉讼程序审理的案件;

(2)适用刑事速裁程序、简易程序审理的案件;

(3)当事人达成和解协议的轻微刑事案件;

(4)适用行政简易程序审理的案件;

(5)适用普通程序审理但是诉讼各方争议不大的案件。

对于争议不大的案件,许多地方的法院引入令状式、表格式、填充式、要素式等格式固定、简明扼要的判决书,并就判决书的适用条件、适用方式等作出具体、明确的规定,这些都是简化裁判文书说理的有益探索。① 简化裁判文书可以提高裁判文书制作和说理的质量,克服简单案件的判决书长篇大论、制作复杂、晦涩难懂的弊端,满足社会公众对简易案件司法文书简单、明了、快捷、易懂的司法需求,②有效节约司法资源。

根据《释法说理指导意见》第 8 条的规定,以下程序中的案件应当强化说理:

(1)抗诉案件。抗诉是检察机关依法履行监督职权的重要体现,法官应当以充分说理的方式体现对法律监督权的尊重。

(2)二审改判或者发回重审的案件。

(3)重审案件。

(4)再审案件。

3. 根据案件进展分流

在诉讼过程中,对于有可能通过调解解决的民事案件,人民法院都应当调解。调解本质上是对诉讼各方达成的合意进行确认,不涉及法官对案件事实与适用法律的判断,因此也不涉及说理。以下为最高人民法院发布的民事调解书(第一审普通程序适用)样式。③

××××人民法院

民事调解书

(××××)……民初……号

原告:×××,……。

---

① 各省市的具体做法可参见罗灿:《司法改革背景下裁判文书说理繁简分流研究》,法律出版社 2018 年版,第 46 ~ 65 页。

② 参见罗灿:《司法改革背景下裁判文书说理繁简分流研究》,法律出版社 2018 年版,第 75 页。

③ 参见《民事调解书(第一审普通程序用)》,载最高人民法院网 2016 年 9 月 28 日,http://www.court.gov.cn/susongyangshi-xiangqing-238.html。

法定代理人/指定代理人/法定代表人/主要负责人:×××,……。

委托诉讼代理人:×××,……。

被告:×××,……。

法定代理人/指定代理人/法定代表人/主要负责人:×××,……。

委托诉讼代理人:×××,……。

第三人:×××,……。

法定代理人/指定代理人/法定代表人/主要负责人:×××,……。

委托诉讼代理人:×××,……。

(以上写明当事人和其他诉讼参加人的姓名或者名称等基本信息)

原告×××与被告×××、第三人×××……(写明案由)一案,本院于××××年××月××日立案后,依法适用普通程序,公开/因涉及……(写明不公开开庭的理由)不公开开庭进行了审理(开庭前调解的,不写开庭情况)。

……(写明当事人的诉讼请求、事实和理由)。

本案审理过程中,经本院主持调解,当事人自愿达成如下协议/当事人自行和解达成如下协议,请求人民法院确认/经本院委托……(写明受委托单位)主持调解,当事人自愿达成如下协议:

一、……;

二、……。

(分项写明调解协议内容)

上述协议,不违反法律规定,本院予以确认。

案件受理费……元,由……负担(写明当事人姓名或者名称、负担金额。调解协议包含诉讼费用负担的,则不写)。

本调解书经各方当事人签收后,即具有法律效力/本调解协议经各方当事人在笔录上签名或者盖章,本院予以确认后即具有法律效力(各方当事人同意在调解协议上签名或者盖章后发生法律效力的)。

审　判　长　×××

审　判　员　×××

审　判　员　×××

××××年××月××日

(院印)

本件与原本核对无异

书　记　员　×××

该文书样式中，法官只需写明当事人的诉讼请求、事实和理由，分项写明调解协议内容，并不涉及判断，因而无须说理。

4. 根据争议情况分流

根据《释法说理指导意见》第 8 条，前两类应当强化释法说理的案件分别为疑难、复杂案件与诉讼各方争议较大的案件。其中，疑难、复杂案件多为事实或法律存在争议的案件。可见，争议情况是裁判文书说理繁简分流的重要判准。这是因为：首先，定分止争是司法裁判的首要任务。回应、解决争议是法官在解决纠纷中的必修课，只有充分的说理才有可能妥善地解决争议。其次，争议焦点既是庭审的主要内容，也是制作裁判文书的主线，方便组织证据认定、事实认定和法律适用部分的论述。① 据此，对于存在重大争议的案件，法官应当强化说理，对于争议较小的案件，法官可以简化说理。

5. 根据社会影响分流

随着裁判文书上网制度的推行，以及网络时代的信息超速传播，每一份判决都有可能产生“蝴蝶效应”。甚至判决书里的一句话，都可能在一段时间后引起一场舆论的龙卷风。这样的时代背景不仅要求法官慎言，还要求法官提高敏感度，对社会关注度较高、影响较大的案件强化说理。美国学者格拉德威尔曾经分析流行潮的三个重要特点：②一是有传染性或感染性，而这个传染性根源于共情效应。一个案件是否具有传播力，和人们对于案情是否容易产生共情有很大关系。在了解到于欢案的案情后，受众自然会想如果自己是于欢，目睹母亲受辱，会不会有相同反应；在听说许霆案后，受众会想如果自己是许霆，遇到 ATM 出问题，自己会不会多取钱……这些共情的可能性越大，案件越具有传播力，越容易产生社会影响。二是微小的变化引发巨大的效果。三是突发式剧变而非渐变。后两个特点出现在传播过程中，属于法官不可控的范围。在法官撰写裁判文书时，只需评估案件是否具备可传播性即可。

---

① 参见罗灿：《司法改革背景下裁判文书说理繁简分流研究》，法律出版社 2018 年版，第 40 页。

② 参见［美］马尔科姆·格拉德威尔：《引爆点》，钱清、覃爱冬译，中信出版社 2006 年版，“导言”，第 XVIII ~ XX 页。

（三）说理内容的繁简分流

说理内容繁简分流其实就是抓重点，重点强化，其他简化。这里的重点可以分为两类：一是重点争议，二是重点理由。

1. 抓准重点争议

争议往往因案而异，但法官通常可以结合案由确定核心争议所在。以劳动争议案件为例，此类案件的核心争议往往是诉讼双方是否存在劳动关系。在丁某某诉某医疗科技有限公司（以下简称医疗公司）劳动纠纷案中，一审法院认为丁某某系医疗公司仅有的两个股东之一，且担任法定代表人，在处理医疗公司事务时具有一定的独立权限；认为丁某某对于医疗公司的经营行为具有影响力和决定权，体现指挥性、计划性等特征，与劳动关系当中的劳动者在人格和经济上从属于用人单位、对用人单位的指示具有服从性有根本区别。据此认定，丁某某的证据不足以认定其与医疗公司之间存在管理与被管理、支配与被支配的劳动关系，因而驳回其诉讼请求。该案折射出传统的劳动法理论与社会现实之间的某种龃龉，公司股东与公司之间是否存在劳动关系，是近年来困扰劳动法与公司法的新兴问题，是该案的核心争议所在。遗憾的是，二审法官在判决中仅以丁某某“作为公司股东、法定代表人的身份不能当然成为其担任经理岗位工作无薪资的充分依据”一笔带过。①

在特殊情形下，案件的核心争议可能与案由无关。

案例4-1

在刘某某诉上海某企业服务外包有限公司（以下简称外包公司）、于某某等机动车交通事故赔偿责任纠纷案中，该案的核心争议并非常见的过错认定、责任分担，而是被上诉人于某某与被上诉人外包公司之间是否存在劳动关系。该案涉及的核心问题是近年来频频引起关注的，外卖送餐平台与送餐员之间是否存在劳动关系的问题。两审法院均认为，虽然《服务合作协议》约定于某某与外包公司为服务合作关系，《网约工协议》约定双方不存在任何形式的雇佣关系，但综合考虑外包公司参与了于某某的配送活动，向其支付相应的服务报酬，在对于某某的管理、薪酬、福利、保险等方面

---

① 参见北京市第二中级人民法院民事判决书，（2020）京02民终7952号。

扮演了重要角色，因此，于某某的配送行为应属履行外包公司的职务行为。①

《释法说理指导意见》第10条对不同审级可能出现的重点争议做了总结：“二审或者再审裁判文书应当针对上诉、抗诉、申请再审的主张和理由强化释法说理。二审或者再审裁判文书认定的事实与一审或者原审不同的，或者认为一审、原审认定事实不清、适用法律错误的，应当在查清事实、纠正法律适用错误的基础上进行有针对性的说理；针对一审或者原审已经详尽阐述理由且诉讼各方无争议或者无新证据、新理由的事项，可以简化释法说理。”

案例4-2

在邱某某诉某制药公司劳动争议一案中的再审判决书中，②法官准确地将案件的核心争议确定为，某制药公司与邱某某解除劳动合同的理由是否属于《劳动法》第26条第3项和《劳动合同法》第40条第3项规定的“客观情况发生重大变化”。在法官说理部分，该判决书用接近80%的篇幅就此项争议展开论述。至于另外一项争议“某制药公司是否应向邱某某承担赔偿责任的问题”，由于这一问题的答案基本是上一问题答案的必然结果，法官仅用20%左右的篇幅言简意赅地进行阐述。该判决书的思路与篇幅安排，充分体现了重点突出、繁简分流的原则。

2. 阐明重点理由

重点理由是法官为支持自己的核心判断而引入的主要理由。重点理由的选取既考验法官对核心判断的把握能力，也考验法官对理由的证明力的把控。越能为最终判决提供决定性支持的判断越是核心判断，越能为法官的判断提供直接、必然支持的理由越是主要理由。

在案例4-2的再审判决书中，法官在论证某制药公司应当向邱某某承担赔偿责任时，只列出两类理由，一是《劳动法》《劳动合同法》的相关规定，二是赔偿金的计算依据与计算过程。其中《劳动法》《劳动合同法》的相关规定是重点理

① 参见北京市第二中级人民法院民事判决书，(2021)京02民终438号。
② 参见吉林省高级人民法院民事判决书，(2017)吉民再296号。

由，因此法官在这一部分的论述中以接近 2/3 的篇幅一一列明具体的条文出处及内容。

实践中，在涉及多类型理由时，法官可能会基于自身的认知框架，淡化处理本来应当作为重点理由的理由。

案例 4-3

在韩某某过失致人死亡案中，韩某某酒后与被害人杨某某发生打斗，致杨某某死亡。检察院指控韩某某涉嫌故意伤害罪。辩护人提出韩某某系酒后所为，没有犯罪故意，不构成犯罪。因此，本案的核心判断是韩某某构成犯罪，应负刑事责任。在论述这一核心判断时，法院认为，韩某某“作为心智健全的成年人，在醉酒时仍具有一定判断和辨别能力，应当预见到与被害人发生肢体冲突时搂、压、骑在醉酒的被害人身上，可能会造成被害人伤亡的后果，因为疏忽大意没有预见到，最终导致被害人因胸腹部受压而窒息死亡的后果，其行为符合过失致人死亡罪的法定构成要件，应当承担过失致人死亡的刑事责任”①。

这段话对于韩某某应负刑事责任的缘由做了较为细致的论述，但与法官对于行为人心智状态的论断相比，法律的明文规定无疑更具有说服力。就本案而言，《刑法》第 18 条第 4 款的规定“醉酒的人犯罪，应当负刑事责任”更具一锤定音的效果，如果作为重点理由提出，说理效果可能更好。

二、争议导向

司法裁判的首要任务是定分止争。解决争议是裁判文书说理的重要目的，裁判文书说理的基本思路应当是争议导向。对此，《释法说理指导意见》予以明确认可。该意见第 7 条规定：“诉讼各方对案件法律适用无争议且法律含义不需要阐明的，裁判文书应当集中围绕裁判内容和尺度进行释法说理。诉讼各方对案件法律适用存有争议或者法律含义需要阐明的，法官应当逐项回应法律争议焦点并说明理由。……”上文有关繁简分流原则的阐释其实也是争议导向原则的体现。“争点

① 北京市第二中级人民法院刑事判决书，(2020)京 02 刑初 23 号。

整理具有聚焦作用,可以有效限缩审理范围。这样就可能大大提高审理效率,降低举证成本。”[1]

针对争议展开说理的重要性,在古人那里已有充分论述。清代著名司法官员王又槐在《办案要略》中指出:“……必须将不准缘由批驳透彻,指摘恰当,庶民心畏服,如梦方醒,可免上控。此等批词,不妨放开手笔,畅所欲言,但须字字有所著落,不可堆砌浮词也。果能批驳透彻,即有刁徒上控,上司一览批词,胸中了然,虽妆饰喊冤,亦不准矣。”[2]可见,就初审判决而言,充分回应争议至少有两大好处,一是点醒当事人;二是让上司掌握情况、心里有底。

实践中,法官们为了提高效率,往往从自己的判断出发选择其认为适当的理由,对当事人的争议重视不够。由此导致当事人认为法官并没有解决问题,其论述也缺乏相应的说服力。就此,许多法官、学者都倡议改革裁判文书的写作格式,“(1)在当事人诉称、辩称之后,专段列名案件争点;(2)针对事实争点简述当事人举证、质证的情况,阐明法官采信或不采信证据的理由;(3)在‘本院认为’部分,应针对法律适用争点进行充分的说理论证”[3]。在德国,法官业务培训的第一要务就是区分有争议和无争议的“案情”与“法律意见”。[4]

(一)固定争议的方法

争议导向原则要求法官在说理时准确识别争议所在。争议的识别与整理应当贯穿案件审理全程。“台上三分钟,台下十年功。”争点固定、整理的工作如果等到撰写裁判文书时再做就会为时已晚。

在受理案件之初,法官可以借鉴前人的总结,以此类案件常见的争议作为问询框架,[5]通过与当事人谈话梳理案件核心争议,让当事人了解案件的基本走向。后

---

① 邹碧华:《要件审判九步法》,法律出版社2010年版,第117页。

② 晓明、拓夫编:《绝妙判决书》,海南国际新闻出版中心1993年版,第244~245页。

③ 邹碧华:《要件审判九步法》,法律出版社2010年版,第50页。

④ 参见刘树德:《无理不成“书”:裁判文书说理23讲》,中国检察出版社2020年版,第35页。

⑤ 实践中,许多法院都做了扎实的整理工作。以北京金融法院为例,该院法官针对保险类案件的争点做了系统梳理。

续的每一个阶段，法官都可以及时调整、补充争议点。在庭审阶段，法官应当在当事人开庭陈词、质证、辩论及一些特殊情形发生时进行全面的争点整理，并提示诉辩双方就争议点进行确认，为裁判文书的撰写打好基础。

邹碧华法官为争议总结、固定提供了思维框架与实际操作的方法。[①] 从思考的角度来看，争点的基本元素应当是基础规范的构成要件。整理过程中，还应当注意争点的多层次性，对要件进行逐层分析。

案例4-4

在某某金融租赁有限公司（以下简称租赁公司）与某某煤炭有限公司（以下简称煤炭公司）等融资租赁合同纠纷案中，原告提出违约之诉，请求判令被告支付逾期付款违约金。双方的争点之一为案涉合同第12-2条约定的违约金条款是否适用。该条规定，当煤炭公司未按合同约定支付租金和其他款项，应向租赁公司支付逾期款项违约金，逾期款项违约金按本合同租赁费费率基础上加50%计收罚息，从逾期之日起，按罚息利率计收利息，直至清偿本息。

在分析该争点的层次时，我们可以逐层梳理。首先看违约请求权成立之第一层次要件：意思表示已经成立，请求符合意思表示。如果双方当事人认可该条关于违约金的约定，以及原告提出的支付违约金的请求，则无须继续深入分析该要件。本案中，被告并不认可关于违约金的约定。此时，法官有必要分析第二层次要件，即关于意思表示是否成立的要件，包括意思表示达成一致、内容合法、主体适格。本案中，被告提出的抗辩理由是案涉合同约定的违约金过高，需要调整。这是针对内容合法要件提出的质疑。因此，法官需要分析第三层次的要件：内容合法。主审法官在回应这一层次的争议时写道：

《最高人民法院关于审理民间借贷案件适用法律若干问题的规定》第二十九条第一款规定：借贷双方对逾期利率有约定的，从其约定，但以不超过年利率24%为限。煤炭公司等虽均提出违约金过高的异议，但是均未举证证明，按涉案约定标

---

① 详情参见邹碧华：《要件审判九步法》，法律出版社2010年版，第123～129页。

准计算的违约金超出了年利率24%的标准，故本院对该项抗辩主张不予采纳。

由上可知，争点归纳的层次取决于双方争议点在构成要件体系中所处的位置。针对这种情况，邹碧华法官认为“我们可以采用两种方法来整理争点，第一种方法是逐步深入法，即随着审理活动的推进而不断把争点引向深化，即诉辩初次交锋时，可归纳为意思表示是否成立；在审到意思表示是否成立的问题时，可把争点进一步归纳为意思表示是否达成一致；在审到意思表示是否达成一致时，可把争点限定为承诺与要约是否一致。这样，当事人也随着法官的归纳而不断地把诉的重心引向深入。第二种方法是结合法，即上述不同层次的争点可以结合起来进行归纳，比如，我们可以把争点归纳为承诺是否与要约一致，是否影响意思表示成立的争点”①。

（二）围绕争议说理

在条件允许的情况下，法官可以在正式出具判决书前，先总结案件的争议点并发双方当事人确认。列明争议焦点有助于明晰法官的论证目标，增强论证的目的性。经过确认后再开始判决书的写作。判决书的书写体例应体现解决争议的导向。篇章结构大概分为四部分：首部（诉讼各方的基本信息），主文（判决结论及理由），争议点总结，争议点的逐一回应。“判决结论及理由”部分涉及最终的判决及支持这一判决的理由。整体而言，本部分的写作要求法官突出强调规范与事实的适应性。一方面，法官应列明所有涉及的法律规范的相关条文内容；另一方面，法官应就事实与规范的适应性进行阐述，特别是涉及构成要件的关键词时，需要就此进行解释。

明确判决书写作的争议解决导向，将使争议解决方案成为判决书论证的主要目标，使法官的论述能够有的放矢，更具说服力。以北京奇虎科技有限公司与腾讯科技（深圳）有限公司等滥用市场支配地位纠纷案为例，②负责一审的广东省高级人民法院以及二审的最高人民法院在写作判决书的过程中都采用了先总结争议，

① 邹碧华：《要件审判九步法》，法律出版社2010年版，第125页。

② 参见最高人民法院民事判决书，（2013）民三终字第4号。

再逐项论述的做法，做到了条分缕析。在该案入选最高人民法院指导案例后，①审判人员对二审的裁判理由进行归纳总结。该三份文书的论述思路都充分体现了争议导向的说理原则，现整理如下。

案例4-5

Ⅰ.一审法院认为，本案主要有以下焦点问题：

1.被告扣扣保镖是否能够破坏原告QQ软件及其服务的安全性、完整性，使原告丧失增值业务的交易机会及广告收入，从而构成不正当竞争。

2.被告在经营扣扣保镖软件及其服务时，是否存在捏造、散布虚伪事实，从而构成商业诋毁。

3.被告的扣扣保镖是否通过篡改QQ的功能界面从而取代原告QQ软件的部分功能以推销自己的产品，构成不正当竞争。

4.关于被告是否应当停止侵权、应当赔偿原告经济损失的具体数额以及是否应当赔礼道歉、消除影响。

(1)被告是否应当停止侵权、赔礼道歉、消除影响；

(2)被告给原告造成的经济损失的数额。

Ⅱ.二审法院认为，综合上诉人的上诉请求和被上诉人的答辩意见，并结合相关证据和事实，本案主要有五个争议焦点问题：

1.上诉人专门针对QQ软件开发、经营的扣扣保镖是否破坏了QQ软件及其服务的安全性、完整性，该行为是否符合互联网行业商业惯例，是否违背了诚实信用原则和公认的商业道德而构成不正当竞争。

(1)上诉人专门针对QQ软件开发、经营的扣扣保镖是否破坏了QQ软件及其服务的安全性、完整性；

(2)上诉人前述行为是否符合互联网行业商业惯例、是否违背诚实信用原则和公认的商业道德、是否使被上诉人丧失增值业务的交易机会和广告收入并构成不正当竞争；

(3)一审法院援用工信部《规范互联网信息服务市场秩序若干规定》和互联网协会《互联网终端软件服务行业自律公约》是否适当。

2.上诉人在经营扣扣保镖软件及其服务时，是否存在贬损QQ软件及其服务的行

---

① 参见北京奇虎科技有限公司诉腾讯科技(深圳)有限公司、深圳市腾讯计算机系统有限公司滥用市场支配地位纠纷案，最高人民法院指导案例78号(2017年)。

为,从而构成商业诋毁。

(1)《反不正当竞争法》第14条规定的"虚伪事实"是否包括片面陈述真实的事实而容易引人误解的情形;

(2)上诉人是否存在捏造、散布虚伪事实之行为。

3. 上诉人是否在经营扣扣保镖时将其产品和服务嵌入QQ软件界面,是否取代了被上诉人QQ软件的部分功能以推广自己的产品,从而构成不正当竞争。

4. 技术创新、自由竞争和不正当竞争的界限。

5. 一审法院确定的赔偿数额是否合理。

Ⅲ. 审判人员在编写指导案例时认为,本案中涉及的争议焦点主要包括三个方面:

1. 如何界定本案中的相关市场。

(1)是否任何滥用市场支配地位的案件均必须明确而清楚地界定相关市场;

(2)"假定垄断者测试"方法可否适用于免费商品领域;

(3)本案相关市场是否应确定为互联网应用平台;

(4)即时通信服务相关地域市场的界定。

2. 被上诉人是否具有市场支配地位。

3. 被上诉人是否构成反垄断法所禁止的滥用市场支配地位行为。

(1)被上诉人实施的"产品不兼容"行为(用户二选一)是否构成反垄断法禁止的限制交易行为;

(2)被上诉人是否构成反垄断法所禁止的搭售行为。

以上三次争议总结呈现不断聚焦的特点,法官的裁判思路也因为焦点的不断梳理而得到更加清晰的呈现。这样的判决不仅能有效回应当事人的疑问、困惑甚至异议,还能为社会公众提供有理有据的答案。鉴于此,可以考虑在原告诉称、被告辩称之后列出争议,以"经诉讼各方确认,本案的核心争议点如下"开头,逐一列出法官总结的案件争议点,并在每一争议点下作出判断并展开论证,提出理由。

三、相关为要

相关性是法官在说理时应当紧握手中的缰绳。相关性是指推理的前提和结论之间必须有意义和内容上的关联。我们进行推理时,前提和结论总是存在共同的内容或意义,使我们通常可以从前提想到、推出结论,正是这种共同的意义潜在地引导、控制着从前提到结论的思想流程。[1] 如果论证的前提不能给结论的可接受性提供充分的支持，甚至根本就不能提供任何支持，那么即便它是真的，也不能作为论据进入论证，即不能成为理由。[2]

说理的目的在于使言说者提出的观点或主张能够被接受。如果言说者的论述主题分散有如天马行空，听众将因为无从知道言说者真正所主张的观点为何而无法作出是否接受的决定，说理的目的无从实现。因此，确保在说理中提出的理由的相关性是说理得以有效进行的必要条件，理由的证明力与理由的相关性成正比。实践中，多数裁判文书说理失分的原因在于提供的理由与待证的命题之间缺乏相关性。

在撰写裁判文书时，相关性的标准主要贯彻在以下三个层面。

（一）证据的相关性

证据的相关性是指采信的证据应当与待证的事实存在意义关联。在证据法上，相关性是证据必须具备的重要属性。就裁判文书说理而言，证据的相关性应当体现为以下两点。

1. 裁判文书应当体现证据与待证事实的具体关联

整体而言，我国法官在陈述案件事实时都能做到言之有据，但不是所有的裁判文书都能让读者看到证据与待证事实之间的关联。尤其是在刑事裁判文书中，由于在案证据众多，法官往往在判决书中以目录的形式列举出各项证据名称，之后统一给出法院认定的事实。这一写法完全隐藏了各项证据与待证事实之间的关联。一般读者没有参加庭审、没有机会看到卷宗，无从判定法官认定的案件事实是否有证据支持，在多大程度上能够得到证据支持。因此，这一写法在事实上取消了案外人监督法官说理的可能。

2. 裁判文书应当就证据与待证事实之间的关联进行论述

从裁判事实的建构过程可知，证据是建构事实的基础。证据与待证事实之间

---

① 参见陈波：《逻辑哲学》，北京大学出版社2005年版，第40页。

② 参见第二章第一节有关理由的条件。

的相关性往往是案件争议所在。

案例4-6

在郑甲诉郑乙名誉权纠纷案中，①案件的争议集中在郑乙的不当行为是否给郑甲造成损害。法院就证据的采纳说明了理由，并清楚阐释。法院认为，第一，原告未就其病情提供相应的门诊病历等材料，针对被告对原告身心造成伤害这一事实未能提供相关证据材料予以证明，故不予采纳。第二，被告称其举报内容属实，但未能提供相应证据，故对于其举报行为给予否定评价。

实践中，法官对于证据的相关性问题经常一笔带过，常用句式为："本院认为，该证据不能实现其证明目的，对其关联性不予认定。"还有的时候，法官虽然肯定了证据与待证事实之间的相关性，但未就此展开论述，难以服众。以2017年调查中的M79案为例，法官在判决中以被告撰写的《总结书》作为末端论据，从中直接推出被告并不存在人格贬损的故意。鉴于《总结书》通常为个人内心活动的描述，其真实性难以验证，法官只以《总结书》作为依据的做法显然有失严谨。

（二）事实的相关性

事实的相关性在裁判文书说理中有两重含义：一是该项事实与某项诉请或主张有关；二是该项事实与另一项事实之间存在因果关系。在评定事实的相关性时，主要依据法理和事理。换言之，某项事实是否具有相关性，首先看该项事实是否属于法律规范的评价范围，是否可以通过该法律规范建立起与某项诉请或主张的关联；如果没有直接关联，再看该项事实与其他已经确定与某项诉请或主张有关的事实是否相关。

以2017调查中的M78案为例，判决书认为"使用了例如'不要脸''畜生'等带有侮辱、诽谤等词语，造成了刘某社会评价的降低"。此处法官仅仅依据不当语词就认定社会评价降低并不妥当。依照一般事理，侮辱词汇的运用并不必然造成社会评价的降低。此类现象在行政案件中也有出现。在Z44案中，法院仅指出被告

---

① 参见北京市西城区人民法院民事判决书，(2016)京0102民初678号。

行政机关超过了法律规定的办案期，之后直接得出程序存在瑕疵不影响处罚效力这一结论，中间省略了相关性的论述。

以案例2－5为例，①初看起来，购房人在办理过户当天才从他人处获得购房款这一事实并不在法律评价范围之内。但当该事实与其他事实联系起来时，它们与合同法关于恶意串通的规定联系起来，因而成为相关事实。

还需注意的是，事实之间的因果关系的判定有时是基于法律评价。

案例4－7

在刘某某故意伤害案中，②被害人尹某某自称是奇门遁甲第一人，被刘某某作为大师供养在自己公司。在尹某某授意下，刘某某在自家祖坟边挖了四个大坑，并安放了一些法器。一个月后，刘某某的二婶因病去世。刘某某认为自己上当受骗，要求尹某某还钱。尹某某无钱可还，又害怕自己走后刘某某报警，因而留在刘某某公司打杂，长期遭受刘某某及其员工以殴打、冻饿、热水浇烫等方式实施的伤害，最终死亡。

在这个案件中，尹某某的在先行为与尹某某被伤害致死是否存在因果关系需要审慎辨别。尹某某行骗与尹某某被打之间存在事实上的因果关系，且为法律所认可；而尹某某授意刘某某动祖坟，与刘某某二婶病死之间是否存在因果关系则在事实上无法证实，并且，更重要的，不被法律认可。

（三）法律的相关性

法律的相关性是指法官在选择与案件事实相适应的法律规范时应当选择最为相关的法律。此时的相关性实为法律规范与案件事实的适应性，而适应性本身需要论证。尤其是在面临多项法律规范可供选择时，法官需要就最终选择的法律规范与案件事实的适应性展开充分说理。除此之外，在对法律条文进行体系解释时，在运用类比推理等方法时，相关性也是运用这些方法的重要元素。

---

① 参见北京市第二中级人民法院民事判决书，(2020)京02民终2305号。
② 参见北京市第二中级人民法院刑事判决书，(2018)京02刑初18号。

四、要件为线

要件为线是指法律事实的陈述以构成要件为线索。构成要件是特定法律行为成立的必备要素。案件事实是否符合事实范型，案件中行为人的特定行为是否符合法律所规定的行为模式，主要依据该行为是否符合相应的构成要件来作出判断。如拉伦茨所说："法律适用的重心不在最终的涵摄，毋宁在于：就案件事实的个别部分，判断其是否符合构成要件中的各种要素。"[①]由上文关于法律事实的论述可知，法律事实是经由法律评价产生的案件事实，[②]而法律评价的核心依据是构成要件。因此，构成要件的比对是陈述法律事实的基本思路。按构成要件陈述案件事实的各个部分是最清晰明了的论述法律事实的思路。

（一）构成要件概述

特定法律行为的构成要件往往不由法律直接规定，而是体现在司法解释、法学著作当中。尽管学界关于某个法律行为的构成要件的认识往往不尽一致，但法律人关于特定法律行为的构成要件一般都有基本共识。例如，根据《非法集资解释》，非法吸收公众存款罪的构成要件主要有："（一）未经有关部门依法批准或者借用合法经营的形式吸收资金；（二）通过媒体、推介会、传单、手机短信等途径向社会公开宣传；（三）承诺在一定期限内以货币、实物、股权等方式还本付息或者给付回报；（四）向社会公众即社会不特定对象吸收资金。"因此，此类案件的判决书在陈述法律事实时的表述往往是，"被告人××违反国家金融管理法规，未经有关部门依法批准，向社会公开宣传，承诺高额收益，以商品回购、寄存代售的方式向社会不特定对象吸收资金，变相吸收公众存款数额巨大"。

不过，并不是所有的法律行为都能经由司法解释列出如此清晰确定的构成要件，许多法律行为尤其是民事、行政法律行为的构成要件往往并不足够清晰。例如名誉侵权的界定，一般认为，应当根据受害人确有名誉被损害的事实、行为人行为

---

① ［德］卡尔·拉伦茨：《法学方法论》，陈爱娥译，商务印书馆2003年版，第165页。
② 参见第一章第二节。

违法、违法行为与损害后果之间有因果关系、行为人主观上有过错来认定，但由于损害后果的评估与因果关系的认定存在较大困难，判决书往往以违法行为和主观过错作为存在因果关系的充分条件，在事实上取消了损害后果与因果关系两个要件的地位，从而使此类案件的法律事实的陈述也难以用统一的标准加以衡量。在这一情形下，裁判者有义务先就构成要件的组成进行说明与论证。

（二）构成要件的作用

在裁判文书说理的过程中，构成要件可以起到指示牌与红绿灯的作用。

一方面，在建构法律事实的过程中，构成要件是认定法律事实的指示牌。以德国法院的做法为例，法官在对判决结果进行简单介绍后，就会通过引用请求权规范直接进入主题，并逐个解析请求权规范要件和抗辩要件。德国民事实体法的请求权规范有非常清晰的逻辑体系，在判决理由生成的过程中可以起到规制说理路径的作用，避免法官思路不清。“按请求权要件的顺序书写判决理由不但有针对性，而且层次十分清晰，所以也无须对判决理由安排标题。不仅专业人士按要件思维可以迅速理解相关内容，就算是当事人和普通民众也能十分清晰地了解判决理由的思路，因为每一要件都是在一个实体请求权规范下自成一体的推理与论述。”① 可见，明确要件就是明确说理思路。审判思路的不正确、不妥当、不清晰、不统一，对案件审判质量、司法的权威性造成的负面影响日益显现，已成为制约法院工作的“瓶颈”。② 近年来，不少法院都主动加强对审判方法的研究、推广和引导，梳理各类法律事实的构成要件就是其中一项重要工作。

另一方面，构成要件是判断事实是否成立的红绿灯。严格说来，构成要件是认定某个法律事实的必要条件，每一个构成要件都有一票否决权。任何一个构成要件的缺失都会导致法律事实的建构方向发生变化。邹碧华法官倡导的请求权分析法，其核心正是对构成要件的分析。他曾经将法官确立大前提的过程总结为固定权利请求、寻找基础规范、分解规范要件三步，可如图 4 - 1 所示。

---

① 刘树德：《无理不成“书”：裁判文书说理 23 讲》，中国检察出版社 2020 年版，第 40 页。

② 参见邹碧华：《要件审判九步法》，法律出版社 2010 年版，第 38 页。

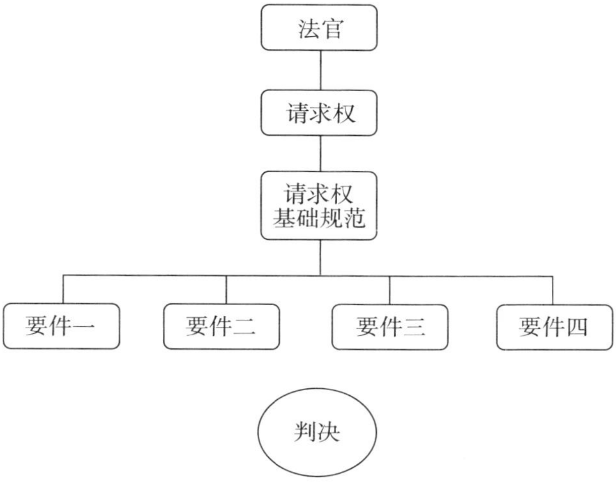

图 4－1　要件分析法

在邹碧华法官看来,以上四个要件必须全部得到满足,否则,只要有一个不成立,该请求权即不获支持。换言之,按照要件分析审判方法,如果其中某一个要件确定地不成立,就相当于法官审查之路亮起红灯,法官可以直接结束审理。因为这种情况下,只要有一个要件与法律规范的构成要件不符,即可宣布该法律基础规范不能据以支持原告的请求权,另外一个难以查明的要件无须再作深究。①

五、情境主义

说理是一种对象性活动。如前文所述,能否取得令人信服的效果,取决于说理的对象。作为法官说理的对象,无论是当事人、法律人还是社会公众,都处在一定的历史文化传统或特定的风俗习惯中。法官说理的情境对于判决的证成、说理的效果都有重要作用。

(一)情境是什么

说理的情境也可以说是一种语境。根据语境主义认识论的观点,语境是"决定

① 参见邹碧华:《要件审判九步法》,法律出版社 2010 年版,第 153 ~ 154 页。

认识的标准与认识者的视野、选择与论断的主要因素”[1]。如果从“相关选择论”看,语境主义强调的是认识者所处环境的集合与一个同该认识相关的可能选择对象的集合的对应关系。按照这种语境主义,当我们说一个人“认识”P时,是指他能够在特定的语境中,将P的真与相关联的可选择对象区别并排除开来。而其他形式的语境主义则把说出“S认识P”或“S不认识P”之类的语句的语境作为判断这些是否为真的条件。还有的语境主义则突出语境的社会因素,这种形式的语境概念主要是一个社会环境的概念,它们构成了根本的“问题语境”,不仅决定着人们对确证的正当性的判定与认识者的理解视野,而且还决定着反对者群体。[2] 例如,在法学专业的博士论文答辩会上,没有经过专业训练或者对论文及其相关问题缺乏了解的人就不能成为适当的反对者。无论以上何种语境主义,都在强调人的认识是与其所处的情境以及认识对象所处的情境分不开的。因此,法官在选择具有说服力的理由时也需要考虑具体的情境。

如果用图尔敏的语言加以表达,可以说说理具有高度的“场域依赖性”。[3] 这是指我们在说理过程中提出的理由以及检验理由的标准都可能因不同的情境而有所不同。这是因为在不同的情境或者说不同的生活形式中,人们有着不同的价值观念和历史文化背景,对不同理由的接受程度都不一样。例如,同样是考察事物的可能性,但放在不同的领域中讨论,需要注意的因素就会大不一样。同样是对大选的结果进行分析,国际政治学家们也会因为竞选是发生在美国还是俄罗斯甚或伊拉克而考虑不同的因素;即使是对发生在同一个国家的竞选状态进行分析,不同的历史时期需要考虑的因素也会大不一样,在南北战争以前,无论是奥巴马还是希拉里,基本都不可能参加竞选。上文所强调的相关性的确定也与具体的情境有关。

由上可以看出,任何一个主张的提出都不能脱离其环境。要想就某一问题进行深入探讨,必须结合其产生的环境加以考察。这里的情境可以分为大情境与小

---

① 陈嘉明:《知识与确证:当代知识论引论》,上海人民出版社2003年版,第20页。

② 参见陈嘉明:《知识与确证:当代知识论引论》,上海人民出版社2003年版,第20页。

③ See Stephen Toulmin, *The Uses of Argument*, Cambridge University Press, 2003, p. 33 – 36.

情境。

(二)大情境与小情境

大情境是指法律决定适用范围内的历史文化背景,小情境则是指说理发生的现实环境,即具体的时间与空间,甚至具体的对象的状态。大情境决定了说理的合理性标准,小情境则决定了具体的说理策略。

大情境能够决定理由是否具有可接受性,能够决定理由可否成为终局理由。例如,美国法律界一般认为艾森施塔特诉贝尔德(Eisenstadt v. Baird)案[①](以下简称艾森施塔特案)是基于平等保护条款作出了准许未婚人士采取避孕措施的判决。如果大法官们引用该案是为了说明平等保护条款的运用,那么只需提及案件名称即可。然而,如果大法官们拟用该案说明正当程序条款的运用,则需要提供进一步的理由。这正是劳伦斯案的多数法官在提到艾森施塔特案时的做法。

一般而言,当代中国的法律体系以及中国社会的传统文化尤其是伦理道德风尚是大情境。但由于情境的范围由法律决定的效力范围决定,这使得一国之内就有可能存在两个以上的大情境。例如,对于同一类型案件的审判,香港法院与北京法院面临的大情境就不一样。对于一个发生在某自治区范围内的婚姻家庭纠纷而言,其大情境的设定又有所不同。该自治区的历史文化尤其是立法所针对的某一少数民族的特殊风俗习惯也可以成为大情境的组成部分。法官在撰写裁判文书时,既要考虑整个中国的法律体系,也要结合该自治区的具体实践;既要尊重少数民族的风俗习惯,也要考虑与整个国家伦理道德传统兼容的问题。例如,根据我国婚姻法的规定,一方因抚育子女、照料老人、协助另一方工作等付出较多义务的,离婚时有权向另一方请求补偿;因重婚、与他人同居、实施家庭暴力或者虐待、遗弃家庭成员而导致离婚的,无过错方有权请求损害赔偿。这些规定在现行民事审判中成为法官调解或判决离婚案件的重要指南,在实践中大多得到切实遵循。但是在海南儋州,根据这些规定作出的判决却往往不被接受。有权得到补偿或赔偿的女

① See 405 U. S. 438 (1972).

方往往放弃这一权利并主动要求对男方进行补偿。原来,这一地区长期以来就有一风俗,如果离婚时女方不对男方进行补偿,女方将很难再婚。因此,尽管法官们作出了有利于女方的判决,但是在现实生活中常常还是女方对男方进行补偿。这样一来,根据婚姻法作出的在法律上正确的判决在事实上却因为有悖于当地的人情风俗而处于失效状态。由此可见,法律决定能否在现实生活中得到落实。质言之,法律决定能否被其所适用的社会共同体所接受是法律决定能否在现实生活中产生实效的关键。

在说理时贯彻情境原则,首先要求言说者对说理所处的情境有着充分、清晰的认识。这既要求言说者不仅熟悉法律规定,而且有着渊博的知识,能够对诸多专业问题作出判断;也要求言说者有着丰富的生活经验,熟知社会实践当中的人情世故。质言之,论证者应当能够从理论与实践两个层面对情境加以把握。不只如此,言说者还应当对说理展开的小情境有充分的认识,了解参与人员的构成、论证进行的时间与地点等。从阿尔尼奥的听众理论的角度看,对大情境的认识是要求言说者能够准确识别特定的理想听众,从而确立合理性的标准;对小情境的认识则是要求言说者能够了解特定的具体听众的社会地位、教育背景、爱好等个性因素,以及各具体听众之间可能产生的交互影响甚至现场的具体陈设对论证可能产生的影响。美国电影《失控的陪审团》中,主人公之所以能够成功地左右陪审团成员的去留及立场,就在于他们事前充分阅读了各位陪审员甚至控方检察官的资料,熟知其性情、弱点。

其次要求言说者具备甄别各类决定因素并对其进行整合的能力。在全面了解说理所处的情境的基础之上,言说者还需要对与论题相关的各类因素进行甄别,对这些因素与论题的相关程度及其在情境中的重要程度作出判断。这一能力在对小情境的认识中尤其重要。

情境原则在具体的适用过程中也会面临一些难题。也许过去曾有过人们能够清晰地认知自己的社会定位的时期,这些认识能够使他/她明了自己的立场与义务,这样就能推出自己应当如何行为。但这样的时期无疑已经不复存在。在一个变动不居的社会,人们很难认清自己的社会定位,因而也就无从确定自己的立场与义务并进而作出价值判断。每个人的认识汇集起来,就可以反映出社会大众的普遍倾向。就整个社会而言,社会因素的不断变化也使合理性的标准不断发生变化。这些变动性与不确定性无疑增加了论证者认识情境的难度。在 20 世纪 70 年代以前的德国,将遗产遗赠给情妇的遗嘱往往因为有悖于社会伦理道德而被判定无效。而进入 20 世纪 70 年代以后,随着社会伦理观念的转变,这类遗嘱的效力得到了法律上的承认。尽管如此,社会生活仍然是相对确定的,有一定规律可循。唯其如此,人类对世界的认识才为可能。

第五章 裁判文书说理的逻辑方法

说理论证旨在赢得或增进人们对某一论断之认同。只要是能实现这一目的的方法,都可以视作说理论证的方法。根据言说者在说理论证时是否考虑受众因素,可将说理论证的方法分为逻辑的方法与修辞的方法。① 在裁判文书说理的过程中,这两种方法最为常见。“法律不仅仅是逻辑或规范体系,也是一种语言……法律的力量在于‘语言和修辞的说服力’”。②

逻辑与修辞具有不同特征:逻辑是一种形式科学,只是一个程序,一个规则,它能帮助我们建立一种形式化的论证结构,确保思想的清晰、一致。修辞则以听众为导向,通过运用适当的语言形式(包括肢体语言)来赢得或增进听众对某一论断的认同。“逻辑关注的是形式,注重于推理过程的有效性;修辞则侧重于内

① 此处的逻辑仅指形式逻辑。按照斯多葛派的观点,修辞学也属于广义的逻辑。近代以来,逻辑日益狭义化,仅包含形式逻辑。为了行文方便,本书将形式逻辑简称为逻辑,但并不反对修辞是一种逻辑的观点。

② 刘燕:《法庭上的修辞——案件事实叙事研究》,光明日报出版社2013年版,第17页。

容，注重问题的可接受性。逻辑体现的是理性(rational)，修辞谋求的是合理性(reasonable)。”①

形式逻辑的方法不必关注受众的民族、性别、教育背景、知识结构等因素，只要运用一定的思维结构就能获得受众对特定结论的认同。典型的形式逻辑的方法有演绎推理、归纳推理、类比推理等。这些思维方法是对人们惯常思维方式的总结，被认为是形成结论的可靠方式，言说者可以这些思维结构为基本框架，将受众对前提的认同迁移至结论。因为追求前提与结论之间的可靠关联，逻辑方法是法律说理的主要方法，在事实的建构过程中也有重要作用。

一、法律说理的方法

法律说理的方法主要运用于建构大前提的过程。大前提的建构就是指准备好可予适用的法律规范，它不仅包括发现法律规范、选择法律规范、确定规范含义等多项工作，还涉及解决法律冲突、填补法律漏洞等工作。在有多个法律规范可予适用的情形下，法律人需要仔细甄别应予适用的规范，并就规范冲突提出解决方案。在法律应予规定而未予规定的情形下，应运用类推等方法对法律漏洞进行填补。在确定了法律规范之后，法律人还应对规范的含义进行解释，以使其能与具体的案件事实相对应。在这一过程中，无论是为什么选择某个法律规范，还是为什么对某个规范做某种理解，抑或为什么认定存在法律漏洞等，都需要说理。

必须指出的是，大前提的建构是一项永续存在的工作，不会随着立法的不断完善、判例的日益丰富就消失。法律的一般性、滞后性、语义模糊性、有限理性等局限性决定了作出法律判断时往往需要对大前提进行建构。譬如，法律当中存在大量不确定的法律概念，如“情节严重”“影响恶劣”“公共利益”等。这些概念指向不明，但它们正是凭借其不确定性发挥作用，可以化解、缓和法律与现实相龃龉的情形。法律的一般性、滞后性、语义模糊性、有限理性等局限性往往是它与生俱来、不

① 焦宝乾：《逻辑与修辞：一对法学范式的区分与关联》，载《法制与社会发展》2015年第2期。

可克服的缺陷,只要这些缺陷不被根除,大前提的建构就始终必要,说理就必须及时跟进。大前提的建构是一个依循法律方法,综合运用各种素材的过程,而方法与素材的适用都必须合乎逻辑。

(一)解释

法律解释是指对法律的内容和含义进行说明。一般而言,法律解释的必要性源自法律规则的一般性和语词含义的不确定性。从语言学的角度看,语言的使用离不开解释。只要法律仍借助语言来表达,法律解释就不可避免。从诠释学的角度看,人类的交流活动都可以视作一种解释活动。因此,在法律活动中,法律解释不可避免。与此同时,语义的开放性以及解释对主体的依附决定释义存在多种可能。究竟应当如何解释必须经过说理。“如果法律解释学不能最终落实到判决理由上,那么一切便成为空谈。”①

1. 运用文义解释的说理

文义解释是指依照语法规则分析法律中运用的语词的含义,并通过分析法律的语法结构、文字排列和标点符号等,准确诠释法律条文的真正含义的方法。有学者认为:“文义解释规则,内部包含了四种具体要求:一是法律规定优先的规则,即立法已经明确了含义则就需要遵循法定的含义。二是在没有法律规定的情形下,法学家已经对一些语词有了共识,这时就应该坚持法学意义优先。三是在有些法律的规定中使用了科学的专业术语而没有加以说明,这时候就应该坚持专业含义优先。四是所谓的常义优先,是指在没有法定含义、法学含义和专业含义的情况下的常义优先,即对法律语词按照平义进行解释。”②据此,在对法律进行文义解释时,应顺序采用以下理由(见图5-1)。

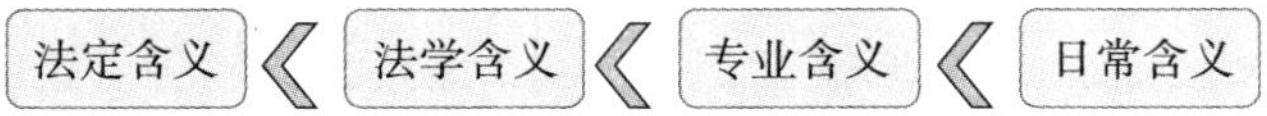

图5-1 文义解释理由次序

① 季卫东:《法治秩序的建构》,中国政法大学出版社1999年版,第144页。

② 陈金钊、杨铜铜:《重视裁判的可接受性——对甘露案再审理由的方法论剖析》,载《法制与社会发展》2014年第6期。

首先应确定是否已有相关规定就含义作出解释。

案例 5-1

在林某某诉戴某某及某公司解散公司案中,[①]林某某与戴某某各有某公司 50% 的股权。某公司虽然持续盈利,但林某某与戴某某积怨日深,自 2006 年 6 月 1 日起未召开过股东会。林某某于是诉至法院,称经营管理发生严重困难,陷入公司僵局且无法通过其他方法解决,要求解散公司。根据《公司法》第 183 条规定:“公司经营管理发生严重困难,继续存续会使股东利益受到重大损失,通过其他途径不能解决的,持有公司全部股东表决权百分之十以上的股东,可以请求人民法院解散公司。”本案的争议点是某公司的情况是否属于公司法规定的经营困难。

通过检索相关法律法规,我们很快就发现,最高人民法院在 2008 年发布了《关于适用〈中华人民共和国公司法〉若干问题的规定(二)》[以下简称《公司法解释(二)》],对“公司经营管理发生严重困难”进行了解释,将其进一步具体化为四种情形:(1)公司持续两年以上无法召开股东会或者股东大会,公司经营管理发生严重困难的;(2)股东表决时无法达到法定或者公司章程规定的比例,持续两年以上不能作出有效的股东会或者股东大会决议,公司经营管理发生严重困难的;(3)公司董事长期冲突,且无法通过股东会或者股东大会解决,公司经营管理发生严重困难的;(4)经营管理发生其他严重困难,公司继续存续会使股东利益受到重大损失的情形。

此时,法院就可以依据《公司法解释(二)》获得关于“公司经营管理发生严重困难”的解释。

从裁判文书说理的角度看,是否存在相关法律规定很容易说清楚,找到并列出相关依据即可。但特定概念是否存在法学意义、专业含义就需要考验法官的职业素养,即使已确认不存在相关法学意义、专业含义,法官也需就日常含义解释给出说明。

---

① 案情参见林某某诉某某实业有限公司、戴某某公司解散纠纷案,最高人民法院指导案例 8 号(2012 年)。

此处以法学意义的确定为例。一般情形下,法官可以通过参考经典教科书,找到对特定语词的定义。例如,在20世纪90年代,面对商家因过失错标原产地的案件,法官不能确定是否应当适用《消费者权益保护法》规定的欺诈赔偿制度,因为该法并未明确何为欺诈。后来法官们大多适用佟柔先生在民法学教科书中的观点,认为欺诈必须是故意地制造、歪曲或隐瞒事实。①

还有些时候,司法实践中的问题不一定能在教科书中找到现成的答案,需要结合许多法学素材才能判断其含义。以我国台湾地区著名的"诽韩案"为例,②该案原告韩某某系唐代文学家韩愈的第36代孙,因不满被告郭某某对于韩愈死因的编排,以"诽谤死者罪"将郭某某诉至法院。依据我国台湾地区现行"刑事诉讼法"第234条的规定,被诽谤的死者的直系血亲享有诉权。因此,法官支持了原告的主张。该案判决一出,我国台湾地区社会一片哗然。钱穆、柏杨、萨孟武等知名学者纷纷撰文批判,称该案几乎就是现代版的"文字狱"。批评者一致认为我国台湾地区现行"刑事诉讼法"上的"直系血亲"应当做代数限制,不能无边无际。对"直系血亲"的含义进行限制解释的理由有两个:一是中华法系的传统旧制。我国对于"血亲"的认定,素有"九族"的限制。即以己身为准,上、下各推及四世。唐宋以来的法律都认为法律上的直系血亲仅限于九族。二是他国立法。法国、西班牙、墨西哥等国都认为直系血亲限于六代以内血亲。《德国刑法典》第188条把诽谤死者罪的诉权明确赋予了死者的父母与子女。《瑞士刑法典》则将起诉"诽谤死者罪"的年限定为死者死后30年内。在此案中,"直系血亲"成为需要在法律上进行限制解释的概念,限制的原因与方法均需要提供理由。

2. 运用体系解释的说理

体系解释是指根据某一法律规范与其他法律规范的联系,以及它在整个法律体系或某一法律部门中的地位与作用,并与其他规范相联系来说明规范的内容和

① 参见梁慧星:《裁判的方法》,法律出版社2003年版,第79~83页。
② 本案相关信息可参见《奇特的"诽谤韩愈"案》,载《方圆》2013年第12期;杨仁寿:《法学方法论》,中国政法大学出版社1999年版,第3~8页。

含义。在运用体系解释方法的过程中,准确把握体系精神或意义脉络是关键。法官对某一条文或字词的解释应当与体系精神、意义脉络一致。体系解释方法能够保证法律体系的一致性与融贯性,防止法律体系内部出现矛盾。

体系精神强调的是把法律条文视作某一个法律文件、法律部门或法律体系的一部分,从整体的角度来确定体系的价值追求。

案例5-2

在曹某某诉某市烟草专卖局行政强制案中,①双方争议的焦点是曹某某存储非法卷烟的住宅是否属于经营场所?烟草专卖局的依据如下:

(1)《烟草专卖法实施条例》(以下简称《烟草专卖条例》)第49条规定,“烟草专卖行政主管部门查处违反《烟草专卖法》和本条例的案件时,可以行使下列职权:……(二)检查违法案件当事人的经营场所,依法对违法生产或者经营的烟草专卖品进行处理……”

(2)《江苏省烟草专卖管理办法》(以下简称《江苏烟草办法》)第7条规定,“地方各级烟草专卖行政主管部门查处违反烟草专卖法律、法规和规章的案件时,可以行使下列职权:……(二)检查违法案件当事人生产、销售、存储烟草专卖品的场所,依法对违法案件当事人生产、销售、存储的烟草专卖品进行处理……”

两审法院均认为,执法人员持执法证件对曹某某存储卷烟的住宅进行检查并无不当。的确,从字义来看,存储非法卷烟的场所一般可以认定为经营场所。本案的问题是,住宅能不能被认定为经营场所?此处应当进行的是体系解释而不是普通的文义解释,因为公民的住宅不受侵犯是一项宪法权利。《刑法》第245条第1款也规定:“非法搜查他人身体、住宅,或者非法侵入他人住宅的,处三年以下有期徒刑或者拘役。”这是对宪法原则的进一步确认。据此,除非是法律明确授权,否则不得搜查或侵入公民住宅。必须指出,因为涉及对基本权利的限制,此处的法律必须是狭义的经由全国人大或全国人大常委会制定的法律。

通过检索现行法律,我们可以发现,有关搜查住所的法律规定只有两项:一是

---

① 案情参见江苏省徐州市中级人民法院行政判决书,(2003)徐行终字第12号。

《刑事诉讼法》第136条的规定,“为了收集犯罪证据、查获犯罪人,侦查人员可以对犯罪嫌疑人以及可能隐藏罪犯或者犯罪证据的人的身体、物品、住处和其他有关的地方进行搜查”。二是《民事诉讼法》第248条的规定,“被执行人不履行法律文书确定的义务,并隐匿财产的,人民法院有权发出搜查令,对被执行人及其住所或者财产隐匿地进行搜查”。

根据以上法律规定,我们可以确定,我国法律的精神旨在保护公民住宅不受侵犯,该原则仅以《刑事诉讼法》和《民事诉讼法》这两项基本法律规定的特殊情形为例外。因此,其他法律法规不得擅自赋予执法机构搜查公民住宅的权力,更不能赋予执法机关将住宅扩大解释为经营场所的权力。更为遗憾的是,本案的两审法院均认为《烟草专卖条例》第49条第2项、《江苏烟草办法》第7条第2项可以作为执法人员进入住宅的依据,并没有就这两个条文与案情的适应性展开论述。这个案件也反映了裁判文书说理常见的问题:一是不清楚何时负有说理义务;二是不清楚怎样说理才合适。

就本案而言,法官首先应当意识到,《烟草专卖条例》第49条第2项、《江苏烟草办法》第7条第2项并不足以成为执法人员进入住宅检查的依据,其次应当就存储非法卷烟的住所应被视为经营场所展开说理。在说理的过程中,法官必须明确字义解释足以得出正确的释义,不会违背我国法律的体系精神。

体系精神强调的是从整体的角度来理解规范,因此,说理首先应侧重从整体的视角来提出理由。

案例5-3

以曾经备受争议的甘某诉暨南大学案为例,①有学者认为该案再审判决的一大错误就在于没有运用体系解释的方法。② 在讨论甘某在结课时提交他人论文的行为的性质时,最高人民法院认为,甘某的行为属于抄袭,系违反考试纪律的行为,但不属于《暨南大学学生管理暂行规定》第53条第5项、原《暨南大学学生违纪处分实施细则》

① 参见最高人民法院行政判决书,(2011)行提字第12号。

② 参见陈金钊、杨铜铜:《重视裁判的可接受性——对甘露案再审理由的方法论剖析》,载《法制与社会发展》2014年第6期。

第25条规定中所称的“剽窃、抄袭他人研究成果”的违纪行为。① 但反对者则认为，在对甘某的行为定性时，应从体系的角度理解，在结课论文中抄袭，已是舞弊；经发现后不改，责令重新提交的论文仍系抄袭，应属严重舞弊。“联系上下文的进行解释的话，就会发现运用第（五）款关于抄袭的法律进行文义解释，不如根据同条第（四）款关于作弊的规定进行解释更为妥帖。”②

意义脉络则强调从解释对象在体系中所处的位置出发，梳理与其一脉相承的规范的价值追求。当我们运用体系解释方法时，其实是在联系其他法律规范来确定涉争法律规范的含义，此时应适用最密切相关的原则，首先查看该条文所处的法律文件的其他法律规范；其次查看同一法律部门中，与该法律文件密切相关的其他法律文件的规定；最后查看整个现行法律体系中的其他相关规定。

案例5-4

在杜某、陈某诉海关行政处罚案中，③双方争议的焦点是杜某、陈某随身携带超额外币的做法是否构成《海关法行政处罚实施细则》第4条规定的“在内海、领海运输、收购、贩卖国家禁止进出境的物品”的情形。简单地说，“随身携带”是否构成“运输”。

海关一方认为，运输应包括“携带”行为在内，依据是最高人民法院《关于适用〈全国人民代表大会常务委员会关于禁毒的决定〉的若干问题的解释》（以下简称《禁毒解释》）规定，“运输毒品，是指明知是毒品而采用携带、邮寄、利用他人或者使用交通工具等方法非法运送毒品的行为”。

终审法院没有采纳海关的观点，该院通过考察当时施行的海关法律法规的用词来确定海关法上“携带”与“运输”两词的关系，最终认定“携带”不能视为“运输”。主要依据如下：

（1）1987年《海关法》第28条，“个人携带进出境的行李物品，邮寄进出境的物品，应当以自用、合理数量为限，并接受海关监督”。④

---

① 参见甘某不服暨南大学开除学籍决定案，载《最高人民法院公报》2012年第7期。

② 陈金钊、杨铜铜：《重视裁判的可接受性——对甘露案再审理由的方法论剖析》，载《法制与社会发展》2014年第6期。

③ 案情参见杨贝编著：《法律方法案例教程》，高等教育出版社2015年版，第89~91页。

④ 对应现行《海关法》第46条：“个人携带进出境的行李物品、邮寄进出境的物品，应当以自用、合理数量为限，并接受海关监管。”

(2)1987 年《海关法》第 47 条,“逃避海关监管,有下列行为之一的,是走私罪:(一)运输、携带、邮寄国家禁止进出口的毒品、武器、伪造货币进出境的,以牟利、传播为目的运输、携带、邮寄淫秽物品进出境的,或者运输、携带、邮寄国家禁止出口的文物出境的;(二)以牟利为目的,运输、携带、邮寄除前项所列物品外的国家禁止进出口的其他物品、国家限制进出口或者依法应当缴纳关税的货物、物品进出境,数额较大的……”①

(3)1987 年《海关法》第 48 条,“有本法第四十七条第(二)、(三)项所列行为之一,走私货物、物品数额不大的,或者携带、邮寄淫秽物品进出境不构成走私罪的,由海关没收货物、物品、违法所得,可以并处罚款”。

(4)《海关法行政处罚实施细则》第 3 条,“有下列行为之一的,是走私行为:(一)未经国务院或者国务院授权的机关批准,从未设立海关的地点运输、携带国家禁止进出境的物品、国家限制进出口或者依法应当缴纳关税的货物、物品进出境的;(二)经过设立海关的地点,以藏匿、伪装、瞒报、伪报或者其他手法逃避海关监管,运输、携带、邮寄国家禁止进出境的物品、国家限制进出口或者依法应当缴纳关税的货物、物品进出境的……”

依据以上条文,法官认定,在《海关法》及其行政处罚实施细则的有关条文中,“携带”和“运输”常常是并列出现的概念,并且就“携带”和“运输”单独作出专门的规定。由此可见,“携带”和“运输”在海关法上是两个独立的概念,不能混同,也不能将“携带”视作一种“运输”方式。由此可见,在《海关法》及其行政处罚实施细则中,“携带”物品与“运输”货物是两个不同的法律概念,对违法“携带”物品行为和违法“运输”货物行为,应分别按相关的法律规范处理。

在这个案件中,双方都就自己的理解给出了法律依据。那么谁的说理更令人信服呢?应当是法院。因为法院的论述更符合相关性原则。就本案而言,法院考察的海关法相关法律法规无疑比《禁毒解释》更具相关性,更应成为解释涉争条文的依据。

① 对应现行《海关法》第 82 条:“违反本法及有关法律、行政法规,逃避海关监管,偷逃应纳税款、逃避国家有关进出境的禁止性或者限制性管理,有下列情形之一的,是走私行为:(一)运输、携带、邮寄国家禁止或者限制进出境货物、物品或者依法应当缴纳税款的货物、物品进出境的……”

3. 运用历史解释的说理

历史解释是指根据法律制定的历史背景、制定过程来阐明法律的含义。历史解释的基本原理是依循立法者的原意确定法律条文的含义。最能体现立法者原意的解释莫过于立法者本人作出的解释。然而,随着时间的推移,对于许多实行数十年、上百年的法律而言,要再请出立法者澄清原意已无可能。即使立法者在世,确定立法者原意也面临许多问题:其一,谁是立法者?是立法机构还是法案的起草机构?其二,谁能代表立法机构或起草机构?是其中的一位或几位成员,还是全体成员?如果是两位以上的成员,如何确定他们的共同意志?如果立法者已不在人世,确定立法者原意的问题又会增加:哪些文件能体现立法者原意?哪些文件应当纳入考虑范围?如何就这些文件之间的差异进行合理解释?在面对这些质疑时,法官都必须就历史解释方法的运用提供理由。

就历史解释而言,实践中常见的理由有以下几种:

(1)法案起草者的解释。我国自 1991 年 5 月 1 日起实施的《铁路法》第 13 条第 1 款规定:“铁路运输企业应当采取有效措施做好旅客运输服务工作,做到文明礼貌、热情周到,保持车站和车厢内的清洁卫生,提供饮用开水,做好列车上的饮食供应工作。”在该法实施后不久,山西太原铁路局决定在其辖内的列车上有偿供应白开水,每杯白开水收费两毛钱。这一做法引起了许多争议。山西太原铁路局认为,《铁路法》只规定了列车应当提供饮用开水,但没提列车应当无偿提供饮用开水。从文义解释的角度,山西太原铁路局的解读并无问题。该纠纷最后由《铁路法》的起草者——铁道部专门撰文解决。原铁道部针对第 13 条的规定发布了一个文件,指出《铁路法》从起草开始,直到最后通过,“提供饮用开水”的含义始终都是“无偿提供”饮用开水,并没有有偿提供的意思。这份文件由法案的起草者出具,直接说明了立法者的原意,因此是对《铁路法》第 13 条的权威解释。

(2)立法草案。在刘某某等诉某电力公司财产损害赔偿案中,[①]不可抗力是否能成为高危作业的免责事由引起人们关注。在《民法典》出台之前,这个问题一直

① 案情参见新疆生产建设兵团第四师中级人民法院民事判决书,(2001)农四民终字第 32 号。

困扰法学界。有学者认为,不可抗力是一般性的免责事由,因此也同样适用于高危作业。但另有学者通过研究我国民法的制定过程,认定不可抗力不能作为高危作业的免责事由。这些学者研究发现,高危作业立法的历史沿革过程大致是:当时有效的《民法通则》第123条出自1982年的民法草案第四稿第432条,该条仿自苏联1964年《民法典》第454条,而后者又出自苏俄1922年《民法典》第404条。通过查阅这些法条的内容发现,苏俄1922年《民法典》第404条规定的免责事由有三个:不可抗力、受害人故意、受害人有重大过失。苏联1964年《民法典》第454条规定的免责事由变成两个,仅限于不可抗力和受害人故意。我国的民法草案第四稿第432条所规定的免责事由与苏联1964年《民法典》完全相同,仅限于不可抗力和受害人故意,而《民法通则》第123条规定的免责事由只剩下一个,即受害人故意。不可抗力被有意删除。从这一过程可以看出,民法在规定高危作业的免责事由时存在明显的限缩倾向。从最初的三个到后来的两个再到现在的一个,这一递减过程绝非偶然。可见,将“不可抗力”排除出免责事由应当是立法者有意为之。

《民法典》的出台终结了争议。依据《民法典》第1240条的规定,不可抗力被明确规定为高危作业的免责事由。虽然这一立法否定了前述学者的推理,但根据立法草案来推断立法者意图仍不失为一种可靠的方法。

(3)记载立法情况的文献。2005年,王某某等遗弃案引起学界关注。被告人王某某系乌鲁木齐精神病福利院院长,他于1996年至1999年8月,安排该院工作人员将精神病福利院的28名“三无”公费病人遗弃在甘肃及新疆昌吉附近。法院认为,王某某等人的行为属于负有扶养义务而拒绝扶养,构成遗弃罪。陈兴良教授就法院的解释提出异议,认为这与立法者的原意相悖。

陈兴良教授通过梳理遗弃罪的演进过程,认为遗弃罪的主体仅限于家庭成员。[①] 例如,在1956年11月12日的《刑法草案》(第13次稿)中,在侵犯公民人身权利罪之外另设妨害婚姻、家庭罪专章,并在第260条中对遗弃罪作出以下规定:

① 详情可参见陈兴良:《非家庭成员间遗弃行为之定性研究——王益民等遗弃案之分析》,载《法学评论》2005年第4期。

“（第 1 款）对于年老、年幼、疾病或者其他没有自救能力的人，负有扶养义务而遗弃的，处 3 年以下有期徒刑、拘役或者管制。”将本罪放入婚姻、家庭一章，表明本罪的主体应限于家庭成员。1957 年6 月27 日的《刑法草案》（第21 次稿）第182 条对遗弃罪作了以下规定：“（第 1 款）对于年老、年幼、疾病或者其他没有独立生活能力的人，负有扶养义务而拒付赡养费、扶养费的，处 3 年以下有期徒刑或者拘役。”这一规定把遗弃行为描述为“拒付赡养费、扶养费”，更表明这是一种家庭成员间的遗弃。1962 年 12 月的第 27 次稿又把“拒付赡养费、扶养费”修改为“拒绝扶养”，但该罪仍然属于妨害婚姻、家庭罪，其家庭成员间遗弃的性质并未改变。1979 年 7 月 1 日通过的《刑法》第 183 条对遗弃罪的规定最终定稿为：“对于年老、年幼、患病或者其他没有独立生活能力的人，负有扶养义务而拒绝扶养，情节恶劣的，处五年以下有期徒刑、拘役或者管制。”此后，一般认为我国刑法中的遗弃罪是家庭成员间的遗弃，扶养通常包括夫妻之间的扶养、父母对子女的抚养和子女对父母的赡养。

在 1997 年修订《刑法》的过程中，有学者基于结构平衡的考虑，提出将妨碍婚姻家庭罪全部移入侵犯公民人身权利、民主权利罪一章。该观点最终被立法机关所采纳，遂成为现行体例。也是从这一角度，陈兴良教授认为，不能仅凭“遗弃罪”列在侵犯公民人身权利、民主权利罪一章就认为该罪主体扩大化，因为这些条款的位移只是出于结构平衡的考虑，并没有扩大犯罪主体的意图。考虑到遗弃罪的历史沿革以及 1997 年变更章节名称的原因，将遗弃罪的主体限定为家庭成员应该是合理的。

在讨论这件公案时，如果有文献能载明当时的修法意图，那将为陈兴良教授的观点提供有力支持。

4. 运用目的解释的说理

目的解释是指以立法目的作为根据来解释法律的一种方法。在法律解释领域，一直存在基本解释依据之争，即究竟是以立法者的原意为皈依还是以法律的客观目的为依据？主张遵守立法者原意的学者认为，法律体现的是立法者而不是用法者的意志，如果违背立法者的原意来解释法律就会使立法权遭到事实上的削弱与废弃。主张遵循法律的客观目的的学者则认为，现实生活变动不居，而立法者的认识能力终究是有限的，为了使法律能够更好地为社会生活提供指引，应当以法律的客观目的为依据。可以说，两种观点各有利弊。坚守立法者原意的一方，固然能够保持法律体系的一致性，但有时会因为立法者的局限性而被蒙蔽。在批评者看来，“……时代会遮蔽我们对某些真理的认识，后世的人会看到曾经以为必要而正确的法事实上只会被用于压制。当宪法存续，每一代人都能援引宪法原则来寻求属于他们的更多的自由”①。因此，有许多学者认为应当以法律的客观目的为出发点，结合时代的发展变化来确定法律的具体含义。

不难想见，目的解释为说理提出了更高的要求，因为目的比立法者的意图更难确定。在讨论法律的客观目的时，法官一般可以以下素材为理由：

(1)法律明文规定。在成文法国家，立法者往往开宗明义，在文件开篇即指出该法的立法目的。例如，我国《消费者权益保护法》第1条即指出该法是为了保护消费者的合法权益；《劳动合同法》第1条亦明确该法是为了保护劳动者的合法权益。这两部法律都在消费者与经营者、劳动者与用人单位的矛盾关系中作出了取舍，有明确的立法导向。因此，如果在法律适用过程中出现两种以上分别有利于各方的解释，应当依照立法目的，选择有利于消费者、劳动者的解释。

(2)涉争法律所调整的关系的性质及相关法律。在《民法典》实施以前，最高人民法院《关于贯彻执行〈中华人民共和国民法通则〉若干问题的意见(试行)》(以下简称《民通意见》)第25条规定：“申请宣告死亡的利害关系人的顺序是：(一)配偶；(二)父母、子女；(三)兄弟姐妹、祖父母、外祖父母、孙子女、外孙子女；(四)其他有民事权利义务关系的人。申请撤销死亡宣告不受上列顺序限制。”该条规定尽管列出了申请人的顺序，但亦没有明确这一顺序的限制作用，没有明确回答如果第一顺位的利害关系人不申请宣告死亡，后一顺位的申请人是否可以提出申请的问题。对于这一问题，学界存在两种声音，一种持否定论，即坚持申请宣告死亡的顺

① 539 U. S. 558 (2003), at 579.

序，如果在先顺位的利害关系人不申请，后位利害关系人不得申请；另一种持肯定论，即认为这一顺序只是一种参考，如果在先顺位的利害关系人不申请，后位利害关系人则可以申请。有意思的是，两派观点都是从立法目的的角度来解释该规范性条文。前者是为了保护利害关系人的利益，而后者则是为了保护失踪者的利益。在此，解决双方争议的要点在于确定立法者制定宣告死亡制度的目的是优先保护配偶的利益还是保护全体利害关系人的利益。

（3）涉争法律的立法背景。《民法典》第807条规定："发包人未按照约定支付价款的，承包人可以催告发包人在合理期限内支付价款。发包人逾期不支付的，除根据建设工程的性质不宜折价、拍卖外，承包人可以与发包人协议将该工程折价，也可以请求人民法院将该工程依法拍卖。建设工程的价款就该工程折价或者拍卖的价款优先受偿。"有关该条究竟赋予建筑承包商什么性质的权利，建筑承包商的优先受偿权究竟是优先于何者的权利等问题，理论界与实务界争论不已。许多专家学者选择结合该条款的立法背景来解读。该条前身为原《合同法》第286条。在原《合同法》起草阶段，建筑工程行业的普遍风险已经引起全社会的关注。据统计，1990年全国范围内遭遇拖欠的工程款就达36亿元，1992年为200亿元，1993年为308亿元，1995年为600亿元，2001年为1000亿元，已严重威胁建筑企业、建筑行业的生存。鉴于这一情况，原《合同法》的起草者试图通过规定承包人的优先受偿权，以补救承包人的不利地位，谋求在发包人与承包人之间达到某种平衡。同时，考虑到建设工程价款一般不超过整个建设工程价值的20%，而银行贷款一般不会超过建设工程价值的80%，因此，规定建筑承包商的权利优先于银行的债权甚至抵押权的行使也不会造成对银行的损害。[①] 同时，拖欠工程款的行为还损害了广大农民工的合法权益。赋予建筑承包商优先权也是为了保障农民工的权益。但与此同时，对于建筑承包商的保护不能以侵害消费者的权益为代价。因为，与开发商相比，建筑承包商处于弱势地位；而与建筑承包商相比，购买商品房的消费者则处于弱势地位。因此，最高人民法院在2002年发布司法解释——《关于建设工程价款

① 参见梁慧星：《裁判的方法》，法律出版社2003年版，第134页。

优先受偿权问题的批复》（法释〔2002〕16 号）规定："人民法院在审理房地产纠纷案件和办理执行案件中，应当依照《中华人民共和国合同法》第二百八十六条的规定，认定建筑工程的承包人的优先受偿权优于抵押权和其他债权。"同时规定："消费者交付购买商品房的全部或者大部分款项后，承包人就该商品房享有的工程价款优先受偿权不得对抗买受人。"

（4）现行法律体系的基本原则。在解释特定的法律规范时，还需要综合现行法律体系的基本原则进行考虑。如上文关于建筑承包商优先权的讨论所示，保护消费者的合法权益是我国的一项基本原则，该原则早在原《合同法》实施之前就已经以法律的形式得到确认。而且，优先保护弱势群体的合法权益始终是我国立法的一项基本原则。因此，在对建筑承包商的优先权进行解释时，应将该权利置于消费者的权益之后。

5. 就解释方法的选择进行说理

上文关于四种解释方法的介绍已经清晰地揭示，不同的解释方法可能导致不同的释义。为了限制法官的肆意，法官在运用某种具体的解释方法之前还有必要阐明选择该方法的理由。法学方法论从萨维尼发展至今，法律解释的标准不离文义、体系、历史、目的四方法之宗。但对这四种方法的排序，各家仍有保留。

黄茂荣先生在提及这些解释因素的关系时说："文义因素首先确定法律解释活动的范围，接着历史因素对此范围再进一步加以确定，同时并对法律的内容，即其规定意旨，作一些提示。紧接着体系因素与目的因素开始在这个范围内进行规范意旨的发现或确定工作。这个时候，'合宪性'因素也作了一些参与。最后，终于获得了解释的结果。于是再复核一下看它是否合乎'宪法'的要求。"[①]黄茂荣的这段话对各种解释因素的排序是：文义、历史、体系、目的、合宪性。这种排序也不是绝对的，它仍要求各种因素参与考虑，最后的解释结果更多的是综合考虑的结果。

德国学者、当代法学方法论研究的集大成者拉伦茨的主张则与此不同，他不仅主张文义、体系、历史、目的的排序，而且这些方法的适用是逐层排他的。换言之，如果

---

① 黄茂荣：《法学方法与现代民法》，中国政法大学出版社 2001 年版，第 287～288 页。

前几项中的一项或几项已足以排除解释空间，那么剩余的解释资源就不必再用。如果依照法学方法论的研究目的来看，拉氏的主张更为可取。这是因为，拉氏的主张更有利于获取法律解释结果的确定性，毕竟逐层适用较之各层级同时考量更具确定性，而黄氏的主张仍为法律解释标准因素的选取提供了自由裁量的空间。此外，体系解释标准的优先性更有利于维护现存法体系的稳定。正因如此，更多的学者趋向于采用拉氏的观点。拉氏的意见因之成为有关解释方法排序的主流意见并见之于诸多法律文献。

因此，如果法官选择排序靠后的解释方法，则需要说明排除前序方法的理由。此类理由不外乎两个：其一，前序解释方法的运用可能导致个案的不正义。

案例5-5

在黑龙江省佳木斯市的一起继承纠纷中，被继承人翟某某留下了这样一封遗嘱：

杏坛从教数十年，含悲蘸泪立遗言；
莫叹我先驾鹤去，撇下贤妻实堪怜；
自与王氏良缘结，照顾体贴倍周全；
相依为命情义笃，千言万语说不完；
晚年生活有难处，还请组织多帮忙；
继子学校能安排，我的心中免挂牵；
儿女回家常看看，善待老人理当然；
房屋自当归妻住，谁想占用都无权；
一生清贫少积蓄，省俭攒点过河钱；
此款归妻去支配，留给贤妻度余年；
儿女不要争遗产，谁也无须道短长；
不盼子女多孝敬，唯求不把麻烦添；
骨灰撒到湘江上，常伴家乡碧水眠；
此事仰仗生前友，含笑九泉也心甜。

本案涉及对遗嘱的理解。[①] 原告一方坚持使用文义解释的方法，而被告一方

---

① 本案相关信息可参见石言：《诗歌遗嘱　离奇诉讼》，载《时代潮》2004 年第 11 期。

则坚持使用体系解释的方法。依据文义解释,遗嘱中的“房屋自当归妻住”确实只涉及物权中的使用权,并未提及所有权的归属。依据体系解释的方法来看,全文不仅饱含被继承人对妻子王某某的深情,而且也表达了对他人妨碍王某某晚年生活的担忧。“谁想占用都无权”“谁也无须道短长”等语可以理解为一种特指。在本案中,能够影响王某某继承权的人只有王某某的子女及原告郑某某。翟某某立下遗嘱,正是为了预先排除这些干扰。结合本案案情来看,翟某某与王某某感情笃厚且翟某某并无亲生子女,而郑某某又未尽过赡养义务,因此翟某某完全有可能将遗产全部交由王某某继承。如果只是想确保王某某的法定继承份额,翟某某无须专门立遗嘱。因此,两审判决仅从字面意义的角度理解遗嘱有失妥当。

其二,前序解释方法的运用不能得出唯一确定的释义。就文义解释而言,字义的辐射范围之广足以覆盖各不相同甚至相互矛盾的释义;就历史解释而言,立法者的确定、立法者意图的确定等都具有很大的解释空间,完全可能导致不同的释义。

6. 就解释对象的选择进行说理

为了证成自己的主张,法官有可能会在同类型案件中有意识地选择不同的解释对象。在此情形下,法官有义务就此种选择进行说理。例如,《道路交通安全法》第13条规定:“……对提供机动车行驶证和机动车第三者责任强制保险单的,机动车安全技术检验机构应当予以检验,任何单位不得附加其他条件。对符合机动车国家安全技术标准的,公安机关交通管理部门应当发给检验合格标志。……”实践中,车管所往往依据公安部《机动车登记规定》第49条之规定,要求申请人处理车辆的违章行为,否则不予发给检验合格标志。在评价车管所行为的合法性时,法院对《道路交通安全法》与《机动车登记规定》作出不同解读。

案例5-6

2016年12月20日,唐某向车管所在某公司设立的业务办理窗口递交了湘A×××××车辆的机动车行驶证、机动车牌证申请表、机动车交通事故责任强制保险单、机动车安全技术查验表以及机动车安全技术检验报告、长沙市在用机动车排气检测报告等材料,申请领取机动车检验合格标志。车管所工作人员以该车辆有违章行为未处理,不符合《机动车登记规定》第49条的规定为由,拒绝受理唐某的申请,并口头告知唐某在受理其申请前必须将该车的交通违法行为处理完毕。唐某不服，提起诉讼。二审法院认为，在已有法律对核发机动车检验合格标志的条件作出规定的情况下，车管所在法律规定的条件之外附加条件，违反了“法律优先”的原则；将交通违法行为的处理设定为核发车辆检验合格标志的前提条件，两者对象不一致，违反行政法上的禁止不当连接原则。《机动车登记规定》将交通违法行为的处理设定为核发车辆检验合格标志的前提条件，与《道路交通安全法》第 13 条第 1 款的规定不一致，应以上位法《道路交通安全法》的规定为准。①

案例5-7

2019 年 12 月初，原告赵某某到天津某行政许可服务中心要求办理其所有的涉案机动车核发检验合格标志手续，中心工作人员以涉案机动车存在交通违章未处理为由，未发给原告检验合格标志。原告认为被告市交管局不予年检行为违法，诉至一审人民法院，要求被告履行年检义务，核发合格标志。一审庭审中，被告表示涉案机动车在两年内有 28 次道路交通安全违法行为未处理。原告赵某某认可涉案机动车存在未处理的道路交通安全违法行为。二审法院认为，《道路交通安全法》第 13 条中，提供机动车行驶证和机动车第三者责任强制保险单是进行机动车检验的申请要件，进行检验不得附加其他条件；而符合机动车国家安全技术标准，是检验合格标志的发放要件。《机动车安全技术检验项目和方法》属于《道路交通安全法》第 13 条规定的机动车国家安全技术标准，其中明确要求应联网查询送检机动车的事故信息和违法信息，对涉及尚未处理完毕的道路交通安全违法行为或道路交通事故的送检机动车，应提醒机动车所有人及时到公安机关交通管理部门处理。因此，某市交管局对赵某某的机动车不予核发检验合格标志，于法有据，已经正确履行了其法定职责。②

以上两个案件都涉及对《道路交通安全法》第 13 条的解释。案例5-6 认为，车辆检验不应以处理违章行为为前提，是因为法官以《道路交通安全法》第 13 条中的“任何单位不得附加其他条件”作为解释对象。案例 5-7 认为，处理交通违章行为是发放检验合格标志的前提条件，是因为法官以《道路交通安全法》第 13 条中的

① 参见湖南省高级人民法院行政判决书，(2018)湘行再 65 号。

② 参见天津市高级人民法院行政裁定书，(2020)津行申 228 号。

“机动车国家安全技术标准”作为解释对象。遗憾的是，两案法官都没有就解释对象的选择进行说理。

（二）推理

细心的读者可能记得，前文介绍英美法的说理时提到，它和推理都是一个词——reasoning。推理和说理都指向从前提到结论这个过程，只是推理强调的是从已知前提推导出新的论断的过程，而说理则关注就新的论断给出的理由。从说理的视角看，推理的过程就是一个不断给出理由的过程。

1. 基于演绎的说理

演绎推理又称三段论推理，由两个前提和一个结论组成，大前提是一般原理（规律），小前提则是具体事实。在法律推理过程中，演绎推理的大前提是法律规范，小前提则是个案事实。通过这一推理过程，法律人将完成从普遍准则到具体判断的转变。演绎推理过程中的关键一步就是“涵摄”（subsumption）。涵摄是指将一个概念置于另一概念之下的过程。例如，将“苏格拉底”置于“人”这一概念之下。假设以《宪法》第 36 条第 1 款“中华人民共和国公民有宗教信仰自由”为大前提，以“李明是中华人民共和国公民”为小前提，可以看到，在该小前提中，“李明”被置于“中华人民共和国公民”这一概念之下，从而可以代入大前提中的主词，结论自然是且必须是，“李明有宗教信仰自由”。在这一过程中，大前提所建立的命题结构确定不变，我们是通过小前提的涵摄完成了大前提中主词的置换，从而形成结论。

因此，此时说理的重点是证明小前提的谓词能够为大前提的主词所涵摄，实质是回答概念归属的问题。实践中，恰恰是概念的归属聚讼颇多。

案例5-8

在一度引起热议的刘某某故意毁坏财物案中，[①]刘某某用硫酸泼向北京动物园的熊，造成五只熊被烧伤，其中一只黑熊双目失明。事情一经报道，法学界产生至少五种意见：（1）刘某某的行为构成故意毁坏公私财物罪。该观点认为熊是动物园花费数

① 参见北京市西城区人民法院刑事判决书，（2003）西刑初字第 367 号。

万元购置的财物，刘某某故意将硫酸这一具有高度腐蚀性的物质泼向熊，是对熊的伤害，系毁坏动物园财物的行为。(2)刘某某的行为构成非法猎捕、杀害珍贵、濒危野生动物罪。最高人民法院《关于审理破坏野生动物资源刑事案件具体应用法律若干问题的解释》(以下简称《野生动物解释》)中规定："刑法第三百四十一条第一款规定的'珍贵、濒危野生动物'，包括列入国家重点保护野生动物名录的国家一、二级保护野生动物、列入《濒危野生动植物种国际贸易公约》附录一、附录二的野生动物以及驯养繁殖的上述物种。"依据该附录，本案中受伤的黑熊与棕熊均名列其中。(3)刘某某的行为构成破坏生产经营罪。破坏生产经营罪，是指由于泄愤报复或者其他个人目的，毁坏机器设备、残害耕畜或者以其他方法破坏生产经营的行为。动物园是生产经营单位，熊是动物园的生产经营设施。(4)刘某某的行为构成寻衅滋事罪。寻衅滋事罪是指肆意挑衅，随意殴打、骚扰他人或任意损毁、占用公私财物，或者在公共场所起哄闹事，严重破坏社会秩序的行为。动物园是公共场所，刘某某的行为造成秩序混乱。(5)刘某某的行为不构成犯罪。

有关刘某某行为定性的争议主要在于：(1)动物园的熊是什么？是《刑法》第341条所保护的珍贵、濒危野生动物还是《刑法》第275条所保护的公私财物，抑或生产经营设施？(2)刘某某用硫酸泼熊的行为如何认定？是非法猎捕、杀害还是虐待？(3)受刘某某行为侵害的究竟是自然环境，还是动物园的所有者权益，抑或社会秩序？(4)动物园是否是生产经营单位？(5)动物园的熊与大自然中的熊有何本质区别？这些问题无一不是概念之争。

2. 基于归纳的说理

与演绎推理相对，归纳推理是从个别、具体知识的前提推导出一般性的认识结论，即由若干普遍性程度较低的命题导引出普遍性程度较高的命题的推理，是一种"由特殊到普遍"的推理。归纳推理的思维模式是，F1 导致了结果 S，F2 导致了结果 S，F3 导致了结果 S……Fn 导致了结果 S，而且 F1、F2、F3……Fn 又具有共同的特征 F，因此，可以总结出一个普遍性的规则：F 导致结果 S。在这一总结的过程中，F1 ~ Fn 的共同特性究竟是什么，即 F 的具体含义对于最终的普遍性规则的形成具有重要意义。

总体而言，归纳推理主要有两大特点：其一，归纳推理主要用于大前提的建构。

在以判例法为主要法律渊源的英美法国家,归纳推理是最为普遍的推理形式。需要注意的是,即使在英美法国家,归纳推理也主要用于大前提的建构。在审理案例5-9时,卡多佐法官就是先总结出前述规则,然后将“汽车”置于“危险物”的概念之下,从而判定别克厂商的制造者责任。可见,最终结论的形成还是需要经过演绎推理(涵摄)得出。其二,归纳推理的结论具有或然性。这一或然性来自两个方面:一方面,如下文关于危险品责任的案例所示,在归纳过程中,归纳者个人的解读会影响总结出的结论。以“守株待兔”为例,故事里的主人公根据一只兔子撞桩而死的事实总结出了其他兔子也会撞桩而死的规律。但其他人对于一只兔子撞桩而死的事实却不会有如此总结。另一方面,归纳推理是从有限的已知的前提总结出普遍适用于未知对象的规则,结论的范围超出了前提的范围,其前提的真实性并不能保障结论的真实性。如果有100只兔子跑来,即使前面99只兔子都撞桩而死,观察者也不能确保第100只兔子也会撞桩而死,从而也不能确保“所有的兔子都会撞桩而死”这一结论的正确性。

因此,在运用归纳推理时,法官完全可能基于相同的素材得出不同的判断。

案例5-9

以美国法律史上的标志性案件——麦克弗森诉别克汽车案(MacPherson v. Buick Motor Co.)为例,①原告麦克弗森在驾车途中,因车轮有瑕疵而翻车,原告受重伤。汽车是由被告别克汽车公司售与分销商,再由分销商售与原告,而那只有瑕疵的车轮系由车轮公司售与被告别克汽车公司。法官们在审理此案时试图从历史上多起与危险品生产相关的案例中总结出裁判规则,但对于什么是危险品却有不同的认识,由此产生了不同的危险品责任规则。这些案例主要有:

(1)1816年,Dixon v. Bell案,原告的女仆在拨弄枪支的过程中走火击中了原告的儿子,致其失去右眼和两颗牙。法官认为原告可以要求损害赔偿,但该案的枪支一开始便被归类为可因不慎而酿成事故的商品。

(2)1837年,Langridge v. Levy案,原告指控被告向原告的父亲出售了一支有瑕疵的枪以供原告及原告的儿子们使用,结果这支枪在原告手中爆炸。法院允许赔

---

① 参见[美]艾德华·H.列维:《法律推理引论》,庄重译,中国政法大学出版社2002年版,第24~36页。

偿，但明显是以被告明知枪支有瑕疵而谎称枪支安全，以及明知枪支将由原告使用但却向原告之父售枪为依据。法院拒绝了被告律师提出的对危险品进行分类的观点。

(3)1842 年，Winterbottom v. Wright 案，被告提供了一辆有瑕疵的马车，致使原告在驾车途中因车辆突然断裂而被抛出座位以致终身残疾。法院拒绝讨论有瑕疵的马车是否可以算做危险品的问题，认为将被告的责任扩展到原告主张的程度将导致“荒谬及不可想象的后果”。

(4)1851 年，Longmeid v. Holliday 案，Longmeid 先生从 Holliday 处购买了一盏“Holliday 专利灯”，Longmeid 夫人在准备开灯时，该灯发生爆炸，溅出的石脑油将其烧伤。但因为原告没有证据表明被告事先知道这是一盏坏灯或担保这是一盏好灯，而灯就其自身性质并不具备危险性，因此，法院不支持原告向被告索赔。

(5)1852 年，Thomas v. Winchester 案，被告 Winchester 的雇员将一瓶颠茄误标为蒲公英药，导致原告在服用后中毒。法院支持了原告的索赔请求，认为被告的过失致使“人命处于迫在眉睫的紧急危险之中”，而在 Winterbottom 案中则不存在类似危险。

(6)1869 年，George v. Skivington 案，一位配制了秘方洗发水的药剂师被判向受伤的购买者妻子赔偿。法院认为有瑕疵的洗发水就像有瑕疵的枪一样。

(7)1882 年，Devlin v. Smith 案，一名油漆工因脚手架横木塌陷而坠落身亡。搭建这一脚手架的建筑商被判向油漆工的继承人赔偿。法院认为有瑕疵的脚手架可以归入紧急危险的类别。

(8)1908 年，Torgesen v. Schultz 案，原告因汽水瓶爆炸而致盲。法院认为，如果涉案物品像枪一样危险，或者该物品的危险并不一定因使用而产生，而又无事先警告，那么过失将产生责任。

(9)1909 年，Statler v. Ray 案，一个有瑕疵的咖啡炉发生爆炸，致一人死亡，该咖啡炉被视为危险品。法院认为，在物品属于本质危险的情况下，如果制造者在构造过程中的过失辅以该物的本质属性将使该物由本质危险变为紧急危险，那么制造者要对过失构造负责。①

① 参见[美]艾德华·H. 列维：《法律推理引论》，庄重译，中国政法大学出版社 2002 年版，第 24～36 页。

1915 年,美国联邦第二巡回上诉法院对以上案件的总结是:“毒品、炸药、弹药、鱼雷、汽水瓶以及诸如此类的本质危险品的制造商,除非他就所制造物品已尽合理注意……否则应对这些物品所伤害的第三人负侵权之责。但在另一方面,如果制造的是桌子、椅子、挂在墙上的画或镜子,马车、汽车以及诸如此类的除非在制造或安装时有瑕疵才会产生危险的物品,则制造商不对它们所伤害的第三人负责,除非存在刻意的侵害或欺诈。”①但卡多佐法官却做了不同总结。他在案例 5 - 9 的判决中指出,汽水瓶本身并不是本质危险品,它是因为存在制造过失才变得危险,咖啡炉和脚手架也同样如此。由此,他进一步认为,如果对危险的预期在合理的程度上是确定的,那就有警惕的义务,而无论这一危险是本质的还是紧急的。他最终将规则总结为,如果某物的性质决定了如果在制造它的过程中存在过失就可以合理地认为它肯定会陷生命与身体于危险之中,那么该物就是危险物。

可见,在进行归纳推理的过程中,素材只是归纳的基础,从素材到结论还需要法官提供理由。

3. 基于类比的说理

类比推理就是根据两个(或两类)对象在某些属性上相同或相似,而且已知其中的一个(或一类)对象还具有其他特定属性,从而推出另一个(或另一类)对象也具有该特定属性为结论的推理。根据推理结构的不同,类推还可以分为两种类型:一是依据事物本身所具有的相似性质而进行的类推;二是依据事物间的关系所具有的相似性而进行的类推。第一种类推是指当已知 AB 两事物具有某种共同的性质 P1、P2、P4、P5 等,同时又知 A 还具有另一性质 P3,那么我们可以依据 AB 都具有 C 性质这一事实合理地推出 B 也具有性质 P3。第二种类推则是指如果已知 A 与 C 相似,B 与 D 相似,且 AB 之间存在关系 R,那么可以推定 CD 之间也存在关系 R。

判定事物之间是否具有相似性或相异性的关节点至关重要,它直接决定了类推的方向。而判断何者为关节点的标准具有高度的情境依赖性,它由讨论的论题

① [美]艾德华·H. 列维:《法律推理引论》,庄重译,中国政法大学出版社 2002 年版,第 38 ~ 39 页。

决定,与论题最具相关性者即为关节点。拉德布鲁赫曾说:“相同性不是一种既定事实,所有的人和事都不尽相同,相同性只是在某一视角下对给定的不同性进行的抽象。”①从什么角度进行抽象决定了事物在何种程度上具有相似性。

案例5-10

德国曾有一家人(被告)与德国一家旅行社(原告)缔结了一个全家赴西班牙特内里费城旅行的契约。之后,西班牙政府鉴于德国曾发生天花病例,坚持要求被告全家须接种天花疫苗。然而根据医生的意见,被告四岁的女儿因生病不可接种天花疫苗,西班牙有关官署以未接种天花疫苗为由不予办理签证,该趟旅游也因此取消。原告因此起诉要求被告支付旅游合同的酬金。德国法院的判决类推适用了德国民法第645条第1项的有关规定,这一规定内容为“(1)工作因定作人所供给之材料有瑕疵,或因其所为工作实施之指示有所不当,至于受领前灭失、毁损、或不能完成者,若无可归责于承揽人之事由,则承揽人得请求相当于已付劳务之报酬并赔偿其他费用。(2)契约依第643条之规定而废弃者,亦同。”其理由为,原告之给付,须借助被告及其家人的帮助方能完成,而被告本有控制共同旅行人欠缺旅行之可能性,却仍任由其因生病不能接种天花疫苗之女儿参与该旅游契约,此类似于民法第645条第1项的有关规定所称的,工作因定作人所供给的材料有瑕疵致工作不能完成之情形,所以可以类推适用。②

德国学界对这一判决提出了批评。学者们认为,虽然案件事实与德国民法645条第1项前段的法定类型“承揽工作之未完成系因定作人之归责事由所致”相似,但该条所规定的法定类型是指“因定作人所供给之材料有瑕疵”,其专就物品而言。本案中,导致旅游合同取消的原因是定作人的女儿生病不能接种天花疫苗。人与物品岂能相提并论?因此,学者们普遍认为该案判决中的类推不当,对于相似性认定错误。

随着类案制度在我国的确立,类比推理将在裁判文书说理中日益重要。《类案意见》所称类案,是指与待决案件在基本事实、争议焦点、法律适用问题等方面具有

---

① [德]G.拉德布鲁赫:《法哲学》,王朴译,法律出版社2005年版,第122页。
② 参见黄建辉:《漏洞填补 类推适用》,台北,蔚理法律出版社1988年版,第151页。

相似性，且已经人民法院裁判生效的案件。至于类案与待决案件为何相似，则需要承办法官进行专门的说明。有学者认为，类似只是一个程度问题。① 程度的确定也是有据可依。判断类似案件的主要标准是争议点相似和关键事实相似，辅助标准是案由和行为后果相似。围绕争议点并借助裁判规则来检视关键事实是判断类案的主要方式。具体而言，类案的判断在法律推理方面主要涉及三个层面：通过案件的争议点来确定比较维度；围绕比较维度判断相似性的相关性和法律依据；通过对事实、法律和价值的综合考量作出是否构成类案和是否需要类似审判的结论，以便克服反向推理导致的结果不可知。②

4. 基于后果的说理

后果推理就是依据法律决定可能导致的后果来进行的推理。显然，后果推理的思维形式有着根本不同。前述几种推理是从前提得出结论，而后果推理则是依据结论可能导致的结果选择结论，进而选择前提。如果说其他几种推理形式是一种正向推理，那么后果推理更像一种逆向推理。

案例5-11

著名的电梯劝阻吸烟案中，一审法院认为被告杨某的行为与段某某的死亡之间并无必然的因果关系，但段某某确实在与杨某发生言语争执后猝死，依照《侵权责任法》第24条的规定，受害人和行为人对损害的发生都没有过错的，可以根据实际情况，由双方分担损失。根据公平原则，判决杨某补偿田某某15000元。二审法院认为“一审判决判令杨某分担损失，让正当行使劝阻吸烟权利的公民承担补偿责任，将会挫伤公民依法维护社会公共利益的积极性，既是对社会公共利益的损害，也与民法的立法宗旨相悖，不利于促进社会文明，不利于引导公众共同创造良好的公共环境。”③ 考虑到这一后果，尽管原审被告杨某没有提起上诉，二审法院仍然直接改判杨某无须补偿。

两审法院的思路可总结如下(见图5-2)：

---

① 参见屈茂辉：《类推适用的私法价值与司法适用》，载《法学研究》2005年第1期。

② 参见高尚：《司法类案的判断标准及其运用》，载《法律科学(西北政法大学学报)》2020年第1期。

③ 河南省郑州市中级人民法院民事判决书，(2017)豫01民终14848号。

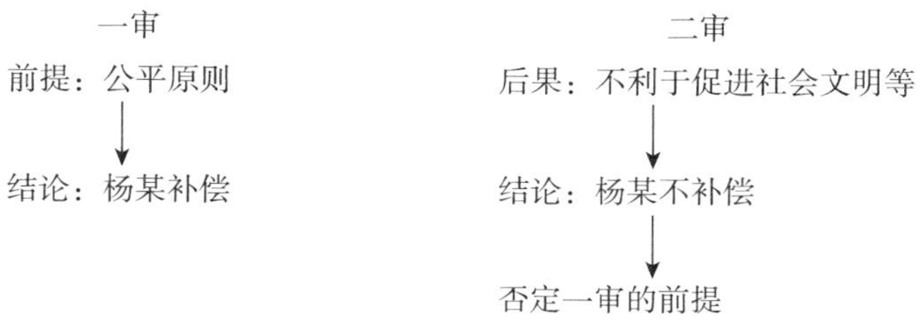

图 5－2　两审法院的推理

显然，后果推理依据后果选择结论的做法不利于形成稳定的法律秩序。为了保证法的安定性，后果推理的适用有严格的条件限制，通常只在有多种前提或推理方式可以适用，且各种方案难分高下时，法官才能通过后果的权衡来选择结论。

案例5－12

曾引起世界关注的“玻璃娃娃案”就曾呈现各种理由难分高下的局面。[①] 主张被告陈某某应当承担责任的一方认为陈某某没有尽到合理注意义务，在雨天楼梯湿滑的情况下仍然背负患有成骨不全症的颜某某下楼，导致两人摔伤，并致颜某某因医治不及时而死亡。主张被告陈某某不必承担责任的一方则认为其不负有特别注意义务，行为并无不当。该案前后历时6年，曲折反复。最受人关注的就是本案的二审判决。二审判决由某高中和热心帮助残障同学的陈某某及其监护人承担连带赔偿责任，特别是要求陈某某承担责任部分，引起了社会的强烈不满。批评者反对的理由基本是基于后果的考虑，认为这样的判决不仅破坏社会风气，而且严重损害司法的权威性。其一，该判决会导致残障群体陷入更为无助的情形。考虑到施救反而产生责任，人们在面对残障群体时肯定会有所顾虑，再难慷慨出手。正是基于这一预判，我国台湾地区“中华玻璃娃娃社会关怀协会”理事长郑淑匀在第一时间发表口头声明，声称日后若有人因协助玻璃娃娃不慎受伤或致死，家属将不予追究，希望社会大众对玻璃娃娃持续伸出援手。其二，在这样的判决出来之后，社会可能产生“寒蝉效应”，人人对于需要帮助的人群敬而远之，再没有人敢于挺身而出，社会变得更加冷漠。维系社会的基本伦理价值丧失。在这样的社会环境中，人人力求自保，岂有余力再去照顾他人。在二审判决出来之后不久，我国台湾地区就出现了学校要求弱视学生签署免责

---

① 参见我国台湾地区2006年上更(一)字第6号判决。

协议的事例。其三，司法机关作出的判决严重背离了社会常理，甚至也违背了"好撒马利亚人"①这一在许多国家普遍适用的法理。该判决一经作出，即有志愿者号召大家向法院发信抗议、抵制，认为法官判决有违公正，破坏了社会的善良风俗。对法官的这些负面评价严重削弱了公众对司法机关的信任，也败坏了法官的公共形象，不利于法治权威的树立。

由于法律存在一般性、滞后性、语义模糊等问题，多种前提或推理形式的竞争不可避免，后果推理因而在所难免。此时，如郑州电梯劝阻吸烟案所示，法官对于后果的考量也将转化为裁判理由。因此，我们有必要对后果的认定详加考察。后果推理中的后果既可以是对现实世界产生的影响，也可以是对法律规范产生的影响，即事实后果与规范后果。在成文法国家，基于社会效果的考虑而进行的后果推理较为多见；在判例法国家，由于案例具有规范性，因此法官们常常会基于判决可能产生的规范性影响进行后果推理。

案例5-13

19世纪的英国曾发生过一起闻名世界的"水手吃人案"。杜德利和史蒂芬斯是遇难船只上的水手，他们在船只遇难后一直在救生艇上漂流，在断食8日断水6日的情况下，他们杀死了船上的侍者从而保存了自己的性命。辩护律师试图确立这样一个原则，即在必要的情况下人们可以通过杀死他人来拯救自己性命，从而证明这两名水手的行为是正当的。但这一辩护理由没有得到法官的承认。大法官科尔里奇(Coleridge)认为："如果接受这样的原则，那么谁能判断是否存在杀人的必要性？又应当依据什么标准来衡量各个生命的价值？……显然，这个原则将把是否存在必要性这一问题交由获益方来决定，这可以证明杀人者杀人的正当性。显而易见，一旦采用这样的原则，就无疑为放纵的激情犯罪和残暴犯罪提供了法律的保护伞。"②在这

---

① 好撒马利亚人(The Good Samaritan)是基督教文化中一个很著名的成语和口头语，意为好心人、见义勇为者。该成语出自《新约》中的寓言，讲的是撒马利亚人救助犹太人的故事。该寓言对西方法律制度的影响是，许多国家制定了好撒马利亚人法，用立法手段保护做好事的人。例如在美国和加拿大，伤员在急救人士施救过程中或其后死亡的，可以运用此法案撤销死者家属对施救者的法律起诉，从而鼓励旁观者对伤病人士施以帮助。

② Neil MacCormick, *Rhetoric and the Rule of Law: A Theory of Legal Reasoning*, Oxford University Press, 2005, p. 105.

一论证过程中，对水手作出无罪判决可能造成的规范后果直接导致了辩护律师的论证体系被拒绝，进而作出水手有罪的判决。

案例5-14

在陈某诉罗某某监护权纠纷一案的二审判决书中，①法官拒绝了上诉人提出的其与两个代孕所生孩子之间已成立事实上的收养关系的主张，其主要理由亦为对规范后果的考虑：其一，如按事实收养关系认定，实际上是认可了代孕所生子女的亲权由代孕母亲转移至抚养母亲，这将产生对代孕行为予以默认的不良效果，此种消极认可态度与我国目前对代孕行为的积极禁止立场不相符合。其二，如果按事实收养关系认定，对我国现行的计划生育政策亦可能造成一定冲击。

规范后果主要考量个案确立的裁判规则与现有法律体系的一致性。现有法律体系整体明确、确定，因此规范后果相对清楚、明确。事实后果则有所不同。事实后果的考量需要综合运用各学科、各行业的知识。1908年，美国俄勒冈州制定了一项限制女性劳动时间的法律，被一厂主缪勒提起诉讼，指为违宪。本案的被告俄勒冈州聘请了著名律师布兰代斯（后任联邦最高法院大法官）担任辩护律师。此案的争议是：限制女性劳动时间的法律是否侵害联邦宪法所保障的契约自由？如果依照过去先例，结果将不利于俄勒冈州。因此，在布兰代斯向最高法院提交的“答辩纪要”中，先例仅占2页，其余100多页则基于生活事实展开议论，论证保护女性立法之必要性，以维护州法之合法性。布兰代斯着重分析州法可能产生的社会效果，阐述了限制女性劳动时间对于保障女性身体健康、增进家庭和谐、提高家庭生活质量、改善社会风气等方面具有重要而积极的作用。最后，最高法院采用了布氏的观点，判决俄勒冈州法合宪。②

我国台湾地区审理伪造人民币案件的历程也体现了后果导向的思维。1991年，我国台湾地区高雄地方法院曾审理一起刑事案件，7名被告人因伪造人民币被

---

① 参见上海市第一中级人民法院民事判决书，(2015)沪一中少民终字第56号。

② See Muller v. Oregon, 208 U. S. 412 (1908).

检察机关以伪造有价证券罪提起公诉。高雄地方法院审理后认为7名被告人无罪，当庭予以释放。判决一经作出，即遭到我国台湾地区社会的强烈反对。反对者主要是基于这一判决的事实后果进行批判。反对者认为，如果伪造人民币而不问罪就会面临以下后果：首先，此类行为在我国台湾地区得不到禁止，会造成我国台湾地区假币泛滥。这些假钞经由台湾同胞带回祖国大陆使用或投资时，必定会被大陆警方查获问罪。其次，如果此类行为在我国台湾地区不被治罪，那么大陆也可以依此纵容伪造台币的行为，未来就会有大量伪造的台币进入我国台湾地区。最后，两岸经济、文化交流日益向好发展，伪造货币的行为会严重破坏正在改善的经济贸易秩序。基于这些考虑，我国台湾地区有关部门召开紧急会议讨论此案，最后认定人民币属于有价证券。自此，在我国台湾地区伪造人民币的行为都将被追究刑事责任。

由上，鉴于后果本身并不清晰确定，法官在以后果为理由时，尤其需要就后果的认定提供充足理由。

（三）续造

通常认为，当法律出现应当予以规定而未予规定的情形时，法官有必要进行法的续造，也称法律漏洞的填补。法律漏洞是以整个现行法律秩序为标准确定的，存在于法律秩序中的“违背计划的非完整性”①，或者说，“漏洞是在一个整体内部的一个令人不满意的不完整性”②。在法的续造过程中，漏洞识别与漏洞填补是至关重要的两个环节，这两个环节都对说理提出了很高的要求。

1. 识别漏洞时的说理

识别法律漏洞的实质是，判断某些法律未予明确规定的情形是否需要由法律加以调整。概括而言，判断法律是否应当予以规定的标准为法律的体系精神。填补法律漏洞的前提是确认法律漏洞的存在，因此，法律漏洞的识别有着重要作用。一般而言，法律漏洞的识别分为两步。

首先，确认涉争的生活事实属于法律应予调整的范围。换言之，应将法律漏洞

---

① ［德］伯恩·魏德士：《法理学》，丁小春、吴越译，法律出版社2003年版，第362页。
② ［德］卡尔·恩吉施：《法律思维导论》，郑永流译，法律出版社2004年版，第168页。

与法外空间区分开来。法外空间是指不由法律规范加以调整的社会领域。当判定案涉争议属于法外空间时，法官应径行拒绝裁判。可以看出，“法外空间”概念对于认定诉讼是否应当提起或受理具有很大的意义。如果判断正确，则可以在维护法律权威的同时减少不必要的诉讼，在一定程度上缓解“诉讼爆炸”现象。反之，如果判断失误，则既有可能导致应予救济的权利未获救济，也有可能不当地扩张法律的调整范围。北京市房山区人民法院曾发生一起案件，某乙拾得某甲遗失的身份证后，用该身份证冒某甲之身份在外地与某丙登记结婚。某甲在知晓此事后向北京市房山区人民法院提起诉讼，请求判令某乙与某丙之间的婚姻无效。法官以该桩婚姻不属于原《婚姻法》规定的四种无效婚姻的范围为由，认为该婚姻不属无效婚姻，驳回了某甲的诉讼请求。在此案中，法官实际上将一个法律漏洞问题错误地作为法外空间问题来处理。虽然婚姻法没有将“被结婚”列为无效婚姻的一种情形，但法院至少可以依据真实意思表示的原则否定该项民事行为的效力。

其次，对现行法进行检查，判断现行法律是否就该生活事实进行了明确而充分的规定。如果现行法律已经作出明确而充分的规定，那么法律漏洞就不存在。如果出现以下情形，则可以认为存在法律漏洞：(1)完全没有规定，如代孕子女的监护权；(2)虽有规定，但不够明确，如婚姻登记机关的审查义务；(3)虽有规定，但是存在两个以上相互矛盾的规定。

第一种情形往往涉及因社会发展变化而产生的新问题。案例5－14 系全国首例代孕子女监护权纠纷，[①]在审理该案时，法官直言，关于代孕所生子女的法律地位及其监护权之确定的问题，目前我国法律没有明确规定。“尽管如此，法院基于不得拒绝裁判之原则，对于当事人提起的相关诉讼并不因此而可回避，仍得依据民法等法律的基本原则及其内在精神，结合社会道德和伦理作出裁判。”

第二种情形较为常见，法律规定不够明确的问题出现在许多案件中。例如，民政局对于婚姻登记究竟负有什么样的审查义务，是实质审查还是形式审查？依据最高人民法院行政审判庭 2005 年 10 月 8 日在《关于婚姻登记行政案件原告资格

① 参见上海市第一中级人民法院民事判决书，(2015)沪一中少民终字第 56 号。

及判决方式有关问题的答复》(法〔2005〕行他字第13号)的规定:“根据《中华人民共和国婚姻法》第八条规定,婚姻关系双方或一方当事人未亲自到婚姻登记机关进行婚姻登记,且不能证明婚姻登记系男女双方的真实意思表示,当事人对该婚姻登记不服提起诉讼的,人民法院应当依法予以撤销。”这一规定似乎倾向于实质审查。但这样一来,民政局的工作人员就被课以核查申请人身份信息的义务,以现有技术手段和办公条件而言,实质审查无疑是一种苛求。结合婚姻法的其他规定来看,民政局工作人员核查当事人身份及真实意思的方式基本以申请材料为依据。

依据《婚姻登记条例》第7条、第13条的规定,婚姻登记机关需对结(离)婚登记当事人出具的证件、证明材料进行审查并询问相关情况。但法律却没有规定应审查到何种程度。这导致法律实践中,有些法院基于婚姻登记机关仅负有形式审查义务为由维持相关婚姻登记的效力;有些法院则基于婚姻登记机关负有实质审查义务的理由判定应当撤销相应的婚姻登记;还有些法院则既不肯定也不否定登记行为的合法性,而是含糊地依据非真实意思表示的理由,径直宣告相关婚姻登记无效。为了保证判决的一致性,也更好地为婚姻登记工作提供规范指引,婚姻登记机关的审查义务应予明确。

第三种情形也时有出现。《执业医师法》第24条规定:“对急危患者,医师应当采取紧急措施进行诊治;不得拒绝急救处置。”该条明确规定医生负有紧急救治的义务,许多医疗纠纷都与此有关。实践中,患者家属大多以医疗机构违反《执业医师法》第24条规定为由要求赔偿,而医疗机构则有各种各样的苦衷。

在肖某某拒签手术通知单一案中,与《执业医师法》第24条出现冲突的是《医疗机构管理条例》第33条,该条规定:“医疗机构施行手术、特殊检查或者特殊治疗时,必须征得患者同意,并应当取得其家属或者关系人同意并签字;无法取得患者意见时,应当取得家属或者关系人同意并签字;无法取得患者意见又无家属或者关系人在场,或者遇到其他特殊情况时,经治医师应当提出医疗处置方案,在取得医疗机构负责人或者被授权负责人员的批准后实施。”2007年11月21日下午4时左右,怀孕约41周的李某某因难产和感冒并发症,被以夫妻名义与其长期同居的肖某某送到北京市朝阳医院京西分院。二人身上现金不足百元,但鉴于病情危急,医方决定让李某某免费入院治疗,并做好了剖宫产的一切手术准备。尽管医院数次告知肖某某,如不手术或不及时手术,孕妇就会死亡,但肖某某一直拒绝手术,并于4时30分在手术同意书上签下了“拒绝剖宫产手术生孩子,后果自负”的字样。医方一再劝说无效,紧急调来已下班的神经科主任,认定肖某某精神正常;又请警方110紧急调查孕妇户籍,试图联系她的其他家人;医方还紧急报告北京市卫生系统各级领导,试图破例;终因相关法律的明确规定,不能手术。近30名医生、护士以各种方式抢救3个小时无效,李某某及其腹内胎儿最终死亡。①

在钱某某因输血不及时而亡一案中,与《执业医师法》第24条出现冲突的是献血相关的法律规定。《献血法》第15条第2款规定:“为保证应急用血,医疗机构可以临时采集血液,但应当依照本法规定,确保采血用血安全。”而且,当时适用的《医疗机构临床用血管理办法(试行)》第19条对采血流程进行了更细致的规定:“医疗机构因应急用血需要临时采集血液的,必须符合以下情况:(一)边远地区的医疗机构和所在地无血站。(二)危及病人生命,急需输血而其他医疗措施不能替代。(三)具备交叉配血及快速诊断方法检验乙型肝炎病毒表面抗原、丙型肝炎病毒抗体、艾滋病病毒抗体的条件。”由于被告扬州市邗江区公道卫生院并不具备临时采集血液的条件,因而医生拒绝患者家属的输血要求,向扬州市中心血站请求紧急送血。遗憾的是,血站的血刚送到,还未及输血,钱某某就于5分钟后死亡。②

在识别漏洞的过程中,法律是否有规定,往往不是说理的重点,重点在于法律应不应当予以规定。在陈某诉罗某某监护权纠纷一案中,法官已经明确我国并无关于代孕子女监护权的相关规定,但旋即指出原《婚姻法》赋予非婚生子女与婚生子女同等法律地位,代孕所生子女不应受到歧视。因此,法律虽无规定,但应当就此予以规定。对法律是否应当予以规定这一问题的回答,决定了涉争问题究竟属

---

① 参见《肖志军拒签字致孕妇死亡案终审:医院无责》,载《北京青年报》2010年4月29日版。

② 参见《抢救生命与用血规定孰轻孰重?未及时输血致人死亡案结案》,载《扬子晚报》2002年5月19日版。

于法律漏洞还是法外空间。一般而言,法官应对肯定性回答给出充分理由,对于否定性回答则可以简单说理。

案例5-15

在张某甲诉张某乙借款纠纷一案中,①法院查明:2008年5月19日,张某甲与张某乙订立《双方协议》,约定:张某甲借给张某乙100万元,用于购买杭州市某处房屋,张某乙给张某甲做情人。如果张某乙不给张某甲做情人,则应当返还所有借款,如果张某甲要求解除与张某乙的情人关系,则该借款抵作给张某乙的精神赔偿和生活补助等。同年11月27日,张某甲与张某乙再次订立《补充协议》,双方约定:张某甲已出资70万元,以张某乙名义购买杭州市两处房屋,其中一处的按揭余款由张某甲支付。张某乙自愿做张某甲的情人,如果张某乙违反承诺,则应退还张某甲已支付的70万元及按揭款,张某甲提出解除与张某乙的情人关系,则张某乙不退还张某甲已支付的70万元和按揭款。一审法院认为,张某甲与张某乙之间订立的协议违反了法律规定和公序良俗,损害了社会公德,破坏了公共秩序,应属于无效行为。张某甲要求确认该协议无效的理由成立。民事行为无效,所得的财产应返还,故张某甲要求张某乙返还已支付给张某乙的70万元的诉讼请求符合法律规定。二审法院则认为,张某甲与张某乙无视我国的婚姻家庭制度,以协议的形式用金钱去维系双方不正当的情人关系,其行为违背了社会公德。因该协议引起的纠纷,不属于人民法院民事诉讼受理的范围,故撤销一审判决,驳回张某甲的起诉。

---

2. 填补漏洞时的说理

法律漏洞的填补不是一种独立的方法,它是填补过程中可能运用的各种方法的总称。在这一过程中,最为常见的是类推适用、目的性扩张、目的性限缩。以老字号的保护为例,老字号是我国传统文化的重要财富,在商品经济社会,老字号的商业价值日益突显,由此产生的纠纷也屡见不鲜。与一般品牌相比,历史原因造成的归属不明,是老字号保护问题与其他品牌保护问题之间的根本区别,也是老字号法律保护问题的中心与争议焦点。老字号归属不明,保护对象的模糊性,是老字号保护困难的核心问题。从历史上看,不同于大多数商标和商号产生自依法注册或

① 参见浙江省杭州市中级人民法院民事判决书,(2009)浙杭商终字第1138号。

登记核准,老字号全部诞生在现行法律制度建立以前。中华人民共和国成立后,因为经济制度的变化,老字号的经营与传承情况都更为复杂,“泥人张”“王老吉”“稻香村”等老字号都有相似遭遇。“泥人张”系列案件是老字号权利保护困境的典型体现。“泥人张”这一称号在100多年的历史积累中,已经产生品牌效应,具有独立的经济价值。但现行法律规范并没有明文确认“老字号”作为一种名称究竟是什么权利,以至于该项权利的主体、客体均不明确,这使法官有必要在裁判过程中对该漏洞进行填补。

案例5-16

1995年,张某等17位张明山后代传人与天津泥人张彩塑工作室、天津市泥人张工艺品经营部、天津泥人张塑像艺术公司因“泥人张”名称的专有权的归属等问题,在天津市中级人民法院提起了诉讼。经过天津市中级人民法院及天津市高级人民法院的审理,最终天津市高级人民法院认定:清代泥塑艺人张长林,字明山,被人们称为“泥人张”,为“泥人张”彩塑的创始人。法院最后判决:张明山后代中从事彩塑创作的人员和天津泥人张彩塑工作室有权使用“泥人张”名称,但必须与个人姓名或单位名称同时使用;双方经有关部门核准均有权将“泥人张”名称作为企业或机构名称的部分内容使用;双方未经协商一致,不得将“泥人张”名称转让和许可他人使用等。但这份判决书中仅将“泥人张”作为名称提及,并未确定“泥人张”这一名称的权利属性。因此才有后来天津市泥人张世家绘塑老作坊诉陈某某擅自使用他人企业名称及虚假宣传纠纷一案。

在天津泥人张诉北京泥人张不正当竞争纠纷案中,原告以不正当竞争为由起诉被告,最终虽然获得了对原告有利的判决,但由于《反不正当竞争法》在2019年才作相应修改,主审法官在审理本案时仍不能在判决中明确原告就“泥人张”所享有的名称权是何种性质的权利。值得注意的是,法院依据修正前的《反不正当竞争法》进行裁判,但裁判依据却不是看起来与本案密切相关的第5条第2、3项的规定。依据这两项规定,经营者不得擅自使用知名商品特有的名称、包装、装潢,或者使用与知名商品近似的名称、包装、装潢,造成和他人的知名商品相混淆,使购买者误认为是该知名商品;不得擅自使用他人的企业名称或者姓名,引人误认为是他人的商品。最高人民法院维持的一审判决依据《反不正当竞争法》第2条第1、2款作出。该两款规定,经营者在市场交易中,应当遵循自愿、平等、公平、诚实信用的原则,遵守公认的商业道德;本法所称的不正当竞争,是指经营者违反本法规定,损害其他经营者的合法权益,扰乱社会经济秩序的行为。

很明显,如果法院能够确认"泥人张"是原告专享的企业名称、姓名或是知名商品的特有名称,那么本案完全可以依据修订前的《反不正当竞争法》第5条的具体规定作出裁决,而无须援引容易引起非议的法律原则。可以说,本案中的法官是运用了法律原则对漏洞进行了填补。但在天津市泥人张世家绘塑老作坊诉陈某某擅自使用他人企业名称及虚假宣传纠纷一案中,法院着重考察"泥人张"一称的非商业用途,并结合文化艺术行业的惯例,对"传人"进行界定,从而判决陈某某有权被称作"泥人张第六代传人"。由此可见,同样的漏洞出现在不同的案件中,其填补方式有所不同。由于法律漏洞的填补旨在解决个案裁判的问题,因此法院无须对"泥人张"这一类名称权的主体、客体进行界定,而是以解决纠纷为导向,根据不同的诉求采用不同的方式加以解决。

法律漏洞的填补与一般的法律解释的差别在于,漏洞填补中运用的目的性限缩或扩张有可能超越字义的范畴。

案例5-17

在张某某诉某通讯技术有限公司(以下简称通讯公司)著作权纠纷案中,被告通讯公司未经张某某许可,在其网站上全文转载张某某的长篇小说《北方的河》《黑骏马》。法院认为,虽然《著作权法》第32条第2款规定,著作权人向报社、期刊社投稿的"作品刊登后,除著作权人声明不得转载、摘编的外,其他报刊可以转载或者作为文摘、资料刊登,但应当按照规定向著作权人支付报酬",但该款只是规定报刊享有转载或作为文摘、资料刊登的权利,那些篇幅较长、能够独立成书的小说不应当包括在法律允许的范围之内,否则不利于对著作权的保护。法律既要保护著作权人的合法权益,又要满足社会对文学、艺术和科学知识传播的广泛需求。以此为根据赋予涉及著作权的诸民事主体以不同的民事权利。而满足社会对文学、艺术和科学知识传播的广泛需求,又与保护作者对其作品享有的著作权密不可分。只有对著作权进行严格的司法保护,才有利于知识的创新和传播。被告公司作为网络信息服务提供商,是为了达到吸引客户访问的营利目的,才在未经原告张某某许可的情况下在其网站上刊登张某某小说的。这种行为侵犯了张某某对自己作品依法享有的使用权和获得报酬权。

在此，法官采用的是目的性限缩方法，将“篇幅较长、能够独立成书的小说”排除在该款适用范围之外。如果拘泥于字义，那么无论长篇小说、中篇小说、短篇小说或者杂文、小品，只要是已在报刊刊登而著作权人未事先声明，其他报刊即可转载或者摘编。但这不符合《著作权法》的立法目的。在界定“作品”的含义时，法院依据立法目的对作品的外延进行了限制。主审法官正确地指出，并非所有在报刊发表的作品都适合转载，那些篇幅较长、能够独立成书的小说不应当包括在法律许可的范围之内，否则不利于对著作权的保护。

精神病人在医院自杀身亡的事件屡有发生，以往主要依据《民通意见》第 160 条的规定进行裁判。[①] 在《民通意见》出台之前，可予适用的法律依据主要是《民法通则》第 106 条第 2 款：“公民、法人由于过错侵害国家的、集体的财产，侵害他人财产、人身的，应当承担民事责任。”如果依此规定，医院在收治精神病人时将承担极高的风险。实践中，曾出现过精神病人在厕所自缢，或是精神病人半夜撞墙自尽等情形。面对这些想方设法求死的病人，如果一概要求医院承担责任，有失公平。在当时，唯一可能减轻医院责任的条款是原《民法通则》第 131 条的规定：“受害人对于损害的发生也有过错的，可以减轻侵害人的民事责任。”但在精神病人自杀的案例中，作为受害人的精神病人是无民事行为能力人，谈不上有何过错。即使适用扩大解释的方式，将精神病人的监护人考虑进来，由于监护人已将病人托付医院并如实交代了病情，监护人亦无过错可言。为了解决这一难题，法院最终采取了目的性扩张适用的方法以填补该漏洞。具体言之，虽然依据原《民法通则》第 131 条进行裁判，但不是基于该条规定的受害人的过错，而是基于该条文的立法目的是确立过失相抵原则，据此减轻医院的责任。通过与同类案例对比可以进一步发现，司法实践中存在限缩医院责任的趋势，同类案例的判决中明确了家属一方的责任。

关于方法运用的说理可以参考本章第一节内容，此处重点讨论的是可以作为理由的素材。这些素材的运用存在诸多问题。首先是其本身的内涵和地位不明确，其次是它们的运用过程需要论证。如果运用法律原则，我们需要对法律原则的

---

① 案例可参见吉林省通化市中级人民法院民事判决书，(2006)通中民一终字第 0463 号。

内涵进行具体化、明确化;如果通过类比诉诸法律规则,则需要就争议案件与法律规则中的要件的相似性进行论证;如果诉诸行业惯例,则需要提出论据证明行业惯例的内容及其客观存在;如果诉诸法学理论,则需要证明该理论系学界通说或至少需要展示该理论的论证过程,使之言之有据。

(1)行业惯例

行业惯例是民商事案件中经常遇到的问题,也常常是企业行为合规审查的重要依据。

案例5-18

在北京某某文化传播有限责任公司诉北京某某市场调查分析公司侵犯商业秘密纠纷案中,①如法院在判决书中所述,目前我国对市场调查行业没有统一的市场规则来调整,因此在确定市场调查公司的责任义务范围时需要结合国际惯例、行业规范,这实际是运用国际惯例、行业规范来填补法律漏洞。法院在判决书中明确提出以"国际上在此行业中的通常做法及已形成的行业规范"作为处理此类案件的参考依据,即将国际惯例和行业惯例作为裁判的参考依据。

结合本案案情来看,何为商业秘密需要结合具体的行业实践来确定。尽管惯例不是正式的法律渊源,但若经法院认可,可以补充法律规范的不足,从而作为法院审理案件的补充依据。行业惯例可以结合专家意见、行业协会网站的信息等确定。

(2)风俗习惯

风俗习惯在民事纠纷,尤其是农村的民事纠纷中经常出现。原告李某居住于中原区小李庄村,被告张某及其侄子李甲均系李某的邻居。双方因宅基地使用权纠纷多次发生矛盾。2002 年 8 月,李某依据村委会调解意见,建成房屋,并定于 2003 年 5 月在此房屋内举办婚礼,但张某和李甲多次将牛粪抛在李某房屋的正面墙和玻璃上。2003 年 3 月 11 日,张某在其夫祭奠之日,与侄子李甲将原告李某房屋西山墙砸了一个大洞,并在原告李某准备作为洞房的房间内"烧纸"祭奠自己的

---

① 参见北京市第二中级人民法院民事判决书,(1998)京二中知初字第 86 号。

亲人。原告李某诉至法院,请求判令两被告将墙壁恢复原状,停止侵权,赔礼道歉,并赔偿精神损失 1 万元。法院经审理认为:有关法律规定公民的合法财产受法律保护,原告李某在其父亲的宅基地院内扒旧房、建新房,因没有超出其宅基地使用证的范围,并无不妥之处。被告张某、李甲在双方间的宅基地纠纷已达成调解协议的情况下,仍在原告房屋墙上抹粪,并在原告准备结婚用的洞房中烧纸祭奠亲人,按照当地风俗,被告的行为是一种极其严重的侵权行为,也是一种严重侮辱人格的行为,给原告精神上造成极大的痛苦,故判决被告恢复原状、赔礼道歉和赔偿精神损失 5000 元。[①] 在该案中,"当地风俗"成为法院判决被告构成侵权和承担责任的依据。涉及婚丧嫁娶时,风俗习惯的确定对于明确各方权利义务也十分重要。

(3)法学理论

在陈某诉罗某某监护权纠纷一案的二审判决书中,[②]法官确认我国法律缺乏关于代孕子女亲子关系认定的理论。为了填补这一漏洞,法官梳理了血缘说、分娩说、契约说(或称人工生殖目的说)、子女利益最佳说四种学说并逐一评析。

"契约说"体现的是私法自治的法律精神,但在身份法中私法自治有严格的限制,即便在代孕合法化的国家,亦须专门立法予以规制。"子女利益最佳说"以子女最佳利益作为认定亲子关系的依据,此与我国传统的伦理原则及价值观念不相符合,缺乏社会文化基础。"血缘说"虽然有着天然的生物学基础,但在民众朴素的伦理观念中,香火延续、传宗接代主要是对父系而言,母子关系的确立更多在于十月怀胎的孕育过程和分娩艰辛所带来的情感联系,在于母亲对孩子在精力、心血、感情上的巨大投入和无形付出,单纯以生物学上的基因来认定母子关系,将缺乏社会学和心理学层面的支撑。何况,最高法院 1991 年函已经突破了纯粹的血缘主义,而在我国尽管合法的卵子捐献渠道极为有限,但亦不能否认存在合法捐卵的情形,故"血缘说"亦不可取。"分娩说"符合传统民法中"分娩者为母"的认定原则,亦与其他两种人工生殖方式中的亲子关系认定标准相同,且符合我国传统的伦理原则及价值观念。另

① 参见《结婚洞房被烧纸祭奠亲人法院判决侵权赔偿精神损失》,载《法制日报》2004 年 3 月 2 日版。

② 参见上海市第一中级人民法院民事判决书,(2015)沪一中少民终字第 56 号。

外，“分娩者为母”的认定原则亦与我国目前对代孕行为的禁止立场相一致。

基于这段详略得当、简明有力的论述，法官最终确认根据分娩说确定代孕子女的亲子关系。

二、事实说理的方法

小前提的建构主要是指形成能与法律规范相对应的裁判事实。一方面，要求小前提成为具有法律意义的事实，而不停留于简单的案件事实描述；另一方面，要求该裁判事实达到与法律规范相适应的程度，具体而言，要求裁判事实能与法律规范中的行为模式相对应。

在建构法律事实的过程中，证据事实与裁判事实的建构都离不开说理。证据事实的说理主要涉及两个方面：一是关于证据是否采信的说理；二是基于证据作出有限推理以得出证据事实的说理。下文分证据、证据事实、裁判事实三个层面来阐述关于事实的说理，但并不意味着法官在认定事实时必须因循这三个层次。事实上，前两个层面的说理更多是侦查人员、检察官、律师要关注的，此处论述是提醒法官在就事实进行说理的时候，应该清晰认识到这是三个层面的问题，进而明确相应的说理义务。

（一）证据说理

质证是司法审判的重要环节。作为案件事实的基石，证据能否被采信往往决定案件胜负。因此，诉讼双方对于法官就证据是否采信给出的理由尤为重视。《释法说理指导意见》第6条规定：“裁判文书应当结合庭审举证、质证、法庭辩论以及法庭调查核实证据等情况，重点针对裁判认定的事实或者事实争点进行释法说理。依据间接证据认定事实时，应当围绕间接证据之间是否存在印证关系、是否能够形成完整的证明体系等进行说理。采用推定方法认定事实时，应当说明推定启动的原因、反驳的事实和理由，阐释裁断的形成过程。”

证据说理应当围绕证据的合法性、真实性、关联性展开，针对证据证明力有无和证明力大小对证据进行审核判断，并结合举证责任等分析论证整体证据是否达到法定证明标准。针对诉讼各方有异议的证据，应当说明认证结果及其理由；未予采信的证据，应当说明不予采纳的理由。[①] 实践中，如果证据问题不是核心争议，法官针对证据展开的说理普遍薄弱。这种情形在民事审判中尚可理解，因为民事案件侧重对证据整体的通盘考量，对单一证据的证明力往往不会过多论及，但这一情形在刑事审判中普遍出现却不应该。实践中，刑事裁判文书普遍"缺乏对证据的分析论证。沿用习惯做法，或照起诉书的撰写方式，笼而统之，称所认定的事实，有证人某某、某某证词，某种物证、某一书证、某种鉴定结论或检查笔录证实，证据确实充分，被告人也供认不讳。但这些证据的内容并无交代，这些证据如何证实案件事实也无分析，对法院为何采信这些证据不采信其他证据更无说明。造成认证不清，证明过程不清"[②]。20 余年过去，这些问题一直盘亘在刑事审判实践中，主要原因是刑事质证是刑事审判的重要环节，质证过程已记录在案，法官不愿赘述。但对于看不到卷宗的一般公众，这样的裁判文书说理难以起到说服效果。

法官对单一证据证明力的认定可以围绕以下方面展开说理：证据是否为原件、原物；证据与本案事实的关联程度；与其他证据是否具有印证关系；证人是否出庭作证；证人与当事人有无利害关系；等等。数个证据对同一事实的证明力，则以证据法学界关于证据证明力的共识为理由，例如：公文书证优于其他书证；档案、鉴定意见、勘验笔录或者经过公证和登记的书证优于其他书证、视听资料和证人证言；原始证据的证明力优于传来证据；出庭作证的证人证言优于未出庭作证的证人证言；其他证人证言优于与当事人有密切关系的证人提供的对该当事人有利的证言。诉讼各方对同一事实分别提出不同证据，但都不足以否定对方证据的，法官应当结合案件情况，判断一方所提供证据的证明力是否明显大于另一方，对证明力较大的证据予以确认。对于书证、物证、视听资料等不同类型的证据，审查判断的侧重点有所不同。[③]

---

① 参见江显和：《刑事认证制度研究》，法律出版社 2009 年版，第 14 ~ 17 页。

② 龙宗智：《刑事判决应加强判决理由》，载《现代法学》1999 年第 2 期。

③ 参见刘树德：《无理不成"书"：裁判文书说理 23 讲》，中国检察出版社 2020 年版，第 94 页。

(二)证据事实的说理

证据事实是人们基于证据作出的关于案件的陈述,准确地说,系由对证据的描述出发经由合理推导形成的对事实的陈述。[①] 依据司法程序的设计,证据事实本应是由律师、检察官等陈述的案件事实,其建构要求不同于法官陈述的裁判事实。它与一般再现事实的区别在于它以证据为依据;它与裁判事实的区别则在于,它重描述轻评价,尤其是尽量避免法律评价。但在实践中,由于裁判事实是判决的事实依据,律师、检察官竞相模仿法官的陈述方式。尽管这种以裁判事实为蓝本的叙述方式可能提高司法效率,但它没有充分正视证据事实的独特性以及证据事实之于裁判事实的独立价值,往往造成冤假错案。

1. 证据事实的独立价值

以往关于案件事实的讨论往往将证据事实与裁判事实混为一谈,将二者都冠以"法律事实"之名。即使在关于诉讼证明标准的世纪之争——客观真实论与法律真实论之争中,证据事实仍未与裁判事实区分开来,这种混淆在一定程度上造成客观真实论与法律真实论久争不下,[②]也容易让侦查人员角色错位,先入为主地收集甚至制造证据。正视证据事实的独立价值对于案件事实的建构具有极为重要的意义,是案件事实得以在正确的方向上建构的关键所在。证据事实的独立性在认识论、方法论和司法过程中都有体现。

在认识论层面,人类对于过去的认识基于一种乐观的理性主义的假定:基于证据的理性的推论可以产生对于过去的正确认识,而且这也是正确认识过去的唯一已知方法。[③] 基于这一点,科学、历史、新闻等领域的专业人士都将证据视为帮助我们判断过去事情的可能性的材料。[④] 显然,存在意义上的证据与我们对案件事

---

① 本书关于证据及证据事实的讨论均基于这些证据具备可采性的假设,至于某种材料在什么条件下可以成为证据的问题不在本书的讨论范围之内。

② 关于客观真实论与法律真实论之争可参见陈景辉:《事实的法律意义》,载《中外法学》2003 年第 6 期。

③ See Peter Murphy, *Murphy on Evidence*, Blackstone Press Limited, 2000, p. 3.

④ See Peter Murphy, *Murphy on Evidence*, Blackstone Press Limited, 2000, p. 2.

实的陈述属于不同范畴。证据对证据事实构建的参与始于对证据的描述,也可以说,始于由证据转化而来的命题。可以说,证据是指向案件的指南针,证据事实是案件事实的"压舱石"。因此,证据事实有着不同于其他事实的属性与建构要求。

在法学方法论层面,证据事实也是独立的一环。只有在证据事实的视域下,"事实与规范相适应"才能被理解。如果此处的事实指代案件本身,则适应性将因案件的不复存在而无从判断;如果指代再现事实,则使案件事实的建构逃脱了法律的规制,有悖法治精神;如果指代裁判事实,则会导致自我指涉问题,因为裁判事实本身就是法律条文应用于案件事实的直接结果。因此,证据事实才是规范观照的对象,证据事实决定了可适用的规范的范围,限定了裁判事实建构的方向。

就司法过程而言,证据事实在案件事实的建构过程中具有基石作用。一般主体陈述的案件事实只有以证据为媒介才能参与证据事实的建构,进而影响裁判事实的形成;而裁判事实的建构更多是以证据事实为基础进行的评价工作,裁判事实必须立足于证据事实。如果说裁判事实是屋宇,那么证据事实至少是地基。皮之不存,毛将焉附?没有证据事实,就没有裁判事实。证据事实是裁判事实产生的前提,也是形塑裁判事实的原材料。如果借用萨维尼关于法律关系的分析框架,那么,证据事实相当于萨氏所说的法律关系的第一部分——素材(stoff)或者说单纯事实,而裁判事实则是法律对此素材的界定。①

2. 证据事实的属性

证据事实的客观性更多是指形而上学的客观性,这是指陈述指向的客体真的存在,且其特性与该陈述相符。因此,证据事实的客观性在于陈述的案件事实与案件相一致。鉴于案件与案件事实间的认知鸿沟,这是对案件事实建构提出的不可企及的要求,但就证据事实而言,这一要求却是根本性或者基础性的,证据事实必须能够被还原为能由证据加以验证的白描式的叙述。因此,证据事实说理的关键

---

① 参见[德]萨维尼:《当代罗马法体系Ⅰ:法律渊源·制定法解释·法律关系》,朱虎译,中国法制出版社2010年版,第258~259页。

在于给出相关证据,即建立证据与证据事实之间的意义关联。

从认识论的角度看,经验是人类知识的起点,我们关于事实的信念有时直接来自知觉和记忆。[①] 例如,我们知道于欢用刀杀人是因为我们能看到当时的监控视频。可以说,对监控视频内容的信念(即,我们相信眼见为实)是我们认识于欢案案发过程的认知原点,是我们认为于欢杀人的原因,而我们从认知上已无须也不能就我们对监控视频内容的信念提供进一步的理由。罗素把这一类信念称为"与件",它是我们关于"事实的知识的不可缺少的最小量的前提"[②]。在案件事实的建构过程中,证据就是与件。由于"与件比从与件推导出来的信念更接近真实"[③],因此,证据事实必须尽可能地依赖与件本身而不是基于与件的推理。就法律程序的设计而言,当事人、侦查人员负责提供合法的与件,律师、检察官负责就这些与件进行推理,而法官则对这些与件及其推理进行评价。

由此,证据事实应当具有两个特性:描述性与可验证性。就描述性而言,证据事实应当以对证据的外显信息的描述为主。描述证据的外显信息意味着描述证据的命题与证据之间没有任何假设。例如,案发现场留下一部8848钛金手机。这部手机的颜色、大小、形状,以及手机存储的号码、照片等可以被直接观察到的信息均属外显信息。对于信息的记述应尽可能运用"不能再被定义的,其意义只能被直接指出来的语词"[④]。这一类语句直接记述我们的身体感知到的信息,被称为"基始陈述"、"观察陈述"或"记录语句",[⑤]可以被归入奥斯汀所说的记述式言语行为。[⑥] 证据事实应当接近白描,尽可能避免评价。例如,陈述1为"吴某将大量珠宝堆放在办公桌上,随意赠人"。陈述2为"吴英的办公桌上放有珍珠项链2条、钻石胸针

---

① 参见[英]罗素:《人类的知识》,张金言译,商务印书馆1984年版,第205页。
② [英]罗素:《人类的知识》,张金言译,商务印书馆1984年版,第207页。
③ [英]罗素:《人类的知识》,张金言译,商务印书馆1984年版,第207页。
④ Schlick, *Positivism and Realism*, in A. J. Ayer ed., Logical Positivism, The Free Press, 1959, p. 87.
⑤ 参见陈嘉映:《语言哲学》,北京大学出版社2003年版,第167页。
⑥ 奥斯汀认为,"记述式言语行为"只是描述某个事态或陈述某个事实,这种"描述"与"陈述"必定要么为真,要么为假。See J. L. Austin, *How to Do Things with Words*, Foreign Language Teaching and Research Press & Oxford University Press, 2002, p. 1 - 3.

3个、翡翠手镯2个,单价在2万元至30万元之间;3日内有3位客人初次到访,吴某赠出珍珠项链、钻石胸针、翡翠手镯各1个,分别价值12万元、2万元、18万元"。与陈述1相比,陈述2更接近白描。在实践中,纯粹的白描并不容易做到,定义的运用不可避免,如果用"由白色圆珠串成的链条"替换陈述2中的"珍珠项链",不仅会增加交流成本,增加不必要的思维负担,还可能平添交流障碍。

就可验证性而言,由于陈述案件事实的语言是记述式的,所以,"'陈述'的任务只能是'描述'某种事态,或者'陈述某个事实',而这种'描述'与'陈述'必定要么为真,要么为假"①。"(事实的)陈述应是'可证实的'。"②关于证据事实的陈述应当可以被还原为"基始陈述",这些陈述通过与证据对应来验证。能与证据的外显信息直接相符的即确定为真。这些未经丝毫污染的基始陈述构成证据事实的绝对无可怀疑的出发点,它们是"知识与实在之间的不可动摇的接触点"③。因此,证据事实必须能被还原出不可动摇、不可定义的基始陈述。

3. 证据事实的客观性

客观真实论与法律真实论之争的核心问题是如何判定案件事实的真实性,这正是证据事实安身立命的问题。诉讼证明标准既涉及认识论也涉及价值论。认识论关系正确性问题,即案件能否被认识、如何被认识、如何证明认识的正确性等问题。客观真实论认为,人凭借其理性可以获得与案件完全一致的认识,案件事实的正确性来自其与案件的一致性,但没能回答如何确证案件事实与案件本身完全一致。④ 如波普尔所说:"虽然我也像大家一样承认客观真理或绝对真理或真理的符

---

① J. L. Austin, *How to Do Things with Words*, Foreign Language Teaching and Research Press & Oxford University Press, 2002, p. 1.

② J. L. Austin, *How to Do Things with Words*, Foreign Language Teaching and Research Press & Oxford University Press, 2002, p. 2.

③ Schlick, *The Foundation of Knowledge*, in A. J. Ayer ed., Logical Positivism, The Free Press, 1959, p. 210, 226.

④ 客观真实论的代表人物陈光中教授在论战后对传统的客观真实论进行了修正,主张在坚持客观真实的同时,承认法律真实在司法实践中有一定必要性;基于多元价值平衡的考虑,客观真实有时也需要让位于法律真实,但仍未明确如何确保案件事实与案件完全一致。参见陈光中、李玉华、陈学权:《诉讼真实与证明标准改革》,载《政法论坛》2009年第2期。

合论——真理同事实相符合——但我却宁肯避开这个题目。因为在我看来,要想清楚地理解一个陈述同一件事实之间难以捉摸的符合,乃是毫无希望的。"[①]鉴于客观真实论难以突破这一理论"瓶颈",法律真实论认为,案件的真实性在于对证据的运用符合实体法和程序法的规定,达到从法律的角度认为是真实的程度。[②]价值论涉及正当性问题。客观真实论坚持传统的真理符合论,认为案件事实的正当性源于其与案件的一致性,认为实体正义一般优于程序正义;法律真实论则认为,案件事实的正当性源于合法律性,应当坚持程序正义优先。

从法哲学的角度看,这两种立场难分高下;但从案件事实分层的角度看,它们其实适用于不同的事实层次及建构阶段。第一,就证据的取得与采信而言,法律真实论更能彰显现代诉讼文明的人文关怀与程序价值。第二,就从证据转向对证据的描述而言,客观真实论更能为证据事实的建构提供坚实基础。第三,在依据对证据的描述建构证据事实时,法律真实论所强调的证明标准可以为基于证据的推理厘定界限。

然而,客观真实论与法律真实论都没能就如何判断对证据的描述是否与证据反映的信息完全一致、陈述人对证据事实的陈述是否中立和客观给出具体指引,而语言学的研究正可以回答这些客观真实论与法律真实论未予明确的问题。语义分析方法与语用分析方法不仅可以明确某一陈述的含义,也可以分析其后隐含的陈述人的态度。因此,证据事实的建构准则应当在兼采客观真实论与法律真实论之长的同时借鉴语言学的视角与方法。

4. 证据事实的建构

从语言学的角度看,证据事实的建构过程其实是一个经由对证据的描述推导出对案件事实的描述的过程,是一个从基始陈述的命题推导出陈述整个案件事实的命题体系的过程。基于案件事实的程序性与规范性,对诉讼证明标准的认识必

---

① [英]卡尔·波普尔:《猜想与反驳——科学知识的增长》,傅季重等译,上海译文出版社2005年版,第321页。

② 参见樊崇义:《客观真实管见——兼论刑事诉讼证明标准》,载《中国法学》2000年第1期。

须被转换为证据事实构建这一言语行为的规范,以成为证据事实建构应予遵循的准则。

首先,可还原至基始陈述。证据不会自己说话,证据只能借助人的语言参与证据事实的建构。维特根斯坦始终认为现实与语言之间必须有一个直接的接触点或接触面,在《逻辑哲学论》中,这是原子命题与原子事实的对应。在证据事实的建构过程中,这是对证据的描述与证据之间的对应。德国诉讼理论将"案情"定义为:所有存在于客观世界中,能够被证明、被感知的,现在或将来的、外在或内在的、积极或消极的素材。[①] 强调证据事实的可还原性是对"以证据为依据"的要求的重申与贯彻,它要求构成证据事实的命题最终都应能被还原为基始陈述命题。客观真实论所要求的案件事实与案件的一致性也只有在这一环节才能得到落实。仍以吴某赠送珠宝一事为例,吴某出赠的珠宝的种类、数量等都可以通过与实物直接比照而得出结论。这些基始陈述既是建构证据事实的出发点,也是证据事实的立足点,是裁判事实的根基所在。

其次,有限的推理。推理不可避免,但需要受到限制。罗素在《人类的知识》一书中最终不得不承认所有的知识都是或然、不确定的,[②]这是因为我们的思考最终总是要依赖一些无法得到验证的假设。在这一意义上,证据事实不可能只是对证据的描述,它往往需要就证据与证据之间的意义关联进行推理。如果说证据是一根根原木,那么显然,仅仅堆放原木建立不起证据事实的木屋。如果说证据是一颗颗散落的珍珠,那么,证据事实就是由这些珍珠串成的项链。可以说,推理是铆起原木的铁钉,是串起珍珠的丝线,但是,这些推理必须受到常识、经验、逻辑等认知要素的限制。我们推理所依据的假设必须能为公众普遍接受。例如,我们可以从刀柄上留有 A 某的指纹推断出 A 某很可能接触过该把刀,但不能在缺乏其他证据的情况下就推断出 A 某的指纹系他人陷害制造。基于证据的必要推理也是证据事实的组成部分,只是比例应当受到相应证明标准的限制,这是法律真实论应予解决

---

① 参见刘树德:《无理不成"书":裁判文书说理 23 讲》,中国检察出版社 2020 年版,第 36 页。
② 参见[英]罗素:《人类的知识》,张金言译,商务印书馆 1984 年版,第 613 页。

的问题。

最后,克制、避免价值判断尤其是法律评价。在证据事实的建构过程中,如果评价多于描述、评价先于描述,极易导致案件侦查人员对案件产生先入为主的认识,并在先在的偏见的指引下制造冤假错案。重评价而轻描述是法官以外的法律人对自己所负的陈述义务的错误理解,是司法过程中的越俎代庖。在实践中,裁判事实的指挥棒效用不可避免。案件侦查人员必然是按意向的案由收集证据,但在这一过程中应始终保持开放、中立的心态,不拒绝因意外证据的出现而导致的思路变化。取证过程中的臆测不应进入证据事实的建构过程,意向的案由及其构成要件更不能成为建构证据事实的隐形框架。例如,在吴某案中,为了证明吴某有非法占有集资资金的意图,符合"肆意挥霍"的要件要求,将吴某送人珠宝的行为"描述"为"随意赠人",此处的"随意"就是一种评价,为后续的法律评价埋下伏笔。

在司法过程中,检察官、律师、当事人都势必参照法律规定的要件陈述案件事实,但对证据事实的陈述应当与法律评价分离。法官以外的主体可以基于证据事实明确提出如何评价的建议,并就这一建议提出理由,但不宜论述结合,将评价隐藏在对事实的陈述之中。整体而言,在证据事实的建构过程中,证据越多越好,推理越少越好;陈述越多越好,评价越少越好。

(三)法律评价的说理

裁判事实是法官在生效法律文书中确认的案件事实,是法官判决的依据。在等置模式下,法律判断的形成过程是案件事实与法律规范不断适应的过程,①这一过程并不必然体现在判决书中。法官的判决书只陈述裁判事实并就裁判事实展开论证,而裁判事实的证成不只是对证据事实的校验,也是对法律规范的释明。裁判事实的建构以论证为主,其核心问题是论证案件事实与法律规范之间的适应性。

与证据事实相比,裁判事实的陈述方式呈现重评价、重论述的特点。如果说证

---

① 参见郑永流:《法律判断形成的模式》,载《法学研究》2004年第1期。

据事实的陈述应归入奥斯汀所说的记述式言语行为，那么裁判事实则应归入奥氏的阐明式（expositives）言语行为。① 证据事实与裁判事实的建构有明显不同：一方面，证据事实的建构更多是一种自然科学意义上的发现，崇尚价值中立，而裁判事实的建构则是一种人文社会科学意义上的评价，不免价值判断甚至可能以价值判断为主导。另一方面，证据事实是事物导向，重点关注特定证据对特定行为的证明。例如，犯罪现场提取的血样是否系犯罪嫌疑人留下？裁判事实则是事件导向，重点关注特定行为之间的关联。例如，监控拍下犯罪嫌疑人从受害人所住公寓走出，且在嫌疑人身上发现受害人血渍，能否说犯罪嫌疑人就是杀害死者的凶手？

裁判事实的这些特征决定了我们无法通过与实物验证的方式评判裁判事实的真假。裁判事实没有真假之别，只有证成与不证成之分。证成标准及相应的论证义务与裁判事实的类型、个案的特殊性有重要关联。

根据拟适用的主要规范的性质的不同，裁判事实可以分为程序性裁判事实与实体性裁判事实。程序性裁判事实是指依据程序法对案件事实整体作出否定性评价，例如不属于法律调整范围，已超过诉讼时效等。实体性裁判事实则是指主要依据实体法对案件事实进行评价，它近似于传统意义的法律事实，即“法律规范所规定的，能够引起法律关系产生、变更与消灭的客观情况或现象”②。

就程序性裁判事实而言，其建构要旨是依据程序法律规范，否定案件事实产生实质法律意义的可能性。以案例 5 - 15 的二审判决为例，③法院认为，双方“无视我国的婚姻家庭制度，以协议的形式用金钱去维系双方不正当的情人关系，其行为违背了社会公德。因该协议引起的纠纷，不属于人民法院民事诉讼受理的范围”。从该案的判决可见，作为该案依据的裁判事实属于法外空间。它不是传统意义的法律事实，但它恰恰是二审撤销一审判决，裁定不予受理的依据。它事实上导致了该

---

① 奥斯汀认为阐明式主要是阐明原因、论据，澄清语义、推进论辩。See J. L. Austin, *How to Do Things with Words*, Foreign Language Teaching and Research Press & Oxford University Press, 2002, p. 161 - 163.

② 张文显主编：《法理学》（第 5 版），高等教育出版社 2018 年版，第 160 页。

③ 参见浙江省杭州市中级人民法院民事判决书，（2009）杭浙商终字第 1138 号。

案诉讼法律关系的消灭。如果将它们划归法律事实,那将导致法律事实的无限泛化。理论上,所有法外事实都有可能因为导致诉讼程序的终止而成为法律事实。这将导致法律事实这一定义失去意义,模糊本来明确的法律界限。因此,本书将程序性裁判事实与实质性裁判事实区分开来,将传统意义的法律事实限定为实质性裁判事实。

鉴于程序性裁判事实是依据程序法对事实作出否定性评价,不就实质法律意义进行评价,因此其证成标准不同于实质性裁判事实。通常,法官只需要点出涉案行为不由法律调整、案件存在程序问题(如超出诉讼时效、原判决遗漏当事人)等就可以,而不需要就此进行深入论证。这是因为,其一,程序性裁判事实只是引致程序法律关系的产生、变化或消灭,不直接判定当事人的实质法律权利、义务;其二,“无”在逻辑上不需要证明也无法得到证明。

由此,裁判事实建构的重点在于实质性裁判事实的论证。实质性裁判事实的说理需要遵循以下三个准则:

第一,合法。这里主要强调裁判事实与具体的法律规范之间的对应性。事实上,裁判事实是经由法律规范裁剪后形成的事实,其呈现的形态基本与法律规范相符。我国大多数判决书中确认的裁判事实都是按法律规范的要件呈现。但这些事实与规范的适应程度仍有待推敲。不恰当地说,以裁判事实的形态呈现的案件事实,就仿佛穿上某个鞋码的脚,看起来是穿进去了,但实际是否合适并不能确定。此处的合法性不满足于要件化的表述,而是追究实际上是否适切。此处的适切指的是案件事实与特定构成要件相关的法律规定相符合,不能只是列明其满足各项构成要件,还应阐述如何满足。

第二,合理。裁判事实的证成不同于证明或检验,其以令人信服为目标,而合理是令人信服的重要基准。合理的“理”是为社会普遍认识的常识和接受的观点。但是这个“理”却不会永恒不变,而是因时、因地而异。合理不是一个绝对确定的概念,而是一个程度概念,合理与否以及合理度取决于裁判者给出的理由是否充分。从理由的内容来看,合理的“理”可能是事理,也可能是法理。对事实的推定需要合乎事理,对事实的评价则需要合乎法理。鉴于裁判事实是事实与规范相融合的产物,法理必然直接或间接地参与裁判事实的建构。反过来,裁判事实也需要从法理上获得正当性。

第三,整体融贯。从叙述的角度看,裁判事实应当是一个完整的、没有漏洞的故事。裁判事实的每一个部分都应当能够与其他部分自洽融合,能够使读者产生通顺、流畅的理解。如果说证据事实是素描,那么裁判事实就是成画,每一个细节都必须经过推敲、打磨,能与整体融贯。如前所述,裁判事实的客观性更多是逻辑上的客观,它要求关于案件事实的每一句陈述都应当有确定的真值,不能违反排中律、矛盾律等基本定律。[①] 这也是融贯性的基本要求。“在记录命题那里,决定真理性的是符合事实,在记录命题以上的各个层次,决定真理的是命题之间的融贯。”[②]

---

① See Andrei Marmor, *Three Concepts of Objectivity*, in Law and Interpretation: Essays in Legal Philosophy, Oxford University Press, 1995.

② 陈嘉映:《说理》,华夏出版社 2014 年版,第 171 页。

第六章 裁判文书说理的修辞方法

修辞学过去曾是,而未来也将是人文科学的女王。①

伽达默尔认为:“如果在修辞学中只看到一种纯粹的技术,甚至只看到一种操纵社会的工具,那就贬低了修辞学的意义。其实修辞学是一切理性行为的本质方面。”②表面看来,修辞学研究的是如何说服,深层次上,它关注的其实是何为真理,如何存在的问题。如果说传统的理性主义探求独一无二的事实以及结论的准确性,那么修辞性的理性主义却允许有一种多元化的价值观和多样性的理性。③“一切社会实践——也许也包括革命实践——没有修辞学的作用都是不可

① See Chaim Perelman, *The Realm of Rhetoric*, translated by William Kluback, Notre Dame University Press, 1982, p. 162.

② [德]汉斯 - 格奥尔格 · 伽达默尔:《诠释学Ⅱ:真理与方法》,洪汉鼎译,商务印书馆 2010 年版,第 591 页。

③ 参见焦宝乾:《逻辑与修辞:一对法学范式的区分与关联》,载《法制与社会发展》2015 年第 2 期。

想象的。”[①]在崇尚多元价值的当代社会,修辞学的价值蕴含更具适切性,修辞的说理方法也应当更受重视。在明确修辞方法的运用之前,首先应为修辞学正名。

一、作为论证理论的修辞学

修辞学长久以来被人们禁锢在文学及语言学的视域中,以为其作用无非是通过修辞手法来修饰辞章、加强表达。这使深受“巧言令色,鲜矣仁”的思想熏陶的人们自觉地将其纳入“非礼勿言”的范围内,认为其与真理及真理的达成毫无关系。事实上,修辞学与哲学、法律论证皆有着深远的历史渊源,只是在后来的发展中几经厄运而沦落如此。为修辞学正名的努力直到20世纪下半叶才得以引起学界的广泛关注,出乎意料却又在情理之中的是,这一努力不是由文学家或语言学家,而是由法学家和哲学家来完成的。伽达默尔甚至断言“哲学就是修辞学”。[②]

复兴后的修辞学很快就成为论证理论研究者汲取营养的重要源泉,并为法律论证理论的发展铺就了道路。[③] 修辞学理论成为分析现实法律论辩的主要工具,其之于法律论证研究的重要性也已成为不争的事实。

尽管修辞学的方法及理念已经在不同程度为各种论证理论所采纳,但它与法律论证的渊源,以及对于法律论证的影响仍然没有得到全面、充分的阐释,这一研究现状直接导致修辞学未能对法律论证产生其应有的影响。通过梳理修辞学的发展史及当代修辞论证理论,我们可以更为清楚地看到修辞学的主要旨趣以及其可能对法律论证产生的影响。

(一)法律论证与修辞学的渊源及流变

亚里士多德认为,修辞学大约产生于公元前5世纪上半叶的叙拉古和雅典。

---

① [德]汉斯-格奥尔格·伽达默尔:《诠释学Ⅱ:真理与方法》,洪汉鼎译,商务印书馆2010年版,第590页。

② 参见汪堂家:《隐喻诠释学:修辞学与哲学的联姻——从利科的隐喻理论谈起》,载《哲学研究》2004年第9期。

③ 参见颜厥安:《法与实践理性》,中国政法大学出版社2003年版,第87页。

当时的希腊世界,政权更迭频繁。当原来的政府重掌政权时,在变革时期被征用财产的所有权人就会要求返还其财产,由此导致大量的财产诉讼。为了帮助普通人在法庭上为他们的主张辩护,科拉克斯(Corax)和提西亚斯(Tisias)创制了一种程式化的艺术——修辞学。①

最初,修辞学是一门基于观察的实证科学。经验表明,有些演说家能够成功地发挥预期的影响,有些就不能,于是修辞学就成为成功人士所运用的有系统方法和技巧的工艺。但是希腊人对定义、分类和系统化的偏好对修辞学发生了作用,使这门基于经验的学科得以理论化、体系化。② 科比特(Corbett)认为,作为修辞学鼻祖的科拉克斯对修辞学的主要贡献可能就在于他提出了安排法庭演讲各个组成部分——序言、陈述、论点(包括承认和反驳)以及结束语——的规则,这种体例成为以后的修辞理论的来源。③

公元前5世纪的智者学派被视为最早的修辞学教师。从公元前4世纪开始,常规的修辞学校开始普遍化。在整个希腊—罗马时期,修辞学都作为三艺或七艺之一成为年轻人学习的主要课程。在整个希腊化和罗马时期,希腊文化在其最高水平上所采取的标准形式就是修辞学。正是受益于良好的修辞学教育,希腊罗马时期的公民在参与法庭论辩时都像训练有素的律师。

在这一阶段,古典修辞学的以下特征得以奠定:

其一,修辞学是一门关于论证的学问。亚里士多德的《修辞学》在开篇就指出,修辞学是与辩证法对应的部分。“两者都是在论辩中运用逻辑论证以形成正确的认识,两者都不从属于某一特殊学科,不限于研究某种确定的对象,而有普适性和实用价值。”④与其他推理形式不同的是,作为修辞论证主干的修辞推理“根据的是或然的事物或表证”,而“或然的事物是指经常会发生之事,但并非如有些人所说

---

① See George A. Kennedy, *A New History of Classical Rhetoric*, Princeton University Press, 1994, p. 3, 11.

② 参见[英]F. I. 芬利主编:《希腊的遗产》,张强等译,上海人民出版社2004年版,第215页。

③ See Michael H. Frost, *Introduction to Classical Legal Rhetoric*, Ashgate Publishing Limited, 1988, p. 3.

④ 汪子嵩等:《希腊哲学史》(第3卷),人民出版社2003年版,第318页。

的是在绝对的意义上,而是允许有另一种可能的事物”①。

其二,以法律论辩为主要模式。修辞学得以产生,是因为人们在法庭论辩中看到了言说技巧的力量。因此,当时的修辞学家总是以法庭论辩为模式。学校开设修辞学课程的主要目的就是提供几乎可以适用于所有情境、所有听众的,发现和提出法律论据的具体指导,从而使学生能够应对法庭演说。② 在亚里士多德对修辞演说的划分中,法庭演说也是他尤其关注的部分。可以说,修辞学在起源上就是一种法律论证理论。

其三,注重实践。修辞学在希腊特指公民在协商性集会中运用的公共演说艺术。修辞学得以产生正是基于人们对现实生活中行之有效的论辩形式的观察,其目的也是培养或提高人们“在每一事例上发现可靠的说服方式的能力”③。可见,修辞学是一门源于实践同时也是以实践为指向的学问。肯尼迪(Kennedy)认为,修辞学可以归因于人们求生存,并根据自己认为的自己、家庭、群体甚至后代的最大利益来影响他人行为的自然本性。④ 要影响他人的行为,除了运用强力、实施威胁、进行贿赂之外,就是对他人进行说服。可见,以说服为研究重点的修辞学的最终目标是对现实生活发生影响。

其四,注重对论证结构进行分析。希腊罗马时期的修辞学家通过研究法庭论辩,将修辞学分为发现、布局、风格、计划和提交五个步骤。言说者不仅要尽可能地搜集可用的论据,并且要根据听众的心理谋篇布局。

其五,对听众心理的重视。基于对现实有效的论证的分析,古典修辞学家们不断强调关注听众心理的重要性。就法庭论辩而言,他们一直强调要了解法官的正义感、自身利益、阶层或情绪,敏锐观察法官的心情或需求的变化并作出调整。

---

① [古希腊]亚里士多德:《修辞术·亚历山大修辞学·论诗》,颜一、崔延强译,中国人民大学出版社2003年版,第12页。

② See Michael H. Frost, *Introduction to Classical Legal Rhetoric*, Ashgate Publishing Limited, 1988, p. 3.

③ [古希腊]亚里士多德:《修辞术·亚历山大修辞学·论诗》,颜一、崔延强译,中国人民大学出版社2003年版,第8页。

④ See George A. Kennedy, *A New History of Classical Rhetoric*, Princeton University Press, 1994, p. 3.

尽管修辞学作为人文学科的女王在希腊罗马世界闪耀了千年，但这种辉煌最终仍不免归于沉寂。历史的转折点出现在公元410年，随着蛮族入侵，西罗马帝国覆灭，修辞学得以辉煌的社会基础不复存在，修辞学与法学的亲密关系随之中断。

由于主要的修辞学文献缺失或残损，修辞学经历了一系列的转变。在神学统治的中世纪，尽管人们保存了修辞学中法律论证的分析和组织原则，但却把它们用在了与世俗生活无关的地方。在圣·奥古斯丁看来，修辞学对于布道极具价值，在神学争论中也能发挥影响。① 查里曼大帝也借助修辞学来提高其子民的表达能力以及充分理解圣令的能力。② 这一断章取义式地理解贯穿整个中世纪并以其变体延续到文艺复兴时期。

在文艺复兴时期，随着昆体良、西塞罗及亚里士多德等人的古典修辞学著作的重现，修辞学被重新引入广阔而富有创造性的世俗生活中。尽管在英国，有以弗朗西斯·培根为代表的学者将修辞学与法学研究及实践联系起来，但就整个文艺复兴时期而言，修辞学更多的是影响文学而非法学。正是在这一时期，奥马尔·塔隆（Omar Talon）“出版了第一部研究演讲修辞或修饰性表述的修辞学（著作）。很明显，这一进路不是亚里士多德所阐述的说服技巧，而是表达的策略。从此以后，修辞学成为文学学科或英语研究的一部分。遗憾的是，它不再被视为对推理的研究”③。更遗憾的是，后来的评论家并不关注修辞学的说服力，而只关注它的手法是如何被滥用的，进而批评修辞学是琐碎、乏味而机械的。这种误解连同其他的批评，造成了现在修辞学与虚华的语言夸张联系在一起。④

此后的17、18世纪，随着人们对经验科学及形式逻辑的兴趣的日益增长，更多的依靠情感论据与或然性而非客观、科学的必然性的修辞推理遭到了质疑甚至彻

---

① 参见［英］理查德·詹金斯编：《罗马的遗产》，晏绍祥、吴舒屏译，上海人民出版社2002年版，第344～349页。

② See Michael H. Frost, *Introduction to Classical Legal Rhetoric*, Ashgate Publishing Limited, 1988, p. 7.

③ ［比利时］海姆·佩雷尔曼：《旧修辞学与新修辞学》，杨贝译，载郑永流主编：《法哲学与法社会学论丛》（总第八期），北京大学出版社2005年版，第40页。

④ See Michael H. Frost, *Introduction to Classical Legal Rhetoric*, Ashgate Publishing Limited, 1988, p. 10.

底否定。与此同时,由于法律体系及法律实践的变化,法律演说的机会受到了限制。休谟在其《论修辞》一书中就指出,现代法律程序及证据规则限制了法律演说的机会,这导致法律与修辞学的联系被中断。[①] 之后的修辞学一直与肤浅的正确联系在一起,从而被排除在法律论证的门外。及至 19 世纪末,修辞学逐渐被请出西方学校的课堂,修辞学由此跌入谷底。这 3 个世纪的修辞学在佩雷尔曼看来,"无异于古典传统的颓废版"[②]。

进入 20 世纪 40 年代,美国的学生们出于业务目的普遍要求接受实践训练,学校遂按照古典修辞学对一致性与完整性的要求将听、说、读、写的技巧结合起来,并很快回归古典文本以寻求灵感和指导。[③] 古典修辞学复兴的曙光由此出现。

(二)当代的修辞论证理论

修辞学史的研究者们发现,修辞学每每兴起于危机四伏的时代。这意味着修辞学在当代的复兴并非偶然。事实上,历史学家常常以伯罗奔尼撒战争对希腊的影响与"一战""二战"之于西方世界的影响作比,这几次战争都在摧毁物质世界的同时,也使人们的精神世界分崩离析,为人们的行为提供确定答案的价值原则一度不复存在,同一问题往往导出截然相反的答案。

具体到修辞学在 20 世纪的复兴,其背景大体可以从时代问题和论证理论的发展两方面来阐述。[④] 修辞学复兴的 20 世纪五六十年代,"二战"的硝烟已从西方世界渐行渐远,然而战争的结束并不意味着引发战争之原因的消除。从 20 世纪初就开始蔓延的高失业率、高通膨率在战后仍然大行其道,而在战前若隐若现的精神世界的崩溃则在战后变得一览无余,这种崩溃最集中的体现莫过于"跨掉的

---

① See Michael H. Frost, *Introduction to Classical Legal Rhetoric*, Ashgate Publishing Limited, 1988, p. 11.

② [比利时]海姆·佩雷尔曼:《旧修辞学与新修辞学》,杨贝译,载郑永流主编:《法哲学与法社会学论丛》(总第八期),北京大学出版社 2005 年版,第 41 页。

③ See Michael H. Frost, *Introduction to Classical Legal Rhetoric*, Ashgate Publishing Limited, 1988, p. 13.

④ 这样的一种解析方式也从一个侧面印证了佩雷尔曼对修辞学命运的分析。佩雷尔曼认为影响修辞学发展的因素主要有两个:其一为观点作为真理的对应物,在知识论上的地位;其二为社会历史条件。See Chaim Perelman, *The Social Contexts of Argumentation*, in The Idea of Justice and the Problem of Argument, Routledge & Kegan Paul Limited, 1963, p. 154 – 160.

一代”的出现。重建道德规范体系,重建人类的心灵家园成为当代哲学的当务之急。其中的重要一步就是重建能导出确定无疑之答案的主导原则。这时,一直为修辞学在化解矛盾、形成共识方面的优势很轻易地吸引了哲学家们关注的目光。

这些关注并不仅仅源自哲学家们对现实生活的关切,也源于哲学家群体内部所面临的类似问题。在理性高歌猛进的19世纪,尼采就已大声宣告了上帝的死亡,这不仅意味着基督教信仰面临有史以来最大的危机,①也几乎把人类抛向虚无的精神世界中。以斯宾格勒《西方的没落》为代表,弥漫于西方世界的悲观主义情绪呈现理论化、系统化的趋势。“现代主义者,古典主义者,社会理论家和解构主义者有关哲学问题的必要谈话无不充满怀疑和碎片。”②潜流的文化危机与社会、政治、经济危机相遇,其产物就是“理性”的危机。③ 人们在原子弹爆炸的蘑菇云中惊恐地看到,理性发挥到极致也就成了荒诞与不理性。理性在价值判断方面的软弱无力也开始令人们失望甚至恐惧。从前带领人类冲出黑暗时代的理性之光似乎又要被暗夜所吞噬。正因如此,致力于实践理性研究,试图以此挽救理性危机的修辞论证理论才显得分外引人注目。

当代修辞论证理论的杰出代表首推比利时法哲学家海姆·佩雷尔曼(Chaim Perelman),英国哲学家斯蒂芬·图尔敏(Stephen Toulmin)以及德国法哲学家特奥多尔·菲韦格(Theodor Viehweg)。三人的代表作分为《新修辞学》、《论辩的运用》和《论题学与法学》。④ 这三位学者在分处不同国家并且没有任何沟通的情况下,

---

① 参见张旭:《“上帝之死”时代中的朋霍费尔》,载《宁夏党校学报》2004年第1期。

② Thomas B. Farrell, *Reason and Rhetorical Practice: The Inventional Agenda of Chaim Perelman*, in James L. Golden and Joseph J. Pilotta eds., Practical Reasoning in Human Affairs, D. Reidel Publishing Company, 1986, p. 260 – 261.

③ See Michel Meyer, *Problematology and Rhetoric*, in James L. Golden and Joseph J. Pilotta eds., Practical Reasoning in Human Affairs, D. Reidel Publishing Company, 1986, p. 120 – 121.

④ See Chaim Perelman & Olbrechts-Tyteca, *The New Rhetoric: A Treatise on Argumentation*, translated by John Wilkinson and Pursell Weaver, University of Notre Dame Press, 1969; Stephen Toulmin, *The Uses of Argument*, Cambridge University Press, 2003; Theodor Viehweg, *Topik und Jurisprudenz*, C. H. Beck, 1954.

几乎同时出版了修辞论证理论的著作。[①] 这从一个侧面说明,修辞学的复兴也是时代的产物。

当代修辞论证理论虽然各有侧重,但都继承并发展了古典修辞学的传统进而呈现以下特征:

1. 反形式逻辑。修辞论证理论家们认为,笛卡尔理性主义和现代数理逻辑都将逻辑的概念狭隘化了。“在逻辑领域和在道德领域一样,理性论断的真正问题都需要经验、洞察和判断,数学计算从来都只是完成这一任务所运用的诸多方法之一”,“逻辑领域的狭隘化对人文科学、法学乃至所有哲学流派的方法论而言都是灾难性的”。

2. 关注与法学的联系。后人称《新修辞学》与《论辩的运用》意味着认识论的一个转向,即由形式的技术逻辑转为非形式的、应用的修辞逻辑。在这一转向过程中,佩雷尔曼与图尔敏都选择了以法律推理作为论证研究的范式,并且都对这一范式的作用给予了高度评价。图尔敏认为,“逻辑就是普遍化的法学”。佩雷尔曼则说:“对法律证明及其变化和演绎形式的研究,比起其他研究来更能让我们知晓思与行之间的关系。”早于这两部著作出版的《论题学与法学》也直接明白地将法学与修辞学联系起来。[②]

3. 关注听众。在佩雷尔曼看来,论证与原来的证明形式的最大不同在于论证的每一步推进都以听众的接受与认同为前提,所有论证的目的都在于获得或强化听众的认同。因此,在整个论证过程中,言说者是以听众为指向的。即使是论证定义与佩氏有所不同的约西纳·M. 马卡乌和德比安·L. 马蒂也认为:“论证是以听众为中心的交流。无论如何运用,无论想如何施加影响,你准备和提供的论据都必须以接收者为中心。如果没有考虑你的听众,那么你的论证不过是在锻炼你构造

---

① 三本书的出版时间分别是1958年、1958年和1954年。

② 菲韦格认为论题学是由修辞学发展而来的问题思考技术。参见舒国滢:《寻访法学的问题立场——兼谈“论题学法学”的思考方式》,载《法学研究》2005年第3期。

论据单元的能力罢了。”①

4. 注重场域(情境)。修辞论证理论家往往都强调一种情境思维,将结论的合理性放在具体的场域(情境)中进行考察。图尔敏将公正(soundness)的标准区分为场域不变(field-invariant)型和场域依赖(field-dependent)型两种。前者是指论证在形式上必须坚持一些含有固定成分的固定程序,而后者则是指法律论证的内容是否具有可接受性取决于其所处的具体的法律领域,不同的法律领域有不同的基础、保证和支持。② 佩雷尔曼虽然没有直接区分普遍公正和特殊公正,但是他始终强调抽象价值与具体价值的区别,而具体价值总是与特定的人和制度相联系的。从他划分出的听众类型可看出他也认可理性有普遍性和地域性之分,只是这种区别并不以形式或内容为基础。

5. 重视心理学。出于对听众的关注,修辞论证学家们很自然地关注起论证对听众头脑或心灵产生影响的过程。尽管他们都不愿意承认自己学说的心理学基础,但心理学无疑影响了各种修辞论据的提出以及对各种修辞论据的强弱的判断。这首先表现为,修辞学家们强调听众所处的环境及论辩的氛围都可能会影响听众对论据的接受;其次则表现为他们提出的论证理论作为整体都会以听众的心理尤其是思维心理为指向。理查德·朗(Richard Long)指出,佩雷尔曼的新修辞学近似心理学中的完形。在这个经验的整体中,佩雷尔曼的论证理论将修辞过程描述成了言语体系所持的各种心理现象的组合。③

6. 对现实论辩形式进行总结。作为强调实践的古典修辞学的继承者,修辞论证学家们都致力于对现实论辩中的论证结构进行分析。佩雷尔曼在对现实生活中的 90 余种论辩形式进行总结的基础上,提出了包含论证的起点和方法在内的论证

---

① Josina M. Makau & Debian L. Marty, *Cooperative Argumentation: A Model for Deliberative Community*, Waveland Press, 2003, p. 181.

② See Eveline T. Feteris, *Toulmin's New Rhetoric*, in Fundamentals of Legal Argumentation, Kluwer Academic Publishers, 1999, p. 40 – 47.

③ See Richard Long, *The Role of Audience in Chaim Perelman's The New Rhetoric*, in Ray D. Dearin ed., The New Rhetoric of Chaim Perelman, University Press of America, 1989.

结构,具体分析了各种论据的作用。图尔敏亦以其提出的论证模式而著称,他认为,一项主张的证立是一种由各个步骤组成,按固定顺序依次进行的程序,并勾画出了具体的论证图示。① 整体而言,修辞论证理论没有过多的理论预设,而是以对现实论证的描述及归纳总结为重心。

由上可见,当代的修辞论证理论在各方面汲取了古典修辞学的精华。而他们在继承古典修辞学的同时也作出了自己独特的贡献。尽管修辞学与哲学具有一定的历史渊源,但这一点在古典修辞学中并没有很好地体现出来。② 当代的修辞学家们则在这一方面远远地超越了他们的前辈。他们认为,"任何哲学,如果它不是出自清晰明确的观念的直觉来阐述,而是出自总是引起混淆,容易引发大量解释的普通语言,那么它在这一意义上就是修辞学的"③。

他们不仅修复了修辞学与哲学间的良好关系,而且从哲学的高度将论证做了深入推进。这首先表现在,当代的修辞论证学家将人们用以说服他人的论证的根

---

① 图尔敏认为,人们总是基于一定的数据(data)提出一定的主张(claim)。而使得二者之间能够建立起因果关系的则是保证(warrant)。当人们对保证提出怀疑时,论证者就将援引佐证(backing)来支持保证。图尔敏的图示如下:

Data →Claim
↑
Warrant
↑
Backing

See Stephen Toulmin, *The Uses of Argument*, Cambridge University Press, 2003, p. 103.

② 在古希腊,尽管修辞学也不失为认识真理的方法,但人们并不强调它在这一方面的作用。以柏拉图为例,尽管他也期待哲学家的修辞学,即以追求真理为目标的修辞学,但他更具影响力的观点则是认为修辞学家主要是研究如何蛊惑人心。意大利学者格罗西(Grossi)对哲学与修辞学的关系给予了深切关注,在其专著《作为哲学的修辞学》一书中就讨论了哲学与修辞学的历史渊源,他认为可以从两个角度来认识修辞学:其一是将它仅视为关于传统修辞学家、政治家和传教士所需要的演讲类型的学说,意即,将修辞仅视作一种技巧、一种说服的方法。从这一角度看,修辞学仅限于为劝说听众者提供实践指引,不具备理论特征。其二是以修辞学与哲学的联系来看待之。如果哲学的目标旨在成为思想与演说的理论形式,那么它的修辞学特征也就不言而喻了。See Ernesto Grossi, *Rhetoric as Philosophy*: *The Humanist Tradition*, translated by John Michal Krois and Azizeh Azodi, Southern Illinois University Press, 2001.

③ Chaim Perelman, *The New Rhetoric and the Rhetoricians*: *Remembrance and Comments*, in The New Rhetoric of Chaim Perelman, University Press of America, 1989.

源归结为形式演绎逻辑(推证[1])的传统。他们认为,形式逻辑只能证明存在于论辩的前提中的事物,并得出毋庸置疑的绝对结论。而实践论证则能涉及前提中不存在的事物,其以或然性为基础,结论也是可质疑的。图尔敏就或然性论证的合理性进行了详尽的论述。[2] 佩雷尔曼则直接指出,与推证相似的实践论证更容易为听众所接受。因此,他的新修辞学以准逻辑论据为主要论据类型。对形式演绎逻辑是实践论证的根源的承认,使我们得以理解一些方法和论据更为有效或有说服力的原因。其次,当代的听众理论是对古典修辞学听众理论的超越。在亚里士多德的时代,修辞学中的听众充其量只是一种发现真理的工具,这如同数学运算规则是得出结果的工具一样。但在以佩雷尔曼为代表的当代修辞论证学家看来,听众同时也是判断论据价值以及论证合理与否的标准。

除此之外,当代的修辞论证学家还从认知的层面分析了论证在头脑中运行的过程,这也是古典修辞学未曾涉及的领域。

(三)修辞论证理论在法学领域的前景

修辞学复兴至今已经70余年,得到了法律论证学界的充分承认,但对它的批评也一直持续不断。无论是图尔敏的论证图式、菲韦格的论题目录,还是佩雷尔曼的论证结构都受到了质疑。菲特丽丝就认为图尔敏的论证模型并不能用于需要解释法律规则或者对案件进行定性的疑难案件。图氏的模型没有区分可以用来描述支持法律解释或案件定性的各种论证,因而并不适于分析复杂的法律论证。[3] 爱

---

① 本书将 demonstration 译作"推证",以与一般的证明形式及论证区别开来。佩雷尔曼就"推证"与"论证"的区别作了详尽的论述。他认为,推证是"根据事先制订的规则进行的计算。它无须诉诸证据或者除了理性直觉以外的其他感觉。它只需要具备辨别符号并按照规则执行操作的能力"。而论证则"总是由言说者——无论是在演讲还是在写作中——向由听者和读者组成的听众提出。它旨在获得强化听众对某些命题的认同,以及希望得到的同意"。See Chaim Perelman, *The New Rhetoric: A Theory of Practical Reasoning*, in The New Rhetoric and the Humanities, D. Reidel Publishing Company, 1979, p. 10.

② See More extension see Stephen Toulmin, *The Uses of Argument*, Cambridge University Press, 2003, p. 41 - 87.

③ See Eveline T. Feteris, *Fundamentals of Legal Argumentation*, Kluwer Academic Publischers, 1999, p. 47.

默伦则认为,佩雷尔曼并没有对他提出的各种论辩形式进行很好的界定,而且这些论辩形式也不是相互排斥的。[①] 由于对各种论辩形式的划分没有坚持完全客观的标准,这使修辞学在实际运用过程中可能比证明更危险,毕竟证明通过客观限制排除了人为操作的可能。[②]

尽管备受诟病,修辞论证理论仍然得以在回应各种批评的过程中迅速发展。在修辞论证学家们的影响下,图宾根、索菲亚、耶路撒冷等大学都设立了修辞学的教席,宾夕法尼亚大学还创办了《哲学与修辞学》杂志。各国学者都在完善修辞论证理论的同时,将现有的修辞论证理论与具体的法律实践结合,以充分展现修辞论证理论的实践价值。

笔者认为,至少在以下方面,修辞论证理论在法律论证领域仍然有着广阔的发展空间。

1. 修辞论证理论带来了新的法学观。以佩雷尔曼为代表的当代修辞论证学家强调,法律就是法官在司法过程中以制定法为基础提出的能为社会所接受的合理的判决理由。站在这样的法律视角,放眼望去,法学诸领域都呈现了相应的变化。首先,法律论证成为法律生活的题中之义。法官要想证明其判决的合理性,就必须提出为社会所接受的判决理由。提出理由的过程就是一个论证的过程。其次,法官作为言说者而存在。在孟德斯鸠设计的三权分立体制里,法官只是一个消极的存在,他只是说出法律言辞的嘴巴。这对修辞论证理论而言是不能接受的,因为如果法官只是一个被动传递立法者意志的消极存在,那就意味着司法权从属于立法权,判决最终不过是立法者意志的表现。再次,法不限于制定法。根据修辞论证理论,法官在判决中会在法律体系精神的指引下列出好的理由,根据案件所涉的领

---

① See Frans H. van Eemeren & Rob Grootendorst, *Perelman and the Fallacies*, Philosophy and Rhetoric, Vol. 28:2(1995).

② See Frans H. van Eemeren, Rob Grootendorst & Tjark Kruiger, *Handbook of Argumentation Theory: A Critical Survey of Classical Backgrounds and Modern Studies*, Dordrecht, 1987, p. 254 – 255.

域,理由可以是道德的、政治的、社会的、经济的或宗教的。[①] 最后,强调法的特殊性。修辞论证理论认为,价值的重要性会因为论证所处的环境、气候、氛围和政治意识形态而有所不同,也会因为法官的教育背景、性格和个性的不同而不同。在价值判断问题上不存在一定之规,只有依据现实条件才能最终确定何种价值优先。并且,这种决定能被接受不是因为它绝对客观有效,而只是因为它是合理的。[②]

2. 强调了展开论证的环境的重要性。作为一种以实践为旨归的理论,修辞论证理论提醒人们注意到了一个为大部分论证研究者所忽略的问题,即论证得以进行的现实环境。古典作家都认为修辞学产生于叙拉古和雅典的民主政制。这意味着,修辞学诞生于人人都有平等话语权的环境中。

福柯在批评哈贝马斯的理想商谈环境时曾说,这种善良愿望和意志一旦触到"社会权力结构"的坚固礁石便会被撞得粉碎。[③] 哈氏受批评之处正是修辞论证理论值得肯定的地方。佩雷尔曼在谈及法律与修辞学的关系时曾说:"在较少权威而有更多民主色彩的法律观念中,修辞学的地位会越来越不可或缺。"[④]同样的条件也适用于论证理论的发展和适用,论证作为证成结论的必要方法,其适用以权利平等为前提。论证的必要性与论辩双方的权力差值成正比,双方权力地位越接近,论证就越有必要。将这一理念延伸到法学领域就要求我们首先保证立法领域的权力平等。唯有各利益主体的意见能够得到平等的表达时,民主的立法才真正可能。

---

① See Chaim Perelman, *Legal Reasoning*, in Justice, Law and Argument, D. Reidel Publishing Company, 1980, p. 129.

② 在新修辞学理论中,理性的与合理的区分十分重要。"理性的"与数学理性相应,对某些人而言,它是神的理性的反映,其掌握的是必然联系,涉及一些具有优势地位的不证自明、永恒不变的真理,其与具有强制力的推理有关。而"合理的"人的行为总是受一般常识的影响,根据如何能被环境情势所接受来指引自己的行为。可见,合理的"理"是为社会普遍认识的常识和接受的观点。但是这个"理"却不会永恒不变,而是因时、因地而异。理性的决定是具体而明确的,而合理的答案则是可更改、可接受的。理性的决定不一定是合理的,反之亦然。

③ 有关哈贝马斯理论的内容参见章国锋:《关于一个公正世界的"乌托邦"构想——解读哈贝马斯〈交往行为理论〉》,山东人民出版社 2001 年版,第 133 ~ 160 页。

④ Chaim Perelman, *Law and Rhetoric*, in Justice, Law and Argument, D. Reidel Publishing Company, 1980, p. 121.

其次要保证司法领域的权利平等。这要求诉讼各方当事人享有平等的诉讼权利，从而享有平等地为自己的主张辩护的权利。

3. 将应用领域扩及立法。由于以德国为代表的主要受法律实证主义影响的法律论证理论倾向于将法律论证的正确性交由一定的法律体系来决定，这意味着，判断法律论证合理与否的标准仅限于既存的法律体系。为了保证法与道德等社会因素的分离，法律论证理论家有意无意地回避了立法领域的法律论证问题，而将其定位为“司法定向的法学理论”。① 大部分的法律论证理论甚至法理学理论都回避了立法领域的问题。②

而修辞论证理论对法的开放性的强调使得法律论证在立法领域的适用成为可能。这无疑将对立法领域产生重大影响。首先，修辞论证理论的引入有助于保障立法的合理性，进而实现立法的民主化、科学化与合法化。其次，修辞论证理论的引入有助于提高立法效益。修辞论证理论能够保障参与立法的主体在最大限度上达成理性的共识，使立法能够最大限度地反映民众的意志，这就使得法律的遵循具备了良好的民意基础从而能提高立法效益。

无论是回归还是超越，修辞论证无疑都引导法律论证走上了一条新的道路。事实上，修辞论证理论的抱负远不止于此。在他们看来：“……人们一旦企图透过沟通来影响某人或某些人、引导他人思想、激发他人情绪、指引他人行动者，即进入修辞学王国。”③这使修辞学向其他人文学科的进军成为可能，或许正是在这一意义上，“修辞学过去曾是，而未来也将是人文科学的女王”④。

---

① 参见舒国滢：《从方法论看抽象法学理论的发展》，载《浙江社会科学》2004 年第 5 期。

② 参见[比利时]卢卡·温特根斯：《一种新的立法理论——立法法理学》，王保民译，载《立法研究》2005 年第 5 卷；强世功：《迈向立法者的法理学——法律移植背景下对当代法理学的反思》，载《中国社会科学》2005 年第 1 期。

③ Chaim Perelman, *The Realm of Rhetoric*, translated by William Kluback, Notre Dame University Press, 1982, p. 162.

④ Chaim Perelman, *The Realm of Rhetoric*, translated by William Kluback, Notre Dame University Press, 1982, p. 162.

二、修辞学的说理方法

修辞方法的核心是受众，即修辞学家所说的听众。基于对现实有效的论证形式的分析，古典修辞学家们不断强调关注听众心理的重要性。准确运用修辞方法的前提是准确地界定听众。[①] 就法庭论辩而言，最重要的听众是法官。就判决书的撰写而言，听众的识别相对困难。法官在证成自己的判决时，首先，考虑将上级法院作为听众，确保自己的判决不被推翻；其次，考虑将控辩双方作为听众，增进双方对判决结果的认同；最后，在审理具有重大社会意义、容易引起社会关注的案件时，考虑将社会公众作为听众，争取赢得公众对判决结果及理由的认同。在明确听众范围之后，言说者还应尽可能地了解听众的背景信息，例如法官年龄、性别、籍贯、教育背景、在以往同类案件中的立场、价值偏好等，在论述时采用法官偏好的理由体系并以法官容易接受的方式呈现。

在听众确定后，言说者可以根据听众的情况综合运用各种论证方法。修辞的方法是修辞学家对实践中行之有效的论辩方法的总结，是经验的产物，不同学者总结的方法会有所不同。佩雷尔曼对当代的修辞论证方法做过较为全面、系统的总结，将所有的修辞说理方法都归结为结合与分离的方法。在修辞说理的众多方法中，最常被提及的是比喻与省略三段论，本节也将予以讨论。

（一）结合与分离

在佩雷尔曼看来，论证是一个网络，它由所有联合起来致力于达成可欲结果的论据和理由组成。论证过程也是一个建立关联的过程，通过这一关联，对某一元素的接受或认同可以传递到另一元素上。这种关联可以通过结合（association）的方法和分离（dissociation）的方法来建立。

所谓结合的方法，是组合原本独立的元素以建立一个新的结合体，从而对这一元素组合进行或肯定或否定的评价。它试图在言说者的论证起点和论证结论中建

---

① 详情参见本书第一章第四节。

立联系。例如,言说者可能以生命的价值作为起点,继而与堕胎行为相联系,从而使听众相信堕胎是不道德的。结合的方法又可以分为三种类型:准逻辑论辩(quasi-logical arguments)、基于现实结构的论辩(arguments based on structure of real)和建立现实结构的论辩(arguments aim at establishing the structure of real)。

准逻辑论辩与形式逻辑十分相似,其大部分说服力源自逻辑的强制性特征。二者的区别在于:其一,准逻辑论辩用于寻求听众的认同,而形式逻辑则是无关听众认同的计算体系。其二,准逻辑论辩中的不一致可以被规避,而形式逻辑的同一律是不能被打破的。准逻辑论辩大致有以下几种:①

不相容(incompatibility)论辩。言说者通过指出某一论据与已被确认为真的论据间的矛盾来认定这一论据是"荒谬"的、不能被接受的。

识别(identification)与分析(analysis)。识别也就是下定义,新修辞学中的定义具有论证性。在定义的多元化情形下,由于定义乃是描述事物的某一部分,因此就必须在事物的各个部分之间做选择。② 如果某一定义被接受,那么建立定义涉及的两个概念之间的对等关系就是分析。

互换论辩(argument of reciprocity)。该论辩用于指出某两种情形在某些具有本质意义的方面具有对称性,从而应给予其同等对待。

基于传递性的论辩(arguments by transitivity)。该论辩可视为交互论辩的延伸,它是指基于甲乙间有关联,乙丙间有关联而推出甲丙间有关联的论证方法。基于传递性的论辩运用中最为重要的方法就是涵摄,而三段论则是涵摄方法最重要的运用。

包含关系(the relation of inclusion)论辩。这一论辩又包含两种形式,一种是以量为基础关系的命题,强调部分与整体相比较并没有性质差异;另一种则是以质为基础关系的命题,强调部分与整体具有不同的价值,并且多认为整体之价值高于部分之价值。

---

① 参见[比]哈伊姆·佩雷尔曼、奥尔布莱希茨-泰提卡:《新修辞学》,杨贝译,商务印书馆2021年版,第229~314页。

② 参见[比]哈伊姆·佩雷尔曼、奥尔布莱希茨-泰提卡:《新修辞学》,杨贝译,商务印书馆2021年版,第249~253页。

对比论辩(arguments by comparison)。这种论证方法是通过权衡各客体之间的关系来评价某一客体。参照客体的选取对于对比论辩的有效性十分重要,例如在面对中国听众时,说某国领土相当于中国领土的几分之一就比说某国领土相当于另一国领土的几分之一要容易让人领会些。

可能性论辩(argument of probabilities)。此论辩就是对某种规律的可能性予以量化的方法。

基于现实结构的论辩是以连续性和共存性结合关系为基础的论据。

以连续性结合为基础的论辩包括同一水平层次的现象间的联系,譬如原因与结果间的关系。这一类型论辩的典型就是"实用主义论辩",它很好地说明了与结果相联系的论证形式。"实用主义论辩"假定了行为的价值可由其结果来决定,以"实用主义论辩"为理由的言说者往往会强调这一行为能产生好的结果。以共存性结合关系为基础的论辩包括在不同水平层次的现象间的联系,这一类型的关系不似原因与结果间的联系那么直接,譬如行为与其本质,行为人与其行为。共存性结合关系以人与其行为间的关联为基础。当这一关联普遍化,行为与本质间的联系也就因之建立起来。通常这一论辩的进一步推进就是主张可以依据个人行为的好坏来评价这个人的品质。[①] 源自权威的论辩(argument from authority)也是以共存性结合关系为基础的论辩。这种论辩主张,一些前提应被接受的原因在于它们已被有高素养的重要人物认可。这种类型的论辩常见于广告语中,不少产品在推荐自己产品之前都会强调,"某某类专家认为……"不过佩雷尔曼强调,这种源自权威的论辩只有在没有其他更好的论辩的情形下才能适用。[②]

建立现实结构的论辩是试图建立现实结构的论辩。它分为通过特例建立现实结构和通过类推建立现实结构两大类型。

通过特例来建立现实结构的论据主要运用例证(example)、示例(illustration)

---

① 参见[比]哈伊姆·佩雷尔曼、奥尔布莱希茨-泰提卡:《新修辞学》,杨贝译,商务印书馆2021年版,第356~372页。

② 参见第二章第一节关于权威观点类理由的论述。

和典范(model)三种事例。例证是用来创造一般性的论据,它假定在各事例间存在规律性,言说者通过提出几个事例来使听众相信规律的存在。除了能从个别推出一般之外,例证还能用于从一个个别推出另一个个别。与例证用于建立一项规则不同,示例仅用于说明一项规则,以强化听众对一个已为人所接受的,通过例证建立的规则的认同。佩雷尔曼认为,由例证向示例的过渡常常是"不知不觉地"进行的。但由于二者在功能上有所区别,因此对二者的要求也是有所不同的:例证必须毫无问题,而示例则无此严格要求。[①] 典范意在提供可供模仿的事例,即树立一种榜样。正如榜样有好坏之分,典范也有正面与负面之别。正面模范用于激发人们的同类行为,而反面典型(anti-model)则用于制止类似行为的出现。

通过类推建立现实结构的论辩包括运用类推和暗喻进行的论证。类推通过确立某一事物存在的关系(本体)与另一事物存在的关系(喻体)具有相似性,而赢得听众对此事物存在之关系(本体)的认同。需注意的是,本体与喻体必须属于不同领域,如若二者属于同领域,那么这一类型的论辩就成了通过特例来建立现实结构的论辩。当类推浓缩,本体与喻体融合时,类推就成了暗喻。

分离的方法意在将已由语言或已受承认的传统联系在一起的元素进行区分,以避免出现不相容的情形。例如,当人们面对剥夺他人生命是不正当的观念与堕胎是可接受的观念之间的对立时,人们往往会将生命的概念一分为二:一般生命与人的生命。在这种情形下,"一般生命"可能会包括所有有机体的生命,而"人的生命"则仅限于具有诸如自由意志等人的特有品质的生命。通过这一区分,前述不相容性就可以避免,因为堕胎可以视为仅仅是对"一般生命"而非"人的生命"的摧毁。

(二)隐喻

在裁判文书说理领域,比喻是一个被严重忽视的说理方法。在法学寻求科学地位的诸多努力中,坚持理性思维、使用精确语言一直被视为法学安身立命的要

① 参见[比]哈伊姆·佩雷尔曼、奥尔布莱希茨-泰提卡:《新修辞学》,杨贝译,商务印书馆2021年版,第431~445页。

素。“只有具备语言上的精确性,法学才完成其在国家和社会中的使命。”①在这一观念主导下,兼涉理性与非理性领域、始终存有模糊语义的隐喻一直被视为大敌。法律人似乎只在需要加强表达效果的时候,才容许隐喻作为一种点缀或装饰出现。然而,如果我们仔细审视法学内部就会发现,从法律术语(如“贸易壁垒”“法律漏洞”)到法律规则(如刑法关于洗钱罪、黑社会犯罪的规定)到法律原则(如“建立政治与宗教之间的隔离墙”)再到法律箴言(如“法律的生命始终不是逻辑而是经验”)甚至是法学专著的名称(如庞德的《普通法的精神》、德沃金的《身披法袍的正义》),隐喻无处不在,以至于许多法学家喟叹:法律中的隐喻是如此丰富,而我们对它的研究却又是如此匮乏。②

固有的隐喻观以及相对匮乏的研究现状让我们难以解释上述矛盾局面:为什么崇尚精准语言的法学领域会存在大量表意不清的隐喻?这些隐喻会不会消解法学的科学性?或者说,在多大程度上会消解法学的科学性?

1. 法律的隐喻缘何存在

隐喻通常是指用某一事物(喻体)指代另一事物(本体),它既包括语言隐喻也包括非语言隐喻。前者指通过语言文字表达的隐喻,后者则包括以图形、图像、雕塑等表达的隐喻。隐喻的希腊辞源“meta(μετά)”“phero(φέρω)”分别有“转换”和“携带”的意思。③ 可见,隐喻在西文中就有其隐喻式的含义,暗指将意义由某事物转移至另一事物。在这一过程中,人们将借助对于喻体的认识来了解本体,达到使本体“活现在眼前”的效果。④

基于对隐喻的表达效果的关注,人们一度以为隐喻在法律领域的存在只是基

① [德]魏德士:《法理学》,丁晓春、吴越译,法律出版社2005年版,第87页。

② See Heig Bosmajian, *Metaphor and Reason in Judicial Opinions*, Southern Illinois University Press, 1992, p. 7.

③ 参见杜登辞源词典“Meta”“Metapher”“Peripherie”词条。Das Herkunftswörterbuch Etymologie der Deutschen Sprache, 4. Aufl., Bd. 7, Duden Verlag, 1989, S. 523, 599. 感谢傅广宇教授提供本项重要信息及文献资料。

④ 参见[古希腊]亚里士多德:《修辞术·亚历山大修辞学·论诗》,颜一、崔延强译,中国人民大学出版社2003年版,第188页。

于修辞的需要,认为隐喻只是一种表意工具,是法律或法律思想的表征。这一传统的隐喻观无法解释,如果我们脱离这些表征来理解刚才的示例,就会发现原来的意义难以为继。这一困境说明,传统的隐喻观存在局限,隐喻也许不只是一种加强表达效果的修辞手法,它可能具有特殊的认知意义。

(1)隐喻是一种基本的思维模式

自20世纪70年代以来,隐喻成为逻辑学、修辞学、心理学、美学、语义学、符号学、诠释学等学科共同关注的主题。其中,认知心理学的研究影响最大,已经成为其他学科研究的智识基础。认知心理学的研究表明,隐喻并不只是一种点缀或装饰,它深植于人们的思维,是人们进行思考的重要工具。

首先,隐喻源自人们认知过程中的"路径依赖"。传统的隐喻观其实已经点出,隐喻思维的过程就是借用已知来认识未知的过程。近年的认知心理学研究已开始尝试从生理构造的角度对此加以解析。尽管有学者声称,在我们对认知的研究能够深入到神经细胞群的层面之前,我们不可能完全了解隐喻的认知过程,[①]但现有的研究已经足以让我们了解隐喻的认知原理。根据心理学家的研究,大部分推理是通过"链接"(linking)或"联结"(association)完成的。人的记忆由各种记忆轨道组成。当其中一个轨道被激活,那么与该轨道联结的其他轨道也会被激活。当我们面对一个新环境或新事物时,我们很自然地就会将它与我们熟悉的环境或事物"联结"起来。[②] 例如,同样是描述法律应予规定而未予规定的情形,与法律缺位相比,法律漏洞能够更快地让人们基于对"漏洞"的认识掌握法律漏洞的特性。可见,隐喻源于人体机能决定的"路径依赖"模式,是人们与生俱来的一种思维模式。

其次,隐喻源自人们对形象思维的偏好。在人的思维活动中,形象思维与抽象思维是两种各具特点、相互关联、相互补充的思维形式。形象思维以表象、意象等为思维材料,而抽象思维则主要以概念为思维材料。尽管抽象思维是在形象思维的基础上经由上升和转化形成,可以说是高级的思维形态,但它因为脱离了具体的

---

① See L. David Ritchi, *Context and Connection in Metaphor*, Palgrave Macmillan, 2006, p. 217.

② See Miriam Taverniers, *Metaphor and Metaphorology*, Akademia Press, 2002, p. 175 – 176.

形象而常常难于理解和把握。相形之下,形象思维则因它方便理解、记忆等特性更受青睐。隐喻所追求的使本体“活现在眼前”的效果正是形象思维的体现。就法律领域的隐喻而言,隐喻能够强化人们对法律思想的理解和记忆。以拉斐尔为梵蒂冈署名厅(Stanza della Segnatura)绘制的法学主题画作为例,有学者认为这些画是对西塞罗法律思想的诠释。[①] 虽然西塞罗的著作并不晦涩难懂,但与拉斐尔的画作相比,人们显然更容易从后者的构图、布景、着色理解西塞罗的自然法思想,而且,这些画面会比充斥着抽象概念的文字更易记忆。不只如此,与抽象思维相比,形象思维更能够调动人们的经验与情感。形象思维是以人们的经验为基础形成,而经验本身是非理性的,与人们的情感高度关联。因此,偏重形象思维的隐喻也将唤起人们的情感记忆。这也是隐喻能够引起人们深度的心理认同的原因。

最后,隐喻可以为人们提供认知模型。人们对于喻体的认识通常比较全面、系统。在隐喻建构起来之后,喻体就成为人们认识本体的一个基本模型。模型的意义在于为人们认识新的事物提供一系列的成体系的假定,这能够帮助人们建立起关于本体的新的理论体系。首先,因为模型本身已经是一个有结构、有层次的体系,因此只需要向模型内添加新的内容就能很快获得一个新的理论体系。例如,马克思主义有关经济基础与上层建筑的理论已经十分成熟。一旦认定法律是一种上层建筑,那么原有的关于经济基础与上层建筑的关系模型就能适用于法律,从而建立一种新的法律理论。这种以隐喻为模型建构理论体系的成功范例在交叉学科的研究中十分常见,其中的典范首推法律经济学。在法律行为成为一种交易行为后,经济学领域的成本收益分析等理论就沿着交易行为的理论模型移植到法律领域。其次,模型为人们提出了许多富有启发意义的假定,这对于创造性的发现具有重大认知意义。[②] 大胆的假设是科学创新的动力之源,也是法律发现的基本途径。例

① 详情请参见庄世同:《法律的图像:一种人文主义的分析与诠释》,“第一届海峡两岸法理学研讨会”会议论文,2010 年 7 月于北京。

② See Finn Makela, *Metaphors and Models in Legal Theory*, Les Cahiers de droit, Vol. 52:3 – 4, p. 397 – 415(2011).

如,在“法律是一棵常青树”的隐喻下,人们就会去思考“法律的根是什么?叶是什么?它生长在何处?它何以保持长青?”等与常青树有关的问题。隐喻在回答重大问题方面的超能力早已引起学者们的关注。即使是隐喻的抵制者,也往往不得不借助隐喻来建构自己的理论体系。例如,柏拉图的洞穴理论以及他关于身体之眼与心灵之眼的区分等。德里达甚至认为,整个哲学史都是由隐喻滋生的。①

(2)隐喻源自语言的局限性

所有的思维都以语言为中介,所有的思想都用语言来呈现。然而,语言是有局限的,隐喻正源自语言的局限。通常情况下,语言的限制不易察觉。但是,“我们再也不能把语言当作理所当然的交流媒介了。它已失去了透明度。我们就像长时间站在窗口往外看的人,没有注意到窗上的玻璃——而有一天也会开始注意到它”②。我们开始察觉到,这个玻璃窗的大小是限定的,有些风景无法通过这个玻璃窗;这个玻璃窗的透明度也是有限的,总会存在模糊地带。总有一些思想超出了语言的表达能力,我们无法具体言状,只得借用隐喻。

这种难以言表的典型是某种意象,它必须借助隐喻来表达。王国维先生认为大学问者会经历三重境界,从“昨夜西风凋碧树,独上高楼,望断天涯路”,到“衣带渐宽终不悔,为伊消得人憔悴”,再到“众里寻他千百度,回头蓦见,那人正在灯火阑珊处”。③ 这三重境界被后人反复传诵引用,也有不少人曾尝试将这些境界明确化,但却始终不尽如人意。

法律领域虽然鲜有这样需要借助隐喻才能表达的意境,但非隐喻不能传神表达的示例并不少见。哈特在分析法律的开放结构时曾经指出,任何词和概念都具有核心意思,同时又都具有边缘意思。一个词主要的意思应当是明确的,但是在边

---

① See Jacques Derrida & F. C. T. Moore, *White Mythology: Metaphor in the Text of Philosophy*, New Literary History, Vol. 6:1, On Metaphor. (Autumn, 1974), p. 28.

② Iris Murdoch, *Satre*, Cambridge: Bowes and Bowes, 1953, p. 27. 转引自 Linda L. Berger, *Metaphor in Law as Poetic and Propositional Language*, (2021-6-12) http://papers.ssrn.com/sol3/papers.cfm?abstract_id=2196087。

③ 王国维:《人间词话》,上海古籍出版社 2008 年版,第 6 页。

缘地带,该词的意思则会产生模糊的灰色地带。[①] 这一观点深入人心,却鲜有人意识到,“核心”与“边缘”本身就是一种隐喻。[②] 吊诡的是,如果将“核心”与“边缘”从哈特的思想中剔除出去,那么他有关语言的不确定性的分析将难以理解。如果我们尝试用其他语词来替换“核心”与“边缘”,就会发现这样的替换工作不仅大费周章,而且事倍功半。

精确的语言描述遭遇的表意困难随处可见。言辞尽处,隐喻生长。但毕竟,隐喻也是通过语言展开的。即使是面对非语言隐喻,人们也是在语言的空间里进行转换理解。因此,可以说,隐喻是一种普遍的语言现象。有些学者甚至认为,隐喻是语言的基本特征。[③]

由上,隐喻“渗透了语言活动的全部领域并且具有丰富的思想经历,它在现代思想中获得了空前的重要性,它从话语的修饰的边缘地位过渡到了对人类的理解本身进行理解的中心地位”[④]。隐喻这一重要地位的确立,决定了只要法律人还在试图认识、表述法律及法律思想,隐喻就不可避免。

(3)隐喻源自法律领域的需要

思维活动的规律与语言的特性决定了隐喻必然在法律领域出现。这一必然产物事实上迎合了法学理论与法律实践的需要。就法学理论而言,它不能只是自娱自乐、自我欣赏,它需要为实践提供指引。可以说,法学理论天生就有传播需求。就法律实践而言,它重点关注对人的行为进行规范,其核心基础就是作出能够切实影响人们行为的法律决定(包括立法、判决等)。这决定了法律决定不能只是自说自话、自以为是,它必须在确保合法性的前提下,尽可能地赢得人们的认同。这样一来,在法律领域,无论是理论层面还是实践层

---

① 参见[英]哈特:《法律的概念》,张文显等译,中国大百科全书出版社1996年版,第124~135页。

② See J. Christopher Rideout, *Penumbral Thinking Revisited: Metaphor in Legal Argumentation*, Journal of the Association of Legal Writing Directors, Volume 7, 2010, p. 155 – 191.

③ See L. David Ritchi, *Context and Connection in Metaphor*, Palgrave Macmillan, 2006, p. 217.

④ Sheldon Sacks ed., *On Metaphor*, The University of Chicago Press, 1978, p. 1. 转引自汪堂家:《隐喻诠释学:修辞学与哲学的联姻——从利科的隐喻理论谈起》,载《哲学研究》2004年第9期。

面，都产生了说理的需要。隐喻在说理方面的优势也是它在法律领域频频出现的重要原因。

在法律理论领域，即使是最为严谨的学者有时也必须借助隐喻来渲染自己的理论，使它能够在点亮天空的同时击中人心。耶林在提出“为权利而斗争”的口号时，从利益法学的基本立场对斗争的重要性进行了充分的学理分析，但令人印象最为深刻的却是他在论述中提到的一个比喻。“不费吹灰之力获得的法，犹如仙鹤送来的孩子；仙鹤所送来的孩子，可能又被狐狸或兀鹫叼走。但狐狸从生育孩子的母亲那里叼不走孩子，同样很少从民众那里夺去他们在艰难困苦浴血奋斗中获得的法和制度。”①

在法律实践领域，隐喻的说服作用更加显著。一方面，它能升华人们的理性认识。在美国的司法判决中，源于英国的“思想集市”（marketplace of ideas）是引用最多、影响最大的隐喻之一。它首次作为判决理由出现在布伦南大法官为拉蒙特诉邮政总署（Lamont v. Postmaster General）案撰写的附随意见中。美国联邦最高法院在该案的判决中宣告邮政总署的一项邮政法规违宪。该法规要求邮政总署扣留没有密封的“共产主义政治宣传”邮件并且不予递送，除非收到收件人的书信表明其愿意收到邮件。布伦南大法官在为收信权辩护时写道：“如果有意愿的接收者不能自由接收并考虑这些思想观念，那么思想的传播将一无所成。那将是一个萧条的思想集市，只有卖家，没有买家。”②这一隐喻一针见血地点出了限制思想自由传播的危害，它的表述力度远非其他表述可及。这一点从它在其后判决中的高引用率就可见一斑。

另一方面，更值得关注的是，隐喻对非理性因素的容纳与考量。实践领域是一个渗透着非理性因素的领域，人的行为并不一定是理性计算的结果，它往往受到个人感性经验、情感等非理性因素的影响。在法国学者利科看来，隐喻会增加我们的

---

① ［德］鲁道夫·冯·耶林：《为权利而斗争》，郑永流译，法律出版社2007年版，第8页。

② Heig Bosmajian, *Metaphor and Reason in Judicial Opinions*, Southern Illinois University Press, 1992, p. 49.

感知方式,从而在理性与非理性两个层面对人的行为产生影响。基于本体与喻体在情感层面的相似性,通过用喻体象征本体,人们对于喻体的情感会迁移至本体。[①] 以“法律的眼睛”为例,人们对于眼睛的情感会随着这一隐喻的建构而迁移至法律。眼睛这一器官在人的感官中的地位无与伦比。尽管自然科学已经把人的视力解释为“运用透镜、视网膜、视觉神经并通过大脑的信息处理进行的可以说明的神经生理学过程”,但人们仍然把“看见”视为奇迹,并体会到“人们对于黑暗的恐惧直达人类灵魂最深处”[②]。同时,看见不仅是人的奇迹,更是神的超能力,神能看见凡人的一切。因此,人们对“眼睛”既爱又怕。在“法律的眼睛”这一隐喻建立起来后,这一复杂的情感也会随之迁移至法律。一方面,人们害怕法律的“眼睛”,害怕自己不轨行为的曝光以及由法律带来的相应惩罚;另一方面,人们热爱法律的“眼睛”,期待它能洞察世事、明辨是非、震慑邪恶。这样一来,人们对法律会如对自己的眼睛一样珍爱,也如对神的眼睛一样敬畏。

2. 法律的隐喻与法学的科学性追求

隐喻作为一种思维形式深深嵌入了法律领域。而且,隐喻常常不得不“语焉不详”,并且牵涉诸多非理性因素。这些特征与法学长期以来追求的理性、准确、明白似乎背道而驰。隐喻会不会因此成为一种逆流,动摇法学作为一门科学的地位或者妨碍法学对科学性的追求?这个问题的答案取决于我们对科学的理解。

自启蒙运动开始,尤其是在近代工业革命以后,理性主导的自然科学领域取得了突飞猛进的成就。自然科学成为“科学”的范本和标准。一门学问如果要想成为科学,就必须像自然科学那样,排除一切个人的主观偏好,依据理性的认识和判断发现唯一的普遍适用的真理。这样的理念对法学影响深远,使法学领域内出现了许多自觉或不自觉的“科学主义法律观”。概言之,科学主义法律观就是以自然科学的态度来研究法律,试图将非理性因素完全驱逐出法学领域,使法律领域内的所

① 参见[法]保罗·利科:《活的隐喻》,汪堂家译,上海译文出版社2004年版,第260页。

② [德]米歇尔·施托莱斯:《法律的眼睛——一个隐喻的历史》,杨贝译,中国政法大学出版社2012年版,第18页。

有判断都基于理性、经由形式逻辑达成。一方面,它主张以对实践的客观观察为研究基础;另一方面,它希冀创造一套完美的概念体系以覆盖纷繁复杂的法律实践,也就是说,使所有的法律问题都能够通过概念的逻辑推演获得“唯一正解”。概念法学、实证分析法学、马克斯·韦伯的“形式理性的法”都可以归入这一思想范畴。近年出现的以二进制的人工智能为基础的“司法自动化系统”研究,则可以说是“科学主义法律观”的极致体现。

如果法学的科学主义路径仅限于前述意义,那么隐喻显然与这一思想格格不入。然而,“科学”不是自然科学的专利。康德在《自然科学的形而上学起源》中说道:“每一种学问,只要其任务是按照一定的原则建立一个完整的知识系统的话,皆可被称为科学。”①这一观点可以归结为科学的体系性要求与知识性要求。就体系性要求而言,隐喻非但不妨碍而且有助于法学的科学化,这是因为如前文所述,隐喻可以建构起认知模型,促进体系化的认知。令人为难的是科学的知识性要求。

语言学的研究表明,越是寻常的词语越难以定义。知识就是一例。柏拉图曾经给出过一个经典的定义,他认为知识是“经过证成的正确的信念”。但这一定义留下了很多难题,罗素曾经对此进行过进一步的分析:“初看起来,知识似乎可以界定为与事实一致的信念。问题是,没有人知道信念是什么,没有人知道事实是什么,也没有人知道是什么样的一致性使得信念成为正确的。”②柏拉图的定义和罗素的分析都隐含了一个观点,知识与真理或至少与对真理的探求相关。因此,隐喻是否会妨碍法学对科学性的追求将归结为,隐喻是否会妨碍法学对真理的探求。下文将在厘清“真理是什么”的基础上,分析隐喻是否会歪曲、遮蔽真理;然后再分析隐喻对文化的依赖,从而明确隐喻在多大程度上可以偏离真理。

(1)隐喻与法律的真谛

依照传统观点,真理是指主体对客体的认识与客体相符合。这与罗素所质疑的“与事实一致的信念”有异曲同工之处。这一真理观以主客二分为前提,预设了

---

① [德]汉斯·波塞尔:《科学:什么是科学》,李文潮译,上海三联书店2002年版,第11页。

② *Knowledge*, Wikipedia (July 31,2021), https://en.wikipedia.org/wiki/Knowledge.

客体的客观存在。由于客体是一个客观的存在,真理必然是唯一确定的。科学主义法律观所追求的“唯一正解”也隐含了这样的真理观。这一真理观的问题在于,我们如何知晓那个客观的存在是否以及如何存在?我们如何判断我们的主观认识在什么情形下与那个未知的客观存在相符?

自20世纪中叶以来,传统的真理符合论遭到海德格尔、伽达默尔、哈贝马斯等的猛烈批判。各派学者从不同的进路进行讨伐,真理符合论遭遇前所未有的危机,进而引发哲学领域的真理论转向。尽管目前没有一种真理论能够被普遍接受,但学者们对于真理问题存在以下基本共识:首先,真理是一种主体之间的共识;其次,真理的形成与言说活动有关;最后,真理具有情境依赖性。归结起来,真理可以说是人们在特定情境下,通过言说行为形成的一种共识。

依据这一真理观,法律领域的真谛不再是一个客观存在,而是人们就法律问题达成的某种共识。这一共识具有开放性,可能因为情境的变化而变化。隐喻在促进共识的达成,并保证共识的开放性方面有着独特的作用。

其一,隐喻是促进共识形成的重要手段,甚至可以说是共识本身。对于达成共识的条件,学者们各有侧重,大抵可以分为理性共识论和实践共识论。理性共识论以哈贝马斯为代表,这些学者主张真理是在理性的商谈环境下在主体之间形成的共识。实践共识论以佩雷尔曼为代表,这些学者主张真理是通过言说者的说服活动,在劝服听众之后形成的共识。① 二者的区别在于,理性共识的形成排除了非理性因素的参与,而实践共识则容许考量现实的非理性因素。在这两种共识的形成过程中,隐喻都可以发挥重要作用。

首先,隐喻可以理解为一种类比推理,②后者是逻辑思维的主要形式之一。从

① 佩雷尔曼将听众分为普遍听众与特殊听众,前者由所有理性人组成,是普遍理性的抽象化身,后者则是真实存在的,言说者在特定时刻试图影响的特定的一群人,这些人受特定文化环境的影响。通常情形下,特殊听众的接受就是判断真理的标准。但为了防止真理被特殊利益和立场“绑架”,佩雷尔曼又不得不借助普遍听众(的接受)来实施制衡。由于佩雷尔曼在普遍听众问题上纠结反复,因此普遍听众的制衡作用常常可以忽略。

② 新修辞学的研究一般将隐喻视为类比推理的一种特殊形式。

类比推理的角度看,隐喻是基于相似性的推理,并且能够从已知的相似性推出未知的相似性。这对于共识有两重意义:一方面,隐喻如果能被接受,那代表着人们就本体与喻体之间的相似性已达成共识;另一方面,在隐喻被接受以后,隐喻还能创造新的共识。这是因为,类比推理在认知方面具有创造意义。隐喻会以现有的关于相似性的共识为基础,创造出新的关于相似性的共识。以法律是机器为例,这个隐喻可能是基于法律与机器一样自行运转,不受主观偏好影响的相似性而建立,但在本隐喻建立之后,人们可能会在思考机器的特性的过程中发现新的共性,例如,法律与机器一样需要检修和保养。

其次,隐喻是将两个乍看起来相距遥远的事物拉近,这会引起听众的特别的心理反应。亚里士多德认为,只有眼光敏锐之人才能看出相去甚远的事物之间的相似性。因此,相似性的发现有时甚至需要天才般的能力。[①] 一个成功的隐喻能够起到让人豁然开朗的效果,反差式的思维不仅令人印象深刻,也更易为人接受。因此,隐喻是一种机智的表达,能够让人感到愉悦,从而打动听众,让他们欣然接受,形成共识。[②]

最后,有些时候,隐喻本身可能就是共识的全部。由于喻体本身是一个可以多向理解的概念,或者喻体本身就是一个有待诠释的概念,人们可能会基于不同的原因认同某一个隐喻。例如,很多人赞成"法律是水"的隐喻,但有的人可能是因为法律和水一样崇尚公平,有些人则可能是强调法律应当与水一样随形就势,富于变化,还有人可能是因为法律与水一样源远流长。

其二,隐喻能够帮助保持共识的开放性。共识性真理反对唯一普遍真理,认为共识因情境的不同而不同,主张真理的多元主义。"多元主义并不主张提供唯一完美的最终结论,而只是针对人们在共存中提出的复发性问题提出人文结论——(该

---

① 参见[古希腊]亚里士多德:《修辞术·亚历山大修辞学·论诗》,颜一、崔延强译,中国人民大学出版社 2003 年版,第 190 页。

② 参见[古希腊]亚里士多德:《修辞术·亚历山大修辞学·论诗》,颜一、崔延强译,中国人民大学出版社 2003 年版,第 185~194 页。

结论)是可接受的但也可以变化和改进。”[①]由此,共识性真理是在特定情境下达成,它可能随着情境的变化而变化。隐喻与这一特质高度一致。隐喻本身具有开放性,它的意义可以不断被主体揭示、创造。它既向语词的更新开放,又向人的想象开放,也向人的思想开放,更向变化着的生活本身开放。隐喻活在语义的更新中,活在我们的生活经验里。具体的现实语境使每一次揭示(创造)的意义都有存在的理由,而语境的无限生成又能够使潜在的不曾预料的意义在它还未被揭示之前成为隐喻的整体意义的一部分。因此,无论是作为共识本身,还是作为促成共识的一种方式,隐喻都能够保证共识性真理的开放性。

由上可知,隐喻有助于共识性真理的显现,它并不妨碍法学对真理的寻求,因此不会动摇法学的科学性地位。但质疑者可能对此不以为然。在他们看来,隐喻带来的启发和它形成的误导一样多,[②]因为隐喻会引导人们的后续推理,会重组人们对于法律的认识。[③] 在法律的隐喻建构之后,法律的意义不再是法律在通常条件下具备的意义,它的意义将由喻体所隐含的意义决定。无论有意还是无意,隐喻都会在揭示本体某些特征的同时隐藏其他特征。在法律的诸多特征中,与喻体相关的会被突出,与喻体无关的则会淡化为背景。以“法律的堡垒”为例,没有这个堡垒,“我们就会被不断升腾的热浪之海包围,被霍布斯式的自然状态以及一切人反对一切人的战争所淹没”。[④] 在这一隐喻之下,法律就成了必要的恶,成为我们为了防止社会的无序状态而不得已的选择。将法律视为堡垒,就会使我们趋向于强调法律的秩序、固化,而淡忘法律对正义、灵活性以及合作的需求。这一点不容否认,隐喻的确存在误导人们思维的可能性,但这种误导并非没有限制,它受到了文

---

① Chaim Perelman, *The Philosophy of Pluralism*, in The New Rhetoric and the Humanities, D. Reidel Publishing Company, 1979, p. 71.

② See Heig Bosmajian, *Metaphor and Reason in Judicial Opinions*, Southern Illinois University Press, 1992, p. 200.

③ 有关隐喻理解程序的内容请参见布莱克提出的理解诸如“M is a wolf”这样的名词性谓语隐喻的程序。参见[美]E. C. 斯坦哈特:《隐喻的逻辑——可能世界中的类比》,黄华新、徐慈华等译,浙江大学出版社2009年版,第211~213页。

④ 苏力:《“法”的故事》,载《读书》1998年第7期。

化的限制。

（2）隐喻的文化桎梏

如前所述，法律的隐喻会促进或限制人们对法律的理解。但深层次的分析显示，这些效果的取得并非隐喻本身任意决定，而是由隐喻所处的文化环境决定。隐喻建立的基础是本体与喻体之间的相似性，相似性本身是特定文化环境的产物，并非主观臆造。[①] 特定文化对于相似性的理解，决定了人们对喻体的选择，并影响着喻义的生成。

第一，文化限制了喻体的选择。在隐喻建构起来之后，帮助传达本体的寓义的并不一定是喻体的本义。很多时候，是喻体在文化长流中获得的寓义在帮助人们认识本体。以前文所述的“法律的眼睛”为例，帮助传达法律的寓义的并不是生物学意义上的眼睛，而是在西方文化的演变中获得了丰富内涵的眼睛的符号。

在成为法律的象征之前，眼睛已经是西方文化中具有特殊意蕴的象征符号，它在不同的历史时期获得了许多不同的意义。首先，眼睛通过基督教、犹太教以及伊斯兰教的神的眼睛获得了神圣性。德国学者施托莱斯发现，基督教与伊斯兰教的典籍里充满了眼睛的隐喻：“看，耶和华的眼睛，它们遍察全世界”（《旧约・撒迦利亚书》，4，10）；他的眼睛“注视着犹太人的长老”（《旧约・以斯拉记》，5，5）；全知的阿拉能够“看穿并知晓一切”（《古兰经》第 31 章，17，29）。大量的示例说明眼睛是一神教的隐喻世界里最流行的图像。眼睛用来象征超出人们想象的唯一的神的品格，从而具备了神的神圣性。其次，眼睛通过正义之眼获得以洞察为基础的正义的内涵。施托莱斯也考察了哲学、政治学、法学等领域的经典著作，发现早在公元前的古希腊罗马时期，人们就已经开始运用眼睛的隐喻。在柏拉图、亚里士多德、奥勒留、卢克莱修等哲学家那里，眼睛代表着认识能力，包括认识经验世界和先验世界的能力。在古希腊人看来，“如果一个决定以洞穿事情表象的知识为基础，并且

---

① 比利时学者米丽娅姆・塔维涅（Miriam Taverniers）深入分析了文化对隐喻的决定性影响。她认为文化在喻体的选择，以及意义由喻体迁移至本体的过程中都起着关键性的作用。See Miriam Taverniers, *Metaphor and Metaphorology*, Akademia Press, 2002, p. 173 – 174.

符合衡平(epieikeia,aequita),那么它就是‘公正的’”[①]。洞察一切成为公正的前提条件,因此,眼睛成为正义的象征也就不是意外了。最后,眼睛通过作为君主的眼睛获得权威性。“在路易十四的太阳符号里,神与君主合而为一了,或者更准确地说:神以一种近乎被亵渎的方式被消解了。”[②]由此,神的眼睛转向了君主的眼睛。眼睛作为一种象征符号又获得了权威的特点。这样一来,西方文化中的眼睛就获得了与法律相匹配的特性,才有可能用来象征以正义为内涵,兼具权威性与神圣性的法律。

与“眼睛”在西方世界的流行一样,“水”在中国文化中的特殊意义使它与法律结合起来。中国古代的“灋”字本身就是一个隐喻。依据《说文解字》的解释:“灋,刑也,平之如水,从水;廌,所以触不直者去之,从去。”这喻示着法像水一样追求公平。这样的解释遭到了学者的质疑。“法的这个水旁为什么在这里就意味着公平?不错,水在静止状态下的特征之一是‘平’,但这并不是水的全部特征或‘本质’特征,甚至未必是其最突出显著的特征。水也是流动的,水还是由高处向低处流淌的,水是柔和的,水是清的水,水又是容易混浊的,等等。在所有这些明显可见的特征中,为什么单单‘平’的特征被抽象出来,构成了这个法字,并且一定代表象征或指涉了法律要求公平这一高度抽象了的维度?”[③]这个问题的答案同样需要回到中国文化中寻找。根据王人博先生的考证,中国人自上古以来的治水经验孕育了水与准则之间的关联。“‘治’概念的最早物象就是来自大禹与‘水’的关系结构的建立:‘前禹时代’的‘水’肆意横流便是‘蛮荒’时代的隐喻,而由于禹的努力,水‘循道而行’,天下的秩序得以建立,‘水’之‘治’则成了中华文明始基的本喻。”[④]治水不仅是对水的行动加以规范,也是人类关于行为准则的探索。“在有关作为‘准

---

① [德]米歇尔·施托莱斯:《法律的眼睛——一个隐喻的历史》,杨贝译,中国政法大学出版社2012年版,第35页。

② [德]米歇尔·施托莱斯:《法律的眼睛——一个隐喻的历史》,杨贝译,中国政法大学出版社2012年版,第56页。

③ 苏力:《“法”的故事》,载《读书》1998年第7期。

④ 王人博:《水:中国法思想的本喻》,载《法学研究》2010年第3期。

（绳）'的'法'的早期概念中，'水'大体提供了两个面向：一是由治水的丈量工具所提供的对'水'的'规范行为（引水入河道）'经验的援用：'准绳'对治水的意义对'治人'照样有用；二是中国古人对'静止的水'的观审中，体认到水自身所具有的'准绳'意象。"[①]这些体察在孔子、孟子、庄子等先贤的著述中均有体现。这些思想汇入了中国的传统文化，成为中国人看待水的基本维度之一。也正是在这一背景之下，水才能与法联系，成为法尚公平的象征。

可见，"水"和"眼睛"能够分别成为中西法律的象征，并不是隐喻的建构者在某一时刻的率性而为，而是在中西文化暗流推动下的必然结果。

第二，文化影响着喻义的生成。尽管人们在选择喻体时存在一定的主观能动性，但一旦隐喻建构完成，它的意义呈现又将超出个人的能力范围。可以说，建构隐喻的人只是指出了一个方向，但循着这个方向望出去之后，能看见什么则不是隐喻的建构者所能掌控的。莎士比亚在创作《哈姆雷特》时，心目中有一个唯一确定的形象。但在这部剧作问世后，却会产生"一千个观众心中有一千个哈姆雷特"的效应。从诠释学的角度理解，所有思想创造物一旦创制完成，就将脱离它的创制者而存在。这些作品的意义，将在观者所处的具体情境中呈现。换言之，法律的隐喻会生成什么样的喻义，取决于它所处的法律文化。

施托莱斯曾将"法律的眼睛"放在不同的历史情境下加以考察，从而分析出"法律的眼睛"在不同历史时期所体现出的不同特质。在18世纪末，随着宪法的问世，法律成为最高的统治者。"法律的眼睛"取代了原来的神的眼睛和君主的眼睛。"作为新的执政者，'法律'就这样获得了以前的神以及之后的君主所有的全部特质。"[②]这些特质包括：持续清醒、洞察一切、先知先觉。在19世纪初期，汉诺威王国《司法报》的封面上绘制了权杖、橄榄枝、法律书和天平的集合，而在这些之上是一只眼睛。施托莱斯直接将这只眼睛描述成"法律的眼睛"，认为这幅画象征着以受

① 王人博：《水：中国法思想的本喻》，载《法学研究》2010年第3期。
② ［德］米歇尔·施托莱斯：《法律的眼睛——一个隐喻的历史》，杨贝译，中国政法大学出版社2012年版，第93页。

法律约束、正义、严厉和宽容为特征的宪政法治国家。[①] 这样的判断源自他对这一封面画所处的历史时期的认识。在这一时期,随着罗伯特·冯·莫尔的重要著作《以法治国原理为依据的警察学》的问世,“法治国”一词首次作为书名出现。其后的时间里,相继发生了“哥廷根七君子事件”、保罗大教堂的宪法法院的筹备以及“普鲁士宪法冲突”。这些都是追求法治的努力。因此,施托莱斯将《司法报》的封面画看作《司法报》的主办者——法院对于“法治国”的文学化期待。但进入 19 世纪下半叶后,工业革命带来了全新的技术和社会问题,这使法律的漏洞日渐明显,因此,法律的“全知”特征也就不再被强调。人们转而关注法律在保护公民权利方面的重要作用。于是“法律的眼睛”成了公民权利的护身符。

“法律的眼睛”的喻义的变化一方面印证了之前阐述的隐喻的开放性,另一方面也说明了文化环境对于喻义生成的影响。一旦脱离特定的文化环境,隐喻的喻义就可能无法产生。例如,包公的“黑面”在戏曲当中是公正无私的象征,但脱离中国的文化之后,“黑面”将丧失这一意义。由此可见,隐喻的喻义因社会认知的不同而不同。这种意义的开放性固然是由文化背景对隐喻的影响所决定,但它同时也表明,隐喻不是一种表象,它有着一定的文化桎梏,不会脱离文化信马由缰。

意大利学者维柯曾将人类的历史顺次分为三个阶段:神的时代、英雄的时代和人的时代,每个时代都有各自对应的语言、习俗、法律、政体等。在神的时代以及之后的英雄时代,人们往往用诗性的语言表达法律,而诗性的语言往往是抽象而隐晦的。隐喻正是现代人留存的诗性语言的记忆。在神性逐渐由人性取代,诗性语言逐渐由人工语言取代的演变历程中,隐喻“奇迹般”地存活至今。尽管我们可以从修辞学、心理学、法学、哲学等多重领域解析这一奇迹发生的原因,但我们必须关注隐喻自身携带的基因,也许这才是奇迹的根源。

以上用大量篇幅分析隐喻与法律、法学的深刻渊源,是想证明其作为判决理由

---

① 参见[德]米歇尔·施托莱斯:《法律的眼睛——一个隐喻的历史》,杨贝译,中国政法大学出版社 2012 年版,第 6 页。

的正当性和必要性。虽然隐喻存在表述不够精准的局限性,但这一局限性恰恰能更好地弥补精确语言的漏洞。前文已经证明,隐喻的运用不可避免。尤其是在填补漏洞的情形下,隐喻可以帮助受众理解、接受裁判依据。例如,将游戏账号、装备等比喻为“虚拟财产”就将这些数据信息与财产属性关联起来。在后文将要专门介绍的法官后语中,隐喻也能发挥较大作用。在某判决不予离婚的判决书中,法官写道:“一朵娇艳的玫瑰,当她凋落了两片花瓣后,若人们惦记着残缺的两片花瓣不放,那么这朵玫瑰将不再完整;若不去在意凋落的两片花瓣,这朵玫瑰依然娇艳完好;若能够理智地加以修复呵护,这朵玫瑰依然开放更新鲜美丽的花瓣。爱情也是如此,有了矛盾,若不放下包袱,结果只能将自己压垮,将自己的婚姻推向毁灭,给孩子、给自己、给家庭增加更多的矛盾和巨大的痛苦……”这段话的目的不是论证两人不应当离婚,而是鼓励双方当事人重修旧好。它虽然不能为不予离婚的判决提供正当化支持,但这一比喻有可能促使双方当事人认同、接受这一判决。

(三)省略三段论

在形式逻辑研究中,三段论一直被视为标准的推理结构。以形式逻辑为基础发展起来的论证理论都以三段论为基本的推理模式。严格意义的法律论证理论也以三段论为基本的推理模式。不可否认,三段论所确立的严格的推理规则为衡量和检验论证的形式合理性提供了行之有效的标准。但这些规则同时也限制了三段论的适用范围。毕竟理想的言谈环境及理想的论证参与者在现实生活中都是不可多得的。即使是书面形式的论证,也难免会出现大前提或小前提省略的情况,而在口头的论证过程中,三段论更是难有大的作为。不只如此,三段论在大小前提确定的情形下,其结论因为具有必然性而具有强制力。根本上而言,三段论的推理是单调式的,其从前提向结论的推进不需要获取听众的同意。而裁判文书说理秉承复调式的论证观,论证的推进是论证者与听众进行互动的结果。佩雷尔曼在批评旧有逻辑观的过程中指出,由于司法三段论已成为法律逻辑甚至法律推理的典型模式,法学家们都不敢将司法过程中运用的正确的推理模式称为“法律逻辑”,转而称作"法律推理"或"法律思维"。[①] 而佩雷尔曼主张,必须把法律推理放到一般的论证架构中来,否则法律推理的特性就将无从理解。

相形之下,简略三段论在现实论辩的需要面前更显得游刃有余。所谓简略三段论就是省略了大前提或者小前提或者结论的三段论。[②] 简略三段论与传统三段论的区别在于它们有着不同的适用领域、不同的结构。

就适用领域而言,简单地说,三段论适用于必然性领域,简略三段论则适用于或然性领域。简略三段论源于希腊语"enthymeísthai"一词,最初的意思是"思考,深思和沉思"。根据现有的古希腊文献,这里的 enthymeísthai 意义上的思考主要是指当某一问题缺乏决定性论据时人们进行的思考。[③] 亚里士多德则明确指出,三段论的前提具备必然性和强制性,不存在任何例外;而修辞三段论的前提则很少是必然的,它要判断和考察的事物都可以有另一种状态。但或然性并不总是意味着某事会最经常出现,它只是意味着某事存在另一种可能。[④]

就结构而言,简略三段论的常见形式是,如果 P,那么 Q。亚里士多德认为,所有的简略三段论最终都能还原成三段论。但是因为听众喜欢能让人预知结论又不流于肤浅的三段论,所以言说者应当精练其表达方式,以取得赢得听众的效果。[⑤] 在 2008 年 2 月 25 日举行的第 80 届奥斯卡颁奖典礼上,有一部名为《柳暗花明》的影片入围,这部影片讲述的是一个忘记了自己丈夫的女人的故事,主持人在介绍这部影片时曾调侃:"相信希拉里 · 克林顿会喜欢这部片子。"这是一个使用简略三

---

① See Chaim Perelman, *Law, Philosophy and Argumentation*, in Justice, Law and Argument, D. Reidel Publishing Company, 1980, p. 148.

② 参见金岳霖主编:《形式逻辑》,人民出版社 1979 年版,第 169 页。

③ See M. F. Burnyeal, *Enthymeme: Aristotle on the Rationality of Rhetoric*, in Amelie Oksenberg Rorty eds., Essays on Aristotle's Rhetoric, Univeristy of California Press, 1996, p. 92 – 93.

④ 亚里士多德将修辞三段论分为两种,证明性的和可辩驳性的。证明性的修辞三段论是从不证自明的公理、格言等具有强制力的前提出发的修辞三段论。但这种类型在修辞三段论中并不多见。Aristoteles: Rhetorik, übersetzt von Gernot Krapinger, Stuttgart: Philipp Reclam jun. GmbH & Co., 1999, 1157a 23 – 37, S. 14 f.

⑤ Aristoteles: Rhetorik, übersetzt von Gernot Krapinger, Stuttgart: Philipp Reclam jun. GmbH & Co., 1999, 1400b 26 – 35, S. 141 ff.

段论进行推理的典型，其中省略的不只是一个前提，还有相关的几段推论。我们看到的推理结构是：

前提：电影《柳暗花明》讲述的是一个忘记自己丈夫的女人的故事。

结论：希拉里会喜欢电影《柳暗花明》。

而它实际的推理结构则是由两段三段论推理组成。

第一段：

前提 1：电影《柳暗花明》讲述的是一个忘记自己丈夫的女人的故事。

前提 2：希拉里因为终日忙于竞选总统而忘记了自己的丈夫。（被省略）

结论 1：希拉里的状态与《柳暗花明》的主人公相似。（被省略）

第二段：

前提 3：人们喜欢情节与自身经历相似的电影。（被省略）

前提4（第一段的结论 1）：希拉里的状态与《柳暗花明》的电影情节相似。（被省略）

结论 2：希拉里会喜欢电影《柳暗花明》。

由上可以看出，简略三段论的推理结构省略了许多前提，因而比三段论简单许多。虽然简略三段论最终都能还原为三段论的推理模式，但用亚里士多德的三段论结构来分析上述推理仍显得有些力不从心，因为它不能把上述两段三段论推理放到一个推理结构中来分析。相比之下，图尔敏的模式就能很好地解决隐藏的推理过程的问题。简略三段论中被省略的前提可以视作图尔敏模式中的保证，正是基于保证，简略三段论中的因果关系得以建立。如果人们对前提与结论之间的因果关系没有疑义，保证无须引用。如果有疑义，则引入保证。如果保证的引入也引起听众的质疑，则还需要引用佐证。

无论采用何种模式解释简略三段论的推理结构，我们都可以确定，简略三段论是建立在或然、现象和实例基础上的三段论。它的成功运用需要论辩者和听众双方的共同努力，这是简略三段论的基本特点。[①] 如果观众不要求，论证者就不需要

---

① See Lloyd F. Bitzer, *Aristotle's Enthymeme Revisited*, in Quaterly Journal of Speech, Vol. 45:4, p. 408 (1959).

拉开帷幕让观众看到后台的处理。质言之,简略三段论假定听众知晓并接受被省略的前提或结论,虽然事实上并不一定如此。如果听众提出质疑,论证者就需要补充前提并进行相关论证。简略三段论的使用可以提高论证效率,并且通过让听众自己回忆或联想被省略的前提加深听众的印象。试想,如果上述颁奖典礼的主持人将省略掉的前提及具体的推理过程一一点明,一定不会引来场内外观众会心的微笑。相反,他的讲述会显得拖沓冗长,引起听众反感。这也说明,适当地省略前提或结论可以证明论证者对论证的情境及听众有充分的了解。省略哪一部分前提或结论应当依据具体的情境决定,能够对前提进行适当省略就说明论证者与听众有着共同的知识背景,能够增进听众对论证者的认同。

也许正是因为简略三段论与听众之间的这种微妙关系,它很早就被纳为修辞学的论证方法,并被称为修辞三段论。最早关于简略三段论(Enthymeme)的论述出现在亚里士多德的《修辞学》中。为了将简略三段论与其他形式的三段论区分开来,他又将简略三段论称为修辞三段论。在修辞学领域,简略三段论是言说者用以说服听众的方法之一。简略三段论之所以被称为修辞三段论就在于它在形式或逻辑上是不完备的,它的结论并不必然能从前提推导出来。但是在逻辑一致性不可能的情况下,如果论证的目的是说服并且不要求符合僵硬的逻辑一致性要求时,修辞三段论在实践中就是十分有用的。①

职是之故,要求法官在裁判文书中严格按照三段论的格式列出全部前提既不现实也不合理。适当地省略前提或结论,既能提高说理的效率,也能增进说服的效果。难点在于,法官能否准确把握省略的内容。实践中最常出现的问题是法官在阐述阶段性论点时省略了相应的法律规范。对于法官而言,这些法律规范已经熟悉到无须提及的程度,但对于当事人与社会公众而言,这些法律规范可能闻所未闻。不恰当地省略法律规范成为裁判文书说理实践中最为突出的问题之一。

例如,在《民法典》实施前,名誉侵权案件常常需要引用的法条有:《民法通则》

① See João Maurício Adeodato, *The Rhetorical Syllogism (Enthymeme) in Judicial Argumentation*, in International Journal for the Semiotics of Law, 1999, p. 138 – 139.

相关条文、《侵权法》相关条文、《关于审理名誉权案件若干问题的解答》第7条对侵害名誉权构成要件的规定、《民通意见》第140条第2款对侵害法人名誉权行为的具体规定、《民事诉讼法》关于举证责任的规定等。但偶有法官在判决书中直接就事实做出判断,只字未提法律依据。在(2016)京01民终561号民事判决书中,法官写道:“因上述言行均发生在公共场合,影响范围大,势必会使不明真相且不特定多数人对毛某做出负面判断,进而导致毛某社会评价的降低。即使陈某某有理由相信其言论是属实的,其上述言行也超出了理性质疑或检举、揭发的途径,目的正当性不能成为其行为侵权的合法理由。因此,本院认为,陈某某的行为侵害了毛某的名誉权。”在行政判决书中,经常见到法院判定,××公安分局作为县级以上人民政府公安机关,对于发生在××区内违反治安管理的行为,有权实施行政处罚。但未给出相应法律依据或法理依据。

以上问题的存在不仅影响裁判文书的说理效果,也未能充分发挥裁判文书的释法功能。

(四)作为方法的论题学

从以上关于理由的论述可以看出,大多数理由都不是不言自明的公理,而是可以争辩的论题。从其前提属于“可争辩的”论题来看,法学与古老的“论题学”之间在结构上有一种内在的亲缘关系。在此意义上,舒国滢教授指出,法学是论题取向的,而不是公理取向的。[①] “论题”一词,来自希腊文 τoπos(拉丁语为 topos,其复数为 topoi),原义指“所在地”“处所”“位置”,引申为“同类事物之所”。τoπos 在论题学中就是指“论题”,它是言谈者论辩起始之所,或者如古罗马思想家西塞罗(Cicero)所言,论题乃为“论点的位子”“论址”,即论点所由生之处。[②] 从字面上讲,“论题学”(希腊文为 toπiks,拉丁语为 Topika 或 Topica)就是研究论题或论题目录之学问。可以说,论题学关注的是理由的谱系。论题学的任务就是针对可能遇到的问题搜集大量的论证材料,然后按照不同的论证格式将它们归类,由此而建

---

① 参见廖义铭:《佩雷尔曼之新修辞学》,台北,唐山出版社1997年版,第327页以下。

② 参见廖义铭:《佩雷尔曼之新修辞学》,台北,唐山出版社1997年版,第328页以下。

立起论点位子的纲目——论题目录。[①] 在裁判文书说理的语境下，论题学可以为法官寻找理由提供指引。

前文在介绍修辞学的说理思路时曾提及，“发现”是古典修辞学说理思路的第一步。发现对应着论题学的开题，要解决争议性质的问题，方式就是在论题学建构的论题目录里找到案涉争议的位置。论题学作为一门学问的目的就是试图寻求论题或“论点的位子”，建立“论题目录”。在此意义上，论题学或许可以称为“论题目录学”。[②]

论题学的另一大作用是帮助言说者找到开启推理的前提。如我们已经知晓的，论证总是基于双方已经共同认可的某些前提，这些前提即前文所述的终局理由。在论题学看来，凡是各方所接受的并反复接受的东西，就视为确定的、无争议的，在这个圈子内甚至被视为不证自明的。按照这种方式，根据每个问题的不同，可以将（论题学意义上的）前提认定为“相关的/不相关的”“准许的/不准许的”“可接受的/不可接受的”“有道理的/无道理的”等，在它们之间还可以区分为“几乎无道理的”“尚有道理的”。[③] 作为寻找前提的程序，论题学像是一个“序幕式的媒介”。[④]

在整理类案的过程中，许多法院已开始自觉编写争点与理由体系。这实质是论题学思维的运用，但目前尚局限于特定案由的案件。当前关于论题学方法的应用研究尚属有限，未来，论题学有望在至少是各部门法的范围内协助理由的体系化整理。

三、情感思维的运用

在法律思维领域，情感一度背负污名。“说某位法官情感用事（emotional）是

① 参见舒国滢：《寻访法学的问题立场——兼谈“论题学法学”的思考方式》，载《法学研究》2005年第3期。

② 参见舒国滢：《寻访法学的问题立场——兼谈“论题学法学”的思考方式》，载《法学研究》2005年第3期。

③ Theodor Viehweg, Topik und Jurisprudenz, C. H. Beck, 1954, S. 42 f.

④ 参见舒国滢：《寻访法学的问题立场——兼谈“论题学法学”的思考方式》，载《法学研究》2005年第3期。

严重的侮辱,是指责他不自律、不公正、不理性。”①理性是法律思维的默认设置,情感无涉则被认为是理性的默认设置。近年来,虽然有学者开始认可情感因素在法律思维中的地位,②但理性与情感的二元对立仍然是法律思维的隐形桎梏,③情感思维在法律思维研究中普遍失语,④与它的历史贡献显失比例。纵览古今名案可知,卓越的裁判文书说理都来自逻辑与情感的绝妙平衡,离不开情感思维的运用。从南京彭宇案的一审判决到王振华猥亵儿童案的辩护都表明,情感思维的缺位是诸多法律判断饱受指摘的重要原因。鉴于此,法律人有必要辨明情感思维的含义与作用,充分认识情感思维的重要意义并善加运用。

(一)法律领域的情感思维的三重含义

认知科学的研究已经证明,情感并非理性的反义词。情感思维可以是理性的,也可以是非理性的。如果以心理学界通行的双系统理论(dual-process theory)⑤为论述框架,可以看到,情感思维其实在系统 1 与系统 2 中都发挥作用,既可以是直觉地、反射式地快速判断,也可以是分析性、反思式地审慎判断。因此,因崇尚理性而否定、抑制情感的传统的法律思维模式亟待更新。

---

① Terry A. Maroney, *The Persistent Cultural Script of Judicial Dispassion*, California Law Review, Vol. 99:2(2011).

② 参见孙笑侠:《法律人思维的二元论兼与苏力商榷》,载《中外法学》2013 年第 6 期;焦宝乾:《逻辑与修辞:一对法学研究范式的中西考察》,载《中国法学》2014 年第 6 期;林来梵:《谈法律思维模式》,载《东南学术》2016 年第 3 期。

③ See Martha C. Nussbaum, *The Use and Abuse of Philosophy in Legal Education*, Stanford Law Review, Vol. 45:6(1993).

④ 法律思维的经典教材基本只讨论寻找规则、确定规则的方法,情感思维不见踪影。See Fredrick Schauer, *Thinking Like A Lawyer: A New Introduction to Legal Reasoning*, Harvard University Press, 2009; Kenneth J. Vandevelde, *Thinking Like A Lawyer: An Introduction to Legal Reasoning*, Westview Press, 2011. 参见[德]卡尔·施密特:《论法学思维的三种模式》,苏慧婕译,中国法制出版社 2012 年版;[德]卡尔·恩吉施:《法律思维导论》,郑永流译,法律出版社 2004 年版。

⑤ 双系统理论认为人的大脑里有两套思考决策系统。全球首位以心理学家身份夺得诺贝尔经济学奖的美国学者丹尼尔·卡尼曼(Daniel Kahneman)也持此论。学者们通常将两个系统分别称为系统 1 和系统 2,一般认为系统 1 的思考是自发的、启发式、快、轻松、无意识、含蓄的、反射式、直觉的,系统 2 的思考则是受控制的、系统式、慢、费力、有意识、明确的、反思的、分析的。See Shelly Chaiken & Yaacov Trope eds., *Dual-Process Theories in Social Psychology*, Guilford Publications, 1999. 参见[美]丹尼尔·卡尼曼:《思考,快与慢》,胡晓姣、李爱民、何梦莹译,中信出版社 2012 年版。

法律思维主要指向法律人形成法律判断的思考过程。法律判断的形成过程可以分为“发现——证成”两个阶段。在法律发现阶段,法律人往往凭直觉形成初步的法律判断并寻找可予适用的法律规范,然后在法律证成阶段运用各种论据证成之前的判断。在这两个阶段中,法律人的情感思维可以发挥不同的作用。在法律发现阶段,情感思维促使法律人反射式地形成直觉判断;在法律证成阶段,情感思维使法律人反思、分析之前形成的判断,运用情感论据加以证成,并通过赢得受众的情感认同来促进社会对该判断的接受。需要指出的是,在法的发现阶段,法律人是基于自身的情感作出判断;在法的证成阶段,法律人是以自己与他人的情感作为反思对象,通过共情对情感因素进行分析、评估与应用。

1. 基于情感作出法律判断

在法律发现阶段,情感思维体现为法律人以情感为唯一依据做出未经反思的直觉判断。“法律者,尤其是法官……经常发现,实际上是在大多数情况下,他的决定所依据的完全是另一种方式,即直觉地、本能地求助于是非感,实践理性,健全的人类理智(gesunder Menschenverstand)。”[①]基尔希曼甚至认为:“几乎在法律的任何领域,科学的探讨开始之前,情感就已经选择了答案。”[②]这些判断得到了当代学者的印证。

胡昌明教授通过对某地四家基层法院1060个盗窃罪刑事判决的实证分析发现,当事人的性别、年龄、学历、职业、籍贯等社会结构因素对量刑的轻重产生了影响。[③] 社会结构因素产生的量刑差异往往又与法官的情感有关,因为人们总是倾向于认同(主要表现为喜欢、同情)与自己相似的人。许多外国学者的研究也印证了法官对于与自己相像的律师或当事人容易产生同情。[④] 在学者披露实证研究的

① [德]卡尔·恩吉施:《法律思维导论》,郑永流译,法律出版社2004年版,第51页。

② Kirchmann, Die Werthlosigkeit der Jurisprudenz als Wissenschaft, Verlage von Julius Springer, 1848, S. 17.

③ 参见胡昌明:《被告人身份差异对量刑的影响:基于1060份刑事判决的实证分析》,载《清华法学》2018年第4期。

④ See Stina Bergman Blix & Asa Wettergren, *A Sociological Perspective on Emotions in the Judiciary*, 8 Emotion Review 1(2016).

结论之前，作为被试的法官基本都没有意识到社会结构因素通过滋生情感而影响其判决，有些法官甚至在看到报告后仍然拒绝承认。

总体而言，这一阶段的情感思维可能是无意识的，也可能是有意识的，但都是非理性的。无意识的情感思维是指法律人可能完全没有意识到自己是基于情感做出的判断，甚至可能没有意识到自己已经针对案件产生了某种情感。有意识的情感思维是指法律人虽然意识到自己已经产生某种情感，但仍然坚持以该情感作为判断的唯一依据。这就是通常所说的感情用事，应该予以抵制。

由于直觉的形成仍然是心理学未能探明的幽暗之地，非理性的情感思维甚至可能匿身于广阔而深邃的潜意识领域，因此，尽管非理性的情感思维对于法律人的判断有着重要影响，但它不是本书讨论的重点。承认这一形式的情感思维只是为了提醒法律人对情感的发生保持警惕。

2. 以情感作为证成法律判断的论据

在法律证成的阶段，法律人可以情感因素作为论据，理性地证成某个法律判断。在古希腊，以情感为基础的论据是法庭论辩中最有力的三类论据之一。[①] 情感可以是作出某一法律判断的直接论据，即由情感直接推出判断。更多情况下，情感作为间接论据，通过成为效用的一部分而参与基于后果的证成。

案例6-1

在广州黄某某故意杀人案中，年逾83岁的老人黄某某因担心自己离世后，无人照顾自出生即患有唐氏综合征，近年已经肢体萎缩、瘫痪在床的次子，又不想给健康的长子增加负担，遂在喂服次子大量安眠药后，用棉床垫捂住其脸部，再用丝巾将其勒死，之后投案自首。法院认为，被告人黄某某“作为被害人的亲生母亲，自被害人出生患病以来即悉心照顾，长达46年，在被告人本人年迈多病的困难下，照顾无法自理、健康日差的被害人已非常吃力，其不愿看到自己身故后被害人受病痛的折磨，而实施让被害人先自己离开人世的杀人行为，虽触犯法律构成犯罪，但其悲可悯，其情

---

① 古希腊的修辞学家们将现实生活中行之有效的论据划分为以逻辑为基础的论据(logos)，以情感为基础的论据(pathos)和以言说者的可信度为基础的论据(ethos)。See George A. Kennedy, *A New History of Classical Rhetoric*, Princeton University Press, 1994, p. 4 - 6.

可宥”。①于是决定对被告人予以减轻处罚并适用缓刑。在本案中，被告的爱子之情就是法院减轻处罚的直接依据。

在于欢案的二审中，法官们在量刑时明确将于欢的情感作为考虑因素。“于欢及其母亲苏某连日来多次遭受催逼、骚扰、侮辱，导致于欢实施防卫行为时难免带有恐惧、愤怒等因素。”②在该案被列入最高人民法院发布的第18批指导性案例后，其裁判要点的第四点即为：“防卫过当案件，如系因被害人实施严重贬损他人人格尊严或者亵渎人伦的不法侵害引发的，量刑时对此应予充分考虑，以确保司法裁判既经得起法律检验，也符合社会公平正义观念。”③此处虽然没有明确提及情感，但“被害人实施严重贬损他人人格尊严或者亵渎人伦的不法侵害”会激怒他人不言而喻，法院量刑时应予充分考虑的无非是行为人理所应当的情感反应。

在进行后果考量时，行为人往往将该行为对他人情感产生的影响作为一种后果加以考量。④ 杰拉尔德·L. 克罗尔(Gerald L. Clore)认为，判断一个行为是否理性取决于其后果是好是坏，对后果好坏的判断离不开价值标准，而价值标准正由情感来提供。因此，情感是判断效用的重要标准。⑤ 卡尼曼甚至说：“效用与情感不可分离，情感由变化触发。一个完全无视感受(如失去后的痛苦、犯错后的悔恨)的决策理论不仅在描述层面与现实不符，而且还会导致不能将后果的效用最大化的决定。”⑥因此，在对人们的行为的正当性进行分析时，情感是不可忽视的考虑因

① 案件详情请参见广东省广州市越秀区人民法院刑事判决书，(2017)粤0104刑初1111号。

② 山东省高级人民法院刑事附带民事判决书，(2017)鲁刑终151号。

③ 于欢案，最高人民法院指导案例93号(2018年)。

④ See Richard L. Wiener, Brian H. Bornstein & Amy Voss, *Emotion and the Law: A Framework for Inquiry*, Law and Human Behavior 30(2006).

⑤ See Gerald L. Clore, *For Love or Money: Some Emotional Foundations of Rationality*, Chicago-Kent Law Review, Vol. 80:6(2005).

⑥ Daniel Kahneman, *Maps of Bounded Rationality: Psychology for Behavioral Economics*, The American Economic Review, Vol. 93:5 (2003).

素。近年的论证研究已将情感偏好、心理感受等因素纳入最新的论证模型。①情感在理论与实践层面都已成为证成法律判断的论据。

3. 以情感赢得对法律判断的认同

法律领域不乏“以理服人、以情动人”的事例,这是因为说服是一种心理状态,多数情况下,情感认同比理性分析更容易产生说服效果。实践中,人们可能基于不自觉的情感而自以为理性地接受某一法律判断,因此,在法律人的判断在法律层面获得证成的前提下,了解情感的生成机制、把握社会的共同情感是最大限度争取社会认同的关键。这一点在有着近2000年历史的修辞学中得到充分体现。

作为最古老的法律论证理论,修辞学一直关注如何调动听众的情感。基于实践经验,古典修辞学家们不断强调听众心理的重要性。就法庭论辩而言,他们一直强调要了解法官的正义感、自身利益、阶层或情绪,敏锐观察法官的心情或需求变化并作出调整。亚里士多德就认为,言说者既要懂得论辩的原则也要了解听众的性格和情绪。换言之,言说者必须既是一名逻辑学家又是一名心理学家。② 此处的心理主要指向情感。霍布斯、培根、休谟、亚当·斯密、维柯等学者对修辞学的重视,大多是因为他们注意到了修辞学调动情感以实现说服的能力。在佩雷尔曼与泰提卡合作的《新修辞学》中,通过调动听众情感来赢得认同仍然是主要的论辩思路。例如,他们意识到某些“文化事实通常附着着特殊的情感效果:由记忆或共同体的骄傲所创造的情感”③,对这些文化事实的运用更容易赢得听众对特定法律判断的认同。

由上,法律人的情感思维并不只是通过思考系统1在法的发现阶段形成直觉判断,更可以通过思考系统2在法的证成阶段发挥证成判断、赢得认同的重要作用。在情感思维的三重含义中,第一重含义的情感思维难以察觉、辨明,只有在培

---

① See Jürgen Dix et al., *Research Challenges for Argumentation*, CSRD (2009) 23: 27 – 34, Springer Verlag, 2009.

② See Michael H. Frost, *Introduction to Classical Legal Rhetoric*, Ashgate Publishing Limited, 1988, p. 5.

③ 参见[比]哈伊姆·佩雷尔曼、奥尔布莱希茨 – 泰提卡:《新修辞学》,杨贝译,商务印书馆2021年版,第212页。

养道德情感的意义上才能加以规训；后两重含义的情感思维则是明确以情感作为实现某种目的的手段，它要求法律人了解情感发生的基本规律，这属于理性地运用情感。必须指出的是，情感思维不是法律思维的主导，它始终只是法律思维当中必要、重要但不主要的成分。因此，以情感为动机进行法律发现不代表完全以情感为动机，以情感为依据进行法律推理不代表完全以情感为依据。

（二）法官可以运用情感思维吗

思维方式的本质是工具，是实现某种目的的手段。运用某种思维方式的正当性根源于该思维方式能够实现特定目的。据此，法律人运用情感思维的正当性根源于情感思维能够实现法律的目的。一方面，情感是法律的底层逻辑，情感思维有助于准确把握具体的法律规范的目的。另一方面，情感思维有助于实现正义、秩序、和谐等法律的目的价值。

1. 情感是法律的底层逻辑

在人类演进的历史过程中，情感成为自然选择的生存策略，成为凝聚社会的纽带。情感表达能够唤醒他人同样的或对应性的情绪反应，从而促进社会关系。“一个健全的法律体系首先要做到的是顺应社会的真实情感和要求，无论这些情感和要求是对是错。”[①]职是之故，情感遍布法律之中。情感是法律的基础，法律是情感的制度化表达。[②] 甚至可以说，法律的首要任务是充当表达社会的集体情感的工具，反映、投射、支持或放大某种已经存在的社会情感。[③] 阿伦特就曾将美国法律的精神归结为“对所有有关公共利益的事务都积极支持和不断参与的一种情感”[④]。

融入了情感的法律不单纯是一种认识，它还是一种感受。[⑤] 由此，以共情为核

---

① ［美］小奥利弗·温德尔·霍姆斯：《普通法》，冉昊、姚中秋译，中国政法大学出版社 2006 年版，第 38 页。

② 参见郭景萍：《法律程序运作中法律情感的潜入、活化及适用》，载《学术论坛》2013 年第 7 期。

③ See Kathryn Abrams & Hila Keren, *Who's Afraid of Law and the Emotions*?, Minnesota Law Review, Vol. 94:6 (2010).

④ ［美］汉娜·阿伦特：《公民不服从》，张晓辉译，载何怀宏编：《西方公民不服从的传统》，吉林人民出版社 2001 年版，第 142 页。

⑤ Kirchmann, Die Werthlosigkeit der Jurisprudenz als Wissenschaft, Verlage von Julius Springer, 1848, S. 17.

心的情感思维成为理解法律不可缺失的维度。离开情感思维,“尊严”“酷刑”“精神损害赔偿”等许多法律概念可能都无从理解,情节是否恶劣、后果是否严重等情形难以判断。就宪法而言,它凝结的是一国人民对这个国家及其基本制度的政治情感。《国旗法》禁止在公共场合故意以焚烧、毁损、涂划、玷污、践踏等方式侮辱中华人民共和国国旗的行为,就是对这一政治情感的维护。就民法而言,婚姻、继承等家事法更多是维护家庭成员内部的情感;就刑法而言,其维护的是这个社会最重要的道德情感,出罪入罪的界限就在于是否构成对道德情感的深度冒犯。[①]

更重要地,权利源自情感,情感是法律的逻辑起点。在《为权利而斗争》中,耶林以情感作为权利的根源,将权利的秘密归为情感,“法律的力量,完全犹如爱的力量,存在于情感之中”。[②] 创造权利奇迹的东西“不是认识,不是教养,而是痛苦这一个质朴的情感”[③]以及“一看见不法盛行或者不法猖獗就感到愤慨和在道德上激怒”[④]。他还以农民和军人为例,细致地描述了情感在催生权利时迸发的力量。军人基于对名誉最敏感的情感,强调主张名誉是每个人的义务。这一主张是基于正确的情感,因为“一个据其本性应该是体现了人格的勇气的阶层,不能容忍其成员的懦弱,不以牺牲自己为代价,勇敢地主张人格,也是其地位和职业的道德生存条件”。[⑤] 基于同样的对自己特有的生存条件的正确情感,农民强烈主张所有权。“因为恰恰是他的强烈地显现出的所有感,对他造成了侵权之痛楚,对痛楚越是敏感,反应越是激烈。农民的诉讼癖不外是由猜疑引发的所有感的偏离,这种偏离一如爱情中的类似表现:嫉妒,当嫉妒在结果上恰好毁灭了它力图所拯救的东西时,嫉妒反过来把矛头对准了爱情本身。”[⑥]据此,旨在确认、保护某种权利的法律,其

---

① 范伯格的深度冒犯理论认为,“冒犯之所以是深度的,就在于它对个人道德情感的强烈冲击,即使并无任何个人情感在其中”。参见[美]乔尔·范伯格:《刑法的道德界限对他人的冒犯》(第2卷),方泉译,商务印书馆2014年版,第67页。

② [德]鲁道夫·冯·耶林:《为权利而斗争》,郑永流译,法律出版社2007年版,第22页。

③ [德]鲁道夫·冯·耶林:《为权利而斗争》,郑永流译,法律出版社2007年版,第22页。

④ [德]鲁道夫·冯·耶林:《为权利而斗争》,郑永流译,法律出版社2007年版,第29页。

⑤ [德]鲁道夫·冯·耶林:《为权利而斗争》,郑永流译,法律出版社2007年版,第17页。

⑥ [德]鲁道夫·冯·耶林:《为权利而斗争》,郑永流译,法律出版社2007年版,第15页。

实是确认、保护某种情感。只有理解了权利的情感根源,才能更好地理解法律。

2. 情感思维是价值判断的凭据

价值的本质是情感。"当我们断言这个或那个具有'价值'时,我们是在表达我们自己的感情,而不是在表达一个即使我们个人的感情各不相同但却仍然是可靠的事实。"①以平等为例,这一重要价值的根源可能就在于人的情感。2003 年,美国埃默里大学的研究显示,猴子也有平等意识。研究人员在一群猴子当中开展实验,如果猴子发现同样的付出得到不同的回报,那么它会拒绝接受。例如,如果有的猴子交出了手里的东西,换到了研究人员手里的黄瓜,而有的猴子不用交出手里的东西就能得到更好吃的葡萄,那么拿到黄瓜的猴子中,有 80% 会愤怒地扔掉黄瓜。② 2011 年,英国科学家通过观察 47 个 15 个月大的婴儿发现,这些婴儿已经有了一定的公平敏感性。③ 其他的心理学研究也都印证,平等可能是人与生俱来的情感。

心理学研究为情感主义价值论提供了实证支持。如此一来,价值判断的实质就是情感抉择,这并非形式逻辑能够解决的。一方面,形式逻辑无法确认价值是否成立。对于哪些价值可以确立,哪些价值可以成为基本价值这样的问题,形式逻辑无能为力。"讨论基本的价值判断是徒劳无望的。比如说,如果有人主张把灭绝人类种族作为目标,其他人很难从理性的基础上驳倒他。"④另一方面,形式逻辑无法解决价值排序的问题。各国在应对 2020 年年初暴发的新冠肺炎疫情时,因为对生命、自由的排序存在差异而采取了大不相同的应对措施。形式逻辑无法就这些各不相同的价值排序作出真假判断,只能说这些排序是"既不真又不假的情感表

---

① [英]罗素:《宗教与科学》,徐奕春、林国夫译,商务印书馆 2010 年版,第 136 页。

② See Sarah F. Brosnan & Frans B. M. de Waal, *Monkey Rejects Unequal Pay*, Nature, Vol. 425, p. 297 - 299 (2003).

③ See Marco F. H. Schmidt & Jessica A. Sommerville, *Fairness Expectations and Altruistic Sharing in 15-Month-Old Human Infants*, 6 PLoS One 2011, e23223.

④ Alan G. Gross & Ray D. Dearin, *Perlelman's Life and Influence*, in Chaim Perelman, State University of New York Press, 2003, p. 11.

达”[①]。总之,形式逻辑的运用以存在确定的前提为前提,而价值判断恰恰没有确定的前提可供推演。这样一来,价值判断就不是形式逻辑能够解决的问题,更不用说数理逻辑。这正是佩雷尔曼放弃早年追随的弗雷格,放弃以数理逻辑来解决价值判断问题的梦想,转身走上修辞学道路的原因。

面对价值多元共存的局面,寻求最大共识成为解决价值判断问题的基本思路。无论共识如何达成,情感思维都能发挥重大作用。即使是沿着理性主义路径探讨公共商谈问题,将情感排除在商谈程序之外的哈贝马斯与罗尔斯,也都在他们的正义理论中为情感留出了空间。“具体来说,他们都认识到如下做法的重要性,即引入公民们的依恋关系和欲望,将其作为促进对规范辩护的理性程序及其结果的忠诚的手段,从而形成一种对正义的情感,以增强正义的稳定性。”[②]至于如何激发这种依恋与渴望,无疑是情感思维的问题。

在各种达成共识的方案中,修辞学提供了最为现实、最具实效的方案,其要旨就是情感思维的运用。在修辞学的视角下,赢得听众是赢得共识的关键。如果诉诸可以证成判决的普遍听众,[③]那么社会范围内共同的道德情感将成为评判标准;如果诉诸可以直接决定是否接受某个判断的具体听众,[④]那么调动这些听众的情感就成为达成共识的关键。

在情感主义的视角下,价值判断不是一个诉诸理性并要求对方遵从的过程,而是一个诉诸情感打动对方、赢取对方的过程。[⑤]《新修辞学》就是沿着这一思路重构了论证理论。就言语活动的基本原理而言,佩雷尔曼认为,我们运用的概念的含义存在“描述”与“情感”两种成分,情感含义是概念含义固有的组成部分,对概念

---

① [英]A. J. 艾耶尔:《语言、真理与逻辑》,尹大贻译,上海译文出版社1981年版,第116页。

② [美]莎伦·R. 克劳斯:《公民的激情:道德情感与民主商议》,谭安奎译,译林出版社2015年版,第3页。

③ 普遍听众是一种想象,根据不同的理论,它代表人类的普遍理性或特定社会文化中的共同认知。

④ 具体听众是现实生活中的一个或一群活生生的人。

⑤ 参见周枫:《情感主义及其当代意义》,载《哲学研究》2007年第1期。

的运用离不开对情感的运用。[①] 在论及展示理由的方法时，佩雷尔曼强调要缓慢、具体，这样才能产生情感。调动情感是贯穿《新修辞学》的线索，是掌握说服技巧的关键。[②]

不过，无论怎样调动具体听众的情感，尊重社会的共同情感始终是证成法律判断不可缺少的要素。许多时候，这些共同情感促使我们发现问题、关注问题，把它们当作应该解决的问题，并为解决这些问题提供指引。[③] 在这些共同情感中，正义感尤为重要。在摆气球射击摊的赵某华涉嫌非法持有枪支时，在为病友购买抗癌药的陆勇涉嫌销售假药时，在反杀持刀行凶者的于海明涉嫌故意伤害致人死亡时，正义感让法律人意识到问题的存在，为法律人指引方向，在出罪与入罪间作出正确的判断。

正义感不只是对法律体系精神的把握和对法律规则的信仰，更重要的，还要在法律隐而不发时，就是非善恶作出判断。这种知善知恶的能力就是良知，而良知人人都有，它通过人的自然情感显现。在卢梭看来，良知就是自爱和同情这两种情感的结合。基于这两种情感，人们会对他人的冷酷无情感到愤懑不平，会对他人的愚昧无知感到遗憾惋惜。这些情感成为美德的基础，促进了理性的完善，推动了文明的发展。[④] 将情感作为正义的要素并非卢梭首创，也未在卢梭终止。以史蒂文森、努斯鲍姆、阿马蒂亚·森为代表的当代思想家纷纷接续休谟、亚当·斯密的情感主义传统，将情感作为正义的要件。"为了达到完全的理性，裁判必须同样有能力进行畅想和同情。他们不仅仅必须培养技术能力，而且也应该培养包容人性的能力。如果缺少这种能力，他们的公正就将是迟钝的，他们的正义就将是盲目的。"[⑤]这种

---

① See Ch. Perelman & L. Olbrechts-Tyteca, *The New Rhetoric: A Treatise on Argumentation*, translated by John Wilkinson and Purcell Weaver, University of Notre Dame Press, 1969, Section. 35.

② See Ch. Perelman & L. Olbrechts-Tyteca, *The New Rhetoric: A Treatise on Argumentation*, translated by John Wilkinson and Purcell Weaver, University of Notre Dame Press, 1969, Section. 37.

③ 参见[美]玛莎·努斯鲍姆：《诗性正义：文学想象与公共生活》，丁晓东译，北京大学出版社 2010 年版，第 104 页。

④ 参见[法]卢梭：《论人类不平等的起源和基础》，李常山译，商务印书馆 1962 年版，第 67 页以下。

⑤ [美]玛莎·努斯鲍姆：《诗性正义：文学想象与公共生活》，丁晓东译，北京大学出版社 2010 年版，第 171 页。

包容人性的能力就来自情感思维。

3. 情感思维是取得良好社会效果的众妙之门

司法的天然职责是化解矛盾,定分止争。[①] 矛盾与纠纷都来自社会生活,因此,“社会效果是司法必须考量的重要因素”[②]。社会效果可以从个体与社会两个层面加以考察。在个体层面显现的社会效果主要表现为当事人自觉履行司法判决。在社会层面显现的社会效果则表现为社会公众对司法判决的认同。

就个体层面而言,情感思维是推动当事人自觉履行司法判决的有力手段。首先,情感思维有助于理解纠纷的症结所在。“一纸判决,或许能够给当事人正义,却不一定能解开当事人的‘心结’,‘心结’没有解开,案件也就没有真正了结。”[③]近年来,多地都曾出现年迈老人起诉子女索要一元赡养费并要求按月到家支付现金的案件。只有站在老人的立场上体察老人的情感,法律人才能明白,老人的重点不是一元的赡养费,而是按月到家支付。老人的真实目的是想子女能够每月回家探望。只有理解到这一点,才能解开心结,找到正确的判决思路。在马锡五的审判经验中,其中一条重要经验就是关注与回应群众情感。[④] 在和解、调解等非诉讼类争议解决方式中,情感思维的作用更为明显。调解的本质可以诠释为“转变当事人对某些人或事的认识、意愿和情感的过程”[⑤]。

其次,情感思维能推动判决结果转化为当事人的行动。纠纷不会自然消解,它必须经由当事人的行动才能彻底化解,而情感是最强的行动催化剂。有学者曾用图 6 - 1 和图 6 - 2 分别描述由理性和情感主导的决策过程:[⑥]

---

① 参见张文显、孙妍:《中国特色社会主义司法理论体系初论》,载《法制与社会发展》2012 年第 6 期。

② 江必新:《在法律之内寻求社会效果》,载《中国法学》2009 年第 3 期。

③ 中共中央文献研究室编:《习近平关于全面依法治国论述摘编》,中央文献出版社 2015 年版,第 69 页。

④ 参见马锡五:《马锡五副院长在全国公安、检察、司法先进工作者大会上的书面讲话》,载《人民司法》1959 年第 10 期。

⑤ 蒋月、沈少坚:《民间纠纷当事人心理分析与评说》,载《人民调解》1994 年第 11 期。

⑥ See Jon Elster, *Emotional Choice and Rational Choice*, in Peter Goldie ed., The Oxford Handbook of Philosophy of Emotion, Oxford University Press, 2010, p. 265, 269.

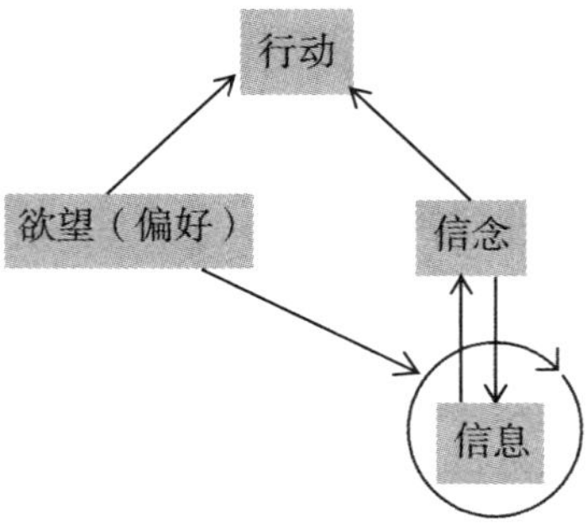

图 6－1　理性主导的决策过程

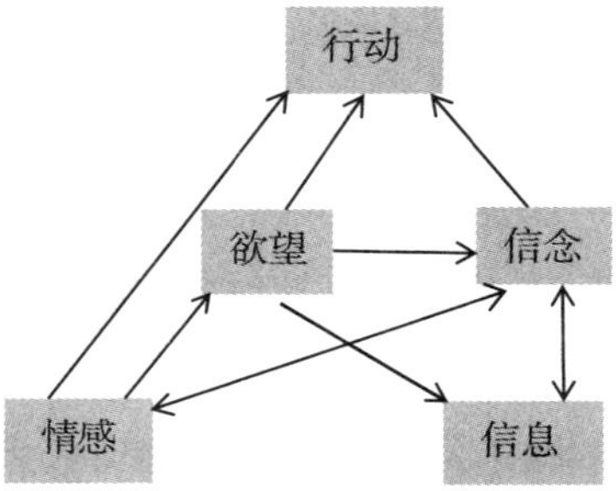

图 6－2　情感主导的决策过程

如图 6－1、图 6－2 所示，对信息的理性分析会影响我们的欲望（偏好）和信念，但并不直接催生行动。在情感参与的模式下，情感不仅通过影响欲望、信念来间接地影响行动，还可以直接影响行动。在这个过程中，情感还通过影响欲望、信念来影响主体的信念以及主体对信息的收集与处理。据此，在解决纠纷的过程中唤起情感能够催生主体的自主行动，把"我被要求"转化为"我愿意"，从而真正地化解纠纷，并降低因强制执行而产生的社会成本。

就社会层面而言，社会效果主要是指司法判决能够得到社会的普遍认同。在崇尚多元主义的现代社会，人们从不同的价值立场出发，通过严密甚至并不严密的逻辑推导自己的结论，让自己的判断看起来像公理一样颠扑不破。这种经过形式逻辑加持（或者说包装）的价值判断互不相让，使社会公众的认知严重撕裂。基于逻辑推理而产生的认知裂缝，无法通过逻辑推理来弥合，而只能诉诸情感思维。

社会学的研究早已表明，认同的实质就是情感认同。认同是人们在社会生活中产生的一种情感和意识上的归属感。[①] 在涂尔干那里，社会认同更多地表现为一种集体意识，它是社会成员平均具有的信仰和感情的总和。[②] 司法判决要想赢得社会认同，就必须得到公众的情感认同。"努力让人民群众在每一个司法案件中

---

① 参见俞小海：《刑法解释的公众认同》，载《现代法学》2010 年第 3 期。

② 参见［法］埃米尔·涂尔干：《社会分工论》，渠东译，生活·读书·新知三联书店 2000 年版，第 42 页。

感受到公平正义。”[①]在这一过程中，情感思维发挥着无可取代的重要作用。首先，只有运用情感思维，才能预见社会的情感反应。情感思维的运用使法律人能够站在旁观者的立场来想象，通过模拟普通人的情感反应来预见社会的情感反应。其次，只有运用情感思维，才能引起社会的情感认同。在关于价值判断的争论中，“每个争论者只能诉诸他自己的感情，而且只能采用那种引起他人同样感情的修辞手法”[②]。最后，情感思维的运用有助于增强法律的权威。法律的权威源自人与法的情感联系。[③] 权威是信仰之所寄，而信仰亦是一种情感。法律要树立或增强权威性，就需要赢得或加深人们对它的情感。这一情感可能是对法律的爱，也可能是对法律的恐惧，都能增强法律的权威，更好地保障社会效果。

（三）法官如何运用情感思维

美国首席大法官查尔斯·埃文斯·休斯曾经宣称，他们所作出的任何一个宪法层面的决定，90%都是情感（决定）的。[④] 卡多佐也曾感叹：“即使我们已经竭尽全力，我们仍然不能使自己远离那个无法言传的情感王国，那个根深蒂固已经成为我们本性一部分的信仰世界。”[⑤]既然法官运用情感思维是正当的，并且是不可避免的，那么我们更需要思考的是如何运用情感思维。

实践中，法律人对情感思维的运用主要有以下三种方式：

一是反躬自省。情感对于思维决策的影响已毋庸置疑，不同类型的情感对决策有着不同的影响。确认情感的难以避免对于法律人的思维有两点借鉴作用。一方面，我们可以通过制度建设减少刺激情感产生的因素。例如，由律师、检察官代表受害人出庭。另一方面，引导、鼓励法律人对自己的思维过程尤其是身体的情感

---

① 习近平：《坚定不移走中国特色社会主义法治道路 为全面建设社会主义现代化国家提供有力法治保障》，载《求是》2021年第5期。

② [英]罗素：《宗教与科学》，徐奕春、林国夫译，商务印书馆2010年版，第136页。

③ See Susan A. Bandes ed., *The Passions of Law*, New York University Press, 1999, p. 287.

④ 参见李柏杨：《情感，不再无处安放——法律与情感研究发展综述》，载《环球法律评论》2016年第5期。

⑤ [美]本杰明·N. 卡多佐：《法律的成长·法律科学的悖论》，董炯、彭冰译，中国法制出版社2002年版，第178页。

反应进行觉察，反思自己是否就案件中的某个因素或案件整体产生情感反应，这一反应在多大程度上影响了自己的判断，从而防范情感的偏私。司法机关可以考虑与心理机构合作，拟定心理变化量表，帮助法官、检察官及时察觉自己的情感反应。

二是换位思考。在法律人就案件中的行为进行合理性评价时，当事人的情感反应是否合宜是重要的评价标准。换位思考是判断情感是否合宜的主要方法。亚当·斯密曾经仔细地思考过情感合宜的问题，提出了“中立的旁观者”（impartial spectator）这一解决方案。一方面，中立的旁观者会尽可能地把自己放到当事人的位置上，设身处地地考虑会影响当事人的每一个细节。另一方面，当事人也会把自己放到中立的旁观者的位置上，以旁观者的眼光来看待自己的处境，设想旁观者在自己的位置上会是怎样的感受。[①] 按照这一指引，法律人一方面需要把自己放到当事人的位置上设想其处境，另一方面又需要把自己放到旁观者的位置上，反思自己当下的情感反应是否合宜。

三是审慎论证。研究两个思维系统的学者大多认可，审慎思考的系统 2 可以在较大程度上校正直觉思考的系统 1 的判断。在法律论证阶段，情感不是作为一种内在体验成为觉察的对象，而是作为论据进入法律决定的证成过程。情感能否成为法律决定的理由取决于论证规范的要求。如果基于情感作出的判断无法得到证成，又或者情感论据在特定论题上不具备可接受性，那么法律人必须重新判断、重寻论据。

无论以哪种方式运用情感思维，共情始终是正确运用情感思维的前提。共情一方面是指能够对当事人的情感感同身受，体察其情；另一方面是指能够准确把握社会的共同情感，确保情感反应合宜。在这一意义上，情感思维具有很强的体验性和互渗性。[②] 惠州于德水案的判决充分体现出法官的共情。法官在判决书中两度将早已成年的被告人称为孩子，先是同情被告人在案发时受到的心理冲击，“既然他不可能明确辨认自己的行为及其后果，我们也可以想象，对于一个穷孩子来说，

---

① 参见[英]亚当·斯密：《道德情操论》，蒋自强等译，商务印书馆 1997 年版，第 21 ~ 22 页。

② 参见杨楹：《精神的脉络——思维方式的历史研究》，福建人民出版社 2000 年版，第 223 页。

几乎是从天而降的钱财对他意味着什么?!”[①]然后同情被告人在作案后的谨小慎微,“被告人取了钱带回老家,除了给弟弟一些钱,剩下的也一直不敢乱花,这说明他对社会管理秩序还是心存畏惧,被抓获之后,被告人随即全部退清所有款项,我们觉得,这孩子仍心存良知”。[②]

四、法官后语

2003年,上海市第二中级人民法院研究室开始尝试推行在裁判文书后附设法官后语,这其实是对我国传统法律文化的继承。中国古代的司法一直负有宣明教化的功能,因此我国素有“审毕宜加劝谕”的传统,法官在判决后会对当事人申明劝诫。

严格来说,法官后语并非裁判文书说理的组成部分。法官后语的内容大多以普法、劝诫、教育、警告当事人为主题,多数法官后语以对当事人施以伦理道德教化、缓和当事人的矛盾与冲突为内容,也有个别法官后语以提醒、指导权利义务人遇事该如何应对为内容。这些内容虽然不能为法官的判决本身提供直接的正当性支持,但它们充分表达了法官对于当事人的人文关怀,能够拉近法院与当事人的情感距离,通过赢得当事人对法院的情感认同来促进当事人对判决的认同。

(一)法官后语的应用现状

作为裁判文书改革的一种尝试,法官后语在判决书中的使用尚不普遍,主要出现在民事、刑事类判决书中。法官后语并非判决书正文的组成部分,具有辅助性、非裁判性、非规范性的特点。[③] 根据后语内容所处位置的不同,有学者将法官后语分为内置式与后置式。前者是把法官后语置于判决书的正文之中,将其作为理由的一部分和这个案件的相应的法律依据杂糅在一起综合论述,后者则是把法官后语放置于判决书正文之后。[④]

---

① 于德水盗窃案,广东省惠州市惠阳区人民法院刑事判决书,(2014)惠阳法刑二初字第83号。

② 于德水盗窃案,广东省惠州市惠阳区人民法院刑事判决书,(2014)惠阳法刑二初字第83号。

③ 参见陈广华:《从法官后语考察民事裁判文书的改革》,载《求索》2006年第2期。

④ 参见张建成:《“法官后语”论——兼与上海市第二中级人民法院研究室商榷》,载《河南省政法管理干部学院学报》2006年第3期。

内置式法官后语的出现，通常是因为法官在论述判决理由、依据时，不宜将其与正文剥离，只好将与该案件判决理由相关的一些道德或者伦理方面的内容一并写上。这样做的好处是，可以将道德情理与法理法条相互融合，进而达到法律和道德的和谐、统一。缺点则在于将理由与非理由混为一体，有可能削弱裁判文书的说理效果。

相形之下，后置式法官后语可以将理由与说教一目了然地区分开来。在裁判文书正文之后附设的"法官后语"，分离在裁判文书正文以外，位置清晰、明确，是独立完整的个体，无损判决书正文内容的严肃性和完整性。

案例6-2

在审理一桩适用简易程序的变更抚养权纠纷案时，法官在判决书末尾附上这样一段后语："爱子之心人皆有之……不完整的家庭对孩子的身心本就带来伤害，更何况双方家庭为孩子的问题争执不断，无论双方有多大的矛盾，均希望双方在孩子的健康成长问题上达成共识，摒弃前嫌，用耐心和亲情共同弥补孩子缺失的疼爱。"①

这段话以附带后语的方式表达了对双方当事人的期望，充分彰显判决书的人文关怀。

（二）法官后语的说服效果

法官后语不是严格意义上的判决理由，很难在理性层面为判决提供正当性支持，说服受众。但法官后语释放出的善意、好意能够为法官赢得认同。希腊神话中有位叫珀托（ Peitho）的劝说女神，她也是诱惑女神，在公元前 5 世纪的陶瓦图画上，可以看到她在爱神厄洛斯（Eros）的陪伴下劝说希腊妇人的场景。在英语中，"说服"（persuasion）一词的拉丁词原义是"敦促"和"甜"，也就是好言相劝，与希腊语"劝说"一词的"令人欢愉"和"甜"是相同的。② 亚里士多德在《修辞学》中说，说

① 湖北省十堰市茅箭区人民法院民事判决书，(2014)鄂茅箭民一初字第 02314 号。

② 参见徐贲：《明亮的对话：公共说理十八讲》，中信出版社 2014 年版，第 30 页。

理要令人信服,需要具备三种品质:见识、美德和好意。[1] 可见,好言和好意是说理的重要成分。好的说理不是引经据典的重拳出击,而是充满善意、春风化雨、润物无声。前者可能赢了口,但输了心;后者则令人心服口服。法律是一种一般行为规范,它的规制逻辑决定了引经据典是其主要说理方式,但为了获得更好的社会效果,在有余力的情况下,也建议法官们采用法官后语的方式说些好话。

案例6-3

江苏泰兴法院的一份诗意判决就曾引起网友的广泛称赞。主审法官在审理一起离婚案时,了解到双方曾有一段美好的恋爱经历,遂写下一段充满诗意的判词:“原告、被告从同学至夫妻,是一段美的历程:众里寻他千百度,蓦然回首,那人却在灯火阑珊处。令人欣赏和感动。若没有各自性格的差异,怎能擦出如此美妙的火花?然而生活平淡,相辅相成,享受婚姻的快乐与承受生活的苦痛是人人必修的功课。人生如梦!当婚姻出现裂痕,陷于危机的时刻,男、女双方均应该努力挽救,而不是轻言放弃,本院极不情愿目睹劳燕分飞之哀景,遂给出一段时间,以冀望恶化的夫妻关系随时间流逝得以缓和,双方静下心来,考虑对方的付出与艰辛,互相理解与支持,用积极的态度交流和沟通,用智慧和真爱去化解矛盾,用理智和情感去解决问题,不能以自我为中心,更不能轻言放弃婚姻和家庭,珍惜身边人,彼此尊重与信任,重归于好。”[2]

这段判词流传出来后,网友们都大受感动。[3] 该判决书取得了良好的社会效果,也有利于增强法院的公信力。

(三)法官后语的写作建议

鉴于一方面,法官后语不是裁判文书的必要内容,且法官后语本身并不能直接增进受众对判决的认同;另一方面,法官后语能够增进受众对判决、法官以至法院的情感认同,有助于增强司法的公信力,本书倡导法官在有余力时,结合个案的具体情况写作法官后语。写作时应当注意以下两点。

---

① 参见[古希腊]亚里士多德:《修辞术·亚历山大修辞学·论诗》,颜一、崔延强译,中国人民大学出版社2003年版,第78页。

② 江苏省泰兴市人民法院民事判决书,(2016)苏1283民初3912号。

③ 参见《“诗意判决书网上走红　当事人看完都不想离婚了”》,载《经济日报》2016年12月18日版。

其一，准确判定写作法官后语的必要性。在决定是否采用法官后语时，法官应持谨慎态度。一般而言，在以下几种情形下，法官可以考虑撰写后语：

一是判决有充分的正当性基础，但社会争议较大，法官在后语中直言裁判的心路历程。例如，于德水案的法官在判决书的末尾特地加了一个“最后的说明”，其中写道：“我们也不能确认和保证本判决是唯一正确的，我们唯一能保证的是，合议庭三名法官作出的这一细致和认真的判断是基于我们的良知和独立判断，是基于我们对全案事实的整体把握和分析，是基于我们对法律以及法律精神的理解，是基于我们对实现看得见的司法正义的不懈追求。”[①]这样的表态虽然不能直接证成判决，但字里行间透露出的诚意有助于增加社会公众对法官的信任，从而增进对判决的接受。

二是判决本身不足以彻底解决案件纠纷。在一个离婚判决的背后，法官写道：“原、被告愿意倾家荡产保全女儿性命，又在女儿生病期间无微不至的照顾，不离不弃，父母之爱的伟大彰显之至，不得不令人由衷敬佩，双方女儿在十六岁的花季之年既罹患××，五年来，一直与病魔抗争，小小年纪即饱尝病痛，承受生命不能承受之重，其状况亦令人深表同情，但家庭压力、性格差异、缺乏沟通，最终导致双方离婚，不得不令人扼腕叹息，望二人在离婚后摒弃前嫌，共同为女儿的病情好转尽心尽力。”[②]这段后语无关法律问题，却比法律问题更切中未来生活的安排。如果没有情感的滋养，很难想象法官会去为当事人筹谋法庭之外的生活。但这一“僭越”非但没有减损法律的庄严，反而因为它的温情而提升法律的权威。法官在后语中释放的好意，不只当事人，就连普通的社会公众也能感受到。

其二，控制法官后语的篇幅。法官后语应尽量短小、流畅而简洁，避免长篇大论，维护判决书的权威性；语言不能过于白话，也不可晦涩难懂，并且内容一定要针对个案，与个案相关联，从而使当事人可以清楚明白地了解到法官后语所包含的意图，体味其中的情理。此外，法官还应当在适度表达自己对案件的看法时，避免过

① 广东省惠州市惠阳区人民法院刑事判决书，(2014)惠阳法刑二初字第83号。

② 湖北省十堰市茅箭区人民法院民事判决书，(2014)鄂茅箭民一初字第01394号。

多流露个人情感，注意将讲理说情的重心放在案件当事人、案件本身上。

其三，法官后语的说服效果与法官群体的魅力息息相关。① 一份情、理、法均衡得当、文字优美简练、情感真实适宜的法官后语是法官良好素养的体现。要使法官后语更具有说服力，法官们需从自身入手，提高个人的法律、道德、文学素养，以使其撰写的法官后语得到更多的认可。

从第五章、第六章的论述可以看出，逻辑与修辞的区分并非泾渭分明。在面对法律职业群体时，最适合这一类听众的修辞方法就是逻辑推理。“在法律实施中，逻辑与修辞这两种方法所具有的正当化、合理化功能应予充分发挥。在我国法治进程中，应充分重视逻辑的固法功能，发挥修辞的合理化功能，实现合法性与合理性、形式与内容的统一。”②

---

① 参见刘星：《判决书“附带”：以中国基层司法“法官后语”实践为主线》，载《中国法学》2013 年第 1 期。

② 焦宝乾：《逻辑与修辞：一对法学范式的区分与关联》，载《法制与社会发展》2015 年第 2 期。

第七章

裁判文书说理的写作指引

本书前六章已经详细阐述裁判文书说理的原理、准则、方法等规范知识，本章将在前六章的基础上，结合裁判文书的特点，从写作的视角给出裁判文书说理的建议。

根据写作方式的不同，法律文书写作可以分为填空式、表格式、笔录式和论述式。填空式写作是指文书的大部分内容已经统一拟制，文书的作者只需填写因个案而有所不同的特殊信息，如逮捕证、授权委托书等文书的写作。表格式写作多用于基本信息登记，如立案登记表、出庭人员登记表等。笔录式写作多见于诉讼活动中，旨在对诉讼活动进行记录。论述式写作是陈述某种或某几种观点的写作，在陈述这些观点时往往需要提供理由。裁判文书写作属于论述式写作，它是一项阐明观点、给出理由的书面交流活动。整体而言，裁判文书写作呈现出以下特点：

其一，目的性。裁判文书是具有特定功能导向的法律文书，旨在宣布裁判结果及理由，并通过说理让当事人、法律职业群体及社会公众接受该判决。基于此，裁判文书写作又衍生出策略性与实效性两个特征。策略性是指作者为了实现特定的目的，合理地安排结构和内容，以使自己的论点更容易为读者所接受。裁判文书写作不是天马行空的随想,不是漫无目的的自言自语,而是为了实现某种目的而进行的创作。可以说,裁判文书写作就是在纸面战场上排兵布阵,裁判文书写作的评价标准以实效为导向。首先是看该裁判文书是否被上级法院撤销;其次看该裁判文书是否取得良好的社会效果。

其二,规定性。裁判文书的规定性体现在格式与内容两方面。一方面,裁判文书基本都有相对统一、固定的格式。我国最高人民法院发布过近千个刑事、民事、行政诉讼文书样式。就民事诉讼文书而言,最高人民法院制定了专门的《人民法院民事裁判文书制作规范》。就刑事诉讼文书而言,最高人民法院不仅发布了《法院刑事诉讼文书样式》,还专门就《法院刑事诉讼文书样式》的实施进行问题解答。另一方面,就内容而言,法律对于重要文书的内容都作了明确规定。例如,《民事诉讼法》第 152 条规定:“判决书应当写明判决结果和作出该判决的理由。判决书内容包括:(一)案由、诉讼请求、争议的事实和理由;(二)判决认定的事实和理由、适用的法律和理由;(三)判决结果和诉讼费用的负担;(四)上诉期间和上诉的法院。”

其三,规范性。裁判文书承载的判决旨在产生、变更或消灭某种法律关系。裁判结果是法律规范应用于特定事实的结果,裁判结果具有规范性。这也使裁判文书的写作具有鲜明的规范性。首先,裁判文书运用的语言不只是普通的书面语,还有许多专业术语。专业语言的运用必须符合规范。一字之差往往谬以千里。例如,撤销案件的决定可能由仲裁委作出,也可能由仲裁庭作出,一字之差就可能导致对象错误。其次,说理论证的焦点往往是法律规范的可适用性,即某一规范适用于某一案件事实。法律适用的说理是裁判文书说理的重点内容。此时,裁判文书写作的基本思路往往由法律规范的内容,特别是关于行为模式的规定来决定。

以上特点决定了裁判文书的说理具有程式性,有一定的格式限制。虽然固定的程式为法官说理留下自由发挥的空间,但即使是自由发挥也应紧盯目标。实现这一目标的过程大致可以分为立意、布局、选材、表达四个步骤。这四个步骤涉及的说理问题大致如图 7 - 1 所示:

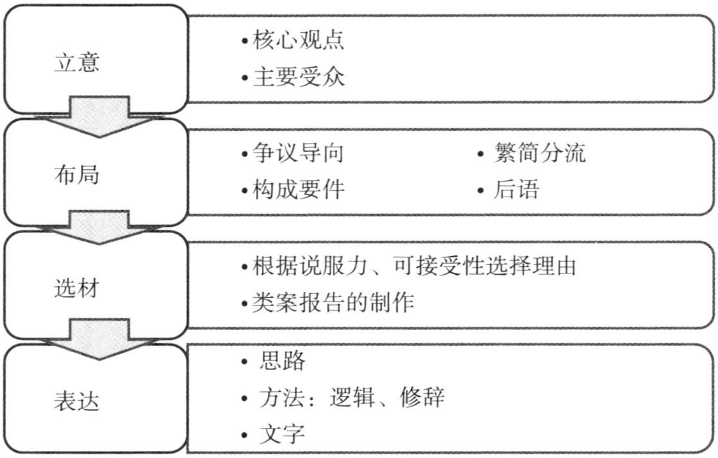

图7－1　裁判文书说理写作的步骤

由图7－1可见,本书前六章讨论的问题将成为不同阶段要解决的问题。换言之,前文关于说理原理的讨论将分别转化为四个阶段的写作指引。

一、裁判文书说理的立意

立意是指明确裁判文书写作的目的。一般情况下,法官写作裁判文书的目的比较简单,就是宣告判决结果及理由。但在特殊情形下,譬如法律尚未明确规定或者法律含义有待解释等,法官希望借个案确立裁判规则。此时,他的写作目的与通常情形略有不同,由此产生的说理任务也略有不同。法官在写作裁判文书前必须胸有成竹,明确自己的写作意图。如果意图不明、目标不清,法官的说理很容易脱靶,不可能取得预想的实效。

法官在明确自己的说理目标时需要重点考虑两个因素:判决的核心观点和主要受众。由此衍生出两项具体的要求:确定核心观点、明确主要对象。

(一)确定核心观点

无须多言,法官的判断产生于裁判文书写作之前。裁判文书写作的过程不是法官探求个案判决的过程,而是法官证成个案判决的过程。形成明确的观点是进行有效说理的前提。在裁判文书说理的过程中,观点就是旗帜,决定了说理的方向。裁判文书说理的布局、选材都由观点决定。

自现实主义法学发起对形式法学的批判以来,研究判决形成的非规范因素成为法学研究的一大方向。在霍姆斯的名言"法律的生命从来不是逻辑,而是经验"的感召下,法学研究者的视野从书本上的法扩大到行动中的法,社会学、心理学、经济学等社会科学的知识与方法成为研究法律判断形成的重要依据。即使如此,目前的共识也只限于,判决形成的原因不一定是或者常常不是法官在判决书中阐述的理由。究竟是哪些因素导致判决的形成,各种因素在何种程度上发挥作用等问题仍然是有待探索的深海。大部分学者把这个难以言明的思维过程归入直觉或法感。无论是什么,我们都会据此产生一个初步的判断,它将成为我们思考的起点。

总体而言,法官确定核心观点的过程大概需要经历"初判—校验—确定"三个阶段。

在初判阶段,法官依据了解的案情形成初步判断。以前文讨论的刘某某用硫酸泼熊案为例,①法官的初步判断也许是刘某某涉嫌非法猎捕、杀害珍贵、濒危野生动物罪。但在核对构成要件时,法官面临两个主要问题:一是刘某某是否有非法猎捕、杀害的故意?二是动物园里的熊是否属于野生动物?在得到否定的答案后,法官可能会再设想,刘某某的行为是否构成破坏生产经营罪。于是又面临问题:刘某某测试熊的嗅觉的目的是否属于《刑法》第276条规定"由于泄愤报复或者其他个人目的"中的"其他个人目的",用硫酸泼熊的行为是否属于"毁坏机器设备、残害耕畜或者以其他方法破坏生产经营"的行为?

类似的思考过程可能会反复出现,也就是说"初判—校验"可能是一个循环往复的过程。没有通过检验的初判将被否定、放弃,法官必须生成新的判断,重新进行检验。这一个过程近似于恩吉施所说的目光在事实与规范之间往返流转的过程。

在法官的初步判断通过检验后,法官需要将自己的核心观点确定下来。法官

---

① 参见北京市西城区人民法院刑事判决书,(2003)西刑初字第367号。

的核心观点不一定是最终的判决结果,有可能只是判决的核心理由。仍以刘某某用硫酸泼熊案为例,法官的核心观点可能是刘某某构成故意毁坏财物罪,而最终的判决结果却是对刘某某免于处罚。因此,法官在确定核心观点时不只要明确最终的判决结果,还需要对自己的核心理由做到心中有数。

（二）明确主要对象

如本书第一章第四节所述,裁判文书说理的对象可以分为当事人、法律职业共同体、社会公众三类。一般而言,法律职业共同体的认同最为关键,它可以成为判决获得正当性的基础。特殊情形下,当法律职业共同体的认同不足以为判决提供充分的正当性支持时,法官需要考虑社会公众的认知。三类说理对象具有不同的利益、立场,对正当性的认知也会有所不同。明确主要的说理对象对于裁判文书说理的选材与表达都有重要影响。就裁判文书说理的选材而言,法律职业共同体可能倾向于诉诸法律类理由,引规则、讲法理,而社会公众则可能倾向于诉诸非法律类理由,论事理、讲情理。就裁判文书说理的表达而言,法律职业共同体可能倾向于运用逻辑的方法,而社会公众则可能青睐修辞的方法。

由上可见,当事人几乎不会成为裁判文书说理的主要对象。但这不是否定当事人的认同在司法审判中的重要性。上文只是强调当事人的认知不影响判决的正当性。从定分止争的角度看,当事人始终是裁判文书说理的重要对象。毕竟,“让人民群众在每一个司法案件中感受到公平正义”是裁判文书说理的重要目标。因此,法官在撰写裁判文书的过程中应当尽可能考虑当事人的认知能力、认知水平,在不影响判决证成的前提下,以最易于当事人理解、接受的方式进行说理。

在裁判文书普遍上网的信息时代,裁判文书承担的功能早已不限于宣告判决。裁判文书也是法官与当事人、社会公众沟通的窗口。沟通的内容也不限于就个案作出的判决与理由,还可能涉及价值观的传播。从这个意义上看,法官在个人认为有必要的情形下,可以撰写以当事人为主要对象的法官后语。

二、裁判文书说理的布局

布局是贯彻写作策略的重要步骤,与写作目的紧密相关。每一份裁判文书都是一个意思表达的整体,都是为证成法官的判决服务。因此,法官在写作裁判文书时有必要从整体的角度谋篇布局。首先要从全局着眼,通盘布局。对此,古人早有要求:“至于议罪,乃结束通案事情,应议及者,必须逐一声明;应断结者,纤毫不可错乱,虽人多事杂,俱要挨次点出,不留一隙也。”①其次要有层次,“作看亦要谙前后层次,起承转合、埋伏照应、点题过脉、消纳补斡、运笔布局之法,方有片断头绪”②。

就裁判文书说理而言,布局主要考虑的是在裁判文书中说哪些问题,先说哪些再说哪些,哪些多说哪些少说。一般而言,裁判文书说理的部分主要集中在“经审理查明”与“本院认为”两部分。“经审理查明”部分主要陈述证据事实,这一部分可以构成要件为隐藏的框架进行叙述。“本院认为”部分通常仍以构成要件为线,但对于争议较多、较大的案件,可以考虑以争议为主线,在最终的合成论述部分再以构成要件为框架。在确定整体框架之后,法官还需要考虑论点的顺序与繁简以及是否需要添加后语等问题。

(一)论点的出场顺序

根据我国现行的裁判文书格式,涉及法官说理的部分主要从“本院认为”开始,但“经审理查明”部分对于法官后续的说理具有基石作用。如第一章第二节所示,判决都是基于案件事实作出,诉讼阶段的案件事实可以区分为证据事实与裁判事实,其中裁判事实以证据事实为基础,证据事实的阐述基本见于“经审理查明”部分。因此,“经审理查明”部分也需要纳入说理的考量范围。

如前所述,证据事实应当具有描述性和可验证性。描述性是指证据事实的叙述基于对证据所载信息的描述,而可验证性则指证据事实中的陈述都可以由证据

① 晓明、拓夫编:《绝妙判决书》,海南国际新闻出版中心 1993 年版,第 252 页。
② 晓明、拓夫编:《绝妙判决书》,海南国际新闻出版中心 1993 年版,第 252 页。

验证。实践中,法官在“经审理查明”部分基本按时间顺序,以白描式手法叙述证据所载信息。

案例7-1

在本某某诉某音乐学院劳动争议一案中,①一审法院在叙述其认定的事实时基本以时间为线索。以下为一审认定事实部分第一段:“2007 年 9 月 10 日,音乐学院(聘方)第一次与本某某(受聘方)签订《聘用外籍教师合同书》,约定:音乐学院聘请法国籍本某某先生为电子音乐中心全职外籍教师;合同期自 2007 年 9 月 10 日起至 2008 年 8 月 31 日止;受聘方的工作任务:见《工作任务书》;年薪为人民币 40000 元(税后),一年按 10 个月每月按 4000 元领取,每年的寒、暑假(二八月)无月薪,每月 15 日前后领取上月月薪等内容。双方均未在庭审中提交上述合同期内的《工作任务书》。音乐学院称上述合同书期满后,双方每年续订一次,每次期限为一年,其他条款延续原合同书约定。本某某一直在音乐学院工作。”

在该段叙述中,法官首先指出时间和事件,之后抄录作为证据的《聘用外籍教师合同书》《工作任务书》上的信息,并记录音乐学院对案件事实的复述。这一体例在判决书中十分常见,对于普通案件的证据事实,这一叙述方式就已够用。但在面对争议较大的案件时,还需法官做进一步的构思。

案例7-2

以广受关注的微信读书案为例。②由于微信读书用户众多,加上腾讯系的社会影响力,本案在立案之初就引起全网关注。初审法官在梳理证据事实时突破了按时间顺序记叙的常规做法,直接聚焦事实争议,分三点记叙证据事实:(1)关于微信读书及微信应用基本情况;(2)关于原告主张的侵权行为;(3)关于微信与微信读书的产品关系。针对不同类型的事实问题,法官采用不同的叙述思路。以第二点“关于原告主张的侵权行为”为例,该项事实主要基于原告的诉请,因此在叙述相关事实时,法官仍然依据原告的诉请,将相关事实细分为三个问题:“一是微信将原告的微信好友关系交予微信读书,微信读书获取原告的微信好友关系,侵害了原告的个人信息权益和隐私

---

① 参见北京市第二中级人民法院民事判决书,(2019)京 02 民终 9497 号。

② 参见腾讯科技(深圳)有限公司等网络侵权责任纠纷案,北京互联网法院(2019)京 0491 民初 16142 号民事判决书。

权；二是微信读书为原告自动关注微信好友，且这些好友可看到被默认公开的原告的读书信息，侵害了原告的个人信息权益和隐私权；三是微信读书在原告与其微信好友并无任何微信读书关注关系的前提下，原告的微信好友可以在微信读书软件查看原告的读书信息，侵害了原告的个人信息权益和隐私权。”

在分项叙述这些事实时，法官对在案证据、庭审情况进行了初步的整理，以明确证据与证据事实之间的对应关系。法官在记叙原告主张的第二项侵权行为时，顺次列明“原告提交如下证据”“腾讯公司就此提交如下证据”，并就每项证据载明的信息进行记述，之后记录法院就此进行询问的相关情况。

在本某某诉某音乐学院劳动争议一案的二审中，①法官也是针对争议事实展开论述，重点认定三项事实“关于本某某是否存在上课迟到、拖延成绩上交时间、‘大课评议’学生给予差评的情况”“关于本某某是否存在旷课”“关于音乐学院解除与本某某劳动合同是否通知工会”。

上述根据争议记叙事实的写作方法有两大好处，一是更好地呈现证据与证据事实之间的关系，二是为法官对证据事实进行评价做好准备，为“本院认为”部分的铺展打下良好基础。

进入“本院认为”后，论点的出场顺序变得尤为关键。对于普通案件，法官的确可以简单回应争议后，按构成要件，照本宣科似地陈述。

案例7-3

在焦某某诉邹某某名誉权纠纷案中，②法院认定：被告采用在原告所有的车辆上张贴标语、向不特定公众散发传单、穿着自制服装站在X2公司门口、在名为“在水一方风铃草”的微博中发表博文以及接受媒体采访等形式，声称原告“窃听别人电话”、“操控别人电脑盗取投资信息”、实施“骚扰”行为、从事“暗杀”行动、“靠欺骗赚钱”、“欺凌弱小”、是“黑帮头子”、“黑帮老大”、“勾结黑社会”、“抓官员及国企人员把柄，拖他们下水贪腐”、“大额行贿，以求官员及国企高管配合，侵吞国有资产”、“导致社

① 参见北京市第二中级人民法院民事判决书，(2019)京02民终9497号。

② 参见北京市朝阳区人民法院民事判决书，(2013)朝民初字第25306号。

保等投资人损失24亿”、“长期偷取X2公司优质项目，损害投资人利益”、“雇凶杀人”、“把大量偷骗抢来的钱拿出来堵媒体的嘴”、“花钱雇媒体”、“偷取社保等24亿”、“打人杀人还要牵手”、“监守自盗”、“违反了GP和LP的利益冲突条款，伤害社保利益”等；被告未能举证证明其上述言论的真实性，亦未举证证明其上述言论具有权威消息来源；原告提交的函件，可以证明其因被告的行为而受到X2公司及相关单位的质询。因此，本院认定被告的行为已经侵犯了原告的名誉权，且已给原告造成精神损害，原告有权要求被告停止侵害、消除影响、恢复名誉、赔偿损失。

案例7-4

在刘某某等人诉某技术公司名誉权纠纷案中，①法院认定：本案中，凤凰卫视的节目内容着重于介绍刘×的生平，尤其是刘×浴血抗战、为国捐躯的历史。其中，关于刘×自称好色的叙述在整个节目篇幅中微不足道，且其作用在于衬托刘×作战勇猛、深明国家民族大义。某技术公司在转载节目文字实录时，虽未改动文字实录的内容，但却擅自将标题修改为《揭秘抗战最好色的虎将：打一场胜仗娶一个老婆》，不仅偏离了节目的主旨思想和主要内容，还利用“揭秘”“最好色”等词语吸引读者的注意力，极易使受众误认为刘×无非只是好色、打仗、娶老婆。该文标题的贬损性显而易见，势必造成公众对抗日爱国将领、革命烈士刘×将军社会评价的降低。因此，某技术公司擅自修改文字实录标题并登载在中华网的行为应被认定为侵犯了刘×的名誉权。

通过对比两段法院论述可知，案例7－3中法官认定被告侵权的理由是被告散布不实言论，导致原告受到相关单位质询，而案例7－4中法官认定被告侵权的理由是被告擅自修改的标题具有显而易见的贬损性，势必造成对刘×将军社会评价的降低。两案法官认定构成名誉侵权的三大要件为损害行为、损害后果、因果关系。这三个要件是认定名誉侵权的核心要件，其中认定有损害行为是前提，因此，此类案件的主审法官都会先讨论行为是否适当，再叙述行为造成的后果。由于因果关系的认定最为困难，法官们在判决书中通常采用“势必造成……”的表述。案例7－3略有不同的是有函件可以证明因果关系。

① 参见北京市第三中级人民法院民事判决书，(2015)三中民终字第04900号。

由上可见，即使是按构成要件论述，也需要关注论点之间的逻辑关系，据此安排论点的出场顺序。

面对争议较多、分歧较大的案件时，论点的出场顺序更为关键。在审理涉及财产分割的离婚案件时，首先是确认哪些财产可以参与分配，然后讨论如何分配，对于分配时考虑的因素再按重要程度确定讨论的先后顺序，一般而言，重要的因素先出场；在审理遗嘱继承案时，先讨论遗嘱是否有效，再讨论如何分配。

在法律适用较为复杂的案件中，厘清争议点之间的逻辑关系尤为重要。

案例7-5

在蔡某某诉李某某附义务赠与合同纠纷一案中，①蔡某某以经过公证的协议的形式，将其所有的一座位于北京市东城区的四合院赠与李某某。赠与合同明确约定，此举是为了支持李某某的“创办主持之中国卫士基金组织社团公益事业”。之后，房屋依法登记至李某某名下。几年后，李某某将房屋售与第三人某华公司，并将售房款全部转移至其本人及女儿名下的账户。现在蔡某某起诉李某某，要求撤销赠与合同，追回案涉房产。本案在审理过程涉及的争议主要有：

A. 蔡某某与李某某之间的赠与合同是否可以撤销？

B. 中国卫士基金组织出具的情况说明是否可以采信？

C. 某华公司是否实际支付对价？

D. 某华公司取得案涉房屋是否构成善意取得？

E. 本案可否同时审理蔡某某撤销赠与的申请以及向某华公司追回房产的申请？

本案两审法官都认为蔡某某与李某某之间的赠与合同应当撤销，但蔡某某无权追回案涉房产。对照上述争点可知，如果争点E得出否定的回答，争点C、D无须再论，但法院最后的判决也将无法得到支持。因此，裁判文书应当首先处理争点E，在确认可以同时审理两个诉请之后，顺序处理争点A、D。在处理争点A时，重点是要讨论李某某是否违背赠与合同约定的义务。作为事实认定的重要证据，中国卫士基金组织出具的情况说明的效力必须着重处理，因此，在讨论争点A时须讨

① 参见北京市第二中级人民法院民事判决书，(2018)京02民终908号。

论争点B。在处理争点D时,需要考虑的因素包括:(a)李某某出售房屋的行为是否构成无权处分;(b)某华公司是否善意;(c)是否以合理的价格转让;(d)转让的不动产是否已经登记。很明显,问题a的答案取决于争点A,因此争点A应在争点D之前讨论。问题c的答案与争点C密切相关,因此,处理争点D时需要处理争点C。

这样一来,上述争点的逻辑关系如图7－2所示:

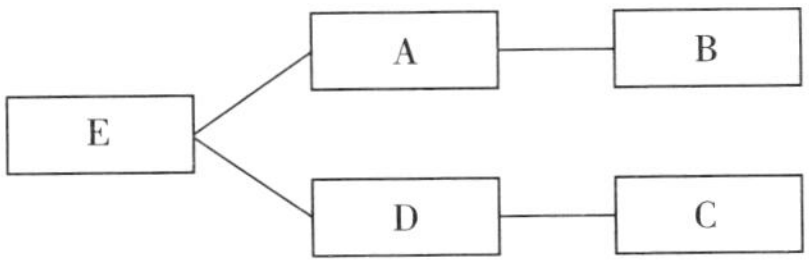

图7－2 案例7－5争点的逻辑关系

上述争点在裁判文书中出现的顺序为E、A、B、D、C。

(二)论点的篇幅安排

论点篇幅安排适用繁简分流原则,如第四章第一节所言,重点争议、重点理由需要用较大篇幅强化说理,次要的重点或理由则可以简化说理。繁简得当才能更好地突出核心论点。是否属于核心论点的判断则取决于论点在全案论证体系中的位置,即论点是不是支持最终判决的直接理由或主要理由。

案例7-6

在凌某某诉北京微播视界科技有限公司(以下简称抖音)案中,①该案的核心争议是:抖音收集、存储、处理凌某某姓名和手机号、社交信息、地理位置信息的行为是否构成对凌某某个人信息与隐私权的侵犯。这项争议涉及以下问题:

a. 个人信息的判断标准;

b. 个人信息处理行为的判断标准;

c. 隐私的判断标准;

d. 姓名＋手机号是否属于个人信息;

e. 抖音处理姓名＋手机号的行为是否侵犯个人信息;

① 参见北京互联网法院民事判决书,(2019)京0491民初6694号。

f. 抖音处理姓名+手机号的行为是否侵犯隐私；

g. 社交信息是否属于个人信息；

h. 抖音处理社交信息的行为是否侵犯个人信息；

i. 抖音处理社交信息的行为是否侵犯隐私；

j. 地理位置信息是否属于个人信息；

k. 抖音处理地理位置信息的行为是否侵犯个人信息；

l. 抖音处理地理位置信息的行为是否侵犯隐私。

结合我国法律的制定与实施现状，在上述 12 个论点中，相比隐私相关论点，与个人信息相关的论点更需要关注。因为法律界关于何为隐私的共识相对确定，但关于什么是个人信息、处理个人信息的行为的边界却较为模糊。加上抖音的社会影响力，其他短视频社交软件及其用户都在密切关注该案可能确定的与个人信息保护有关的裁判规则，因此，个人信息保护相关的论点更需要重点关注。在与个人信息有关的 8 个论点中，论点 a、b 是回答 d、e、g、h、j、k 6 个问题的前提和基础，因而需要重点论述。结合以往的司法实践，本案最引人关注的是好友信息等社交信息的属性以及好友推荐功能的合法性，因此，g、h 较 d、e、j、k 更需要强化论述。

由此可见，以上 12 个论点的相应篇幅可做以下安排：

(a、b) > (g、h) > (d、e、j、k) > (c、f、i、l)

三、裁判文书说理的选材

选材是指法官为裁判文书的说理拣选素材。选材在布局之后，因为布局主导选材。法官不能因为某一论点的相关素材多，就全部堆砌罗列，大幅度超出既定篇幅，导致论述失重。

(一)素材的获取

法官获取素材的方式可以分为主动式与被动式，前者是指法官自主寻找而获得，后者则指律师、检察官、当事人等向法官提供素材。在普通案件中，被动式更为常见。控辩双方已就各自主张准备好大量证据、法条等素材，法官只需从中拣选。在特定情形下，法官需要主动寻找素材，包括证据、专家意见、规范性文件等。

1. 调查取证

以是否以当事人的申请为根据，法官的调查取证可分为依申请取证和依职权取证。在依申请取证的情况下，法官实际是在履行保障当事人实现其诉讼权利的职责，因为收集证据是当事人依法享有的重要的诉讼权利。在依职权取证的情况下，法官是为了履行其查明案件事实的职责。法官取证的好处在于法官取证可以消减当事人的对抗、紧张情绪，法官直接获取的证人证言甚至可以被直接赋予证明效力，①但它显然会大幅增加司法成本。

最高人民法院在司法解释中对依申请和依职权收集证据的范围都作了细化，前者为属于国家有关部门保存并须由人民法院依职权调取的档案材料，涉及国家秘密、商业秘密、个人隐私的材料，其他因客观原因不能自行收集的材料；后者为涉及可能有损国家利益、社会公共利益或者他人合法权益的事实，涉及依职权追加当事人、中止诉讼、终结诉讼、回避等与实体争议无关的程序事项。②

从说理的角度看，如果在案证据不足以支持法官对事实的认定，那么依职权收集证据不失为一种可行方案。实践中，法院收集的证据主要有以下几类：

（1）当事人陈述。法官在询问当事人的过程中，一方面可以比对其叙述是否前后一致，另一方面也可以通过察言观色判断当事人陈述的可信度。例如，在某借贷纠纷案中，原告手持借条起诉，被告否认借款。原告对于借款原因、借款过程的叙述前后不一，出现多处纰漏。江苏省镇江市京口区法院在审理一起债务纠纷时，被告主张其已经以物抵债。“庭审中，该案承办法官从原告躲闪的眼神、无力的表述中，感到被告所陈述的事实真实性较大，遂决定立即去江苏公司查看无心磨床的设备情况。

① 参见［美］米尔建·R. 达马斯卡：《漂移的证据法》，李学军等译，中国政法大学出版社2003年版，第111～112页。

② 参见李浩：《回归民事诉讼法——法院依职权调查取证的再改革》，载《法学家》2011年第3期。

在原告某分厂法官发现了与被告陈述一致的磨床,而原告对该磨床的来源并不能自圆其说。”①法院最后认定,被告所提交的证据真实客观,能够相互印证,已经形成了证明其主张的证据锁链,结合原告作虚假陈述和原告占有被告所述磨床却不能证明其来源,以及磨床价值与原有债务数额基本相当的客观情况,可以确信原、被告双方口头协议以无心磨床抵销债务的事实客观存在。

(2)证人证言。在收集证人证言方面,法官的取证能力远远高于当事人及其代理人。实践中,当事人能取得证言已殊为不易,再要求证人放下手边工作,专门出庭作证,并直接面对另一方当事人的盘诘,确实困难重重。于法官而言,未经质证的证人证言确实难以作为定案证据。在此种情况下,如果证人证言对于查明事实十分关键,法官可以考虑以在线视频的方式远程取证或者亲自走访。

(3)鉴定意见和勘验笔录。在一些专业知识要求较高的案件中,法官往往需要通过第三方机构的鉴定了解情况。2020 年,为进一步规范民事诉讼中委托鉴定工作,最高人民法院出台了《关于人民法院民事诉讼中委托鉴定审查工作若干问题的规定》(以下简称《鉴定规定》)。根据该规定,只有“属于查明案件事实的专门性问题”才能作为拟鉴定事项。《鉴定规定》明确排除以下情形:①通过生活常识、经验法则可以推定的事实;②与待证事实无关联的问题;③对证明待证事实无意义的问题;④应当由当事人举证的非专门性问题;⑤通过法庭调查、勘验等方法可以查明的事实;⑥对当事人责任划分的认定;⑦法律适用问题;⑧测谎;⑨其他不适宜委托鉴定的情形。在组织鉴定的过程中,法官应审慎核查,从严把关,确保鉴定程序合法。在深圳王某非法收购、出售珍贵、濒危野生动物罪的审理过程中,鉴定人资格、鉴定程序的合法性等问题曾是控辩双方激烈争论的问题。

(4)物证、书证和视听资料。与前述三类证据不同的是,物证、书证和视听资料都生成于案件发生时,通常只有当事人知晓是否存在此类证据。个别情况下,法官也可能获取到当事人难以获取的书证。在王某某诉中国银行某某支行储蓄存款合

① 史友兴、徐立强、刘岚:《镇江运用“直接言词原则”还原真相》,载《人民法院报》2004 年 6 月 11 日版。

同纠纷案中，南京市鼓楼区法院依法调取了鼓楼公安分局对案外人汤某、原告王某某的询问笔录，用于证明汤某等人通过安装读卡器、具备摄像功能的 MP4 等方式，窃得原告涉案借记卡信息及密码后复制两张假卡提取或消费的事实；调取了中国银行北京天缘公寓支行的交易明细表，用于证明原告主张的被盗取的款项在天缘公寓支行的自助银行柜员机上被取走的事实。

2. 专家意见

与法官收集的证据主要针对案件事实不同，专家意见主要帮助法官形成对案件的正确评价。根据评价涉及的内容，可以分为法律评价与非法律评价。前者主要涉及法律意见书的采用，后者主要对应我国的专家辅助人制度。这一类说理素材可能面临的问题主要涉及专家资格的认定，以及专家的中立性。①

有关法律意见书的问题，法学界已有诸多讨论。目前的基本共识是，在社会变化日新月异、知识细分日益深化的时代，法律专家的意见对于法官审判十分重要。核心问题是如何排除法律专家的身份等社会结构因素对法官可能产生的不当影响。实践中，主要以两种方式避免法律意见书的不当影响：一是要求当事人隐名提供，即不提供专家的身份信息，只提供具体的法律意见；二是建立统一的专家库，要求法官在指定的专家库中挑选合适的专家进行咨询。为了避免专家身份引起争议，许多法官只是以咨询的形式了解法律专家的看法，在专家的指引下收集法律文献，并不要求法律专家出具意见书。毕竟有着相同的专业背景，法官们对法律意见书的依赖程度相对较低。

但在审理专业性较强的案件时，专家意见就会起到一锤定音的效果。

案例7-7

在重庆市某区人民法院环资庭审理的吴某与正轩公司等噪声污染责任纠纷一案中，原告吴某诉称，原告居住在被告开发的项目附近，2014 年年初，自该项目开始施工后，原告身体健康因噪音遭受严重伤害。2014 年 7 月 6 日，原告经重庆医科大学附属第一医院诊断为"心境障碍（抑郁发作）"。出院后，原告及其家人要求被告予以解

① 参见第二章第三节关于"权威观点"的论述。

决，后被告同意每月支付房租1000元用于原告在外自行租房。支付一段时间后，被告停止支付房租，无奈之下，原告再次搬回原住所居住，导致抑郁症再次发作，在此情况下，被告再次支付了一个月房租。房屋租期到后，原告多次向被告索要房租，被告不予理睬。故诉至法院，要求判令被告赔偿原告医药费用40000元；被告立即停止侵害、排除妨碍。后在庭审中，原告又将要求赔偿的数额提高到60302.16元。本案审理过程先后经过三次公开开庭，被告在审理过程中提出司法鉴定，要求对原告吴某心境障碍（抑郁发作）产生的原因以及该心境障碍与被告项目施工声音是否存在因果关系或者与其病复发加剧有无因果关系及作用力大小进行鉴定。最终鉴定意见明确：因原告有心脏病史，易出现抑郁情绪，对环境噪声较常人敏感，可能加重抑郁情绪或者使抑郁情绪发作。法院一审判决各施工单位和建设单位承担赔偿责任并按要求达到环评标准后方能继续施工。被告不服，提出上诉，二审在审理过程中，聘请环境资源专家对证据效力认定提出意见，为承办法官查明案件事实提供重要参考，最终作出了驳回上诉，维持原判的终审判决。[1]

在美国的马丁诉职业高尔夫协会（PGA）一案中，双方争议的核心是高尔夫球车的使用会不会使选手获得比较优势，或者说行走是否是高尔夫球比赛的一部分。[2] 显然，法官不具备相关专业的知识背景，无法回答此类问题，只能求助于专家辅助人。

3. 规范性文件

规范性文件涵括社会各领域的标准化文件，并不局限于法律。法律类规范性文件的检索属于法律适用的问题，而其他领域的规范性文件有时涉及事实的查明，有时则涉及法律规范的具体化。例如，食品行业的安全标准对于理解食品行业惯例有着重要作用。在最高人民法院再审的某酒业有限责任公司与某酒业股份有限公司侵害商标权纠纷案中，[3]法院就是依据行业惯例认定，某酒业股份有限公司在商品包装上使用“青花窖藏”的文字符合行业惯例。法院认为，青花瓷常简称青花，

① 参见刘再：《环资民事案件中专家意见的定性研究》，载中国法院网，https://www.chinacourt.org/article/detail/2017/07/id/2931741.shtml。

② *Casey Martin*, Wikipedia (July 10, 2021), https://en.wikipedia.org/wiki/Casey_Martin.

③ 参见最高人民法院民事裁定书，(2017)最高法民申4380号。

是我国瓷器的主流品种之一，历史悠久。包括“浏阳河”“双沟”“二锅头”“汾酒”“泸州老窖”“衡水老白干”“古井贡”等国内白酒品牌和江苏省宿迁市洋河镇上的部分白酒企业，都曾经使用白地青花的青花瓷瓶盛装白酒。相关企业在标识自身注册商标的同时，还会在其生产的“青花”瓷酒瓶以及外包装盒上标识含有“青花”的文字。因此，相关公众根据其对白酒产品的包装特点及商业惯例的了解，不会将某酒业股份有限公司使用在青花瓷酒瓶及外包装盒上的“青花窖藏”文字与涉案商标相联系，不致造成相关公众对商品来源产生混淆误认。故某酒业股份有限公司在其生产的白酒酒瓶及外包装盒上使用“青花窖藏”文字构成正当使用行为。

（二）素材的选择

基于司法的被动性，法官主动收集素材的情况整体较少，裁判文书说理的选材主要涉及素材的拣选，其实质是对素材进行评价。如前所述，本书不讨论法官形成法律判断的过程，此处关于素材拣选的讨论以法官已形成判断为前提。因此，法官在评价、选择素材时，需要考虑的是该素材能否为其判断提供支持，该素材能否与其他素材兼容等问题。

以下尝试以深圳鹦鹉案二审判决为例，[①]分析说理素材的拣选。

案例7-8

被告人王某向被告人谢某某出售了两只绿颊锥尾鹦鹉，并在王某住处查获45只鹦鹉，其中绿颊锥尾鹦鹉35只、和尚鹦鹉9只、非洲灰鹦鹉1只。案涉鹦鹉均为人工驯养繁殖。法院最终认定被告人犯非法收购、出售珍贵、濒危野生动物罪，经最高人民法院核准，二审法院对王某判处法定刑以下的刑罚。该案的核心争议是：人工驯养繁殖的野生动物是不是《刑法》第341条第1款规定的珍贵、濒危野生动物。

在该案审理前后，法律界就此问题展开激烈争论，其中一些论据在法官撰写判决书时可能尚未出现，但为了对素材拣选有更清楚的描述，下文关于素材的分析会借鉴一些该案审结后出现的素材。

① 参见广东省深圳市中级人民法院刑事判决书，（2017）粤03刑终1098号。

法官认定王某有罪的依据是《野生动物解释》第1条。该条规定："刑法第三百四十一条第一款规定的'珍贵、濒危野生动物'，包括列入国家重点保护野生动物名录的国家一、二级保护野生动物、列入《濒危野生动植物种国际贸易公约》附录一、附录二的野生动物以及驯养繁殖的上述物种。"通常情况下，司法解释属于终局理由，法官无须就为什么援引司法解释、司法解释为何做此规定提供理由。但在本案中，王某的辩护人对《野生动物解释》第1条的合法性提出严重质疑，《野生动物解释》的适用已成为案件的争议点之一。法官不仅有必要就《野生动物解释》的适用提供理由，还需要回应与此有关的争议。譬如，如何理解最高人民法院研究室法研〔2016〕23号《关于收购、运输、出售部分人工驯养繁殖技术成熟的野生动物适用法律问题的复函》（以下简称《2016复函》）等相关文件。

1. 适用《野生动物解释》的理由

二审法院认为："司法解释具有无可争辩的法律效力，各级人民法院在审理破坏野生动物资源类刑事案件时，应当严格遵照执行最高人民法院《关于审理破坏野生动物资源刑事案件具体应用法律若干问题的解释》。辩护人对该司法解释提出严重质疑，并要求本院'不能机械地适用'该司法解释，已明显超越其法定辩护范畴，且违背基本的法治原则。"

以上论述基本可以起到支持论述的效果。依据我国的司法与法治实践，最高人民法院颁布的司法解释是具有普遍司法效力的有权解释，其对各级人民法院的审判具有约束力，是审判人员办案的重要依据。因此，从法的安定性的角度看，基于司法解释对于我国司法机关的约束力，《野生动物解释》应当优先适用。

不过，"司法解释的法律效力与其内容的科学性、合理性并不能画等号，有法律效力的司法解释并不必然等于其内容就是科学合理的，实际上完全有可能未准确揭示刑法条文的真实含义，或者解释结论落后于时代的发展而有损正义观念"①。本案受到质疑的不是《野生动物解释》的效力，而是其内容的适当性。作为终局理

① 彭新林：《珍贵、濒危野生动物的法教义学分析——以深圳"鹦鹉案"为视角》，载《法律科学（西北政法大学学报）》2020年第3期。

由,《野生动物解释》内容的适当性可以不受质疑,法官的确可以不予回应。

但从释法说理的角度看,鉴于本案引起的社会关注,法官可以适当予以回应。法官不需要论证《野生动物解释》的合理性,只需要论证对《野生动物解释》的质疑不足以否定其作为司法解释的效力即可。王某的辩护人反对将人工驯养繁殖的野生动物纳入《刑法》第 341 条的规制范围,一是因为这一解释超出了公众的日常认知,二是因为人工驯养繁殖鹦鹉,不会刺激对野生鹦鹉的捕猎,也不会损害野生动物资源。

对于这两点,法官其实可以凭借在案的素材予以回应。

(1)针对释义超出公众认知的问题。在案的专家证言已经做出回答。动物学界关于野生动物的通说是,“凡是生存在天然自由状态下,或来源于天然自由状态,虽然已经短期驯养,但还没有产生进化变异的各种动物”①。对于专业术语的解释,专业意见优先于日常理解。

(2)针对人工驯养繁殖对环境的影响的问题。人工驯养繁殖究竟有益还是有害,在科学界并无定论。控辩双方的主张本质上都只是主观的意见。相对于辩护人的看法,专家证言的意见更具有说服力。

根据证人苏某的证言,我国的鹦鹉人工养殖很多是非法的,养殖个体的来源一般是非法走私或黑市交易,这些走私和交易的鸟类可能都来自原生地的非法捕猎,在走私过程中被捕获的个体存在死亡的情况。非法人工繁育鹦鹉助长了非法走私和交易,对原生物种的危害很大。即使有了成功的人工繁育种群,也需要在相关主管部门的监管和许可下进行,从而保证人工繁育的个体不是来自野外环境,这样才能真正达到对野生种群的保护,也有利于维护人工繁育活动的秩序。

根据出庭证人黄某的证言,人工驯养的源头一定是野生种源。买卖人工饲养的鹦鹉表面上看没有伤害种群数量,其实是用表象掩盖了真实的伤害。若任由这样的交易继续,就会助长鹦鹉的民间交易,增加原产地野生物种的风险。任何非法的买卖、走私和驯养,都可能危及整个种群。这是野生动物保护的特殊逻辑。

① 陆承平主编:《动物保护概论》(第 2 版),高等教育出版社 2004 年版,第 5 页。

还有学者认为："文明史上的野生动物灭绝，主要是人类活动尤其是追逐'经济利用价值'和满足'经济刺激'的结果。"①

2. 对《2016复函》等相关文件的理解

《2016复函》指出："由于驯养繁殖技术的成熟，对有的珍贵、濒危野生动物的驯养繁殖、商业利用在某些地区已成规模，有关野生动物的数量极大增加，收购、运输、出售这些人工驯养繁殖的野生动物实际已无社会危害性……鉴于此，我室认为，彻底解决当前困境的办法，或者是尽快启动国家重点保护野生动物名录的修订工作，将一些实际已不再处于濒危状态的动物从名录中及时调整出去，同时将有的已处于濒危状态的动物增列进来；或者是在修订后司法解释中明确，对某些经人工驯养繁殖、数量已大大增多的野生动物，附表所列的定罪量刑数量标准，仅适用于真正意义上的野生动物，而不包括驯养繁殖的。"

《野生动物保护法》第28条规定："……对列入名录的野生动物及其制品，可以凭人工繁育许可证，按照省、自治区、直辖市人民政府野生动物保护主管部门核验的年度生产数量直接取得专用标识，凭专用标识出售和利用，保证可追溯。……"

《陆生野生动物保护实施条例》第21条第1款亦规定："驯养繁殖国家重点保护野生动物的，应当持有驯养繁殖许可证。"

案件审理时，相关文件还有《商业性经营利用驯养繁殖技术成熟的陆生野生动物名单》及《人工繁育国家重点保护陆生野生动物名录（第一批）》等。

辩护人认为上述文件可以成为人工驯养繁殖野生动物出罪的依据，这样的理解不尽全面。以上文件的确说明，人工驯养繁殖的野生动物不能一概而论。完整的理解是，我国对驯养繁殖国家重点保护的野生动物实行许可制度。《商业性经营利用驯养繁殖技术成熟的陆生野生动物名单》及《人工繁育国家重点保护陆生野生动物名录（第一批）》，可以视为在科学测定基础上，对于刑法相关罪名所保护的野生动物范围的排除性限缩，即收购、运输、出售这些人工驯养繁殖的野生动物，实际已无刑法上的社会危害性。反向言之，如果未经科学评定并列入上述排除性名

① 梁治平：《法治意识形态反思基于人与动物关系的视角》，载《中外法学》2020年第6期。

录,即使通过人工选育发生变异,也仍然应当属于刑法保护对象的"珍贵、濒危野生动物"。①

证人刘某的证言也证明,我国出台《商业性经营利用驯养繁殖技术成熟的陆生野生动物名单》就是为了处理好保护与利用之间的矛盾。进入该名录的驯养动物,经过许可可以"商业性利用"进入公众市场。没进入该名单的保护动物,即便是自认为驯养繁殖的技术已经成熟,也不能进行商业性利用;即便有饲养许可证,也不等于可以进行商业性利用,故不能在公众市场进行交易。取得许可证有个基本原则,若饲养种群的种源还需从野外进行补充的话,是不可能取得许可证的。

以上理解也符合国际惯例。《濒危野生动植物种国际贸易公约》对于人工繁殖的野生动物的国际贸易亦持两种态度:一是人工繁殖的附录一所列物种按照附录二所列物种对待,采取限制贸易的态度;二是对人工繁殖的附录二、附录三所列物种的野生动物则采取较为宽松的态度,基本没有限制,不需要有严格的进出口许可证,只需要有人工繁殖的证明书就可以进行国际贸易。

总之,裁判文书说理素材的拣选与案件的争议情况、素材自身的证明力等因素有关。

四、裁判文书说理的表达

裁判文书说理的表达是法官思想的外化。前三步都是运筹帷幄,这一步才是真正的沙场点兵。法律写作对于表达有着很高的要求。从说理论证的角度看,裁判文书说理的任务是将读者对理由的认同迁移至结论。论述是否有力取决于两个方面,一是理由本身的说服力,二是理由之间的支持关系。落实到裁判文书的写作过程,还应关注文字的力量。一篇好的裁判文书一定是得到这三个方面的有力支持。

(一)注重思路的力量

根据理由与结论出现的先后顺序,说理论证的思路大致有递进式、倒推式和混

① 参见王志远:《"鹦鹉案"二审定罪量刑结论评析》,载《中国审判》2018年第12期。

合式三种。

递进式思路是指言说者从前提出发，经由一定的推理形成结论。例如，先由"ATM 属于金融机构的组成部分""许霆利用 ATM 漏洞取走银行运营资金"得出"许霆盗窃金融机构"，再根据"许霆盗窃金融机构"以及当时的《刑法》第 264 条规定的"盗窃金融机构，数额特别巨大者，应判处无期徒刑或死刑"得出"应判处许霆无期徒刑"。在这一推理过程中，言说者将听众对前提的接受层层传递至结论。这一思路可如图 7－3 所示：

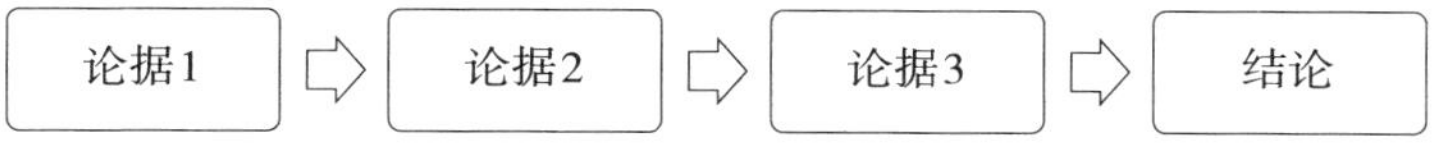

图 7－3　递进式说理

由图 7－3 也可看出，除了最左侧的论据 1 与最右侧的结论外，中间的论据 2、3 既是论据也是结论。例如，论据 2 是论据 1 的结论，同时还是论据 3 的论据。

倒推式思路是指言说者提出结论后给出支持该结论的理由，必要时继续给出支持该理由的理由，直到给出无须再提供理由的理由。例如，当言说者抛出"应判处许霆无期徒刑"的结论后，他提供的理由分别是当时的《刑法》第 264 条的规定"盗窃金融机构，数额特别巨大者，应判处无期徒刑或死刑"和"许霆盗窃金融机构"这一法律事实。言说者无须就《刑法》第 264 条为何作出此种规定提供理由，但应当就许霆的行为为什么构成盗窃金融机构提供理由，直到提出类似于"监控录像拍下许霆利用 ATM 漏洞取走银行运营资金"等直接由视频证据加以验证，无须继续提供理由的事实描述。这一思路可如图 7－4 所示：

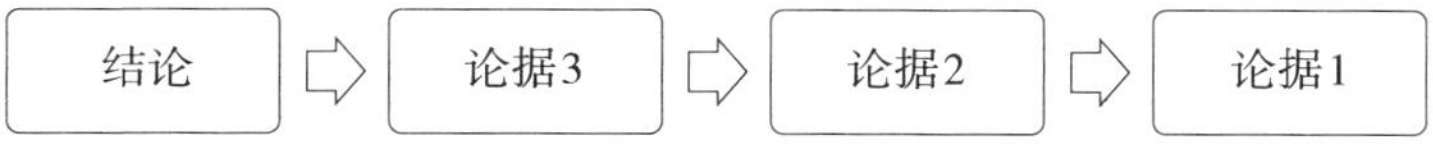

图 7－4　倒推式说理

为了理解方便，递进式思路通常是单线推进。但在进行倒推式说理时，可能出现多线并列的情形。这一思路可如图 7－5 所示：

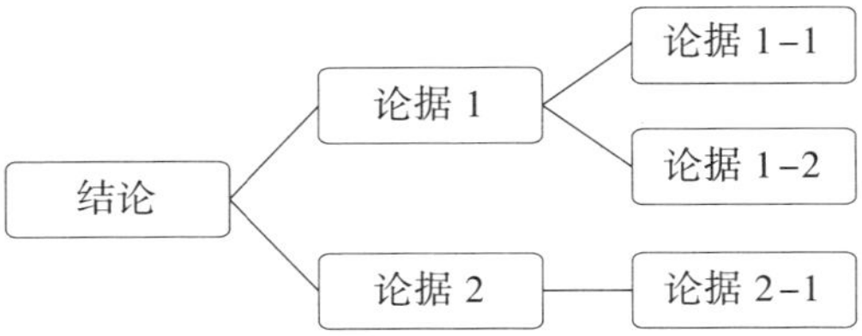

图 7-5　混合式说理

如图 7-5 所示,论据 1 与论据 2 并非递进关系,而是并列关系,二者共同为结论提供支持,论据 1-1 与论据 1-2 的关系也是并列式。

实践中较为常见的是混合式思路,即言说者在论述时既用递进式,也用倒推式。例如,检察官在控诉吴某构成集资诈骗罪时,可能先用倒推式,提出吴某构成集资诈骗罪的理由在于她的行为具备了"以非法占有为目的""以诈骗方法实施"两大要件,而认定其"以非法占有为目的"是因为她"肆意挥霍以诈骗方法取得的资金"。在论述吴某肆意挥霍的情节时,检察官又可能采取递进式的说理论证,从吴某将名贵珠宝随意赠人,斥巨资大量购买二手豪车等事实中推导出吴某肆意挥霍,故而有非法占有的意图。

在日常的说理论证中,言说者往往可以通过讲故事、打比方等方式赢得对象的认同。有的时候,隐晦曲折的阐述,让听众自己"悟"出言说者想表达的道理会比言说者直截了当地说出更有说服效果。但书面写作与口头交流的认知规律不同,口头交流的信息是顺序流出,如果前面的信息不够吸引人,后面的信息就没有呈现或者被对象聆听的机会;书面写作则是将全部信息和盘托出,而且,裁判文书写作是一种职业交流,不具文学性,而是以产生特定效果为意图,裁判文书的读者通常希望在最短的时间内了解法官观点以及法官就此提出的理由。

因此,明确、清晰地阐明观点与思路十分重要。在裁判文书样式容许的前提下,法官应尽早开门见山地陈述核心观点。在阐述核心观点时,法官应凝练文字、直击要害。在展开论述时,法官应当采用常见的论述方法,以合乎逻辑的方式陈述。常见的论述方式容易在读者的头脑里激发惯有的思维路径,方便读者理解、认同。除了前文所说的演绎、归纳、类比推理等形式外,常见的论述方式还有:(1)直接推理法。直接推理是由一个前提推导出一个结论的推理。(2)假言推理法。假言推理是根据假言命题的逻辑性质进行的推理。分为充分条件假言推理、必要条件假言推理和充分必要条件假言推理三种。(3)选言推理法。选言推理是至少有一个前提为选言命题,并根据选言命题各选言之间的关系而进行推演的演绎推理。一般由两个前提和一个结论所组成。(4)两难推理法。两难推理是由假言判断和选言判断构成的推理。(5)反驳法。反驳法是用已知为真的判断来证明另一种判断的虚假性,包括直接反驳法和间接反驳法。(6)归谬法。归谬法是从对方的论述当中找出错误或者破绽,紧扣事实和证据,通过继续推论得出错误的结论,从而证明对方的观点不能成立。(7)设证法。基于各种原因,我们需要在法律文书中作出假设,才能顺利地得出结论或者给出建议。①

以上方法通常只在论述某个具体观点时运用,因此只能帮助我们明确作者得出某一具体论点的思路。从文书全篇来看,各个论点之间以及各论点与最终结论之间的关系相对复杂,读者一不留神就容易迷失在观点的丛林里。

判决书的目的是给出判决、定分止争。由于诉讼双方的立场、利益存在尖锐对立,先给理由再给结果的做法有时更符合受众认同的心理规律。从各方认可的前提(如证据)出发,层层递进式推导更容易赢得各方对判决结果的认可。在这一过程中,将双方争议的焦点问题整理出来并一一回应也是争取当事人认同的有效方式。

此外,法官有必要采取设置路标的方法使整体的论证思路得以明晰,方便读者跟进思路。这些路标大概有三种:一是标题。通过设置层次分明的标题使读者了解各部分内容的主旨所在。在样式允许的情况下,还可以在正文前设置目录,方便读者了解各部分内容之间的关联。二是段首句。将关键句置于句首,让读者迅速了解本段内容。三是总结。法官可以通过在文末总结、在各部分末尾进行小结的方式,帮助读者回顾、记忆结论和论点形成的主要思路。

---

① 参见孙青平:《法律文书基本问题研究》,中国法制出版社2012年版,第26~29页。

（二）注重理由的力量

如前所述，理由可以根据本身的证明力、说服力分为终局理由与非终局理由。如果选用递进式说理，作者应确保从终局理由出发开始论述；如果选用倒推式说理，则作者应确保最后提出的理由为终局理由。否则，该项论述为不充分论述。

在由理由推出结论的过程中，各层理由的构成关系应当符合以下三项原则：（1）相关性原则。相关性是指推理的理由和结论之间必须有意义和内容上的关联。相关性使得不同论断之间具有内容和意义上的可传递性，使论证结构成为连贯的整体性结构。因此，与论题无关的论断因为不具备内容和意义上的可传递性而不能成为论据。于德水案的主审法官在论述关于刑罚的衡量时，特地讨论了欲望存在的合理性。但在法律上，欲望的不可避免与刑罚的减轻之间不存在因果关系，因而，这段关于欲望的论述不具备相关性。（2）一致性原则。一致性原则是指在一个命题系统内，如果诸命题都是真的话，它们就是一致的。纯粹的一致性是没有逻辑矛盾的状态。[①] 对逻辑一致性的检验主要是依据形式逻辑的三条基本规律：同一律、矛盾律和排中律。遵守这些规律和由它们导出的逻辑规则，就能保证写作思维清楚、明确，无逻辑矛盾，前后一贯和有论证性。（3）融贯性原则。融贯不是一个全有或全无的概念，而是一个关于程度的概念。法律论证中的融贯关注的是支持某一法律论断的理由能否形成一个融贯的整体，这些理由之间是否生成了互相支持的结构。“从属于某一特定理论的论断越接近完美的支持结构，该理论就越融贯。”[②]支持结构取决于从属于结论的论断之间的支持关系。支持结构的强度取决于论证符合融贯标准的程度。这些标准通常包括论据的多少、论据的支持程度、论据链的长度等。

一般而言，判断论述正当性的标准可以析分为三项检验标准：合逻辑性、合理性与合法律性。彭宇案的一审判决之所以广受批判，就在于其论述在不同程度上

---

① 参见蔡琳：《法律论证中的融贯论》，载《法制与社会发展》2006 年第 2 期。

② Robert Alexy & Aleksander Peczenik, *The Concept of Coherence and Its Significance for Discursive Rationality*, Ratio Juris, Vol. 3, p. 131 (1990).

违背了这三项标准。

从逻辑角度看,彭宇案初审法官的论述存在多处逻辑错误。主要错误有二:一是错误运用三段论推理。三段论推理要求前提是全称判断。如果要确定原告倒地的原因,要么有确切证据直接证明,要么有确切证据直接排除其他可能。本案法官选择了排除法,这就要求其列出全部可能性并将原被告相撞以外的可能一一排除。但本案法官在选项不完备的情况下,仅以被告没有证明是做好事或其他可能就推出被告不可能是做好事或其他原因不可能,进而推出只有可能是因为相撞。二是循环论证。法官在分析被告为原告垫款的原因时,认为很有可能是因为原被告相撞;在分析原被告相撞的可能性时,又以被告为原告垫款为依据。简言之,就是从A命题推出B命题之后,又从B命题推出A命题,这是典型的违反逻辑的循环论证。

与逻辑一致性标准的明确、确定相比,合理性标准相对难以把握。合理性通常是指合乎人们普遍接受的常识、观点或行为方式。合理性标准要求特定主张在特定历史环境中具有可接受性。一个合理的法律决定通常具备以下三个特征:①其一,合理的法律决定具有情境依赖性。由于不同时空环境中的受众具有不同的知识背景、价值立场等影响其接受标准的因素,合理的法律决定也具有情境依赖性。特定情境中的合理性取决于对各种竞争性的决定因素的评价,而这些因素的影响力的大小由其在特定情境中与论题的相关程度决定。其二,合理的法律决定是公正的法律决定。各种合理性标准之间有一个共性:人的思考方式。他们会公正不偏地考虑各种产生竞争关系的价值以及在具体情境中的证据。其三,能够为法律决定所面向的受众所接受。可接受性被许多法哲学家视为合理性的核心。例如佩雷尔曼和阿尔尼奥就认为,只有当某一法律决定能为听众所接受时,这一决定才是合理的。

---

① See Neil MacCormick, *Reasonableness and Objectivity*, in Fernando Atria and D. Neil MacCormick eds. ,Law and Legal Interpretation, Dartmouth Publishing Company,Ashgate Publishing Limited,2003, p. 531 – 539.

在判断某个主张是否具备可接受性时，许多学者选择了听众理论。目前，最为完善的听众理论系由阿尔尼奥提出。（参见前文第一章第四节有关阿尔尼奥理论的介绍。）

从合理性角度看，彭宇案初审法官提出的多项主张有悖社会常理。该案判决引起愤怒的主要原因在于法官在分析被告不太可能是做好事的原因时，提出了几点对于社会常理的认识：首先，发现有人倒地后，助人者更符合实际的做法是去抓住肇事者，而不只是扶起老人；其次，如果是做好事，其大可不必在原告家属到来之后将原告送至医院；最后，如果是做好事，其完全不必借款给原告，更不应该贸然借款，不索取借条。法官在判决书中所做的对于社会风气的判断严重挑战了社会常识，也与善良风俗相悖，因此不能为社会公众所接受，不具备合理性。

此外，还有学者认为本案判决违反了合法律性标准。法官对于举证责任的分配以及证据的认定、采信等均违反了民诉法的相关规定。因此，尽管彭宇在二审阶段承认其与原告相撞，印证了本案初审法官基于推理构建的事实，但关于这一推理的论述因为违反前述标准而遭到普遍批评，未能证成法官关于案件事实得出的结论。

（三）注重文字的力量

文字是思想的载体。从说理的角度看，裁判文书的文字应当准确、简明、易懂、中性、克制。

准确是指符合语言文字、标点符号的使用规范，并且准确使用专业术语。准确是表达的基本要求，是有效传递信息的必要条件，直接影响读者对该份法律文书及作者的评价。在劳伦斯案的并行意见中，[①]奥康纳大法官使用了“更深入的理性审查形式”一语，这一新创的表述方式因与惯行的将审查标准分为理性审查、中度审查、严格审查的表述完全不同，立即引起同行的不满，称这一表述闻所未闻、不知所云。

① See 539 U. S. 558 (2003).

简明是指作者在确保准确表达的前提下，尽可能地精简自己的表述，恪守奥卡姆剃刀原理，慎用笔墨。如果不能确定哪些话本无必要，可以采用试删法，即试着删除这些话之后看看表达效果是否受到影响，如无影响，则可删除。“其看内字句要有文体，不可作村夫鄙俚口气，亦不可过于文饰，致令以辞害意也。”①

易懂是指法律写作的表达应当直接，以便于读者领会、接收信息为要旨。讳莫如深、曲折逶迤、云山雾罩都是法律写作的大忌。在确保准确的前提下，法律人应以尽可能易于理解的方式表达思想。

尽管司法公正在很大程度上仰赖法律人的专业能力，人们也经常将专业能力的判准设定为是否能够准确运用法律概念，但在说理时，法官应当给予日常语言更为重要的地位。鉴于裁判文书说理的受众不只是法律职业共同体，还包括当事人、社会公众等并未掌握专业法律知识、专门法律概念的群体，裁判文书的语言不能过于专业。说理“原是为了解释我们自然的困惑，若说理变得过于专业，就可能渐行渐远，背离了初衷”②。

哲学家刘易斯（C. I. Lewis）认为日常语词看似模糊，但却承载着真正的含义。“如果我们经由可操作的哲学方法搞出一些伪精确概念，并用它们替换掉那些通过语词的日常用法而得来的概念……那么获得一些惊世骇俗的‘学术成果’，亦不算难事。但由这种替换所带来的麻烦却是，没有人再能知晓那些真正的问题（或在实践上关乎紧要的问题）是否已经得到了探讨，而至少有一半圈内人则干脆对这些问题麻木不仁。”③同理，过于依赖专业词汇可能会遮蔽裁判文书真正应予讨论的问题。不只如此，仅凭专业词汇构筑的说理让法律职业共同体以外的受众无从理解，也无从评价，在事实上消解了裁判文书说理本来的意义。易懂的表述能促进受众的认同。《释法说理指导意见》第14条明确规定：“为便于释法说理，裁判文书可以选择采用下列适当的表达方式：案情复杂的，采用列明裁判要点的方式；案件事实或数

---

① 晓明、拓夫编：《绝妙判决书》，海南国际新闻出版中心1993年版，第244～245页。

② 陈嘉映：《说理》，华夏出版社2014年版，第140页。

③ 摘自刘易斯的私人通信。转引自［美］王浩：《超越分析哲学：尽显我们所知领域的本相》，徐英瑾译，浙江大学出版社2010年版，第163～164页。

额计算复杂的，采用附表的方式；裁判内容用附图的方式更容易表达清楚的，采用附图的方式；证据过多的，采用附录的方式呈现构成证据链的全案证据或证据目录；采用其他附件方式。”近年来，许多法律人开始探索可视化表达，[①]借助图表等形式更为直观地表达思想。

中性是指法律写作的用词应尽量避免掺杂个人好恶的褒义词、贬义词，不以个人的好恶作为评价标准，而是以法律作为主要甚至唯一的评价标准。法律应当体现一定的人文关怀，应当对社会关注的疑难案件给予有温度的解答，但法律写作始终应是理性、克制的，即使必须表达情感，也须以理性的方式加以表达。

司法本身是人为设计的理性活动。法律领域内的说理之所以重要，是因为它可以保障决定不是非理性的或肆意的。理性地给出理由是法律写作的重要组成部分，也是法律写作的意义所在。人的思考往往是片段式的，需要经由写作将其体系化，以理性的方式加以呈现。法律写作的首要价值是理性。理性意味着不受个人情绪、情感的影响，就问题进行客观、冷静的思考并合乎逻辑地加以表达。理性是确保判决公正的必要条件，也是维持司法权威的重要基础。以前文提及的布莱克门大法官的情绪化表述为例，这些表述令人质疑布莱克门是否有能力做出稳定、客观的判断，非但没有为他的论点提供支持，反而招致公众对其判断能力的怀疑。

克制主要是指法律人应当抑制发表言论的表达欲。实践中，法律人常因案件事实或法律规范触发一些与案件的审判并不直接相关的思考。这些论述并不能为相应的判断提供正当化支持，但法律人往往借题发挥，在法律文书中就个人看法展开长篇大论。更为常见的是，法律人在论述中堆砌大量理由。在已有法律条文等足以为法律决定提供充分支持的情形下，其仍然罗列并不能被普遍接受的价值偏好来作为理由，从而陷入言多必失的困境。鉴于此，《释法说理指导意见》第 15 条要求法官“裁判文书释法说理应当避免使用主观臆断的表达方式、不恰当的修辞方法和学术化的写作风格，不得使用贬损人格尊严、具有强烈感情色彩、明显有违常识常理常情的用语”。

---

① 参见蒋勇主编：《诉讼可视化》，法律出版社 2017 年版。

总之,裁判文书写作有着特定的意图和写作规范。表面看来,裁判文书写作考验的只是法律人的技能,但这些技能并不能完全决定写作质量。真正决定裁判文书写作质量的是法律人的专业素养,这“最终都取决于判断力、智力、经验和学识——所有这些品质都需要你全心全意去培养。如果这些品质得到提高,那么你作为法律写作者写出来的东西就更有可读性”①。

① [美]布莱恩·A. 加纳:《加纳谈法律文书写作》,刘鹏飞、张玉荣译,知识产权出版社 2005 年版,第 273 页。

第八章

裁判文书说理的评价方法

根据《释法说理指导意见》第16～19条之规定，裁判文书说理是考核法官业绩的重要指标，最高人民法院将通过奖励优秀裁判文书，通报瑕疵裁判文书的方式监督指导各级人民法院的裁判文书说理。据此，裁判文书说理的评价势在必行。裁判文书说理的评价标准就是裁判文书说理的风向标、指南针。制定清晰、合理、明确的评价方案，不仅能够正向激励法官积极说理，还可以通过优秀说理文书的评选，为法官说理提供良好示范。

现有的裁判文书评价思路大体可以归为质性评价与量化评价两种。总体而言，质性评价方案注重个案的特殊性，但评价结论不具有可比性，即对一案的评价很难与对另一案的评价进行对比。量化评价方案关注普遍的评价标准，评价结果以具体的数值体现，使各案的评价结论可以进行比较。这两种评价思路各有利弊，下文将结合具体的案例加以分析。

一、质性评价

质性评价思路是就裁判文书的论述进行深入分析，通常是就案论案。质性评价以知晓案情为前提，就法官给出的理由以及给出理由的方式进行全面评价。常见的质性评价有论文式和报告式两种。

（一）论文式质性评价

论文式质性评价通常由专家学者，从特定角度出发对某案的说理进行深度分析，以揭示该案在说理论证方面的特点，并探索可供借鉴的说理模式。

案例8-1[①]

2006年11月20日上午，徐某某在南京市水西门公交车站等候83路车，大约9时30分左右有2辆83路公交车同时进站。原告准备乘坐后面的83路公交车，在行至前一辆公交车后门时，被告彭某第一个从公交车后门下车。原告摔倒致伤，被告发现后将原告扶至旁边，在原告的亲属到来后，被告便与原告亲属等人将原告送往医院治疗，原告后被诊断为左股骨颈骨折并住院治疗，施行髋关节置换术，产生了医疗费、护理费、营养费等损失。原告诉至法院，称其受伤系因被告撞倒所致，要求其赔偿损失。被告辩称其当时是第一个下车的，但下车后并没有与被告发生碰撞。被告发现原告摔倒后做好事对其进行帮扶，而非被告将其撞伤。

负责审理本案的南京市鼓楼区法院认定原被告之间发生了相撞，主要理由为：

A.根据日常生活经验分析，原告倒地的原因除了被他人的外力因素撞倒之外，还有绊倒或滑倒等自身原因情形，但双方在庭审中均未陈述存在原告绊倒或滑倒等事实，被告也未对此提供反证证明，故根据本案现有证据，应着重分析原告被撞倒之外力情形。……根据被告自认，其是第一个下车之人，从常理分析，其与原告相撞的可能性较大。如果被告是见义勇为做好事，更符合实际的做法应是抓住撞倒原告的人，而不仅是好心相扶；如果被告是做好事，根据社会情理，在原告的家人到达后，其完全可以言明事实经过并让原告的家人将原告送往医院，然后自行离开，但被告未作此等选择，其行为显然与情理相悖。

B.被告在事发当天给付原告200多元钱款且一直未要求原告返还。根据日常生活经验，原、被告素不认识，一般不会贸然借款，即便如被告所称为借款，在有承担事故责任之虞时，也应请公交站台上无利害关系的其他人证明，或者向原告亲属说明情况后索取借条（或说明）等书面材料。但是被告在本案中并未存在上述情况，而且在原告家属陪同前往医院的情况下，由其借款给原告的可能性不大；而如果撞伤他人，则最符合

---

① 参见江苏省南京市鼓楼区人民法院民事判决书，（2007）鼓民一初字第212号。

情理的做法是先行垫付款项。被告证人证明原、被告双方到派出所处理本次事故,从该事实也可以推定出原告当时即以为是被被告撞倒而非被他人撞倒,在此情况下被告予以借款更不可能。综合以上事实及分析,可以认定该款并非借款,而应为赔偿款。

本案就是曾经引起全国舆论风暴的"彭宇撞人案"。尽管事后证明,案件真实经过与初审法官的推理基本一致,但该初审判决书在说理方面的瑕疵使它一直是学界热议的案件,成为学者研究裁判文书说理的重点样本。笔者在中国知网上检索标题中有"彭宇案",且中有"说理"的论文,一共找到8篇论文,详情如表8-1所示:

表8-1 以彭宇案说理为主题的论文

题名	作者	来源	发表时间
论案件事实认定说理的不同维度——以彭宇案一审判决书为例	曹志勋	北方法学	2020-05-15
经验法则适用的两类模式——自对彭宇案判决说理的反思再出发	曹志勋	法学家	2019-09-15
论推定适用的条件与规制——从"彭宇案"说起	郑文革	朝阳法律评论	2019-09-15
"彭宇案"的判决理由分析——阿列克西法律论证理论视角	刘财存	浙江工商大学	2018-01-01
论证明过程中的设证推理——以南京彭宇案为例	郑 苒	证据科学	2014-02-25
民事判决书论证参数构想——彭宇案一审判决书的重新审视	杨 贝	山东大学学报(哲学社会科学版)	2012-07-05
刍议我国民事判决理由的功能——以南京"彭宇案"的判决理由为视角	杜 林	法制与社会	2008-08-05
彭宇案之公民逻辑	张静焕	政法论丛	2008-02-15

由表8-1可见,学者剖析彭宇案说理的角度各不相同。下文试以曹志勋博士《经验法则适用的两类模式——自对彭宇案判决说理的反思再出发》一文为例,展现学者分析裁判文书说理的范式。曹志勋博士认为,彭宇案法官在"裁判时掌握的事实材料足以使其认定当事人双方相撞的事实",该案判决书的问题在于说理方法使用不

当。曹志勋博士将经验法则的适用分为常规模式与弱化模式，由于彭宇案中适用的3条经验法则都达不到高度盖然性的标准，此时应当以弱化模式适用经验法则，并在基础上展开说理。曹志勋博士就此给出具体的建议。

由于经验法则的盖然性不高，借此发现事实的过程需要通过补强对其他可能性的排除，即法官采取弱化适用模式完成对事实发现结果的论证。其中对于与社会道德相关的后两条经验法则，虽然不能根据道德好恶判定经验法则所对应的盖然性（否则即非客观科学，而只可能是偏见和一厢情愿），但是由于难以排除人性向善的一面并准确预测社会一般人的行为选择，所以自然无法适用常规模式。至于对第一种相对客观的经验法则，依照本文见解，应当由原告承担进一步主张和证明其他可能性不存在的负担，而不是由被告证明存在如其他人撞倒原告的可能性。从判决书上看，法官实际上无法排除原告是自己绊倒或滑倒的，而只是形式上认为双方都没有主张，因此不必讨论。由于双方也没有主张或提示与此相关的事实信息，这些假想不属于前文所述的真正可能性的范畴，确实没有必要再深入讨论。在本案中，两人相撞属于主要事实，而自己绊倒或滑倒在逻辑上可以排除相撞的可能性，不宜归入间接事实的范畴。因而，法官应当受到上述无争议事实的约束。至于其他诸如被风吹、被广告牌砸倒的可能性，在本案中都没有相应的间接证据或者争议，最多属于逻辑上可能的原因而不是本案中法律上可能的原因，似乎本就不必讨论。而且，裁判说理应以简洁必要为限，对于可能性的列举也至少需要与案情有一定联系，不可能天马行空地发挥想象力。

对于双方存在争议的被外物或外人撞倒的可能性，在上述经验法则之外，应当由原告以优势证据的标准，继续证明其不存在。就本案的具体情况来说，由于被告对自己是第一个下车的人没有争议，基本可以排除原告与其他下车的乘客相撞的可能性。原告还需要证明，当时自己周围并没有其他行人站立或者经过。比如，其他候车乘客都在准备上第一辆83路公交车，只有自己走向第二辆公交车或者自己走在最前面。当时也没有其他人堵在第一辆车后门旁，准备（违规）从后门上车。同时，在存在一定线索、构成前述真正可能性时，可以考虑的也包括没有如流浪猫狗窜过的事实。只有原告能够满足上述证明要求,才能够适用特殊的经验法则适用模式,被告方的证明必要才进而产生。①

以上是由民事诉讼法学者从经验法则运用的角度,对彭宇案说理进行的评析。该评析不只深入地分析彭宇案说理存在的问题,还就如何改进提出了具体建议,为其他涉及以弱化模式运用经验法则的案件提供借鉴。

案例8-2

2013年10月30日20时30分许,被告人于德水用其于2013年9月19日开设的邮政储蓄银行卡到惠阳区某ATM存款时,连续6次操作存款300元,现金均被ATM退回,于德水发现ATM屏幕显示"系统故障",且其手机信息显示每次所存的钱已到账,账户余额相应增加,于是其尝试从该ATM旁边的农业银行ATM支取该邮政储蓄账户的2000元和1000元,获得成功,其确认上述所存的款已到账后,遂产生了恶意存款以窃取银行资金的念头。于是于德水返回上述邮政储蓄银行ATM,连续10次存款3300元,并到附近银行ATM分三次支取15000元和转账5000元后再次返回上述邮政储蓄银行ATM,连续存款5000元1次、9900元3次、10000元3次,至2013年10月30日21时58分59秒,于德水共恶意存款17次,存入人民币97700元,接着于德水到深圳市龙岗区其他网点对该账户内的存款进行支取和转账,至次日6时28分10秒共将存款90000元转移并非法占有。2013年11月1日,惠阳支行工作人员清查核算数据时,发现账实不符,后查明系该行位于惠阳区新圩镇塘吓宜之佳(原创亿)商场旁的ATM发生故障,客户于德水利用ATM故障多次恶意存款,获取该行资金所致。同月4日该行联系于德水无果后报警。同年12月12日于德水在湖北省襄阳市樊城区太平店镇其家中被公安机关抓获。至同年12月15日,于德水及其亲属通过转账和汇款方式将人民币92800元转入其卡号为6210××××5100271××××的账户,退还给惠阳支行。

以下为论证研究者从论证理论的角度对一时传为佳话的于德水案②的分析,作者张斌峰教授从论证型式的角度深入分析了为什么于德水案判决书可称为标杆

① 参见曹志勋:《经验法则适用的两类模式——自对彭宇案判决说理的反思再出发》,载《法学家》2019年第5期。

② 参见广东省惠州市惠阳区人民法院刑事判决书,(2014)惠阳法刑二初字第83号。

之作。

于德水案的一审判决有许多可圈可点之处，学者们从不同角度给予褒奖。张斌峰教授认为："'于德水案'提供了一个法律论证型式示范性研究的典型案例，'于德水案'判决书的说理论证，形成了当下中国司法判决之善于说理、敢于说理的——'伟大的''标杆性'判决书。该判决书自如地运用了图尔敏论证型式、迹象论证、根据归类的论证、根据已确立规则的论证等多种法律论证型式，既从宏观上呈现了该案主论证的型式结构及其类型，又从微观上对子论证进行了适当、有效的型式分析。作为标杆性案例（或指导性案例），其对法律论证型式适用的形式性、合理性、可接受性、完整性、多样性、充分性、机应性以及灵活性，示范出当代中国刑事司法判决的说理论证之内在逻辑张力，从而也展现出典型性、普遍性和指导性的意义。"①

由上可见，学者们分析裁判文书说理的角度多种多样。在以论文形式分析个案裁判文书时，一个最为突出的特征是，学者们在分析前会建构起基于某个视角的分析框架，并就该框架的合理性进行分析。此类评价模式的优点是分析深入细致，不足之处在于焦点过于集中，导致视角单一，难以分析裁判文书的说理全貌。

（二）报告式质性评价

报告式质性评价是指针对某份裁判文书的说理进行全面评价。

案例8-3②

2014年10月11日，庞某某委托鲁某通过北京趣拿信息技术有限公司（以下简称趣拿公司）下辖网站去哪儿网平台订购了中国东方航空股份有限公司机票1张，所选机票代理商为长沙星旅票务代理公司。去哪儿网订单详情页面显示该订单登记的乘机人信息为庞某某姓名及其身份证号，联系人信息、报销信息均为鲁某及其尾号为××58的手机号。2014年10月13日，庞某某尾号为××49的手机号收到来源不明号码发来的短信，称由于机械故障，其所预订航班已经取消。该号码来源不明，且未向鲁某发送类似短信。鲁某拨打东航客服电话进行核实，客服人员确认该次航班正常，并提示庞某某收到的短信应属诈骗短信。2014年10月14日，东航客服电话向庞某某手机号码发送通知短信，告知该航班时刻调整。当晚19:43，鲁某再次拨打东航客服电话确认

---

① 张斌峰、李杨：《当代中国法律论证型式的示范性研究——基于"于德水案"的实证分析》，载《学术交流》2016年第9期。

② 参见北京市第一中级人民法院民事判决书，(2017)京01民终509号。

航班时刻，被告知该航班已取消。庭审中，鲁某证明其代庞某某购买本案机票并沟通后续事宜，认可购买本案机票时未留存庞某某手机号。东航称庞某某可能为东航常旅客，故东航掌握庞某某此前留存的号码。庞某某诉至法院，主张趣拿公司和东航泄露的隐私信息包括其姓名、尾号××49手机号及行程安排(包括起落时间、地点、航班信息)，要求趣拿公司和东航承担连带责任。

一审法院判决驳回庞某某的全部诉讼请求。二审法院判决：(1)撤销北京市海淀区人民法院(2015)海民初字第10634号民事判决；(2)趣拿公司于本判决生效后10日内在其官方网站首页以公告形式向庞某某赔礼道歉，赔礼道歉公告的持续时间为连续3天；(3)东航于本判决生效后10日内在其官方网站首页以公告形式向庞某某赔礼道歉，赔礼道歉公告的持续时间为连续3天；(4)驳回庞某某的其他诉讼请求。

本案入选最高人民法院发布的第一批涉互联网典型案例。该案二审判决书成为各大法学院研习的重点样本，以下内容节选自一份学生分析报告。①

裁判文书公开的当下对法官论证说理提出了更高的要求。将妥当的法理分析转化为正当的判决结果，需要裁判文书说理具有可接受性，本文将从判决书论证说理的角度出发，对二审裁判文书进行具体评析。该裁判文书的突出优点是结构清晰、论据丰富、论证完整充分、语言通俗易懂，具有较强的证明力和支持力。

1. 结构清晰。结构清晰主要表现在该裁判文书的撰写明显以争议为导向，通篇体现出整体布局的写作思路。判决书将争议焦点归纳为四点：

"一是本案涉及的姓名、电话号码及行程安排是否可以通过隐私权纠纷而寻求救济；二是根据现有证据能否认定涉案隐私信息是由东航和趣拿公司泄露；三是在东航和趣拿公司有泄露庞某隐私信息的高度可能之下，其是否应当承担责任；四是中航信更有可能泄露庞某信息的责任抗辩事由是否有效成立。"

文书的裁判说理依据争议焦点展开，在每一争点分析的段首亦有回应当事人论辩的表述。判决是对当事人之间争议所作出的判断，法院以争议焦点为起点，充分体现了裁判文书回应当事人请求的功能。

---

① 本部分内容来自对外经济贸易大学法学院2018级本科生陈子晗同学的分析，本书作者在采用时略做修改。

强调对当事人争点的回应时常会导致论证过程的“碎片化”而失去一贯性，但本判决对争点的归纳和编排仍有一以贯之的逻辑，即东航和趣拿公司是否应当承担侵权责任。

论证过程应服务于结论，论理的内容应当符合所要证成或证反的请求权或法律关系构成要件。证明侵权责任的成立，应分别证明侵权责任构成的四要件存在，即行为违法性，损害事实，因果关系和过错。本案争议焦点一对应行为违法性，即行为是否侵犯了隐私权；争议焦点二对应加害行为、损害事实、因果关系；争议焦点三对应过错；争议焦点四则是对是否还需由他人承担责任的补充，既是对被上诉人抗辩的回应，也与侵权责任承担密切相关。

2. 论据丰富。在立法未对侵犯隐私权案件作出明确回应的背景下，二审法院并未拘泥于既有规则，而是通过经验常识等多样化论据进行补充，从而在法律妥当性与确定性之间实现平衡，补足法律的局限性。

(1) 关于“整体信息属于隐私信息”的论证

当前并无法律法规对整体信息进行明确定性，判决书则将个人信息自主属于隐私权作为大前提，并对此进行外部证成。法院认为，个人信息自主为隐私权内容发展的应有之义，并对大数据时代信息匹配成本低，整体信息泄露影响私人空间的时代背景进行充分论述。该论据为普遍认可的社会事实，论断符合经验常识，证明力支持力较高，可接受度较高。

……

总之，判决结果与当事人利益攸关，因而判决应回应争点，也需通俗易懂。社会公众意在考察法院是否回应社会需求，监督司法裁判是否正当，因而判决应注重论据的丰富性与论证力，同时简明扼要，有所侧重。本判决作为指导案例论证较为充分，但在说理方面仍有赘余，体现了论证说理过程中论证充分与赘余之间平衡的困难。例如，针对被上诉人提出的“姓名、电话号码及行程安排等事项不属于隐私信息”的抗辩，法院将涉案事项拆分为：(1) 姓名与电话号码等信息；(2) 行程安排；(3) 姓名、电话号码及行程安排构成的整体信息三部分分别探讨。通过姓名、电话号码等信息应该得到保护，行程安排属于隐私信息，整体信息属于隐私信息三个论据论证泄露该事项侵犯隐私权的结论。但论据一“姓名、电话号码应该得到保护”本身的必要性以及证成该论点所使用论据的必要性值得探讨。

从该分析报告可见，报告式质性评价紧密围绕裁判文书展开，优点是对裁判文书的说理进行全面评价，不足之处有两点：一是评价主要基于评价者的主观判断，没有客观的先定的评价框架；二是与个案的案情紧密依附，很难与其他案件的说理进行比较。

由上可见，质性评价通常见于有一定社会影响力的案件，评议人都是紧密结合案情就理由的适当性展开讨论。这样的评价方式对评价者要求很高，不仅要求评价者熟悉案情，有一定理论储备，还要求评价者对裁判文书进行深入思考、分析。这样的评价方式不适合法院的审判管理部门，因为，一方面，审管办不可能就每个案件展开质性评价；另一方面，质性评价是个案式的就事论事，对一个案件的评价不能直接迁移至另一案件。因此，质性评价的结论不具有可比性，看完案例 8－2 和案例 8－3 的说理评价，很难得出孰优孰劣的判断。

二、量化评价

质性评价的不足之处在于，质性评价是个案式评价，基本只能一案一议，这使各案裁判文书说理往往缺乏可比性。各不相同的案情将成为比较裁判文书说理的藩篱，因为案情不具可比性，人们很难得出甲案的说理优于乙案的结论。如果要跳脱出“一案一议”的评价模式，我们需要在评价的深度与判断的准确度上作一些让步，将视线从个案论证的特殊性转移到一般论证的普遍性上，基于统一的论证规则作出评价。

数学哲学的研究证明，当事物抽象到一定程度，就可以通过数学来加以表示。即使在不能免除价值判断的法学领域，只要以合理的抽象为基础，数学方法就可以帮助我们认识、分析、评价甚至预测一些法律现象。这一点已经由大量的法学实证研究印证。

就裁判文书说理而言,量化评价可以帮助我们直观地了解判决书的论证质量。更为重要的是,量化标准的引入,可以突破个案的屏障,使裁判文书说理获得可比性。事实上,说理不是全有或全无的问题,而是一个程度概念。因此,数字化的表达方式更适合描述说理状况。实践中,各级法院基本是以量化评价的方式评选优秀裁判文书,也有许多学者自行研发量化标准进行评价。

较为常见的量化评价方式有三种。第一种是形式评价,最典型的是根据直观的数据(比如说理字数比、争议回应率等)分析评价裁判文书的说理状况。例如,江西高院的夏克勤法官曾对江西、北京、广东、云南、甘肃5省(市)的900份民事判决书、裁定书中说理部分的字数进行统计分析。夏克勤法官分别统计了各判决/裁定书的总字数,以及事实认定、法律适用部分的说理字数,从而得出各判决的说理字数比。[①] 我们也可以通过统计案件涉及争议数与法官论及的争议数的比率来分析各个案件的争议回应率。这些纯形式的评价方式简单易行,几乎不受主观因素的影响,但它们忽略了个案的特殊性,往往不能准确反映个案文书的说理水平。本章重点讨论的是另外两种模式:评审表模式与结构图模式。

(一)评审表模式

在三种量化评价方式中,评审表模式最为常见,它通常根据司法系统的规范性文件拟定评价标准。以下是某中院结合最高人民法院《释法说理指导意见》,就裁判文书说理设定的8项评价标准(以下简称法院标准):

1. 围绕证据审查判断、事实认定、法律适用进行说理,反映推理过程,做到层次分明;

2. 紧扣事实和法律争点,对诉(控)辩意见做出明确回应,有较强的针对性和说服力;

3. 根据案件社会影响、审判程序、诉讼阶段等不同情况进行繁简适度的说理,简案略说,繁案精说,力求恰到好处;

4. 说明裁判所依据的法律规范以及适用法律规范的理由;

---

① 参见夏克勤:《民事裁判文书说理实证调查基于900篇民事裁判文书的分析》,载《中国应用法学》2018年第1期。

5. 除依据法律法规、司法解释的规定外，必要时妥当运用多种论据论证裁判理由，以提高裁判结论的正当性和可接受性；

6. 文书说理讲究文理，层次分明，证据认定、事实认定和法律适用等内容逐层铺垫，说理透彻有力，逻辑推理严密；

7. 提高裁判说理的可接受性，实现法律效果、社会效果的有机统一；

8. 语言规范，表达准确，逻辑清晰，文字精练。

再以某课题组拟定的裁判文书说理标准（以下简称课题组标准）为例，该标准是一套内含3项一级指标、7项二级指标、20项三级指标，满分为100分的评审表，见表8-2。

表8-2　裁判文书说理评审表2017

1. 基本要素　(20)	
1.1 基本事实	(10)
1.1.1 案由的写明情况	2
1.1.2 诉讼请求的写明情况	2
1.1.3 抗辩意见的写明情况	2
1.1.4 第三人述称的写明情况	2
1.1.5 证据的写明情况	2
1.2 争议解决	(10)
1.2.1 质证意见	1
1.2.2 证据认证	1
1.2.3 对诉辩差异的回应	2
1.2.4 争议焦点的写明情况	2
1.2.5 事实认定	2
1.2.6 判决结果	2
2. 论据证明力　(40)	
2.1 证据分析	(12)
2.1.1 证据关联性	6
2.1.2 证据说理	6

续表

2.2 论据分析	(28)
2.2.1 无效论据	10
2.2.2 终止性论据	12
2.2.3 法条解释	6
3. 法律适用 (40)	
3.1 法律规范	(15)
3.1.1 法条引用	5
3.1.2 对构成要件的解释	10
3.2 案件事实	(10)
3.2.1 对案件事实的认定	10
3.3 涵摄	(15)
3.3.1 对案件事实与构成要件的符合性判断	15

以上每一项标准都会设定一个分值区间,要求评审员在特定分值内评分,之后通过汇总各项得分,得出裁判文书的最终说理得分。从上面的示例可以看出,评审表模式以各文书说理的实质内容为评价对象,以法律界尤其是司法系统普遍认可的规范标准为依据,比形式评价更能反映实际说理水平。

不过,深究下来,评审表模式仍有许多不足。最主要的原因是评审表模式的评价标准源自实务界的规范。这些规范虽有丰富的实践指向,却缺乏统一的理论规制,不免出现两类问题:其一,就评价标准本身而言,这些标准之间并非界限分明,标准的设定不尽科学合理。例如,课题组标准 2.1“证据分析”与 3.2.1“对案件事实的认定”,法院标准 6 中的“逻辑推理严密”与法院标准 8 中的“逻辑清晰”就很难截然分离。其二,评价标准中的许多概念在个案中都不易确定具体内涵。例如,名誉侵权的构成要件是否必须包括“损害结果”“因果关系”?实践中往往根据个案情况酌定。在中国科学院诉齐鲁晚报社名誉侵权一案中,法院认为:“晚报在广告标题上冒用‘中科院’的字样,无疑会让消费者将违法广告与中国科学院联系起来，对于中国科学院的名誉权已经构成损害。”[①]此时，法院并不深究到底有没有损害结果，而是认为只要有损害的行为就足够。在这种情况下，法院的说理能否得分可能就会见仁见智。由此，评审表模式的第三个不足得以显现：类似“透彻有力”“层次分明”“恰到好处”等评价标准很难在判决书中找到确切对应的得分点，只能基于对裁判文书的整体印象作出评判。

在尽力克服以上局限的基础上，课题组于2021年1月拟定了新的评审表，据此对最高人民法院第一届、第二届全国百篇优秀裁判文书的说理进行分析（以下简称双百分析）。

表8-3为某案评审表得分情况。

表8-3　裁判文书说理评审表2021

主题	评分项	分值	注意事项	得分	备注
整体印象	思路清晰	5	得出结论的过程清晰，层次分明	5	
	争议总结准确	5	对诉辩意见进行准确总结	5	
	回应全面、充分	10	对案件涉及的争议（不限于法官实际总结的争议）进行全面、充分的回应	8	对被申请人的辩驳并未进行回应
	理由类型丰富	5	兼具法理、事理、情理、文理	5	结合了实际情况，如下半年会有开学季、国庆、中秋等，此时销量会因节假日的销售活动而增多
	用词准确、严谨	5	用词规范、准确、严谨	5	
事实说理	事实清楚	5	对案件事实进行清晰阐述	5	
	证据明确	5	案件事实有对应的证据支持	5	
	证据的证明力分析	10	对证据的关联性进行充分论述	10	

① 北京市第二中级人民法院民事判决书，(2014)二中民终字第06286号。

续表

主题	评分项	分值	注意事项	得分	备注
事实说理	事理分析	10	从证据到事实的推理合情合理、有根有据	6	首先,文中6次采用“多篇”“具体数字+多”的表述,难以体现证据的证明力。其次,在论证损害紧迫性部分,仅说明被申请人获利甚多,并未说明申请人的获利情况、损失情况以及两造市场实力对比等,难以证明损害紧迫性。在论证损害平衡性时同理
法律释明	法律依据列举完整清晰	5	文书中所有的法律判断(不限于最终结论)所依据的规范性文件都完整列明	5	
	法律释义准确、充分	10	对重点规范的含义进行了有根有据的阐释	8	对《反不正当竞争法》第5条第2项所规定的“知名商品”并未解释
法律与事实的适应性	构成要件完整	10	案件事实具备并符合全部构成要件	10	
	要件事实的论述充分	10	充分体现出法律规范与案件事实相适应	10	
	重点突出、繁简适当	5	根据实际需要展开有针对性的说理	3	对为何“不责令深圳新平衡公司停止上述行为对申请人造成的损失不具有紧迫性”未作解释
总分		100		90	

(二)结构图模式

第三种方式是本书将要重点分析的量化评价方式,暂称为结构图模式。它以法律论证理论为基础,设计了一套相对复杂,但可能更为客观的量化评价方式。社会学家巴比认为,量化评价以“概念化”和“可操作化”为必要前提。[①] 按照这两个标准,第三种方式是目前最具典型意义的量化评价方式。它以现有的论证理论研

① 参见[美]艾尔·巴比:《社会研究方法》(第10版),邱泽奇译,华夏出版社2005年版,第116~145页。

究成果为基础,是由重构、赋值、计算三个环节构成的评价机制。

1. 统一的结构化处理

结构本质上是人们在思维层面对事物组成元素的重组。二维空间关系图能够帮助我们清晰地认识论证的结构。① 鉴于此,证成度分析法基于以下四项假定拟定判决书论证结构图:

假定1:论证通过三段论展开。三段论是对人类普遍的思维结构的概括,是基本的思维形式。② 无论是法律规范的确定,还是法律事实的建构,抑或是最终的法律决定的作出,以理性为依归的法律思维过程都离不开三段论的支持。理想的论证是连环进行的三段论。在一个完美的论证体系中,每一个论断都应该有两个以上的论据支持。除了最终的结论与最先出现的论据之外,论证过程中的论断都具有论据与结论的双重属性。一个理想的论证结构可能如图8-1所示:

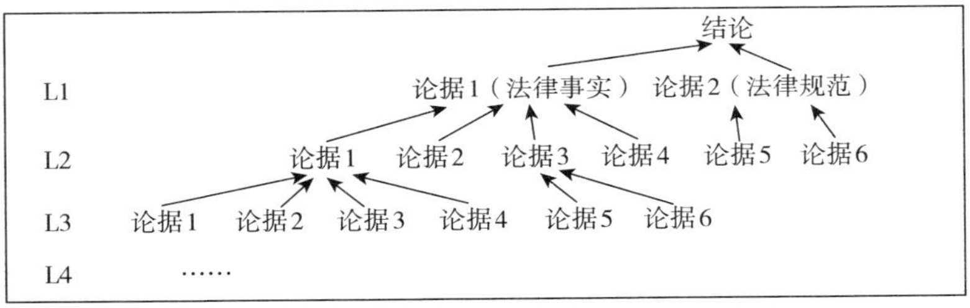

图8-1 理想的论证结构

图8-1中的L1~L4代表论据层次。为了行文方便,下文述及表中某一论据时,就以这一论据所处的层次及论据在这一层次的序号为该论据的编号,如位于L3的论据3,其编号即为L3-3。

假定2:简略三段论在必要的情况下允许存在。如第六章第二节第三小节的介绍,一个好的简略三段论就是听众能自行补充被省略的前提或结论的简略三段论。

① 参见[美]欧文·M.柯匹、卡尔·科恩:《逻辑学导论》(第11版),张建军、潘天群等译,中国人民大学出版社2007年版,第14页。

② 参见姚介厚:《奠立分析理性传统——论亚里士多德的逻辑学和形而上学的内在联系》,载王金林、郭晓东主编:《复旦哲学评论》第1辑,上海辞书出版社2004年版。

如果听众无法自行补充省略的前提或结论，就意味着简略三段论在此不能适用，论证者应当将三段论中的前提与结论补充完整。由此可见，如果论证过程中允许存在一定的简略三段论，而图1中的L2－4、L3－4与L3－6能由听众自行补充（甚至在人们的日常思维中无须补充），那么图8－1中的论证结构就会变更为图8－2：

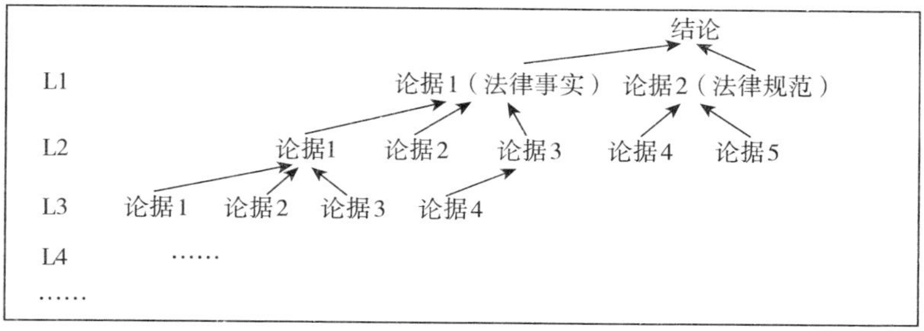

图8－2　实际的论证结构

假定3：论证存在结构层次。图8－1、图8－2说明，不同的论据在论证结构中的位置不一。根据这些论据（论断）距离最终结论的远近，我们可以将它们划分为不同的层次。位于同一层次，支持同一论断的论据为平行论据，如图8－1中L2－1、L2－2、L2－3、L2－4所示；位于不同层次，支持同一论断，存在递进关系的论据为纵向论据，如图8－2中的L1－1、L2－3、L3－4所示。

假定4：论证存在终点。就理想状态而言，每一个论断的得出都应当有论据支持。但这样一种设定不免陷入“明希豪森”的三重困境：无穷论证、循环论证与戛然而止。[①] 在第一重困境下，论证将永无休止地继续下去，这不符合司法活动的效率原则；在第二重困境下，之前出现过的结论成为后续论证的论据，从而陷入循环论证，这不符合理性原则，也容易为法官擅权提供便利。因此，我们不得不在某一特定时刻人为地中断论证。这虽然可以被视为第三重困境，但只要终止的节点选取得当，仍符合理性思维。在论证结构体系中最后出现，位于结构图末端的为末端论据，如图8－2中的L2－2、L3－4等没有进一步论据支撑的论据。理论上，末端论

① 有关论证困境的论述参见舒国滢：《走出“明希豪森困境”》，载［德］罗伯特·阿列克西：《法律论证理论——作为法律证立理论的理性论辩理论》，舒国滢译，中国法制出版社2002年版。

据应当是终止性论据,应当具备理性地终止论证的能力。①

2. 合理的评价与赋值

法律论证理论已就各类判决理由及推论关系的证明力进行充分研究并给出各自的认定,其中的共识成为赋值的基础。如图8-1、图8-2所示,最终的判决证成程度(裁判文书说理强度)其实由位于结构图最下端的末端论据的证明力层层传递而来。因此,初始赋值仅涉及末端论据的证明力与论据的支持力两部分。具体赋值如下。

(1)末端论据的证明力赋值

评判末端论据的证明力,主要考察该论据是否具备不证自明的特质,换言之,可否作为终止性论据。根据末端论据与终止性论据相符合的程度,可以将末端论据划分为三种类型:终止性论据,需要进一步论述的论据以及本身无效的论据。

终止性论据具有充分证明力,论证人不必就此提供进一步的论据。它可以分为确定终止性论据与推定终止性论据。前者主要包括法律明文规定、自然规律(定理)以及双方共同承认的事实;后者则主要包括生效法律文件确认的事实、众所周知的事实与主流意见。二者的区别在于,前者在任何情况下都可以起到结束论证的作用,而后者在面临挑战时必须继续论证。需要进一步论述的论据不具有不证自明的特质,其内容或意义需要进一步的证明,证明力相对终止性论据较弱。本身无效的论断则因不符合论证规范而不能称为支持性论据,也不体现在论证结构中,其对判决的证成有害无益。最终,证成度分析形成了终止性论据赋值为1,需进一步论述的论据赋值为0.5,本身无效的论断不计分的赋值体系。

(2)论据的支持力赋值

论证理论通常认为,法律判断的证成程度就是该判断的可接受程度。法律判断的可接受性系由论据的可接受性传递而来,因此,法律判断的证成程度取决于论据的证明力和支持力。前者是指论据自身的说服力,后者则指论据能在多大程度

① 根据佩雷尔曼等人的理论,论证被视作一个从前提(论据)向结论(论断)传递可接受性的过程,前提即为论证的起点。为了更好地显示结论的支持结构,本书的结构图采取倒置方式,将论证的起点作为终止性论据置于论证结构的末端。

上支持论断。根据支持程度不同,论据的支持力可分为四种情形:必然性支持、不充分支持、或然性支持和不支持。其中,必然性支持指上层论断是下层论据的必然结果;不充分支持指推论不符合简略三段论要求,隐藏了本应列明的前提(通常为规范性前提);或然性支持指论断与论据之间不具备必然关系;不支持则指下层论据与上层论断之间不具备相关性。该四种支持关系的赋值设为1、0.75、0.5和0。

3.科学的计算方法

由于判决的证成程度是由末端论据层层推导的结果,论据的支持程度实际反映的是其传递可接受性的能力,由此,判决的证成程度其实是一个概率问题,即在论据具备可接受性的概率为P(A),其提供支持的概率为P(S)的前提下,最终判决具备可接受性的概率是多少。概率统计理论为此提供了基础支持。

结构图模式以贝叶斯网络为原型,主要采取乘法计算判决证成程度。贝叶斯网络是基于推理的图形化网络,该网络中的每个节点(箭头)代表因果关系,且每一因果关系都是独立的。换言之,假设 $A_1 \rightarrow A_2 \rightarrow A_3 \rightarrow A_4$,其中 A_1 能够推出 A_2,与 A_2 推出 A_3、A_3 推出 A_4 没有关系。因此,A_1、A_2、A_3、A_4 共同存在的概率为:

A_1 推出 A_2 的概率 × A_2 推出 A_3 的概率 × A_3 推出 A_4 的概率 × 初始因果关系 A_1 为真的概率

将此公式代入图8-2就可以清晰地看到,图8-2中L1-1的可接受程度取决于L3-4自身的证明力(可接受性),以及L3-4对L2-3、L2-3对L1-1的支持程度。因此,在L1-1只有L2-3一个论据的情形下,其可接受程度的计算公式如下:

$$P(L1-1)=P(A_{L3-4})\times P(S_{L3-4})\times P(S_{L2-3})$$

然而,正如图8-2所示,L2-3并非L1-1的唯一论据,L1-1其实由L2-1、L2-2和L2-3共同支持。此时,运用除法的平均值和运用加法的全概率计算法等都有可能被纳入,这取决于裁判文书的具体类型。

自2013年以来,笔者已运用上述评价模式进行过数次大规模的判决书量化分析,其中最具典型意义的是笔者2017调查,之后是笔者于2019年、2020年、2021年为某中级人民法院参评优秀的文书做的量化分析(以下分别简称2019评审、2020

评审、2021 评审)。

历次调查、评审结果显示,所有的裁判文书说理都能重构,所有的理由、推理都能赋值,所有的判决结果都能用证成度标示。图 8－3 就是其中一份受检判决书重构后的论证结构。

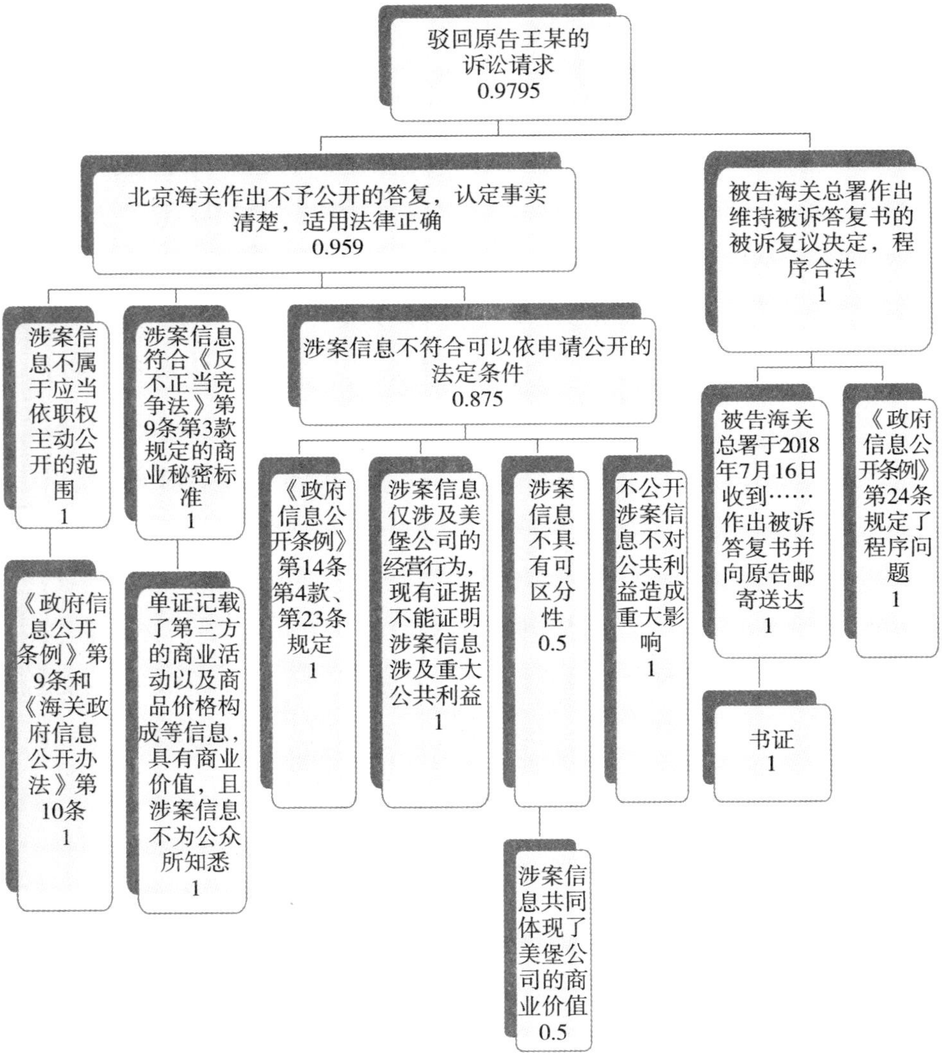

图 8－3　某案判决书论证结构

如图 8－3 所示，结构图以更清晰、确切的方式展现法官思路，结构图中的论据、论据关系及全部评分过程都清晰可见。

（三）量化评价的应用前景

如前所述，质性评价难以普遍适用。从审判研究、管理的角度看，量化评价将是主要评价方式。全面盘点量化评价的优势与不足，对于量化评价的应用十分重要。

1. 量化评价的优势

当个案判决的证成程度都能用数字标识，量化评价的优势就变得明显。历次调查、评审结果表明，量化评价裁判文书说理不仅是适应时代趋势的顺势之举，更具有以下四个方面的优越性。

（1）量化评价可以更直观地描述裁判文书说理状况

不同于以往用“有力”“薄弱”“充分”“失当”等形容词进行的描绘式评价，量化评价方法运用数字标识裁判文书说理状况。就单个样本而言，其得分可以让公众直观地了解判决书说理的程度，其失分之处可以让公众直观地了解判决书说理的不足。量化评价还使不同案件的裁判文书说理获得了可比性。量化评价使各裁判文书说理的优劣变得一目了然。

就全部样本而言，整体得分情况将直观地描绘调研对象的说理状况。2017 调查组同时用评审表模式（标准 I）、结构图模式（标准 II）评价 23 份裁判文书的说理，通过统计抽检样本的得分，得出表 8－4：

表 8－4　两套标准下抽检样本得分对照

项目	标准 I	标准 II
平均分	87. 87	0. 94
最高分	99	1
最低分	75	0. 423
中位数	90	0. 938
众　数	81，93	1

表 8－4 中的数值清楚地显示，B 市判决书的论证得分普遍较高，但仍存在低

分判决。

(2)量化分析可以更清晰地总结裁判文书说理的规律

各裁判文书说理得失分的汇集整理可以使裁判文书说理的规律变得清晰。2017年调查组按不同类型汇总判决书说理得分,可以使各类判决书的得分规律得以呈现。按照标准Ⅱ,民事、刑事、行政三类判决书的基本得分情况如表8-5和表8-6所示:

表8-5 标准Ⅱ下三类样本得分对照

项目	民事判决书	刑事判决书	行政判决书
平均分	0.922	0.918	0.982
中位数	0.947	0.938	1
众数	1	1	1
最大值	1	1	1
最小值	0.420	0.720	0.667

表8-6 标准Ⅱ下三类样本得分区间对照

得分	民事样本数	刑事样本数	行政样本数
1	54	34	80
0.9~1	50	26	11
0.8~0.9	30	30	4
0.7~0.8	8	12	1
0.6~0.7	6	0	1
0.5	0	0	0
0.4	1	0	0

表8-5、表8-6显示,三类判决书的论证得分都比较高,其中行政判决书的论证高分尤为突出。97份受检的行政判决书中,有80份满分,占比高达82%。整体来看,刑事判决样本得分较为均衡,0.7~1分的判决书数量大致相当。与此相应,0.7~0.8分的刑事判决书占比显著高于民事、行政判决书,这也导致刑事判决书的平均分位居三类判决书之末。另值一提的是,低于0.7分的民事判决书数量显著

高于另两类判决书，且此次受检样本的最低分亦为民事判决书，反映出民事判决书的论证得分区间较大，这与民事判决说理更具自主性有关。

除此之外，量化分析还可以显示出裁判文书说理与案由、审级、地域等因素的相关性，方便研究者找到影响说理的外部因素。

（3）量化分析可以更准确地判定裁判文书说理存在的问题

通过统计分析裁判文书说理的失分之处，裁判文书说理的主要问题得以显现。尽管直观的经验观察往往也能得出与量化评价相近的结论，但经验观察的准确度不及量化评价。如果说以往的经验观察类似中医的望闻问切，那么量化评价就似西医操作的 X 光机，它使裁判文书存在的说理问题得到更精确的描述。

2017 调查共涉及 97 份行政判决书样本，有 17 份未获满分。统计发现，其中 10 份判决书未讨论原告指出的程序违法问题，因其他原因失分的判决书数量则为 1 ~ 4 份不等。这表明，行政判决书说理的最大问题是欠缺关于程序合法性的讨论。又如，在所有未获满分的民事判决书中，有 1/3 是因为提供最终支持的论据证明力不足，而这一失分原因在刑事、行政判决书中极少见到。

2019 评审专门统计了参评文书的失分原因。鉴于裁判文书的说理得分由论据本身的证明力，以及论据对上级论点的支持力共同决定，评分员在结构图下方列明的失分原因主要分为论据失分与推论失分两类。其中，鉴于裁判文书承担的释法说理的任务，课题组单列了一类因释法不足，即未列明实际援引的法律（法理）依据而失分的情形。在全部 101 个失分点中，论据失分点为 56 个，推论失分点为 8 个，释法失分点为 37 个。参见图 8 – 4 和图 8 – 5：

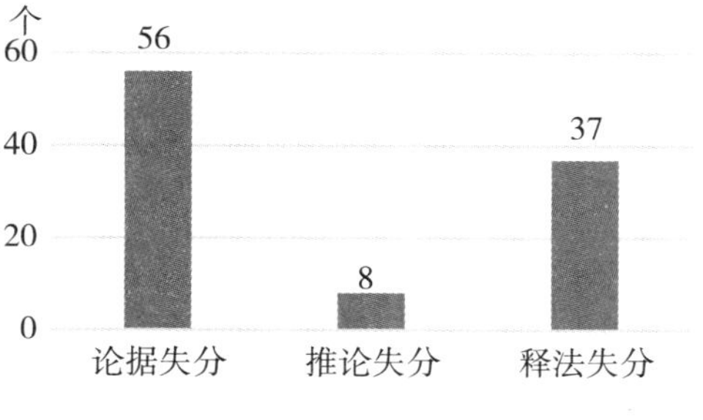

图 8 – 4　失分点数量

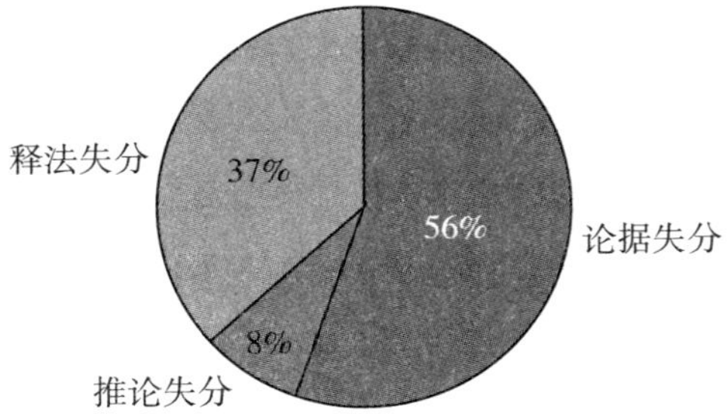

图 8－5　失分点比例

在56个论据失分点中，因未列明证据或指明论据所依据的证据而失分的点有10个，其余46个则是因为法官没有就自己的观点提供进一步的理由，其中有相当一部分是法官在陈述己见时没有回应当事人提出的争议。

结合裁判文书的类型来看，有两个特点比较突出：

其一，民事裁判文书说理的失分点多、比例高。民事裁判文书说理的失分点涉及全部三个类型，即论据失分、推论失分、释法失分。其中，论据失分的民事判决书占全部参评的民事判决书的64%，释法失分的比例则为60%，均显著高于其他几类判决书。此外，推论失分的比例虽然仅为12%，但这一类失分仅见于民事裁判文书。究其原因，一部分是因为民事裁判活动的性质，民事裁判的推理很少是必然推理，这使推理很难达到确定甚至高度盖然的程度；另一部分是因为法官对于自己的说理义务认识不清，90%的论据失分原因是论据本身的证明力不足，多数仅是法官的看法或判断，但法官并未就这一看法或判断提供进一步的理由。

其二，刑事判决书的证据证明力失分严重。因为论据失分的失分点分为两类：因证据证明力失分和因论据欠缺理由而失分。绝大多数因论据失分的裁判文书都是因为法官未就论据本身提供进一步的理由，但恰恰是对证据要求最高的刑事初审判决书证据证明力失分严重，高达57%。究其原因，大多是因为当前刑事裁判文书的写作方式多限于罗列证据，但并不明确证据证明的对象。法官在分析构成要件时也较少论述事实构成与证据特别是间接证据的关联性。

上述问题得以发现，都是基于对量化评价结果的分析。由此可见，量化评价是一种更有力的问题分析工具。

(4)量化评价为法治的大数据分析提供基础数据

大数据为人们获得更为深刻、全面的洞察能力提供了前所未有的空间与潜力，也对人类的数据驾驭能力提出了新的挑战。① 在法治指数化时代，基础数据的抓取对于准确评估法治现状具有重要意义。量化评价裁判文书说理能为司法、法治评估提供数据支持，毕竟判决书是法院与当事人、律师以至社会公众沟通的主要媒介。无论法院的法定和宪法地位如何，最终都是以书面文字作为法院权威的来源和衡量标准。② 在《中国司法文明指数报告2015》中，指标"9.5 司法活动的结果受到信任与认同"就与裁判文书说理紧密相关。③ 该指标目前仅通过一个问题"您对自己所在地区法院司法公信力的满意程度如何?"来测评。④ 不难想见，裁判文书说理的量化评价可以为该指标的测评提供更准确、更可靠的数据。

2. 量化评价的局限性及其克服

与质性评价不便比较，不能为宏观分析提供便利相比，量化评价的优势明显，但局限性同样突出。

(1)量化评价不能脱离实质评价

在量化分析的过程中，调查员总是会遇到各种各样的特殊情况，在评价某个论据的证明力，或论据与结论之间的支持关系时，实质评价不能避免。

以(2019)京02民终4087号民事判决为例，这是由一起机动车交通事故引发的纠纷。上诉人彭某驾驶的车辆超速行驶，与未按规定让行的李某驾驶的车辆相撞，导致搭乘彭某汽车的王某意外死亡。《道路交通事故认定书》认定彭某与李某的驾驶行为与事故之间都存在因果关系，两人承担同等责任。法院在论述应当减

---

① 参见[英]维克托·迈尔-舍恩伯格、肯尼思·库克耶：《大数据时代》，周涛等译，浙江人民出版社2013年版，第94页。

② See Federal Judicial Center, *Judicial Writing Manual: A Pocket Guide for Judges*, second edition, 2013, p. vii. https://www.aila.org/File/Related/18082203k.pdf.

③ 参见张保生、张中、吴洪淇：《中国司法文明指数报告2015》，中国政法大学出版社2016年版，第28~29页。

④ 参见张保生、张中、吴洪淇：《中国司法文明指数报告2015》，中国政法大学出版社2016年版，第35页。

轻彭某的责任时,提出的理由是彭某“无故意之主观过错,交通事故中亦不存在其单方的重大过失”。显然,法官对于彭某过错的认定是依据《道路交通事故认定书》。但《道路交通事故认定书》中的内容能否证明彭某无主观过错,不存在单方重大过失可否成为减轻责任的依据等问题仍有待讨论。

在分析本案的证成度时,论据与结论之间的支持关系没有形式化评价依据,只能根据论据与结论的内容来评判二者的意义关联,此时,对于支持关系的评价必然是实质性评价。这对评价者提出了更高的要求,同时也意味着,脱离个案的实际情况来评价裁判文书的说理是不可能的。以上文的交通事故纠纷为例。一般论证理论、规范不足以为该案判决书的评价提供充分依据。要评价法官关于彭某不存在单方重大过失的论述是否有足够依据,评价者还诉诸相关法律文献。例如,《最高人民法院公报》案例曾明确,交通事故责任不完全等同于民事法律赔偿责任,因此,交通事故认定书不能作为民事侵权损害赔偿责任分配的唯一依据。① 如果不了解这一点,评价者很难准确评判该案《道路交通事故认定书》对法官判定过错程度的支持力。

(2)不能避免主观评价

2017 调查共招募 20 余名在读法学专业学生作为调查员。通过观察调查员的评分过程,调查组发现了两项影响评分结果的因素。

一是调查员的知识储备与人生经验。这项因素直接影响调查员对受检判决书说理是否充分的判断。标准 II 要求法官在判决书中列明其作出法律判断的全部依据。虽然法官们在审案时的确因循了相关司法解释的思路,但判决书往往并未列明。2017 调查选取的刑事判决书限定为非法集资犯罪,有 15.6% 的判决依据退赔情节减轻了被告人的刑罚,却没有引用《非法集资解释》第 3 条的规定。② 如果调查员并不了解《非法集资解释》的内容,必然发现不了法官此处缺失。此外,调查员的人生经验在其就法官论述,尤其是民事判决书中的论述是否充分,论据是否具有

① 参见葛某某诉某县汽车运输有限公司等道路交通事故损害赔偿纠纷案,载《最高人民法院公报》2010 年第 11 期。

② 该条规定非法吸收公众存款罪被告人如能归还所吸收的犯罪资金,法院可以将其作为量刑情节酌情考量。

支持力,法官的论证是否构成简略三段论等作出判断时影响显著。

二是调查员的逻辑思维能力。标准 II 评估的是隐藏在判决书中的论证结构,这要求调查员具备较强的逻辑思维能力。图 8 -6 和图 8 -7 是两位调查员就同一判决书[(2015)西民初字第 34314 号]分别作的结构图:

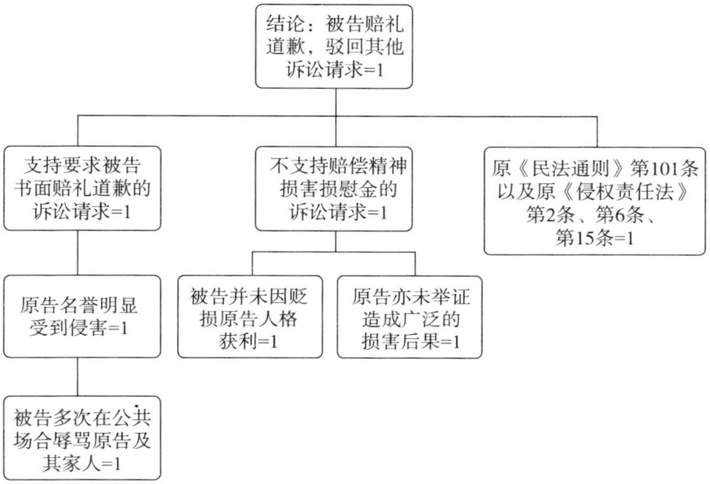

图 8 -6　样本重构示例 -1

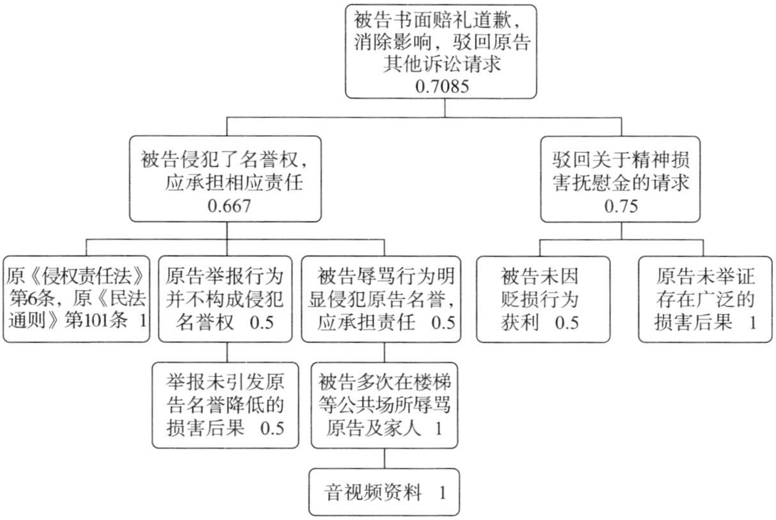

图 8 -7　样本重构示例 -2

显然,不同的调查员对判决理由的理解有所不同,在提炼判决理由并进行重构时出现偏差在所难免。

(3)不能特殊情况特殊处理

量化评价的原理是以统一的标准评价情况不一的个案的裁判文书。这种一般化的处理方式可以应对一般情况,但在面对具有特殊情况的特殊案件,如疑难案件时就会出现问题。

在普通案件之外,还存在一定数量的疑难案件。疑难案件的特点往往在于对法律的理解出现了分歧,需要法官针对特定的案件事实,将其与法条中的概念对应起来,释明法律条文的内涵和外延。而这种释明,在现有的结构图形成方式下,是无法被纳入结构图中的,也就无法被最终的评分准确评价。简言之,普通案件和疑难案件的论述重心往往有所不同,但以结构图的方式评价刑事案件的判决书时,难以兼顾不同的论述重心,而只能选取基本的论述来对案件进行评价。这样的评价标准可能导致对普通案件过于宽容而对疑难案件过分严苛的情况。另外,一般来说,疑难案件的判决书相对应该是更有价值的,而对疑难案件中疑难问题的阐明则是法官论述中最能体现法官论述水平的部分。鉴于此,不特别强调和突出疑难案件和疑难问题的论述,而是统一以基本论述来评判普通案件和疑难案件,显然对疑难案件的评价不利。

(4)评价机制的不完善

评价标准直接反映评价人的说理理念。在司法机关尚未颁布统一的说理规范之前,评价标准只能由评价者基于自己的理解作出,量化评价的结果可能受到评价者主观偏好的影响。2017 调查采用的两套评价标准均经历过数十次迭代。每次更新后都会对样本进行试评分,评分结果每次都有不同。以标准 I 为例,标准 I 涵括 20 个三级指标,其中一项为“争议焦点的写明情况”。显然,这一指标的设立是基于判决书应当列明案件争议的假设。在现有裁判文书制作规范并未就此作出明确要求的情况下,23 份接受标准 I 检验的样本中有 19 份失分。如果删除或变更这一指标,受检样本的得分将普遍上升。

此外，选择与评估对象相适应的算法是获取准确数据的关键。2017 调查过程中对计算方法的调适显现出计算方法的重大影响。

在比照标准Ⅰ、Ⅱ的评分结果时，调查组发现，计算方法是导致评分差异的三大原因之一。[①] 标准Ⅰ以加减法为基本计算方法，标准Ⅱ则以乘除法为基本计算方法，这使基于评估范围、评估方式导致的评分差异在标准Ⅰ下被进一步放大。原因在于，加减法的运用将使各项得分对最终得分产生直接的、不可修复的影响；而乘除法的运用则使各项得分对最终得分仅产生间接的、渐趋弱化的影响。

在适用标准Ⅱ的过程中，调查组发现，上文的平均值算法面临与构成要件理论的潜在冲突。例如，就名誉侵权案而言，当时适用的最高人民法院《关于审理名誉权案件若干问题的解答》第 7 条对侵害名誉权的构成要件进行了规定："是否构成侵害名誉权的责任，应当根据受害人确有名誉被损害的事实、行为人行为违法、违法行为与损害后果之间有因果联系、行为人主观上有过错来认定。"四项要件缺一不可，构成要件的欠缺将严重影响法律判断的证成。一律求平均值的做法不能体现对这一欠缺的否定性评价。为此，调查组将这一层级的论据的计算方法加以调整。无论判决书实际就几项构成要件展开论述，都必须除以法定构成要件数。由上，算法的设置至少取决于两方面要素：一是关于概率统计学的知识，二是拟评价的判决的实质法律依据。

除此之外，基础理论对于评价机制的影响也不容忽视。结构图模式的基础理论是经典的规范论证理论，聚焦证明力由论据向结论传递的过程。这一理论预设可以精准把握判决结果的证成度，但与此同时，它不可避免地会过滤掉一些与结果证成没有直接关系，却能实际影响裁判文书说理的因素，如前文讨论的法官后语。法官后语的内容往往是法官基于案情的一些感想，虽然与判决结果的证成没有直接关系，但法官在后语中体现的人文关怀会让法官赢得更多情感认同，在事实上增

① 另外两个原因在于两套标准的评估范围和评估方式不同。就评估范围而言，标准Ⅰ评价的对象是判决书中所有与论证有关的要素，而标准Ⅱ只关注论据以及论据之间的关系；就评估方式而言，标准Ⅰ是就判决书原件进行评判，标准Ⅱ则是对评估者重构的判决论证思路进行评价。

强说理效果。

尽管局限很多,但这些局限性是社会科学领域中几乎所有量化评价都难以彻底避免的问题。在大数据时代,它们不是量化评价的根本障碍。一方面,我们可以通过测试不断完善评价机制。例如,完善理论预设,使量化评价机制能够更准确地反映裁判文书说理水平;加强调查员培训,使量化评价标准的运用更具一致性,更能反映各裁判文书之间客观存在的说理水平差异。另一方面,大数据具有容错性。“除了纠结于数据的准确性、正确性、纯洁度和严格度之外,我们也应该容许一些不精确的存在。数据不可能是完全对或完全错的。当数据的规模以数量级增加时,这些混乱也就算不上问题了。”①即使是纯形式评价,也会因为数据的汇集而具备分析价值。前文提到的夏克勤法官的研究就基于说理文字的比例,分析了不同地域的说理特点。不只如此,历次量化评价的汇总分析结论基本一致,且与以往的质性评价结论相符。通过统计受检样本的失分点,2017 调查组对 B 市判决书论证存在的问题进行了总结,指出 B 市判决书写作存在论证思路不清晰、论据运用不适当、法律依据不完整等问题。2019 评审、2020 评审、2021 评审以及双百分析的结果也再次印证这些问题。这与许多专家学者根据直观的经验观察得出的结论一致。②

3. 两种量化模式的比较

即使确定选择量化评价,评审表模式与结构图模式之间的巨大差异仍需要仔细辨别,以便评价机构选择更适合评审目的的模式。

(1)评分结果趋同

从评价结果来看,评审表模式与结构图模式的评分结果大同小异。2017 调查组按两种模式分别设计了标准 I 和标准 II,标准 I 为前文示例的课题组标准,满分为 100 分;标准 II 为结构图模式,满分为 1 分。为了便于比较,调查组抽选了 23 份判决,同时适用这两种方式进行评估,结果发现,大部分判决的评分结果趋同。③

① [英]维克托·迈尔-舍恩伯格、肯尼思·库克耶:《大数据时代》,周涛等译,浙江人民出版社 2013 年版,第 27 页。

② 参见邹碧华:《要件审判九步法》,法律出版社 2010 年版,第 156~158 页。

③ 为方便比较,课题组将标准 II 的得分全部乘以 100,换算为百分制。

两套标准的评分趋向基本一致，23 件案例中仅有 6 件案例没有实现同向波动。具体如图 8－8 所示：

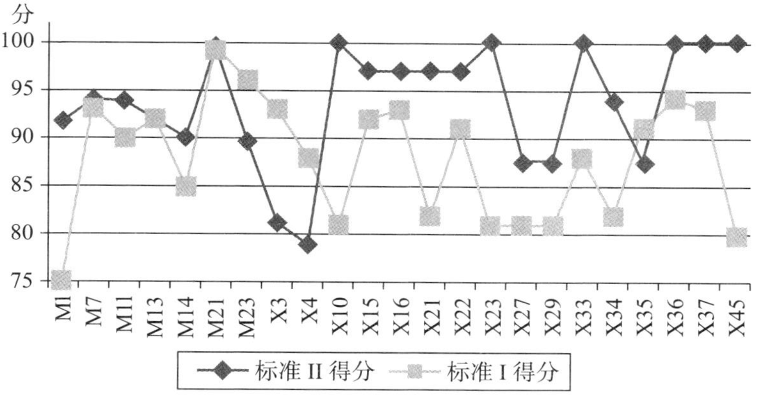

图 8－8　两套标准评分对照折线

不只如此，如图 8－9 所示，大部分案件的分差都在 10 分以内。

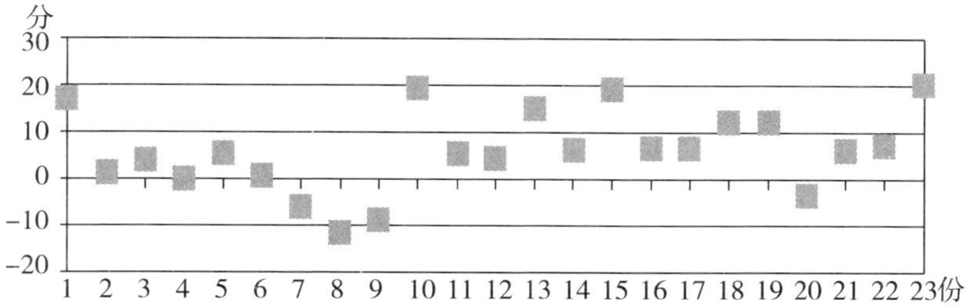

图 8－9　两套标准评分分差散点

在 2019 评审中，法院同时还邀请其他专业人士以本节开篇提到的评审表模式进行评价。由于两种评价方式的算法不一致，不便比较。笔者对比了参评文书两种方式下的排名。

图 8－10 中横轴为两种专业排名的排名差，纵轴为差异个数。通过柱状图分析可知：在 58 份样本中，有 1 份排名相同，57 份排名不同，其中最大排名差为 41，共计 1 份；差异为 1 和 5 的样本最多，均为 6 份。排名差异在 10 及 10 以内的样本共计 28 份，占总样本数的 48.27%；排名差异在 11～20 的样本有 14 份，占样本总数

的 24.14%；排名差异在 21～30 的样本有 9 份，占样本总数的 15.52%；排名差异在 30 以上的样本有 7 份，占样本总数的 12.07%。总体来看，两种专业评价排名差异不大，整体较为一致。

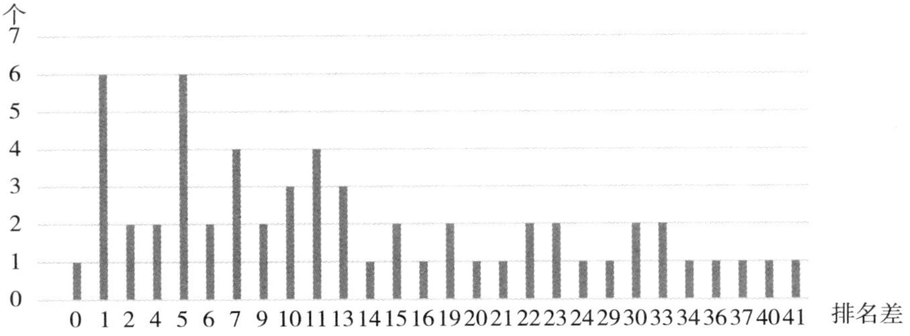

图 8－10　2019 评审中专业评价得分排名差

（2）评分流程差异较大

从上文关于两种评价模式的介绍不难看出，结构图模式的应用流程较为复杂，而评审表模式则相对简单易行。事实上，结构图模式的应用往往需要专门培训。在历次应用结构图模式的实证调查中，课题组通过细化评价标准、培训调查员不断提高评价的可靠性。课题组在多次调查、评审后形成了较为成熟的调查员培训模式，并摸索出一套相对合理的工作机制。首先，以讲授的形式为调查员介绍评价标准的规范来源，计算方法的理论依据；其次，以个案为例，全面解析重构、赋值、计算的过程；再次，要求全体调查员各自分析同一个案例，交由培训教师审阅；最后，由培训教师就调查员的作业进行全面点评，校正调查员对评价标准的认识。这个培训过程至少需要三周时间。

进入正式的评审阶段后，课题组实行以小组分工合作为基础的互校制。首先由小组内成员分别评审各自负责的裁判文书，其次是组内互评，以讨论的形式修正最初的论证结构。组内互评结束后，各组交换复核。复核流程与初审相似，先是由小组成员分别复核，如果复核评价与初审评价有出入，先提交组内讨论；如果组内讨论仍不能消除分歧，则提交总评师，也就是课题负责人定论。通过多次、反复讨论,调查员的评价思路不断趋同,评价标准基本能够得到一致适用。

与此相比,评审表模式简单易行,有法学教育背景的人士基本可胜任,无须额外培训。评审表模式的另一个优点是,为评审员的自由心证留出较大空间,容许评审员根据个案的特殊性灵活给分。结构图模式的评价标准则较为严苛、僵化,不足以反映个案的特殊性。不过,结构图模式给分精准,受评法官可以清楚地看到自己被扣分的理由及原因(见图 8－11)。

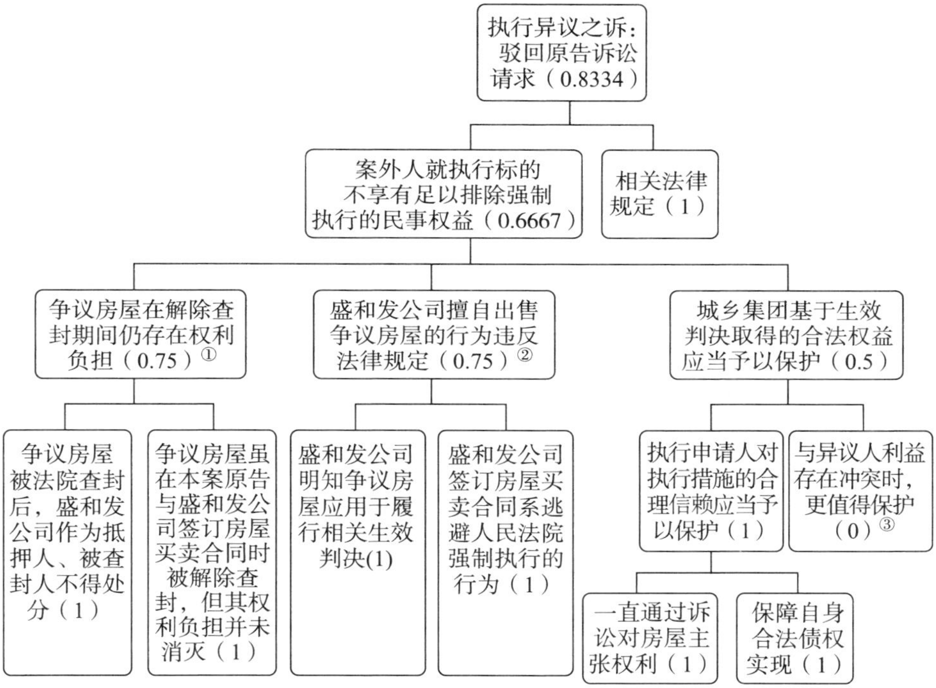

图 8－11　某案论证结构图及失分情况说明

失分情况说明:

①论述不详:被执行人对已经解除查封的房屋仍不得擅自处分,是因为其上设有抵押权,法院对涉及抵押的事实和法律依据均未进行着重说理(原《物权法》第 191 条第 2 款);

②未列明法条:“违反法律规定”未指明《城市房地产管理法》第 38 条第 2 项;

③论述不详:对利益衡量的法律论证不足或论证路径错误(未提及《执行异议规定》第 29 条)。

总之，结构图模式给分精准、方便自查与改进，但标准严苛、操作复杂，评审表模式给分灵活、操作简便，但不能准确体现具体理由存在的问题。

（3）结合评价目的选择评价模式

鉴于评审表模式与结构图模式各有特点，评价者可以根据评价目的加以选择。如果是优秀文书评选，建议采用评审表模式；如果是为了更精准地找出问题，推荐采用结构图模式。

另值一提的是，在智慧司法的背景下，结构图模式更容易与人工智能对接。国外研究者已在法律论证的评价与运用领域取得了重大突破。近20年来，研究者已经以图尔敏模型（TAS）等较为成熟的论证模型为原型，设计了人工智能处理的系统软件。这些研究直接推动了人工智能在法律论证领域的应用，使得法律论证的定性、定量分析成为现实。最新的论证模型甚至可以将情感偏好、心理感受等因素纳入分析框架。①

① See Jürgen Dix et al., *Research Challenges for Argumentation*, CSRD (2009) 23: 27 - 34, Springer Verlag, 2009.

后语 走向说理之治

在本书的最后,当我们充分了解了裁判文书说理的重要性,以及裁判文书说理的规范与方法之后,我们有必要回应一种反对说理的意见。这种意见认为,说理说到最后,讲的都是法官自己的道理。英国法官宾汉姆勋爵曾经期待:“我希望,我不会是唯一一个,坐下来写判决时已经形成了A必须赢的观念,结果在写作过程中却发现这一结论没有可靠的依据,无论怎样理性分析,B都会胜利的人。”①这样的愿景的确值得期待,但却难以实现。

伊赛在《法律规范与决定》一书中就已指出,法律人,尤其是法官,虽然依据制定法证成了他的决定,并因此显得遵循了法律适用的合法律性原则,但实际上,在大多数情况下,他的决定所依据的完全是另一种方式,即依直觉本能地求助于是非感、实践理性和健全的人类理智。② 无论是伊赛所说的直觉,还是波斯纳所说的前见,抑或是拉伦茨所说的法感,其实质都指向了决定法律决定的非理性

① [英]宾汉姆勋爵:《理由和理由的理由:法院判决和仲裁裁决的区别》,载《国际仲裁》1988年第4期。转引自[美]玛蒂尔德·柯恩:《作为理由之治的法治》,杨贝译,载《中外法学》2010年第3期,注25。

② 参见[德]卡尔·恩吉施:《法律思维导论》,郑永流译,法律出版社2004年版,第51页。

因素。[1] 法律论证只是以理性的方式来证明由这些非理性因素决定的法律决定的正当性。

回到第一章第二节提到的劳伦斯案。[2] 大法官们旁征博引、大费周章地论述自己的观点,最后发现其实谁都说服不了谁,因为他们的分歧来自根深蒂固的前见,来自对以下四个根本问题的不同看法。

其一,宪法解释原则。

拥有200多年历史的美国宪法之所以能够长久存续,就在于宪法解释能够及时弥补抽象的条文与具象的现实之间的差距,使宪法保持活力。但在如何解释宪法的问题上,法学家们始终莫衷一是,基本立场可以分为"目的主义"和"原旨主义"。前者强调宪法与现实的适应性,后者则强调坚守法律的文本或立宪者的意图。这些解释理念上的差别深深地嵌入了阐释宪法的最高权力机构——美国联邦最高法院。

在审理劳伦斯案的过程中,判决意见和反对意见就代表了这两种解释观。判决意见认为:"他们(正当程序条款的制定者)知道时代会遮蔽我们对某些真理的认识,后世的人会看到曾经以为必要而正确的法事实上只会被用于压制。当宪法存续,每一代人都能援引宪法原则来寻求属于他们的更多的自由。"[3]在这段话里,判决意见突出了时代会引发的宪法文本与社会现实的冲突,强调宪法解释的当代性。"奥康纳、苏特和肯尼迪向来认为,对宪法的解释应结合公众意愿及《权利法案》承载的价值,而非一味死扣文本,揣测制宪者本意。一言以蔽之,这些大法官信奉一部'活着的宪法'。"[4]

与此相反,反对意见的撰写者斯卡利亚大法官则是当代极具代表性的原旨主

① 非理性并不是一个贬义的概念,更不是指法律人的决定是肆意的、专断的。非理性因素深藏于人的头脑的潜意识领域,因人们常常是在没有经过理性思考的情况下,无意识间被这些因素所左右,故而概称为非理性因素。

② See 539 U. S. 558 (2003).

③ See 539 U. S. 558 (2003), at 579.

④ [美]杰弗里·图宾:《九人:美国最高法院风云》,何帆译,上海三联书店2010年版,第54页。

义者。他自己也曾专门著书表明立场。[①] 在他看来,法官应当根据制宪者的立法意图,严格按照文本含义解释宪法,不必考虑时代与社会的变迁。由宪法加以保护的权利有两个来源,要么是宪法明文规定,如美国宪法第一修正案中的言论自由权,要么是以往的案例中已经确认的权利。在本案中,尽管宪法条文本身没有确定的内涵,但之后的判例可以作为解释宪法的依据。因此,斯卡利亚坚持由 Washington v. Glucksberg 案确立的基本权利观,要求基本权利必须"深深植根于这个国度的历史和传统",而且要是"长期以来受到社会传统保护"的,是"长期以来被普通法视为自由人追求幸福的核心所在的权利"。[②] 也正因如此,反对意见频频嘲讽 Roe 案中"司法发明的堕胎权",并始终坚持同性鸡奸不是基本权利。

其二,精英司法与民主立法的关系。

在民主国家,立法通常都是多数人意志的体现。尽管大家都已知晓"多数人暴政"的风险,但却始终找不出优于民主的解决方案,只好暂时维持这次好的选择。一方面,要确保民主作为政治体制的根基的地位;另一方面,又要提防多数人对少数人权利的侵害。这一组矛盾关系在美国的政治制度设计中体现得尤为明显。美国自立宪之初就对"多数人暴政"保持着与对少数人专制同样的警惕,在一定程度上,相对独立性较高的司法权的设立本身也是对民主弊端的一种矫正。然而,始终困扰人们的问题是,用精英司法牵制民主立法是否安全?会否导致少数精英的暴政?我们又该如何对司法进行限制?有关司法与民主的紧张关系的问题,德沃金已经给出了令人信服的答案。[③] 历史学家伍德也持相近观点,认为最高法院正是通过保护少数群体的权利免受多数人的侵扰而成为维系和支撑民主的机构。[④] 然

---

① 斯卡利亚大法官在 1997 年出版了一本小书《解释问题:联邦法院和法律》(A Matter of Interpretation: Federal Courts and the Law),全面阐述了他的原旨主义思想。

② See 539 U. S. 558 (2003), at 588, 593.

③ 德沃金对民主概念进行了创造性的转换。他认为真正的民主不是多数至上主义的,而是一种所谓的"合宪性民主"。后者不以人数判定某个目的的正当性,而是关注是否尊重了所有的基本权利与自由及人们的平等。只要法官的判决确认了人们的自由,那么,"法庭的判决就不是反民主的,相反,它推进了民主"。参见[美]罗纳德·德沃金:《自由的法:对美国宪法的道德解读》,刘丽君译,上海人民出版社 2001 年版。

④ 参见[美]斯蒂芬·布雷耶:《法官能为民主做什么》,何帆译,法律出版社 2012 年版,"导言",第 2 页。

而，还有一个没解决的核心问题是，如何设置司法限制立法的界限。

表面看来，美国法律史上形成的理性审查、更为深入的理性审查和严格审查似乎划定了较为清晰的界限，但在实际应用中，这三种审查标准的具体应用情形仍然存疑。对审查标准的选择实质上反映了法官对于司法权的不同态度。就劳伦斯案而言，判决意见和并行意见的法官总是担心国家在多数人的名义下实施专断地侵害。在他们看来："没有什么比允许官员选择少数人实施法律更能大开专断之门，因为如果大多数人不受影响，他们就可能回避政治程序与后果。"①反对意见的法官则不以为然。斯卡利亚大法官一向都主张，法律滞后的问题应留给立法部门通过民主立法解决。在反对意见的"余论"部分，他再度重申了自己的立场。"得克萨斯州的立法是在传统的民主行为框架内，一个等不及民主立法的法庭不应用全新的'宪法权利'对其进行干预。"②

其三，对遵循先例的理解。

遵循先例原则是判例法国家的基础制度，是英美法存续的基石。依据以往的相似案件对当下的案件进行裁判，可以使法律保持一致性和稳定性，为人们提供稳定的心理预期，从而指引人们的行为。虽然不会有人将先例理解为万世永固的僵化教条，但对于在何种情形下可以推翻先例仍存在理解上的差异。

从本案的 3 份法官意见来看，似乎是：判决意见最为激进，直接推翻了 17 年前的鲍尔斯案判决；并行意见次之，它虽然没有直接挑战鲍尔斯案，但事实上否定了鲍尔斯案；反对意见最为保守，它不仅支持维护鲍尔斯案的先例地位，而且充分肯定了鲍尔斯案的论证。然而，实际情况并非如此。至少，斯卡利亚并不比奥康纳更保守。

在之前审理韦伯斯特诉生育健康服务中心案之时，斯卡利亚法官一心想推翻 Roe 案的先例地位。最终正是因为奥康纳大法官的回避策略，使 Roe 案的先例地

① See 539 U. S. 558 (2003), at 585. 转引自 Railway Express Agency, Inc. v. New York, 336 U. S. 106, 112－113。

② See 539 U. S. 558 (2003), at 603.

位保全下来。她宁可另辟蹊径,寻找新的论证进路,也绝不沿着原有的论证进路推翻先例。奥康纳大法官的裁判策略反映出了对待先例的最为保守的态度。即使有充分证据证明先例存在错误,只要还有其他方式可以获得正当判决,她就不会轻易推翻先例。

此处折射出法官们对遵循先例的不同理解,多数人可能认为遵循先例就是既要遵守它的结论,也要沿用它的论证;而以奥康纳大法官为代表的少数人可能认为,完全可以通过寻找新的论证进路的方式作出新的判决,让错误的先例处于事实上的消亡状态。

其四,法律与道德的关系。

无可否认,对待同性恋的态度更多是一个道德偏好问题。在处理这一案件时,大法官们纷纷撇清自己,表明自己对于该问题的中立态度。[①] 这样的表白只能消除道德裁判的嫌疑,仍无法解决道德在多大程度上为立法提供正当性的问题。

劳伦斯案的判决意见极力将法律问题与道德问题区分开来,认为美国历史上只存在对同性恋进行道德抵制的传统而不是同性恋入罪的传统。判决意见引用了 Casey 案的观点,认为法官的任务在于界定大家的自由,而不是制定道德法典。[②] 并行意见也认为,道德上的不认同不能构成对人群加以区别对待的正当利益。[③] 反对意见虽然没有主张法律与道德之间存在必然联系,但认为大多数人的道德偏好可以成为立法的正当性基础。

上述四个问题上的观念差异解释了为什么判决意见和反对意见会对正当程序条款作出不同理解,为什么判决意见和并行意见会选择不同的论证,为什么大法官们会对废止得克萨斯州法律存在不同看法。这些见解似乎是大法官们发生分歧的深层次的主导原因,但却没有明确出现在法官意见的论证体系中。这也许是因为,前述四个基本问题无一不是法学领域的基础性问题。关于这些问题的争议由来已

---

① See 539 U. S. 558 (2003), at 603.
② See 539 U. S. 558 (2003), at 571.
③ See 539 U. S. 558 (2003), at 583 – 584.

久，远不是几份法官意见就能定论的。任何一个问题拿出来都能让法学界“大战三百回合”。大法官们不愿就此卷入无休止的论战。

无奈的是，这些无解的问题却深植于法律人的心中，游荡在几乎每一个个案身后。个人的人生经验、价值偏好等因素会综合成法律人的“前见”，[①]以不易察觉的方式潜伏在我们的意识之中，这导致我们常常是判断在前、说理在后。

劳伦斯案只是法官判案的一个缩影。卡多佐法官提到过一位名叫盖斯特的法官，据称该法官一生中判决了4000余件案件，每一个案件都是由抽签决定的。其中近50%的案件被提起上诉（这个上诉率也没有高于他的同行），但是，无一被推翻。[②]这个事例似乎也印证了刚才的反对意见，简明扼要的法律条文、丰富多样的判例、变幻不定的社会事实等都给法官自由取材、各取所需留下了广阔空间，他们完全可以为自己已经得出的结论找到充足的理由。如果法官说理到最后，不过是证明法官的“前见”，粉饰太平的工具，我们还有必要说理吗？

早在第二章第一节中，我们就已知道，理由不同于原因。“前见”是法官作出某个判决的原因，不属于理由，不受说理的规制。不少法学家早早放弃了对法官作出某种法律决定的真实原因的探究，认为那是心理学家应该研究的问题。[③]说理关心的问题不是法官如何消除前见、作出公正的判决，而是法官如何证明他的判决是公正的。我们不能指责冰箱不会洗衣服，同样，也不能指责说理不能消除法官的前见。

虽然法律人的“前见”无法消除，但这并不必然导致专断，也不会导致法律共同体的分崩离析。毕竟，法律共同体不是一言堂。维系共同体的不是万众一心、如出一辙的判断，而是一种理性的思维方式，尤其是理性地处理争议的方式，如法律

---

① 依据认知心理学的研究，前见是个体在以往的经验中形成的认知框架，它使相同的事物在不同的前见下呈现不同的景象。

② 参见［美］本杰明·N.卡多佐：《法律的成长·法律科学的悖论》，董炯、彭冰译，中国法制出版社2002年版，第76～77页。

③ 法律决定的形成主要涉及法的发现问题。现有的方法论研究将法的发现与法的证立区分开来，认为法的发现过程主要是一个精神心理反应过程。美国的法律现实主义以及施密特所说的决断论都体现了这一观点。

论证、多数票决等。据奥康纳大法官自述，最高法院的9位大法官能达成一致的案件只占他们审理的案件总数的15% ~20%。[①] 但这并没有消解最高法院的权威。美国联邦最高法院的裁判史也可以视作法律史的缩影。法律从来不是直线式地单向发展，它总是在各种分歧的冲突与整合中曲折反复。如果法律有"脚印"，那它也许是一串些许零乱，但整体方向大致清晰的足迹，法律的一致性正隐迹其间。裁判文书就是法官在法治道路上留下的脚印。

裁判文书说理既是法官的义务，也是法官独有的殊荣。过于明哲保身、小心谨慎，可能会让法官丧失判断的勇气，渐失担当。面对层出不穷的新问题、新情况，法官的勇气和智慧才是法律回应社会挑战的底气所在。

---

① 参见[美]布莱恩·拉姆、苏珊·斯温、马克·法卡斯编：《谁来守护公正：美国最高法院大法官访谈录》，何帆译，北京大学出版社2012年版，第233页。